Diogenes Taschenbuch 21810

de
te
be

Gerhard Wehr

C. G. *Jung* *und* *Rudolf Steiner*

Konfrontation und Synopse

Diogenes

Die deutsche Erstausgabe erschien 1972
Umschlagillustration:
Johann Wolfgang von Goethe,
›Farbenkreis‹ aus:
›Die Zeichnungen zur Farbenlehre‹
(Psychologische Farben)

Veröffentlicht als Diogenes Taschenbuch, 1990

60/90/43/1
ISBN 3 257 21810 9

INHALT

VORWORT

Die Berechtigung eines Buches, wie des hier vorliegenden läßt sich nicht mit einem kurzen oder auch langen Vorwort darlegen. Eine derartige Arbeit, die sich als Versuch versteht, muß sich als Ganzes rechtfertigen, und zwar trotz der Vorläufigkeit des hier Begonnenen.

So ist hier in erster Linie der Ort, allen denen ein Wort herzlichen Dankes zu sagen, die diese Schrift ermöglicht haben. Der Initiative von Prof. Dr. med. Dr. phil Wilhelm Bitter, dem maßgeblichen Mitbegründer und Leiter der »Internationalen Gemeinschaft Arzt und Seelsorger, Stuttgart«, ist es zu verdanken, daß dieser Versuch überhaupt unternommen werden konnte, nachdem meine kleine Rowohlt-Monographie über C. G. Jung (1969) die von mir nicht beabsichtigte Anregung gegeben hatte. Dank einer wirksamen Förderung, die im Rahmen der Wilhelm-Bitter-Stiftung erfolgte, konnte der in einem kleinen Kollegenkreis gefaßte Plan realisiert werden. Besonderen Dank schulde ich Dr. med. Käthe Weizsäcker-Hoss, Tübingen, die sich zusammen mit einigen Kollegen der großen Mühe unterzog, als erste das Manuskript kritisch zu lesen. Ihr Rat und ihre stetige Ermutigung waren mir ebenso wertvoll wie der von Manuela Jaeger, München und Rottach-Egern, die mir als bewährte Psychotherapeutin das erste Geleit auf dem Weg der Selbsterfahrung gegeben hat. Prof. Bitter danke ich die gründliche Überprüfung des Manuskriptes aus seiner tiefenpsychologisch-psychotherapeutischen Sicht, Dr. Hans Erhard Lauer, Basel, für die vom anthroposophisch-geisteswissenschaftlichen Standort aus. Wertvoll waren mir nicht nur die Anmerkungen der beiden Gelehrten, sondern vor allem ihr beglückendes Gesamturteil. Und da ich keinen Grund sehe, jene Skrupel und Zweifel zu verleugnen, die sich bei derlei Arbeiten einzustellen pflegen, möchte ich mich auch all derer dankbar erinnern, deren Zuspruch mir wichtig war. Ich nenne hier zugleich stellvertretend für die Ungenannten: Dr. phil. Irmgard Buck, Dr. phil Marie-Louise von Franz, die Jung-Biographin Aniela Jaffé, sämtlich Zürich, und Psychotherapeutin Marie Laiblin, Bad Liebenzell-Monakam. Dem Verlag, vor allem

Dr. Hubert Arbogast und Dr. Hanne Lenz, danke ich für die verständnisvolle Aufnahme und die Betreuung der Buchausgabe. Schließlich hätte diese Arbeit nicht zu einem guten Ende gebracht werden können, wäre ich nicht des großen Verständnisses meiner lieben Frau Else und der Geduld meiner Kinder Gabriele und Matthias sicher gewesen.

Schwarzenbruck bei Nürnberg
am 6. Juni 1971, dem 10. Todestag von C. G. Jung *Gerhard Wehr*

EINLEITENDES ZUM PROBLEM

Die großen Gestalten der Geistesgeschichte, vor allem die als Nonkonformisten und Außenseiter empfundenen, geben ihren Zeitgenossen und Nachfahren mancherlei Rätsel auf. Zunächst verlangen sie eine Auseinandersetzung mit dem speziellen Beitrag, den sie auf dem Feld der menschlichen Erkenntnisbemühung geleistet haben. Es entsteht ein Kreis von Schülern und eine Gruppe von Gegnern. Nicht selten wirkt sich als verhängnisvoll für die Weiterentwicklung der ursprünglichen Intentionen der betreffenden Persönlichkeit ein Anhang von kritiklosen Bewunderern aus, die auf die Wortlaute und Buchstaben des »Meisters« schwören; verhängnisvoll deshalb, weil an ihrem Gebaren, an ihrem Dogmatismus und ihrer geistigen Unbeweglichkeit falsche Rückschlüsse auf die tatsächliche Leistung der betreffenden Persönlichkeit gezogen werden, deren Sache sie zu repräsentieren behaupten. Es entstehen Vorurteile, und zwar um so schneller, je befremdlicher der Allgemeinheit das erscheint, was als Erkenntnisbeitrag zutage gefördert worden ist. Befremdlich kann es beispielsweise erscheinen, wenn eine auf Ganzheitlichkeit hinzielende, den ganzen Wirklichkeitskosmos umfassende Sichtweise angeboten wird, die ein besonderes Maß an Aufnahmebereitschaft und -fähigkeit erfordert. Dieses Erfordernis wird erfahrungsgemäß nur von einer relativ kleinen Schar erfüllt, wenngleich es das Bedürfnis vieler ist, der fortschreitenden Spezialisierung in den einzelnen wissenschaftlichen Disziplinen zu begegnen, sei es durch ein studium generale, sei es durch »synoptische« Bemühungen anderer Art.

Die Rätselhaftigkeit der Großen der Geistesgeschichte, soweit sie einander Zeitgenossen sind, besteht nicht selten darin, daß sie es einerseits an einer gründlichen Diagnose ihrer Zeit nicht fehlen lassen, andererseits aber die Bedeutung ihres Gegenübers bisweilen völlig verkennen. Nicht selten kommt es vor, daß profilierte Zeitgenossen aneinander vorbeileben, obwohl sie sich hinsichtlich ihrer Zielsetzung gegenseitig ergänzen, vielleicht auch korrigieren und impulsieren könnten [1].

Es gehört aber wohl zur Psychologie und Eigengesetzlichkeit eines geistigen Pioniers oder vielmehr des Inaugurators einer Erkenntnisart, mit aller Konzentration und innerer Konsequenz den ihm vorgeschriebenen Weg zu gehen, um das ihm vom Schicksal gesetzte Ziel zu erreichen. Diese Folgerichtigkeit erfordert es geradezu, unter dem Risiko der Einseitigkeit, anderen Bestrebungen gegenüber gewissermaßen »blind und intolerant« zu sein. Dem Pionier bleibt eben keine Zeit und Kraft, dem scheinbaren Konkurrenten die ihm angemessene Aufmerksamkeit zu widmen. Mitunter kommt es zu wechselseitiger Mißachtung oder gar zu Verurteilungen. Was liegt näher, als daß die Schüler oder die allzueifrigen Anhänger, des »Bannspruchs« ihres Meisters eingedenk, eine ernsthafte Beschäftigung mit dem Werk dieses scheinbaren Konkurrenten für überflüssig halten?

So folgt auf die Phase der Pionierzeit, in der eine geistige Bewegung ihren Erkenntnisdurchbruch erringen muß, eine Phase der Scholastik oder der Orthodoxie. Man ist mit der Edition, mit der Kommentierung und Zitierung des jeweiligen Werks hinreichend beschäftigt. Vom Heer der geistig überforderten Nachbeter ganz zu schweigen. Dabei wäre es gerade eine wichtige Aufgabe der Schüler, jene Arbeit zu leisten, zu der der Lehrmeister nicht kam, nämlich Querverbindungen und den geistigen Brückenschlag zu verwandten Bestrebungen zu versuchen.

Hier liegt ein großes Problem. Ganz abgesehen von der Stoff-Fülle, die von Fall zu Fall gesichtet werden muß, zeigt sich die Besonderheit eines außerordentlichen Werkes gerade darin, daß es im Grunde *unvergleichbar* ist. Die Denkwege seines Schöpfers, Ausgangs- und Zielpunkt, lassen sich nicht ohne weiteres mit den Gedankenbahnen anderer in Parallele setzen. Das ergibt sich schon auf Grund der biographischen, gesellschaftlichen und damit schicksalhaften Bedingtheit, in der sich ein Menschenleben abspielt. Oft divergieren schon die jeweiligen Erkenntnisvoraussetzungen und der damit zusammenhängende Weltanschauungshintergrund, dem sie entstammen. Das einer Sichtweise zugrunde liegende Vorverständnis, das sich in jeder Begriffsbildung zum Ausdruck bringt, weist meist auch dort auf fundamentale Differenzen zu einem anderen Gedankenzusammenhang hin, wo es der Gleichlaut von Texten verschiedener Autoren auf den ersten Blick gar nicht vermuten läßt. Umgekehrt kommt es vor, daß sich hinter einer anderslautenden Terminologie verwandte Anschauungen verbergen. Wer nun lediglich einige »zusammenstimmende«

Aussagen verschiedenen Ursprungs mit tatsächlichen Übereinstimmungen verwechselt, wer die Qualität bestimmter Ideenzusammenhänge übersieht, die tiefe Disparatheit, die zwei geistige Schöpfungen trennt, nicht durchschaut, erliegt der immer wieder zu beobachtenden Gefahr, letztlich Unvergleichbares vergleichen zu wollen.

Die Analytische Psychologie C. G. Jungs und die Anthroposophie Rudolf Steiners stellen hinsichtlich von Ausgangspunkt und Zielsetzung, hinsichtlich ihrer Erkenntnisgrundlage und ihres Vorverständnisses zwei disparate Größen dar. Rudolf Steiner hat als der Begründer der anthroposophischen Geisteswissenschaft zu gelten, die eine Erkenntnis von der leiblich-seelisch-geistigen Ganzheit des Menschen vermitteln will. Sie ist — wie noch näher auszuführen und auch im biographischen Zusammenhang zu erläutern sein wird — primär ein Forschungsweg, auf dem der Mensch befähigt werden soll, diesem Menschenbild und dieser Wirklichkeitserkenntnis gemäß zu handeln. Unmittelbare Früchte der Anthroposophie sind auf verschiedenen Lebens- und Fachgebieten in Erscheinung getreten. Die Waldorf-Schulbewegung, die biologisch-dynamische Wirtschaftsweise, die Heilmittelherstellung (z. B. im Rahmen der Weleda-Werke), das Wirken anthroposophischer Ärzte und Heilerzieher gehören neben naturwissenschaftlichen und künstlerischen Bestrebungen zu den bekanntesten Erscheinungen anthroposophischer Aktivitäten in aller Welt. Ein Impuls zur religiösen Erneuerung ist in Gestalt der Christengemeinschaft in Erscheinung getreten [2].

Auch bei C. G. Jung ist der anthropologische, auf das Menschenbild gerichtete Erkenntnisansatz nicht zu verkennen. Als Psychiater, der früh die bahnbrechende Leistung Sigmund Freuds gewürdigt hat, darf er nicht nur als dessen »Schüler« angesehen werden, der sich nach einigen Jahren der Zusammenarbeit vom »Meister« losgesagt hat. Einen Beleg stellen die frühen Arbeiten dar, die vor der Begegnung mit Freud entstanden sind, vor allem aber die großen Entdeckungen auf dem Gebiet der Tiefenpsychologie, der Erforschung des kollektiven Unbewußten und der archetypischen Bildwelt, durch die Jung über Freud und die klassische Psychoanalyse weit hinausschritt [3]. Auch diese seine Einsichten in die Wirklichkeit der Seele sind auf verschiedenen Gebieten fruchtbar geworden und haben unser Wirklichkeitsbild erheblich vertieft. Das zeigt das bereits in Gang gekommene Gespräch zwischen den einzelnen wissenschaftlichen Disziplinen [4]. Die medizinische Heilpraxis stellt zwar in erster Linie das

Betätigungsfeld des Analytischen Psychologen Jung dar. Wer sich aber eingehend mit seinem Werk beschäftigt, der merkt, daß diese Psychotherapie nicht nur dem psychisch erkrankten Menschen gewidmet ist, sondern daß sie darüber hinaus eine wichtige Erkenntnisfunktion zu erfüllen hat, indem sie zur Selbstwerdung anleitet und den Reifungsprozeß des Menschen begleitet.

Steiner und Jung sind zeitlebens nie in einen unmittelbaren geistigen Austausch getreten, obwohl sie — zwischen 1875 (Jungs Geburtsjahr) und 1925 (Steiners Todesjahr) — ein halbes Jahrhundert lang Zeitgenossen waren und in geographisch naher Nachbarschaft gewirkt haben. Der Anthroposoph und der Tiefenpsychologe sprechen eine Sprache, die jeweils dem Vertreter der anderen Richtung naturgemäß fremd ist. Zu der sachlichen Fremdheit treten ausgesprochen befremdende Momente hinzu. So äußert sich Steiner an mehreren Stellen seines Vortragswerkes über Psychoanalyse und über Analytische Psychologie, gelegentlich auch über C. G. Jung als Forscher. Das geschieht aber nirgends in der wünschenswerten Ausführlichkeit und Gründlichkeit. Es geschieht andererseits zu einem Zeitpunkt, da die Psychologie Jungs sich erst von der älteren, Freudschen Psychoanalyse abzuheben und ein Selbstverständnis zu finden beginnt. — Jung erwähnt seinerseits die Anthroposophie mehrmals, er spielt auf sie und auf Steiner an. Er geht jedoch nirgends näher auf sie ein. Ja, man hat den Eindruck, daß der umsichtige Tiefenpsychologe Wesen und Bedeutung der Anthroposophie ignoriere. Dieser Schluß ergibt sich aus der Beobachtung, daß Anthroposophie gelegentlich in einem Atemzug und ohne jede Differenzierung z. B. mit der anglo-indischen Theosophie von H. P. Blavatsky oder mit der Christian Science erwähnt wird. Dies ist, von Jung her gesehen, um so rätselhafter und bedauerlicher, als er Steiner nicht nur um dreieinhalb Jahrzehnte überlebt hat, sondern auch die Aktivität der anthroposophischen Bewegung aus geringer Entfernung beobachten konnte.

Ein Sachgespräch zwischen Anthroposophie und Jungscher Psychologie ist bis jetzt nicht geführt worden. Von anthroposophischer Seite liegen nur wenige Arbeiten vor, die gegebenenfalls als Gesprächsbeiträge gelten könnten. Es überwiegen apologetisch-ablehnende Äußerungen, wobei anthroposophische Autoren meist auf Steiners Ablehnung der Psychoanalyse Bezug nehmen und eine ernsthafte Auseinandersetzung für überflüssig halten. Vertreter der Jungschen Richtung haben ihrerseits bisher wenig Interesse gezeigt, auf Ergebnisse oder Anregungen Steiners einzugehen. Die Situation wird deutlich, wenn man daran denkt, daß ein so repräsentatives anthroposophisches Werk wie Friedrich Husemann »Das Bild des Menschen als Grundlage der Heilkunst« [5] zwar das Verhältnis von Leib und Seele bespricht und psychotherapeutische Gesichtspunkte des anthroposophischen Nervenarztes berücksichtigt, Sigmund Freud aber nur ein einziges Mal erwähnt und auf C. G. Jung an zwei Stellen kurz Bezug nimmt. Im gleichen Werk klagt der Autor im Zusammenhang einer knappen Besprechung psychologischer Richtungen: »Man vermißt in allen diesen Darstellungen eine Erwähnung Rudolf Steiners.« [6] Husemann verweist seinerseits auf Steiners Bücher »Theosophie« (1904) und »Von Seelenrätseln« (1917). Es liegt auf der Hand, daß diese Aufforderungen, Steiners Bücher zu lesen, nicht genügen, zumal diese Literatur meist ein eingehendes Studium der Anthroposophie nötig macht. Dieser Zustand eines wechselseitigen Ignorierens ist nicht haltbar.

Nun fehlt es auf anthroposophischer Seite nicht nur an einschlägigen Vorarbeiten, sondern selbst an geeigneten Hilfsmitteln. Das zum größten Teil in Form von Vortragsnachschriften erhaltene Werk Steiners ist mangels geeigneter Hilfsmittel eigentlich nur wenigen Sachkennern voll zugänglich. Ein Begriffs- und Namensregister für die Erstausgabe von fünfzig Vortragszyklen existiert [7]. Die verdienstvolle, noch im Erscheinen begriffene Gesamtausgabe der Werke und der Vorträge Steiners bringt zwar kurze Anmerkungen mit Querverweisen und knappen biographischen Angaben, jedoch keinen Index, der das Auffinden der sehr verstreut liegenden Äußerungen Steiners zu ein und demselben Thema erleichterte. Diktion und Komposition der Vorträge verringern den Mangel keineswegs. Und indem der Herausgeber am Eingang jedes der rund 350 Bände des Vortragswerkes darauf aufmerksam machen muß, daß es sich um Nachschriften handelt, die vom Autor nicht durchgesehen worden sind, und daß gewisse Erkenntnisvoraussetzungen gemacht werden müssen, kommt eine weitere Schwierigkeit hinzu. Es bedarf ohnehin einer sehr behutsamen Exegese, wenn man Mitteilungen auswerten will, bei denen Ort, Zeit, Zuhörerkreis, nicht zuletzt die unterschiedliche Zuverlässigkeit der Niederschrift jeweils eigens berücksichtigt werden müssen.

Eine erhebliche Schwierigkeit stellen für viele Steiners Mitteilungen dar, soweit diese als Ergebnisse seiner geistigen Forschung ausgegeben werden. Abgesehen von der bisweilen heftig kritisierten Sprachgestalt, in die diese Aussagen (vor allem in den Vortragstexten) gekleidet sind, steht der unvorbereitete Leser oft ratlos vor den mitgeteilten Fakten. Eine solide naturwissenschaftliche, philosophische oder auch psychologische Bildung reicht nicht ohne weiteres aus, um anthroposophische Primärliteratur zu verstehen. Spezielle hermeneutische Hilfen erweisen sich als notwendig. Leser, die z. B. mit dem Wesen des Imaginativen und der ihm gemäßen Aussageform noch nicht vertraut sind, fragen daher, wie die Mitteilung okkulter, dem begrifflichen Denken auf dem Forschungswege nicht zugänglicher Sachverhalte aufzufassen sei, ob etwa eine mythologische, symbolische oder allegorische Redeweise vorliege, wobei noch zu klären wäre, was der Fragesteller unter Mythos, Symbol oder Allegorie versteht. (Daß vermeintliche »anthroposophische Sachkenner« nicht selten ein »gläubiges« Schüler-Meister-Verhältnis haben und daher auf die Sentenzen des Doktors schwören, sollte allerdings nicht als ernsthaftes Hindernis in Betracht kommen, obgleich es als Faktum nur allzu bekannt ist.)

Auf ein Hindernis grundsätzlicher Art haben Steiner und Jung selbst mehrfach hingewiesen. Man könnte geradezu von einem charakteristischen Furchtphänomen sprechen, das die Menschen angesichts des Übersinnlichen befällt. »Aus den Denkgewohnheiten heraus, die man sich aus der Sinnes-Beobachtung, dem Experimentieren heraus angeeignet hat, fürchtet man heute, sofort in das Nebulose, Phantastische zu verfallen, wenn man mit der Ideenbildung nicht die Anlehnung an das hat, was die Sinne sagen, was die Meßmethoden, was die Waage ergeben.« [8] Steiner betont, daß die Menschen vor einem völligen Umdenken zurückschrecken, ohne das keine wissenschaftlich exakte Geist-Erkenntnis erlangt werden könne. »Aus einem unbewußten Schreck heraus klagen sie die Anthroposophie als phantastisch an, während sie nur auf dem Geistgebiete so besonnen vorgehen will wie die Sinneswissenschaft auf dem physischen.« [9]

Jung kennt das Furchtphänomen, das sich angesichts der Begegnung mit dem Unbewußten zeigt, wenn er feststellt: »Furcht und Widerstand sind die Wegweiser, die an der via regia zum Unbewußten stehen. Begreiflicherweise bedeuten sie in erster Linie eine vorgefaßte Meinung über das, worauf sie hinweisen.« [10] Abgesehen von den Befürchtungen, man könne der umfangenden Kraft des Unbewußten erliegen oder von ihm überschwemmt werden — eine u. U. nicht unbegründete Befürchtung zweifellos! —, tritt auch die Tendenz des Menschen zu Tage, »Bekehrungen, Erleuchtungen, Erschütterungen,

Erlebnissen« auszuweichen. »Der moderne Mensch hat entweder dermaßen verworrene Ansichten über das ›Mystische‹ oder eine solch rationalistische Angst davor, daß er dem wahren Charakter seines Erlebnisses gegebenenfalls verkennt und dessen Numinosität abwehrt bzw. verdrängt. Es wird dann als ein unerklärliches, irrationales, ja sogar pathologisches Phänomen gewertet.« [11] Es ist offensichtlich eine ungern eingestandene Angst, die darin zum Ausdruck kommt, die Erlebnisse der eigenen Innenwelt und das Innewerden dessen, das sich auf dem Spiegel der Seele zeigt, zu leugnen oder doch zu verschweigen, ein Phänomen, das übrigens aus den religiösen Urkunden als Furcht vor den Göttern und als Furcht angesichts von Engelsbegegnungen u. ä. wohlbekannt ist. Beim apostrophierten »modernen Menschen«, der der übersinnlichen Welt weitgehend entfremdet ist, bekommt diese Furcht allerdings eine besondere Note. Steiner bemerkt hierzu: »Die geistige Welt ist für die Seele, bevor sie von dieser erkannt wird, etwas Fremdes, etwas, das in seinen Eigenschaften nichts von dem hat, was die Seele durch ihre Erlebnisse in der sinnlichen Welt erfahren kann.« Es fehlen demnach die Sicherungen, es fehlt die Möglichkeit des sich Vergewisserns, wie sie der Forscher der Sinneswelt gewöhnt ist. »So kommt es, daß die Seele vor diese geistige Welt gestellt sein könnte und in ihr ein vollkommenes ›Nichts‹ sähe. Die Seele könnte sich fühlen wie in einen unendlichen, leeren, öden Abgrund hineinblickend. Ein solches Gefühl ist nun in den zunächst unbewußten Seelentiefen tatsächlich vorhanden. Die Seele hat dieses Gefühl, das der Scheu, der Furcht verwandt ist; sie lebt in denselben, ohne daß sie davon weiß.« [12] Steiner spricht an dieser Stelle vom »Materialismus als seelisches Furchtphänomen« und erblickt in dieser Erscheinung »ein wichtiges Kapitel der Seelenwissenschaft«.

Ferner wird noch auf die Beobachtung zurückzukommen sein, daß Steiner und Jung nur verhältnismäßig wenige definitive Aussagen machen, jedenfalls dort, wo das Seelenleben als ein fließender Prozeß zu beschreiben ist. Das hat zum Vorwurf angeblicher begrifflicher Unklarheit und Verschwommenheit geführt. Es ist bekannt, daß etwa bei einem Vergleich zwischen Jung und Freud der Begründer der Psychoanalyse in dieser Hinsicht besser abschneidet. Freuds Mitteilungen haben offensichtlich eine Evidenz, die die Rationalität unmittelbarer anspricht. Es wird sich zeigen, daß Steiner und Jung eine Forschungsmethode ausbilden mußten, die ihnen ihr Gegenstand, die Dimensionen des Seelisch-Geistigen, nahelegten.

Der Katalog der Schwierigkeiten und Hindernisse, die einem Vergleich zwischen Steiner und Jung gegenüberstehen, wäre damit wohl schon groß genug. Man darf aber auch die Vorbehalte nicht geringschätzen, die erfahrungsgemäß von Vertretern der einen Richtung denen der anderen gegenüber erhoben werden. Die Vorurteile einerseits gegenüber Steiner, andererseits gegenüber Jung (wenngleich hier in geringerem Maße), sind bekannt [13].

Was rechtfertigt dann überhaupt den Versuch einer Konfrontation und einer Synopse? — Die Wissenschaft, von der Carl Friedrich von Weizsäcker sagt, sie repräsentiere die »Religion unserer Zeit«, hat nicht nur so etwas wie eine Explosion an Wissen, eine ins Unermeßliche expandierende Masse an Daten und Fakten hervorgebracht. Sie hat in diesem Jahrhundert auf vielen Forschungsgebieten die Erkenntnishorizonte der klassischen Naturwissenschaft durchbrochen und das herbeigeführt, was Jean Gebser die »abendländische Wandlung« auf den einzelnen Gebieten der Forschung genannt und dargestellt hat [14]. Es handelt sich freilich um eine Wandlung, die keinesfalls auf einen Kulturkreis beschränkt bleibt, sondern die das Bewußtsein der ganzen Menschheit zu revolutionieren imstande ist. Den Tendenzen der Wandlung auf dem wissenschaftlichen Feld liegt ein Bewußtseinswandel zugrunde, der mehr und mehr eingesehen wird. »Die neue Position ließe sich dahin definieren, daß sie eine Überwindung des Primats des Intellekts wäre, welche weder einem Rückfall in das Magische noch in das Mythische gleichkäme, welche aber auch kein Stehenbleiben im Philosophischen bedeutete, mit welchen drei Begriffen sich immerhin die bisherige Menschheitsentwicklung umschreiben läßt. Diese neue Position entspräche dann einem Hinauswachsen in jenes ›Geistige‹, welches keinen Gegensatz zu ›seelisch‹ oder zu ›körperlich‹ darstellt, sondern womit wir jene Bewußtseinsstruktur bezeichnen möchten, welche vielleicht zu erreichen sich die Menschheit anschickt. Jenes Geistige, soweit es eine überwache gedankliche Sphäre sein mag, könnte auf eine überraschende Weise eine Annäherung an den Seinsgrund und Ursprung darstellen, wenn wir uns daran erinnern, als was wir den Gedanken heute zufolge der wissenschaftlichen Forschung betrachten dürfen. Seine Herkunft aus dem Immateriellen ordnet ihn jenem Reiche zu, welches wir als das der Raum-Zeitlosigkeit bezeichnen konnten.« [15]

Damit ist Neuland betreten, dessen Erschließung der alten Wissenschaftsgläubigkeit zum Trotz nicht etwa schon dadurch zu bewerkstelligen ist, daß immer neue Fakten und Informationen zusammengetragen, gespeichert und verwertet werden. Das Neuland dieser Erkenntniserweiterung, von der Gebser spricht, erweist sich immer mehr als das Problem des Menschen selbst und als die Konfrontation des Menschen mit sich selbst. Denn nicht allein in den Laboratorien und auf den Versuchsgeländen der Wissenschaft spielt sich Mal um Mal ein Schwellenübertritt ab, sondern im Geistig-Seelischen des Menschen.

Aber wer ist der Mensch? — Es ist kein Zufall, daß die uralte Frage der Sphinx, die Forderung der altgriechischen Mysterienpriester: »Erkenne dich selbst!« und die Urfrage des biblischen Menschenschöpfergottes: »Adam (Mensch), wo bist du?« heute in einer so gebieterischen Weise laut werden. Arnold Gehlen faßt seine Beobachtung einer »tiefen Interessenverschiebung« zum Menschen hin so zusammen: »Außerhalb der Religionen, in den Wissenschaften überhaupt, auch in der Philosophie, wird der Mensch geradezu zu einem Zentralthema.« [16] Ähnlich Carl Friedrich von Weizsäcker: »Der Schlüssel, den wir verloren haben, ist gerade der Schlüssel zum Wesen des Menschen.« [17] Wer etwas von der totalen und radikalen Bedrohung des Menschseins weiß, der ahnt, was es heißt, den »Schlüssel zum Wesen des Menschen« zu verlieren bzw. verloren zu haben. Aus all dem ergibt sich die hohe Anforderung an die Humanwissenschaften. Die Psychologie, die wie die Jungsche in die Untergründe der persönlichen Psyche hineinzuleuchten vermag und die zugleich die kollektiven Bezüge entdecken hilft, ist um ihren Beitrag zum verlorenen Menschenbild gefragt. Sie ist gefragt, wie Einzelmensch und Gesamtmenschheit zur Reife finden und wie sich angesichts eines drohenden Seelenverlustes [18] die Individuation, die Menschwerdung des Menschen, herbeiführen läßt.

Die Geisteswissenschaft, als die sich die Forschungsart Rudolf Steiners versteht, will primär »Anthroposophie«, Weisheit vom Menschen, sein, also qualitativ mehr als ein bloßes Wissen vom Menschen, etwa im Sinne einer Anhäufung von Fakten oder Daten. Seit Jahrzehnten wird — allen Vorurteilen zum Trotz — Steiners Menschenkunde auf den bereits genannten Gebieten — praktisch erprobt. Auch fundamentale Kritiker der Anthroposophie können dem ihre Anerkennung nicht versagen, was als Frucht der Anthroposophie in Erscheinung getreten ist.

Unter einem anderen Aspekt begegnet uns unser Thema, wenn wir davon ausgehen, daß die rasch kleiner werdende Welt angebliche Erkenntnismonopole als Anachronismen bezeichnen muß. Die Menschheit, die einerseits immer enger zusammenrückt, deren ideologisch-weltanschauliche Zerklüftung jedoch andererseits nicht kleiner wird, bedarf dringend einer »Gemeinschaft des Geistes« (Sarvepalli Radhakrishnan) als Form einer neu einzuübenden Menschlichkeit. Angesichts der vielfältigen Herausforderungen der Zeit und der Existenzbedrohung des Menschen durch den Menschen tut eine Konzentration der geistigen Kräfte not, die der Selbsterkenntnis und der Weltverwandlung dienen können, und zwar auch dann, gerade dann, wenn diese Kräfte von so unterschiedlichen Voraussetzungen herrühren, wie dies bei der Analytischen Psychologie Jungs und der Anthroposophie Steiners der Fall ist. Es bedarf keines besonderen Hinweises, daß Jung und Steiner nicht isoliert gesehen werden können. Ihre Erkenntnisse und Erfahrungen sind im Kontext mit den Einsichten zu werten, die die Menschheit in ihren geistigen Exponenten in unserem Jahrhundert in West und Ost erlangt hat. Durch das bloße Hinstarren auf die Gefahr wächst »das Rettende« nicht. Angesichts der erwähnten Dissoziierung von Mensch und Menschheit wirken sich bereits konvergierende Kräfte aus, die Pierre Teilhard de Chardin in seiner theologisch-naturphilosophischen Schau anvisiert hat. In der Gegensatz vereinigenden Symbolik sieht Jung diesen Vorgang ausgedrückt. Und im Blick auf die Demaskierung des Bösen hat Shri Aurobindo als Vertreter der östlichen Spiritualität die »Herabkunft« des Geistes bzw. des »Supramentalen« als einen stetig voranschreitenden Prozeß der Reinigung und der Rettung beschrieben. Was die Weisen des Ostens — in unserem Jahrhundert wäre neben Aurobindo Ramana Maharshi zu nennen — als eine Tatsache und als einen Vorgang von größter Tragweite erkannt haben, das ist von Rudolf Steiner seit dem Jahre 1910 als das »Christusereignis des 20. Jahrhunderts« angekündigt worden [19]. Eine Synopse auch dieser westlich-östlichen Weltgegensätzlichkeit drängt sich geradezu auf. Steiner und Jung haben je von ihrem Standort aus die spirituelle West-Ost-Problematik gesehen und für den westlichen Menschen zu beantworten gesucht. Es kann nicht gleichgültig bleiben, wie diese Antwort im Dialog der »Hemisphären des Geistes« [20] bei Steiner und bei Jung aussieht.

Die großen Anstrengungen, die in der Bekämpfung des Hungers und in der Sicherung des Friedens in der Welt gemacht werden, müssen mit entsprechenden Bemühungen um die geistig-seelische Erneuerung des Menschen korrespondieren. Infolge einer weltweiten »Extraversion« des Menschen auf dem Gebiet des politischen, gesellschaftlichen und wirtschaftlichen Engagements (»Engagement« als Schlüsselwort dieser Zeit!) erlangt das Christuswort: »Eins aber ist not!« [21] aufs neue Gewicht und Bedeutung. Zur Weisheit der Mönche gehörte einst das Wissen um einen Ausgleich zwischen der »via meditativa« und der »via aktiva«, zwischen dem meditaiven Weg der religiösen Sammlung und dem der aktiven Weltgestaltung. Die Weisheit der Alten bestand nicht zuletzt darin, daß der Aktivität (Extraversion) die Meditation (Introversion) *voraus*gehen müsse. Eine Umkehrung muß sich verhängnisvoll auswirken. Seelische Vertiefung und das Beschreiten eines geistigen Schulungsweges kann demnach nicht als überflüssiger Luxus bezeichnet werden, den sich einige wenige zu Lasten der Mehrheit leisten, denn Menschwerdung ist Aufgabe und Ziel *jedes* Menschen. Die Zahl derer, die — gemäß dem Prophetenwort — »in der Wüste« den Weg des Heils bzw. der Heilung zu bahnen haben, ist naturgemäß klein. Steiner und Jung gehörten zu dieser aktiven Minderheit.

Die vorliegende Studie muß sich notgedrungen auf einen relativ schmalen Ausschnitt der angesprochenen Probleme beschränken. Die Aufgabe bedeutet auch den Versuch einer Konfrontation und einer Synopse von Anthroposophie und Analytischer Psychologie. *Konfrontation* soll besagen: Es sind die Werke zweier Männer einander gegenüberzustellen. Diese Werke sind nach der ihnen eigenen Gesetzmäßigkeit entstanden. Anzuerkennen und wahrzunehmen ist zunächst die Andersartigkeit der beiden Erkenntnisrichtungen, die durch keinen Harmonisierungsversuch vertuscht und durch keine vorschnelle Parallelisierung verharmlost werden darf. Bei der Anerkennung dieser Andersartigkeit muß jedoch nicht haltgemacht werden, wenn es gelingt, so etwas wie eine gemeinsame Sprache zu finden und einen gemeinsamen Hauptnenner zu ermitteln. Eben darum war es Steiner zu tun, als die Anthroposophie begann, über den Kreis der Mitgliedschaft hinaus zu wirken. Wer die Vortragsnachschriften Steiners, beispielsweise aus den Jahren nach dem Ersten Weltkrieg durchsieht, die sich u. a. auf die soziale Neuordnung beziehen, der weiß, wieviel Steiner daran gelegen war, daß die »rechte Sprache« gefunden und die »sektenmäßig organisierte Lieblosigkeit«, wie er sich ausdrückte, in bestimmten anthroposophischen Kreisen überwunden würde. Wer nicht mit ehrlichem Willen die Sprache des Gegenübers studiere, rufe Vorurteile hervor und vergrößere dadurch nur den Zustand der weltanschaulichen Zerklüftung[22]. Ebensowenig ist der Appell zu überhören, wenn er an anderer Stelle sagt: »... es steht zu hoffen, daß aus den Kreisen unserer Freunde heraus immer mehr und mehr auch diejenigen kommen, welche die angedeutete Brücke bauen können.«[23] Gemeint ist ein geistiger Brückenschlag zwischen der Anthroposophie und der nichtanthroposophischen Wissenschaft. Eine dogmatische Fixierung hat Steiner ebenso abgelehnt wie den auf seine Person bezogenen und immer noch wuchernden Personenkult. Er wußte: »In der theosophischen (bzw. anthroposophischen) Bewegung ist die Gefahr des Schadens alles Persönlichkeitskultus und alles Autoritätsglaubens eine außerordentliche ... Persönlichkeiten müssen die Träger sein für die Offenbarungen, und dennoch sollen wir uns hüten, die Persönlichkeiten mit den Offenbarungen zu vermischen.« Immer sei eine Persönlichkeit zu prüfen[24]. Auch C. G. Jung hat an der Vorläufigkeit und an dem Charakter der Pionierarbeit seiner Lebensleistung keinen Zweifel aufkommen lassen, wenn er in einem Brief einmal schrieb: »Die systematische Aufarbeitung meiner oft nur hingeworfenen Gedanken bedeutet eine Aufgabe für alle, die nach mir kommen, und ohne eine derartige Leistung wird es keinen Fortschritt in der Wissenschaft der Analytischen Psychologie geben.«[25]

So verschiedenartig motiviert diese Appelle Steiners und Jungs im einzelnen auch sein mögen, sie können zur Weiterarbeit ermutigen. Und da beide Forschungsarten universalistische, auf Totalität der Wirklichkeit zielende Züge tragen, bietet sich eine *synoptische* Betrachtung an. In den Arbeitstagungen der von Wilhelm Bitter initiierten »Internationalen Gemeinschaft Arzt und Seelsorger« ist der Begriff des Synoptischen schon lange mit Erfolg angewandt worden. Wilhelm Bitter als Arzt und Psychiater und Adolf Köberle als evangelischer Theologe haben den Begriff so umschrieben: »Synopsis bedeutet ... nicht Synthese, auch nicht Addition der verschiedenen Hypothesen und Theorien, auch nicht ein Amalgam, zu dem etwa Schultz-Hencke seine Neoanalyse aus Freudschen und Adlerschen Theorien zusammenzuschmelzen versucht hat, schließlich auch keinen Eklektizismus oder Synkretismus. Vielmehr versucht die Synopsis, wie das griechische Wort sagt, eine Zusammenschau aller bewährten wesentlichen Elemente bei Aufgeschlossenheit für neue Erkenntnisse und Fortschritte. Allein die Tatsache, daß Vertreter der verschiedenen Schulen — Bitter hat eine synoptische Psychotherapie im Auge

— über Erfolge berichten können, läßt ja auf Gemeinsames schließen.« [26]

Als ein weiterer Praktiker der synoptischen Methode ist neben Bitter und Köberle der Saarbrückener Theologe Ulrich Mann zu nennen, der in seinem gewichtigen Werk »Theogonische Tage« [27] ein eindrucksvolles Beispiel synoptischer Deutung geliefert hat. In diesem Zusammenhang ist es nicht uninteressant zu sehen, daß beide Theologen der Tübinger Schule Karl Heims (1874—1958) entstammen, in der abseits vom allgemeinen theologischen Trend an einer die Disziplinen transzendierenden Theologie gearbeitet worden ist, der es um eine ganzheitliche Wirklichkeitserfassung und um eine universalistische Christologie ging. Das »Glaubensvermächtnis der schwäbischen Väter«, unter ihnen vor allem das des großen Theosophen des 18. Jahrhunderts Christoph Friedrich Oetinger, eines prominenten Schülers Jakob Böhmes, gehört zum geistigen Ausgangsort Heims, Köberles und Manns. Damit ist auf jene ungemein fruchtbare Geistesströmung der deutschen (nachreformatorischen) Mystik hingewiesen, zu der sich Rudolf Steiner und C. G. Jung an wesentlichen Punkten ihres Werkes bekannt haben. Als eine der wichtigsten Schlüsselfiguren des mitteleuropäischen Geisteserbes hat Jakob Böhme den Begründer der Anthroposophie und den Schöpfer der Analytischen Psychologie direkt und indirekt maßgeblich beeinflußt.

In einem Augenblick, da nicht nur von einer weltweiten Krise des Menschen und der Menschheit geredet wird, sondern in dem der leidende und der gepeinigte Mensch eine Passion und eine Apokalypse ohnegleichen zu bestehen hat, ist eine synoptische Erkenntnisbemühung unerläßlich. Übermächtig erscheinen die atomisierenden und dissoziierenden Kräfte. Worauf ist inmitten der Stürme und der Erschütterungen dieses Jahrhunderts zu achten? — Emil Bock, der Theologe und Anthroposoph, schreibt in einer seiner Betrachtungen zu den Jahresfesten einmal: »Wir müssen uns in unseren Zeiten aneignen: den Sinn für das Untergehende, um es zu erkennen, und den Sinn für das Aufgehende, um es zu pflegen. Die äußeren Weltverhältnisse sind im Untergehen. Das Vergängliche, Zeitliche ist heute im größten Ausmaß im Vergehen. Aber es mischt sich in unsere Zeit auch Aufgehendes. Und die leisen Strahlen der Ewigkeit durch die Risse und Ritzen der zerberstenden Sinneswelt hindurchschimmern zu sehen, das gibt die Kraft, das Untergehende ruhig dem Abgrunde zu überlassen und sich an das zu halten, was aufgeht.« [28]

RUDOLF STEINER UND C. G. JUNG — EIN BIOGRAPHISCHER VERGLEICH

Schon von anderer Seite ist darauf aufmerksam gemacht worden, daß das Leben von Steiner und Jung Vergleichsmomente enthalte. So schreibt Fred Poeppig: »Gewisse Parallelen zu Rudolf Steiner, dem ›Wissenschaftler des Unsichtbaren‹, drängen sich unwillkürlich auf, da beide ihre Lebensaufgabe darin sahen, die Welt des Unsichtbaren zu erforschen.« [1] Und Hans Erhard Lauer, der zu den wenigen anthroposophischen Autoren gehört, die sich eingehender mit C. G. Jung beschäftigt haben, hebt hervor: »Wir glauben, daß es nicht aus einer Voreingenommenheit für Rudolf Steiner heraus geschieht, sondern in den objektiven Tatbeständen selber begründet liegt, wenn wir behaupten, daß es wohl kaum zwei Biographien bedeutender, bahnbrechender Geister unserer Zeit gibt, die so viele Ähnlichkeiten und Analogien aufweisen wie diejenigen von Steiner und Jung.« Lauer fügt einschränkend hinzu: »Allerdings stehen diesen Verwandtschaften ebenso entschiedene Gegensätzlichkeiten gegenüber.« [2] Für unsere Fragestellung wird vor allem der erste Lebensabschnitt beider Persönlichkeiten von Interesse sein, die Zeit also, in der Steiner und Jung die Richtung ihres Lebensweges finden und einschlagen mußten.

Lauers einschränkende Bemerkung ist durchaus berechtigt. Dies zeigt die Beschäftigung damit selbst. Jedenfalls enthalten beider Lebensläufe neben den offensichtlichen Parallelen eine Reihe von Divergenzen, die kenntlich zu machen unerläßlich ist. Das beginnt bereits, wenn man sich die Vorfahren von Jung und Steiner und deren gesellschaftlich-kulturellen Status ansieht. — Aber zuvor eine Bemerkung zu den biographischen Quellen:

Bei Jung liegen die Dinge so, daß für die Kenntnis seines seelisch-geistigen Entwicklungsweges so gut wie ausschließlich der von Aniela Jaffé aufgezeichnete autobiographische Bericht »Erinnerungen, Träume, Gedanken« heranzuziehen ist. Selbst wenn man mit unvermuteten ausführlichen Aufzeichnungen von Jugendfreunden oder aus der Familie rechnete, würde das Bild, das Jung kurz vor seinem Tode von sich selbst enthüllt hat, schwerlich bereichert werden können. Das ist einzig und allein auf die Eigenart seines Lebensgangs und damit seines Lebensberichts zurückzuführen: »Mein Leben ist die Geschichte einer Selbstverwirklichung des Unbewußten ... Was man der inneren Anschauung nach ist, und was der Mensch sub specie aeternitatis zu sein scheint, kann man nur durch einen Mythus ausdrücken.«[3] Diesen Mythus zu erzählen, war nur er allein in der Lage. Außenstehende, und seien es die nächsten Freunde, Verwandten und Familienmitglieder vermöchten bestenfalls einen Kontext zu liefern, der durch allerlei anekdotischen Stoff angereichert ist. Das »mythische« Bild, das C. G. Jungs Leben eingeprägt ist, würde dadurch nicht verändert. Streng genommen vollzog es sich gar nicht in den geläufigen historischen Dimensionen. Diese wunderlich anmaßend klingende Behauptung stützt sich auf Jungs eigenes Urteil. Und es ist auch gar nicht zu verwundern, daß Aniela Jaffé, Jungs Sekretärin während dessen letzten sechs Lebensjahren, den Autobiographen oft vergeblich nach äußeren Daten gefragt hat; »nur die geistige Essenz des Gelebten war ihm unvergeßlich und der Mühe des Erzählens wert«. Offensichtlich spielte sich der »Mythus« seines Lebens auf einer Ebene ab, auf der äußere Begebenheiten das Uneigentliche, das kaum Erinnernswerte, somit auch nur schwer Erinnerbare darstellen. Er gesteht es selbst: »Im Grunde genommen sind mir nur die Ereignisse meines Lebens erzählenswert, bei denen die unvergängliche Welt in die vergängliche einbrach. Darum spreche ich hauptsächlich von den inneren Erlebnissen. Zu ihnen gehören meine Träume und Imaginationen. Sie bilden zugleich den Urstoff meiner wissenschaftlichen Arbeit. Sie waren wie feurig-flüssiger Basalt, aus welchem sich der zu bearbeitende Stein auskristallisiert. Neben den inneren Ereignissen verblassen die anderen Erinnerungen, Reisen, Menschen und Umgebung ... Die Erinnerung an die äußeren Fakten meines Lebens ist mir zum größten Teil verblaßt oder entschwunden. Aber die Begegnungen mit der anderen Wirklichkeit, der Zusammenprall mit dem Unbewußten haben sich meinem Gedächtnis unverlierbar eingegraben«[4]. Da war immer Fülle und Reichtum, und alles andere trat dahinter zurück. Dieses Bekenntnisbuch Jungs sowie entsprechende Mitteilungen in den Briefen oder etwa auch in den Vorworten, die er für die Bücher anderer Autoren verfaßt hat, geben die für uns wesentlichen Aufschlüsse.

Rudolf Steiner fand nicht mehr die Zeit, eine die ganze Lebenszeit umfassende Autobiographie zu schreiben, wie es Jung, dem mehr als 80jährigen, noch vergönnt war. Bis kurz vor seinem Tod im Jahre 1925 schrieb Steiner seinen »Lebensgang«, der dort abbricht, wo er die Ereignisse bis zum Jahre 1913 beschrieben hat, an dem Zeitpunkt also, da der Bruch mit den Theosophen erfolgt war und die Anthroposophische Gesellschaft gegründet wurde. Nun ist es nicht gleichgültig zu erwähnen, daß dies autobiographische Buch zuerst in Form von etwa siebzig Zeitungsfortsetzungen erschienen ist. Das entspricht durchaus dem Inhalt der Veröffentlichung. Was der Autobiograph zu berichten hat, sein Seelenerleben und die äußeren Abläufe, die Ereignisse und Menschenbegegnungen, lassen sich der europäischen Geistesgeschichte sinnvoll einfügen. Insofern ist es berechtigt, um mit Friedrich Hiebel zu sprechen, »Rudolf Steiner im Geistesgang des Abendlandes« darzustellen. Der Inaugurator einer modernen Initiationserkenntnis, als der Steiner gilt, hat keine Lebensbeschreibung hinterlassen, die sich etwa nur an einen geschlossenen Kreis von »Eingeweihten« wendet. Das Innen und das Außen dessen, was biographisch zu berichten ist, hält sich das Gleichgewicht. Im Sinne der Typologie Jungs könnte man von einer Balance zwischen Introvertiertheit und Extravertiertheit sprechen. Daran gemessen sind Jungs »Erinnerungen« eher esoterisch-exklusiv. Eine Veröffentlichung dieser Aufzeichnungen in Zeitschriftenform konnte leicht mißverstanden werden. Der Grad der Offenlegung dessen, was sich aus den Tiefen des Unbewußten geradezu eruptiv ans Tageslicht gefördert hat, kann bisweilen als außergewöhnlich, wenn nicht als bestürzend empfunden werden. Steiner hätte gleichermaßen »Esoterisches« zu sagen gehabt. Er konnte sich jedoch nicht entschließen, einen größeren Menschenkreis daran Anteil haben zu lassen. Das eine Mal, als er die erste autobiographische Skizze liefert, am 4. Februar 1913, tut er es in Gestalt eines internen Vortrags, nachdem schwerwiegende Verleumdungen gegen ihn ausgesprochen worden waren. Einige Jahre älter ist die autobiographische Skizze, die Steiner am 9. September 1907 für den französischen Dichter und Esoteriker Eduard Schuré schrieb. Sie wurde zum ersten Mal aus Anlaß von Steiners 40. Todestag im Jahr 1965 publiziert [5].

Versuchen wir nun, einige wichtige charakteristische biographische Daten von Steiner und Jung einander gegenüberzustellen:

Steiner wächst in einer Familie auf, die bereits durch das Berufsschicksal der Moderne geprägt ist. Die Eltern, die aus dem niederösterreichischen Waldviertel nördlich der Donau stammen, müssen sich von den traditionellen Bindungen, von Heimat, Familie und Broterwerb lösen. Sie unterwerfen sich den neuen beruflichen Notwendigkeiten des Vaters, der als kleiner Angestellter der österreichischen Südbahn innerhalb weniger Jahre von Bahnstation zu Bahnstation versetzt wird. Die Eltern nehmen dies auf sich, weil der bisherige Arbeitgeber, ein österreichischer Grundherr, in dessen Diensten der Vater als Förster und Jäger, die Mutter als Magd standen, die Ehebewilligung versagt. Die individuelle Freiheit wird durch die Übernahme dieser spärlich bezahlten Tätigkeit erkauft, eine Tätigkeit, die den Menschen »heimatlos« macht. Dies ist das Schicksalsmotiv, das in das Leben des jungen Rudolf Steiner hereinspielt. Oft müssen die Eltern den Wohnort wechseln. Bis zu Steiners 18. Lebensjahr stellen kleine Bahnstationen die häusliche Umgebung dar. In den sechziger, siebziger Jahren des vorigen Jahrhunderts kann man an ihnen immerhin die Ausbreitung der damaligen modernen Eisenbahn-Technik beobachten.

Jungs familiäre Umgebung ist ein reformiertes Pfarrhaus in der Nordschweiz. Sieben Theologen gibt es auch bei den Vorfahren der mütterlichen Linie. Wenngleich das Pfarrhaus der Jung-Familie keinen Hort des Reichtums darstellt — Jung gibt in den »Erinnerungen einige diesbezügliche Hinweise —, so bieten Pfarrhaus und Verwandtschaft doch jene Sicherungen und Werte, die im letzten Viertel des 19. Jahrhunderts geschätzt sind. Die soziale Kluft zwischen den Familien Jung und Steiner ist beträchtlich. Zwischen dem Vater Steiner, der sich als gebürtiger Katholik doch eher als ein »Freidenker« versteht, und dem protestantischen Pfarrer, dem Vater von Carl Gustav Jung, gibt es kaum Gemeinsamkeiten. Hat die Steiner-Familie die gewachsenen Ordnungen verlassen, die sich aus der Beziehung zwischen Obrigkeit und Untertanen ergibt, so kann man der Familie Jung ein starkes Traditionsbewußtsein bescheinigen. Die weitverzweigte Ahnentafel deutet in die gleiche Richtung. Noch wichtiger dürfte das Seelenerbe sein, das C. G. Jung in die Wiege gelegt wurde und das sich in seinem Denken und Träumen, in seinem Tun und Erleiden vielfältig spiegelt. Über Steiners Vorfahren sind wir nur recht spärlich informiert. Dem gebürtigen Deutsch-Österreicher war es wichtig hervorzuheben, daß er zwar deutscher Abstammung, jedoch in einer (jugo-)slawischen Gegend geboren wurde, die dem Milieu und der Eigentümlichkeit der Heimat seiner Ahnen vollständig fremd gewesen sei. Dies erzählte er einmal anläßlich einer Vortragsreihe vor russischen Hörern in Helsingfors (Helsinki) im Jahre 1912. Marie von Sivers, Steiners zweite Ehefrau und von Beginn der anthroposophischen Tätigkeit an wichtigste Mitarbeiterin, die selbst aus dem Gouvernement Warschau stammte, deutete Steiners Abkunft einmal so: »In Slawentum getauchtes Deutschtum, innerhalb keltischer Ursprungsstammkraft: so konnte die Ich-Entfaltung jene Beweglichkeit und jenes Feuer gewinnen, die sie brauchte, um in das Fremde, den andern, nicht nur liebend unterzutauchen, sondern es erkennend zu erlösen und seinen Aufgaben entgegenzuführen.« Und Steiners Biograph Fred Poeppig bemerkt hierzu: »Nur auf dieser Grundlage war es möglich, eine ganz im Erkenntnisleben wurzelnde Lebensaufgabe zu erfüllen, ohne einer abstrakten Intellektualität zu verfallen, die so oft bei philosophischen Denkern auftritt. Seine Abstammung, die ihn davor bewahrte, gab ihm die Liebenswürdigkeit des Österreichers, die Beweglichkeit des Slawen und die kosmopolitische Großzügigkeit des Weltmannes.« [6]

Es versteht sich, daß diese Sätze eine Wesensbestimmung Steiners nicht ersetzen können und wollen. Man muß Schicksal und Lebensauftrag Steiners zu sich sprechen lassen, wenn man ein Bild von ihm gewinnen will. Wie sich diese Beauftragung vorbereitet, läßt sich an einigen Kindheitseindrücken ablesen.

Zu den ersten Erinnerungen, von denen Steiner zu berichten weiß, gehört ein übersinnliches Schauerlebnis des etwa Vierjährigen [7]. Im Warteraum der kleinen österreichischen Eisenbahnstation von Pottschach erblickt das Kind eine Frau, die es noch nicht gesehen hat, die aber einem Familienangehörigen sehr ähnlich sieht. »Die Frauenpersönlichkeit trat zur Türe herein, ging bis in die Mitte der Stube, machte Gebärden und sprach auch Worte, die etwa in der folgenden Weise wiedergegeben werden können: ›Versuche jetzt und später, so viel du kannst, für mich zu tun!‹ Dann war sie noch eine Weile anwesend unter Gebärden, die nicht mehr aus der Seele verschwinden können, wenn man sie gesehen hat, ging zum Ofen hin und verschwand in den Ofen hinein.« [8] Nach Tagen stellt sich heraus, daß zu eben dieser Stunde eine entfernt wohnende Verwandte durch Selbstmord aus dem Leben geschieden ist. Der Eindruck auf das Kind erweist sich als besonders tief und nachhaltig. Zwei Momente verdienen besondere Beachtung: Zunächst ist das Kind allein mit diesem außerordentlichen Erlebnis. Steiner, der zum ersten Mal in einem internen

Vortrag aus dem Jahre 1913 davon erzählt, sagt dort von sich in der dritten Person: »Der Knabe hatte niemanden in der Familie, zu dem er von so etwas hätte sprechen können, und zwar aus dem Grunde, weil er schon dazumal die herbsten Worte über seinen dummen Aberglauben hätte hören müssen, wenn er von diesem Ereignis Mitteilung gemacht hätte.« Die Alltagspflichten des Vaters, der den interessierten Jungen frühzeitig mit seinem Beruf vertraut machte, beispielsweise mit dem Telegraphenapparat, ließen sich so gar nicht mit visionären Erlebnissen in Einklang bringen. Aber gerade darin deutet sich bereits ein Schicksalsmotiv an: das Gegenüber von moderner Technik und von geistiger Schau. Es erhebt sich die Frage, mit der der junge Steiner später zu ringen hat: Wie läßt sich Gewißheit über die Realität geistiger bzw. sinnlichkeitsfreier Erlebnisse gewinnen, ohne daß die Welt verleugnet werden muß, in der die Gesetzmäßigkeiten der neuzeitlichen Naturwissenschaft und Technik ihre Gültigkeit haben?

Damit ist das zweite Moment bereits angesprochen, der Zugang zu einer Seite der Wirklichkeit, die normalerweise der äußeren Beobachtung entzogen ist. Im gleichen Zusammenhang berichtet Steiner, daß von dem geschilderten Ereignis an »für den Knaben ein Leben in der Seele anfing, welchem sich durchaus diejenigen Welten offenbarten, aus denen nicht nur die äußeren Bäume, die äußeren Berge zu der Seele des Menschen sprechen, sondern auch jene Welten, die hinter diesen sind. Und der Knabe lebte etwa von jenem Zeitpunkte ab mit den Geistern der Natur, die ja in einer solchen Gegend ganz besonders zu beobachten sind, mit den schaffenden Wesenheiten hinter den Dingen, in derselben Weise, wie er die äußere Welt auf sich wirken ließ.« [9]

Von jetzt ab gibt es für Rudolf Dinge, »die man sieht« und solche, »die man nicht sieht«. Die Gabe dieses Hellsehens, die sich auf diese Weise eingestellt hat, wird man nicht überbewerten dürfen. Diese Gattung eines übersinnlichen Schauvermögens, das sich unvermittelt, vor allem ohne besondere Schulung des Betreffenden einstellt, kann nach anthroposophischer Deutung als ein letzter Rest eines Hellsehvermögens bezeichnet werden, das auch als ein Erbstück der archaischen Menschheit gelten kann. Für Steiner ist diese Gabe allein noch keinesfalls charakteristisch. Viel wesentlicher ist für ihn und seinen weiteren Weg, wie er sich dieser Gabe gegenüber verhält und was er aus ihr macht. Und eben darin, in dem Bestreben, das rätselhafte Phänomen erkenntnismäßig zu erfassen, unterscheidet sich Steiner von jenen Visionären, die ihre Schauungen mehr passiv hinnehmen. So wird das Erleben des Vierjährigen zu einem Erkenntnisimpuls, der sich nach und nach im Leben Steiners Geltung verschafft. Dies ergibt sich schon aus der Tatsache, daß sich Rudolf von klein auf für alles Mechanische in der Umgebung des Bahnbetriebs interessiert. »Und ich weiß, wie diese Interessen den Herzensanteil in der kindlichen Seele immer wieder verdunkeln wollten, der nach der anmutigen und zugleich großzügigen Natur hin ging, in die hinein in der Ferne diese dem Mechanismus unterworfenen Eisenbahnzüge doch jedesmal verschwanden«, heißt es im »Lebensgang« [10]. So wie die Polarität Natur und Technik, geistige Welt und Technik Rätsel aufgibt, so stellt sich die umgebende Welt für den Knaben als eine Anhäufung von Erkenntnisproblemen dar. Zu diesen bewegenden Fragen veranlaßt beispielsweise die benachbarte Textilfabrik. Rudolf Steiner beobachtet aufmerksam, welches Rohmaterial eingeliefert wird und wie die fertigen Produkte aussehen, die den Betrieb verlassen. Der Blick ins Innere, in den Arbeitsprozeß als solchen, ist ihm verwehrt: »Da waren die ›Grenzen der Erkenntnis‹. Und ich hätte diese Grenzen so gerne überschritten.« [11] Auch der Direktor der Firma rührt Fragen auf. Hinzu kommen Vorgänge auf dem Bahnhof. Ein Waggon mit leicht entzündbarem Stoff gerät in Brand. Der Junge macht sich Gedanken, wie dergleichen geschehen könne. »Was mir meine Umgebung darüber sagte, war, wie in ähnlichen Dingen, für mich nicht befriedigend. Ich war voller Fragen; und mußte diese unbeantwortet mit mir herumtragen. So wurde ich acht Jahre alt.« [12]

Diese und ähnliche Schilderungen zeigen, wie groß ihm das Bedürfnis nach Enträtselung der Wirklichkeit geworden ist. Von entscheidender Bedeutung ist es nun zu sehen, auf welche Weise das Verlangen nach Beantwortung der Lebensfragen befriedigt wird. Obwohl es nur kleine Dorfschulen sind, die der Junge, kurze Zeit in Pottschach, vom achten Lebensjahr an in Neudörfl, einem kleinen ungarischen Dorf nahe der niederösterreichischen Grenze, besucht, so können die Dorfschulen dem Wißbegierigen trotz einfachster Verhältnisse dennoch wichtige Einsichten vermitteln. Vor allem wird hier die Erkenntnisart in Bahnen gelenkt, die sich von denjenigen C. G. Jungs deutlich unterscheiden.

Da ist die Stube des Hilfslehrers von Neudörfl, der einigen Kindern, unter ihnen auch Rudolf Steiner, »Extrastunden« gibt. Bei diesem Hilfslehrer entdeckt der Schüler ein Geometriebuch. Dieser Stoff fasziniert ihn. Er darf das Buch mit nach Hause nehmen und macht sich als junger Autodidakt »mit Enthusiasmus« darüber her. »Wochenlang war meine Seele ganz erfüllt von der Kongruenz, der Ähnlichkeit von Dreiecken, Vierecken, Vielecken; ich zergrübelte mein Denken mit der Frage, wo sich eigentlich die Parallelen schneiden; der pythagoreische Lehrsatz bezauberte mich ... Ich weiß, daß ich an der Geometrie das Glück zuerst kennengelernt habe.« [13] Die Befriedigung, die Steiner durch die Geometrie empfing, bestand darin, daß er zu der Einsicht geführt wurde, man könne »seelisch in der Ausbildung rein innerlich angeschauter Formen leben ohne Eindrücke der äußeren Sinne«. Steiner erblickte später in dieser Beziehung zur Geometrie das erste Aufkeimen einer Anschauung, die sich anfangs mehr oder weniger unbewußt entwickelt hatte, um das zwanzigste Lebensjahr jedoch eine bestimmte und vollbewußte Gestalt annahm. Im »Lebensgang« ist der Inhalt dieses Erlebens so beschrieben: »Ich sagte mir: die Gegenstände und Vorgänge, welche die Sinne wahrnehmen, sind im Raume. Aber ebenso wie dieser Raum außer dem Menschen ist, so befindet sich im Innern eine Art Seelenraum, der der Schauplatz geistiger Wesenheiten und Vorgänge ist. In den Gedanken konnte ich nicht etwas sehen wie Bilder, die sich der Mensch von den Dingen macht, sondern Offenbarungen einer geistigen Welt auf diesem Seelen-Schauplatz. Als ein Wissen, das scheinbar von dem Menschen selbst erzeugt wird, das aber trotzdem eine von ihm ganz unabhängige Bedeutung hat, erschien mir die Geometrie. Ich sagte mir als Kind natürlich nicht deutlich, aber ich fühlte, so wie Geometrie muß man das Wissen von der geistigen Welt in sich tragen. Denn die Wirklichkeit der geistigen Welt war mir so gewiß wie die der sinnlichen.« [14]

Zwar war für Steiner diese Gewißheit auf dem Erleben gegründet. Sein Problem hatte aber darin bestanden, nun auch zu einer Art Rechtfertigung des geistig Angeschauten zu gelangen und auf diese Weise erkenntnismäßig zu fundieren. Es sollte kein seelischer Zwiespalt aufkommen zwischen den Dingen, »die man sieht« und denen, »die man nicht sieht«. »Denn ich hätte die Sinnenwelt wie eine geistige Finsternis um mich empfinden müssen, wenn sie nicht Licht von dieser Seite bekommen hätte.« Wenn heute auf der Gedenktafel am Stationsgebäude von Neudörfl u. a. zu lesen ist: »In diesem Hause erwuchsen dem Kinde die Grundlagen seiner geistigen Welt, 1869—1879«, so ist dieser Satz durch die summarische Feststellung im »Lebensgang« gedeckt: »Der Hilfslehrer in Neudörfl lieferte mir mit seinem Geometriebuch die Rechtfertigung der geistigen Welt, die ich damals brauchte.« [15]

Zu den prägenden Eindrücken der Kindheit auf dem Lande inmitten der »Kleinhäusler-Leute« gehörte die Anteilnahme am kirchlichen Leben. Während der Vater dem kirchlichen Leben fern blieb und sich für einen »Freigeist« hielt, war Rudolf als Ministrant und Chorschüler mit dem Kultus so verwachsen, daß er von einer »tiefgehenden Bedeutung« für sein Knabenleben spricht. »Das Feierliche der lateinischen Sprache und des Kultus war ein Element, in dem meine Knabenseele gerne lebte.« [16] Schließlich wurde der Schulunterricht durch manche »Spezialunterweisung« des Pfarrers ergänzt, den Rudolf als Persönlichkeit sehr schätzte. So bekam er beispielsweise Aufschlüsse über das kopernikanische Weltsystem, über Sonnen- und Mondfinsternisse und dergleichen mehr. All das gehörte zu seinen Interessen. In der ersten autobiographischen Skizze von 1913 bemerkt Steiner, daß er vom Pfarrer im Fach Religion nicht recht viel lernen konnte. Aus dem Gesagten wird demnach dies deutlich: Es ist nicht das Religiöse als solches, das dem Jungen Antwort auf seine Erkenntnisfragen zu geben vermag. Der Kultusvollzug hinterläßt beim Knaben zwar nachhaltige Eindrücke, aber es ist nicht etwa ein theologisch-dogmatisches Wissen, das zur Beantwortung der Lebensprobleme herangezogen wird, wie man dies im Hinblick auf das erste okkulte Erlebnis vielleicht annehmen könnte. Das Interesse an der Geometrie und an mechanischen Zusammenhängen entsprach dann durchaus den Ambitionen des Vaters, der den Sohn gern als Eisenbahningenieur gesehen hätte. Auf diese Weise war auch die Entscheidung über die Schulart geklärt. Es kam nur der Besuch der Realschule in Frage.

Stellen wir neben diesem skizzenhaften Überblick über Steiners frühe Jugendzeit einige charakteristische Ereignisse aus der Kindheit von Carl Gustav Jung. — Seine Kinderheitserinnerungen gehen nicht nur sehr weit zurück, sie zeichnen sich auch durch eine große Reichhaltigkeit aus. Wir müssen uns auf einige wenige Motive beschränken:

Da ist die häusliche Umgebung des Pfarrhauses, das unweit des Rheinfalls steht. Das Tosen des Wasserfalls ist in der Wohnung deutlich zu hören, vor allem in der Nacht, wenn das Kind von »unbestimmten Ängsten« heimgesucht wird. »Immer hörte man das dumpfe Tosen des Rheinfalls, und darum herum lag eine Gefahrenzone. Menschen ertranken, eine Leiche fiel über die Felsen. Auf dem nahen Gottesacker macht der Mesner ein Loch; braun aufgeschüttete Erde. Schwarze feierliche Männer in Gehröcken, mit ungewohnten hohen Hüten und blankgewichsten schwarzen Schuhen bringen eine schwarze Kiste. Mein Vater ist auch dabei im Talar und spricht mit hallender Stimme. Frauen weinen. Es heißt, man begrabe jemanden in diese Grube hinunter. Man sah gewisse Leute plötzlich nicht mehr, die vorher da gewesen waren. Ich hörte, sie seien begraben oder der ›hêr Jesus‹ habe sie zu sich genommen.« [17]

Welch ein anderes Bild wird hier beschworen! Zunächst bewegt sich der Erinnernde noch im Bereich äußerer Erfahrung. Dennoch werden Grenzen, Rätsel und Probleme sichtbar. Menschen, die man kannte, verschwinden in einer Grube auf dem Friedhof, und der eigene Vater im schwarzen Amtsrock ist irgendwie mitbeteiligt. Eine Leiche wird aus dem Rhein geborgen. Man legt sie ins Waschhaus des Pfarrhauses. Der neugierige Knabe, dem man den Anblick ersparen will, sieht aus einem Ablauf »Wasser und Blut« fließen. Carl Gustav ist noch keine vier Jahre alt. — Ein anderes Bild dämmert herauf. Carl Gustavs Mutter besucht mit dem Jungen eine Bekannte am Bodensee. »Der See dehnte sich in unabsehbare Ferne, und diese Weite war ein unvorstellbarer Genuß, eine Herrlichkeit ohnegleichen. Damals setzte sich die Idee bei mir fest, ich müsse an einem See leben. Ohne Wasser, so dachte ich, könne man überhaupt nicht sein.« [18] Ein halbes Jahrhundert lang sollte Jung am Wasser wohnen. Am Zürich-See ließ er sich nicht nur sein Wohnhaus errichten. Am Südteil des Sees baute er mit eigener Hand den »Turm«, in den er sich von Zeit zu Zeit zurückzog wie der Mönch in seine Zelle.

Der Erinnernde stößt auf »stärkere, ja überwältigende Dinge«. Dunkel erinnert sich Jung eines Sturzes von der Treppe. Eine Kopfwunde entsteht, die genäht werden muß. Von seiner Mutter läßt sich Jung einen zweiten gefährlichen Sturz auf der Rheinfallbrücke berichten. Das Kind gerät mit einem Bein unter das Geländer. Das Kindermädchen kommt gerade noch rechtzeitig, um den Absturz in den Fluß zu verhindern. Jung kommentiert in seinen »Erinnerungen«: »Diese Dinge weisen auf einen unbewußten Selbstmorddrang, beziehungsweise auf einen fatalen Widerstand gegen das Leben in dieser Welt.« [19] Zweifellos ist damit die Grenzsituation angedeutet, deren

Rätselhaftigkeit von dem Kind noch nicht durchschaut, wohl aber geahnt werden kann. In Gestalt nächtlicher Angstzustände tritt diese Rätselhaftigkeit von Tod, Ernst des Friedhofs, offenen Gräbern, Trauernden in schwarzer Kleidung usw. vor die Seele des Kindes, und in ihrer Verbindung das in diesem Zusammenhang assoziierte Bild vom »hêr Jesus«, der offenbar Menschen zu sich nimmt und in einem dunklen Bereich verschwinden läßt. Der Junge kommt zu dem sinistren Analogieschluß: »Ich fing an, dem ›hêr Jesus‹ zu mißtrauen.« Dies führt zum »ersten bewußten Trauma«.

Ungefähr in die gleiche Zeit, da Carl Gustav etwa vier Jahre alt ist, fällt der erste erinnerbare große Traum, der das Kind mit den Realitäten der Tiefe näher bekannt macht. Jung ist gerade so alt wie Steiner bei seinem visionären Erlebnis im Pottschacher Warteraum! Erwähnen darf man auch, daß Jungs Traum ins Jahr 1879 fällt, als der achtzehnjährige Steiner das im »Lebensgang« beschriebene Ich-Erlebnis begreift. Es ist übrigens dasselbe Jahr 1879, dessen spirituelle Hintergründe für die anthroposophische Betrachtung eine erhebliche Rolle spielen [20]. Der Traum, den Jung in seiner Autobiographie eingehend bespricht, führt das Kind in ein unterirdisches Gewölbe, wo es ein riesiges, baumstammartiges, jedoch aus lebendigem Fleisch bestehendes Gebilde erblickt, das eine Art Scheitelauge trägt und in dem der Psychologe erst nach einigen Jahrzehnten einen rituellen Phallus erkennt, einen »unterirdischen und nicht zu erwähnenden Gott«, in dem der Träumende einen mächtigen Gegenspieler des »nie ganz liebenswerten hêr Jesus« vermutet. Lebenslang beschäftigt Jung dieser Traum. »Was sprach damals in mir? Wer redete Worte überlegener Problematik? Wer stellte das Oben und das Unten zusammen und legte damit den Grund zu all dem, was die ganze zweite Hälfte meines Lebens mit Stürmen leidenschaftlichster Natur erfüllte? Wer störte ungetrübte, harmloseste Kindheit mit schwerer Ahnung reifsten Menschenlebens?« So lauten die bohrenden Fragen des Achtzigjährigen. Seine Antwort ist: »Wer anders als der fremde Gast, der von Oben und von Unten kam? — Durch diesen Kindertraum wurde ich in die Geheimnisse der Erde eingeweiht. Es fand damals sozusagen ein Begräbnis in die Erde statt, und es vergingen Jahre, bis ich wieder hervorkam. Heute weiß ich, daß es geschah, um das größtmögliche Maß von Licht in die Dunkelheit zu bringen. Es war eine Art Initiation in das Reich des Dunkeln.« [21]

Halten wir hier einen Moment inne und vergleichen wir das seelische Erlebnis des vierjährigen Rudolf Steiner mit dem des vierjährigen C. G. Jung[22]. Beide Male geschieht Außerordentliches. Beide Male breiten sich vor dem inneren Auge eines Kindes Bilder aus, die auf eine Realität deuten, die jedoch mit dem, »was man sieht« nicht zu verwechseln ist. Wenngleich das Kind in keinem Fall ermessen oder auch nur ahnen kann, was sich begibt, so ist doch die Prägekraft eines derartigen Ereignisses bei Steiner und bei Jung so nachhaltig, daß der mehr als sechzigjährige Steiner und der mehr als achtzigjährige Jung von diesem Datum her ihre geistige Biographie beginnen sehen. Zu deren Deutung ist erst der gereifte Geistes- und Seelenforscher fähig. Macht Steiner darauf aufmerksam, daß mit diesem Ereignis ein besonderes »Leben in der Seele« anfing, so kann Jung seine »Initiation in das Reich des Dunkeln« kommentieren: »Damals hat mein geistiges Leben seinen unbewußten Anfang genommen.« Es muß wohl nicht eigens wiederholt werden, daß das Erlebnis als solches, auch der mehr oder weniger außergewöhnliche Erlebnisinhalt an sich noch nichts besonderes darstellen. Sie ereignen sich viel öfter, als die Betreffenden es wahrhaben wollen. Ausschlaggebend ist, was der Wahrnehmende daraus macht, wie er mit dieser seiner Erfahrung fertig zu werden versucht, ob er die Zeichenhaftigkeit des ihm Gesagten zu entschlüsseln vermag oder ob er etwas unternimmt, diese Schicksalsrune zu enträtseln. Denn »Initiation« (von Initium, Anfang) ist noch kein Ende, nicht Ausdruck eines Erreichthabens, sondern bedeutet Anfang, Beginn eines Prozesses, der freilich anders verläuft, als äußerlich biographisch faßbare Vorgänge zu verlaufen pflegen. Ein Indiz für die Andersartigkeit des andeutungsweise Geschilderten ist bei Steiner und Jung das Gefühl der Einsamkeit. Es ist niemand da, mit dem man über dies Besondere sprechen kann. Bezeichnenderweise ist der bürgerlich wohlsituierte Pfarrerssohn Jung in diesem Punkt dem in bescheidensten Verhältnissen lebenden Sohn der Steiner-Familie keinen Schritt voraus. Im Gegenteil, fast möchte man sagen — um dies vorauszunehmen —, Jung litt ganz besonders unter der Einsamkeit und unter dem Alleinsein mit seiner Gewißheit, vor allem als später die religiösen Fragen aufbrachen. Es gab zwar in der Familie der Mutter sechs Pfarrer und außer dem Vater gab es noch zwei Onkels väterlicherseits, die als Theologen »Fachleute« hätten sein sollen für derartige Probleme. Der Pfarrerssohn muß aber von sich bekennen, er habe gerade hier »nur verschlossene Türen« gefunden. »Die anderen Menschen schienen wirklich allesamt anderswo zu sein.

Ich fühlte mich mit meinen Gewißheiten völlig allein. Ich hätte gern davon mit jemanden gesprochen, aber ich fand nirgends einen Anknüpfungspunkt — im Gegenteil, ich fühlte im anderen ein Befremden, ein Mißtrauen, ein Fürchten, mir entgegenzutreten, das mich der Sprache beraubte ... Die ›Einzigartigkeit‹, in die ich hineingedrängt wurde, empfand ich als bedrohlich, denn sie bedeutete Isolierung ...« [23]

Da sind noch einige Kindheitsmotive bei Jung, die eine Zusammenschau verdienen, das Motiv des Wassers in Verbindung mit Fluß, Wasserfall und See. Es ist bei der gefahrvollen Begebenheit auf der Rheinfallbrücke mit dem Motiv des Sturzes verknüpft. Das Bedürfnis des Kindes, einmal am See zu wohnen, klingt an. Anders als das relativ gleichartige Tosen des Wasserfalls spricht der See in Ruhe und Sturm seine eigene Sprache. Aber hier wie dort spielen traumartige Imaginationen ins Bewußtsein herein. Hier wie dort vernimmt der Mensch etwas von dem Schicksalsgeheimnis, das Goethe im »Gesang der Geister über den Wassern« bedacht hat:

Des Menschen Seele
Gleicht dem Wasser:
Vom Himmel kommt es,
Zum Himmel steigt es,
Und wieder nieder
Zur Erde muß es,
Ewig wechselnd.
...
Seele des Menschen,
Wie gleichst du dem Wasser!
Schicksal des Menschen,
Wie gleichst du dem Wind!

Goethe schrieb diese Verse angesichts eines Wasserfalls im Lauterbrunnental.

Und als bedürfte der künftige Seelenforscher dieser lebenbegleitenden Imagination und Inspiration aus dem Bereich des wässerigen Elements, so mutet diese frühe Berührung und Sehnsucht an, die sich selbst im Sturz auf der Brücke noch einen unbewußten Ausdruck verschafft. Hier ist auch an das zu denken, was Rudolf Meyer in seinen behutsamen Deutungen deutscher Volksmärchen niedergeschrieben hat: »Menschen, die am Wasser leben, bewahren oftmals länger einen Zustand, der die Seele nicht ganz aus dem Traumweben in das wache, klarumrissene Tagesbewußtsein kommen läßt. Viele Stunden Tag für Tag auf Wellen hinauszublicken, macht die Seele weit; ja es zieht die feinen ätherischen Kräfte sanft aus der Leiblichkeit heraus.« [24] So kommt es trotz naturwissenschaftlicher Bildung und trotz weltmännischer Gewandtheit zur Ausbildung einer Bewußtseinsart, in der das imaginative Element einen außergewöhnlich breiten Raum einnimmt. Das Wasser als Bildausdruck des Unbewußten hat Jung oftmals beschrieben und unter den verschiedensten Gesichtspunkten gedeutet. Entsprechendes ergibt sich nach anthroposophischer Erkenntnis. Einer spirituellen Interpretation der Bibel, vor allem des Neuen Testamentes, erschließt sich der Bildausdruck des Sees oder des Meeres als Hinweis auf das Geistgebiet, aus dem Christus den Jüngern »auf den Wellen« entgegengeht; auf die »Höhe des Sees« sollen sie fahren, um ihre Netze auszuwerfen; das Meer, die Urflut, spielt in vielen Mythen eine große Rolle. — Und was die »ätherischen Kräfte« anlangt, die durch stetigen Anblick eines Sees sich »sanft« aus der Leiblichkeit herausziehen können, so ist an die wiederholten Stürze des Kindes Carl Gustav zu denken. Gemäß anthroposophischer Menschenkunde sind derartige Zusammenhänge verständlich zu machen. Bei schockartigen Erlebnissen kann es zu einer Lockerung derjenigen Schicht im menschlichen Wesensgefüge kommen, die Steiner den »Ätherleib« genannt hat. In Todesnähe oder -gefahr tritt die oftmals bezeugte panoramaartige Lebensrückschau ein. Dies plötzliche Hellsehen, das nicht andauern muß, sondern sich auf einen winzigen Zeitpunkt zu komprimieren vermag, wird durch eben diese Lockerung des Ätherleibes möglich. Dieser Ätherleib oder Leib der (Lebens-)Bildekräfte des Menschen wirkt, wie noch zu zeigen sein wird, wie ein Spiegel, auf dem Seelenerlebnisse reflektiert werden. Daß eine Art Lockerung, wir könnten auch sagen: eine Öffnung für die Dimension des Imaginativ-Bildhaften, bei Jung veranlagt gewesen sein muß, wird durch die Anmerkung unterstrichen, daß der Junge als Schüler in bestimmter Situation zu Ohnmachtszuständen neigte. Ausdruck dieser Öffnung zu der normalerweise verschlossenen Dimension hin ist vor allem die Bekanntschaft mit »Nummer 2« seiner Persönlichkeit, mit der der junge Carl Gustav in eine lange andauernde Zwiesprache getreten ist.

Zum Phänomen einer Lockerung derjenigen menschlichen Wesenshüllen, die als Träger des vegetativen und des seelischen Lebens zu betrachten sind — den ätherischen und astralischen Leib gemäß anthroposophischer Terminologie —, hat sich Steiner wiederholt geäußert. In einem derartigen Lockerungsvorgang erblickte er die notwendige Voraussetzung für die Entgegennahme und das Verstehen von Wahrheiten, die sich auf übersinnliche Tatbestände beziehen. Während äußeres Wissen mit der Ratio aufzunehmen ist (Kopfwissen), muß ein Wissen, das in die Tiefe des Menschseins hineinführt, vom ganzen Menschen entgegengenommen werden. »Man darf nicht vergessen, daß die Wahrheiten über die geistige Welt nicht in derselben Gemütsverfassung von der Seele aufgenommen werden können, wie die Wahrheiten über die äußere physische Welt. Die Wahrheiten über die geistige Welt können wir nur in die Seele aufnehmen, wenn wir unseren ätherischen und astralischen Leib in uns etwas lockern; sonst wird man nur Worte hören.« [25] Dieser Fähigkeit zur Lockerung entsprach offensichtlich die besondere seelische Struktur und Verfassung C. G. Jungs. Von daher läßt sich die seelisch-geistige Regsamkeit und Sensibilität verstehen, mit der er auf sein Innenleben, auf signalisierende Träume und auf Ahnungen acht hatte. Je nach dem Ausmaß, in dem sich diese Strukturveränderung im seelischen Bereich vollzieht, ist dabei auch nicht die Gefahr zu unterschätzen, die für den betreffenden Menschen entstehen kann, der in das neue Gleichgewichtsverhältnis erst hineinwachsen muß, ein Tatbestand, mit dem die Geistesschulung Rudolf Steiners rechnet. Jung ist bekanntlich auch von einer solchen seelischen Gleichgewichtsstörung nicht verschont geblieben, wenn man bedenkt, welche tiefgehende Krise seiner Trennung von Sigmund Freud gefolgt ist. Es spricht für sich, wenn ein Psychiater von seinem Erleben sagen muß, daß er »sozusagen auf Schritt und Tritt demjenigen psychischen Material begegnet (ist), das die Bausteine einer Psychose liefert, und das man darum auch im Irrenhaus findet« [26].

Und schließlich ist noch an das reiche Seelenerbe zu denken, das C. G. Jung vor allem von der mütterlichen Seite seiner Vorfahren her besaß. Es sind z. B. parapsychische Fähigkeiten gemeint, für die es eine Reihe von Berichten gibt. Aniela Jaffé hat in dem familiengeschichtlichen Anhang zu Jungs Erinnerungen einiges davon mitgeteilt. Demnach bedeutete die vertraute Zwiesprache mit Wesen einer außersinnlichen Welt beinahe etwas Selbstverständliches. Jung selbst erzählte beispielsweise von dem Großvater Samuel Preiswerk, daß er sich ständig von »Geistern« umgeben glaubte. — Sieht man alle diese scheinbar verschiedenen Faktoren zusammen, dann ergeben sie ein

Bild, in dem bei Jung sich psychische Veranlagung und äußere Begebenheiten als eine durchaus sinnvolle Ganzheit darstellen. Die frühkindlichen Ereignisse lassen bei ihm in einer gewissen Parallele zu Rudolf Steiner den späteren Lebensfortgang seinem Schicksalsmotiv nach transparent werden.

Und doch erhebt sich in diesem Zusammenhang eine wichtige Frage, nämlich die, inwiefern und wie lange von einer Parallelität zwischen beiden Schicksalsabläufen die Rede sein kann, wenn man vergleicht, wie die Linien der Seelenentwicklung nach dem bei beiden Männern erwähnten frühkindlichen »Initiationserlebnis« verlaufen. Gibt es bei Jung beispielsweise so etwas wie ein Gegenstück zu dem, was Steiner an der Geometrie als ein Glücksgefühl erlebt hat? Gibt es ein so geartetes Erkenntnisbedürfnis, wie es sich bei dem jungen Steiner ankündigte und wie es sich in seinem späteren Entwicklungsgang folgerichtig ausgebildet hat?

Schlägt man die betreffenden Passagen der »Erinnerungen« auf, dann findet man neben einigen Zeugnissen aus dem Bereich der ersten Schulzeit vor allem die Erwähnung von nächtlichen Angstträumen, die Ahnung »einer unabweisbaren Schattenwelt«, gegenüber der er im Nachtgebet einen »rituellen Schutz« sucht. »Die neue Gefahr aber lauerte am Tage. Es war, wie wenn ich eine Entzweiung meiner selbst fühlte und befürchtete. Meine innere Sicherheit war bedroht.« [27] Da gibt es andererseits eine Reihe von Erinnerungsmomenten an einen geheimnisvollen »Stein« und an ein kabirenhaftes selbstgeschnitztes »Männchen« [28]. Das Interesse an Steinen, Pflanzen und Tieren bildet sich aus. Es ist eine ungemein belebte, von Geheimnissen umstellte Natur. Der Junge ist auf einer ständigen Suche nach Geheimnisvollem. Für die Schulzeit gibt es kaum Vergleichspunkte. Die Interessenlage ist von Anfang an verschieden. Während Steiner mit Begeisterung von der Mathematik erzählt, später von Physik und Chemie, eine Begeisterung, die so weit geht, daß er viel zu früh versucht, mathematisch-naturwissenschaftliche Aufsätze zu verstehen, bereitet die Mathematik dem Gymnasiasten Carl Gustav Jung Angst, Qual und Schrecken. »Mein ganzes Leben hindurch aber blieb es mir ein Rätsel, wieso es mir nie gelingen sollte, ein Verhältnis zur Mathematik zu finden ... Am unverständlichsten aber erschien mir mein moralischer Zweifel an der Mathematik.« [29] Steiner erzählt hingegen, er habe mit Vorliebe mit Zirkel, Lineal und Winkel geometrisch gezeichnet. Bald kauft er sich mathematische Lehrbücher, um zusätzlichen Lehr- und Übungsstoff zu haben, vor allem aber, um in der Erkenntnis auf diesem Feld voranzukommen.

Jung verschweigt nicht, daß er als begabter und fleißiger Schüler zeitweise auch ein Sorgenkind mit neurotischen Symptomen gewesen sei. »Daran habe ich gelernt, was eine Neurose ist«, notiert er später. Seine »Passion« für das Alleinsein und sein »Entzücken« durch die Einsamkeit hebt er eigens hervor. Steiner charakterisiert sich hingegen als einen geselligen Schüler und Studenten.

Soviel ergibt ein Vergleich der Kindheit beider Männer, daß Steiner und Jung frühzeitig zum Erleben der »unsichtbaren Welt« kommen, Mächten und Wesenheiten begegnen, über die die Umgebung beider Jugendlicher nichts zu wissen scheint. In dieser Hinsicht sind beide völlig auf sich gestellt. Beide müssen sich einen Weg zu bahnen suchen, der zum Licht und zur Aufdeckung der Daseinsrätsel führt. Während aber Steiner schon in der Realschule von Wiener Neustadt, später als Student der Naturwissenschaften an der Technischen Hochschule in Wien, mit auffallender Zielgerichtetheit um die Aufhellung des Erkenntnisproblems selbst bemüht ist, hat man den Eindruck, bei Jung verstärke sich während der gleichen Lebenszeit noch jene »unabweisbare Schattenwelt«, die ihn in frühester Kindheit heimgesucht hat. »Meine ganze Jugend kann unter dem Begriff des Geheimnisses verstanden werden. Ich kam dadurch in eine fast unerträgliche Einsamkeit, und ich sehe es heute als eine große Leistung an, daß ich der Versuchung widerstand, mit jemandem davon zu sprechen. So war damals schon meine Beziehung zur Welt vorgebildet, wie sie heute ist: auch heute bin ich einsam, weil ich Dinge weiß und andeuten muß, die die anderen nicht wissen und meistens auch gar nicht wissen wollen.« [30] Diejenigen Instanzen, von denen her eine geistig-seelische Führung hätte erfolgen sollen, durch den Vater und durch die Kirche, in deren Dienst der Vater stand, erwiesen sich als wirkungslos. Zur allergrößten Verwirrung des Jungen kam noch hinzu, daß er eigentlich in »zwei verschiedene Personen« aufgespalten war. »Die eine war der Schuljunge, der die Mathematik nicht begreifen konnte und nicht einmal seiner selbst sicher war, die andere war bedeutend, von großer Autorität, ein Mann, der nicht mit sich spaßen ließ, mächtiger und einflußreicher ... Er war ein alter Mann, der im 18. Jahrhundert lebt und Schnallenschuhe trägt ...« [31] Jung entdeckt sich als einen Menschen, der in zwei Zeiten lebt und von einem unerklärlichen Heimwehgefühl ins 18. Jahrhundert jener Nr. 2 seiner

Person erfüllt ist. Die Beschäftigung mit dieser Nr. 2 verursachte ihm im zunehmenden Maß Depressionen, zumal jene Orientierungsinstanzen so gut wie völlig ausfielen. »Ich fühlte mich mit meinen Gewißheiten völlig allein. Ich hätte gern davon mit jemandem gesprochen, aber ich fand nirgends einen Anknüpfungspunkt — im Gegenteil, ich fühlte im anderen ein Befremden, ein Mißtrauen, ein Fürchten, mir entgegenzutreten, das mich der Sprache beraubte. Das deprimierte mich.« [32]

Lediglich in diesem letztgenannten Punkt hinsichtlich der Einsamkeit mit der Gewißheit der geistig-seelischen Erfahrung besteht für die fragliche Zeit eine Parallelität zwischen Steiner und Jung. Aus ihr resultiert auch bei Steiner so etwas wie eine Art »Doppelleben«. Es kommt jedoch nicht in dem ausgeprägten Maß wie bei Jung zu einer Aufspaltung in zwei verschiedene, in Gegenwart und Vergangenheit lebende »Personen«. Diese Personen Nr. 1 und Nr. 2 sind gewissermaßen in der seelischen Struktur Jungs selbst veranlagt und durch seine introvertierte Einstellung noch verstärkt. Anders bei Steiner. Bei ihm ergeben sich die »zwei Lebensströmungen« einerseits aus der starken Hinwendung zum Mitmenschen (»Ich lechzte nach Geselligkeit«), andererseits aus der Erfahrung, daß diese freundschaftlich verbundenen Menschen kaum das leiseste Verständnis für seine spezielle Erkenntnisproblematik aufbrachten. Dazu gehört letztlich auch der verehrte Lehrer Karl Julius Schröer, Germanist an der Technischen Hochschule in Wien, der Steiner mit Goethes Geistesart bekannt machte, der aber den Naturwissenschaftler Goethe schon nicht mehr verstand.

Eine eigentümliche Bedeutung hatten Steiners Jugendfreundschaften für dessen späteres Leben. »Sie zwangen mich zu einer Art Doppelleben in der Seele. Das Ringen mit den Erkenntnisrätseln, das vor allem damals meine Seele erfüllte, fand bei meinen Freunden zwar stets ein starkes Interesse, aber wenig mittätigen Anteil. Ich blieb im Erleben dieser Rätsel ziemlich einsam. Dagegen lebte ich selbst alles voll mit, was im Dasein meiner Freunde auftauchte. So gingen zwei Seelenströmungen in mir nebeneinander: eine, die ich wie ein einsamer Wanderer verfolgte; und die andere, die ich in lebendiger Geselligkeit mit liebgewonnenen Menschen durchmachte. Aber von tiefgehender, dauernder Bedeutung für meine Entwicklung waren in vielen Fällen auch die Erlebnisse der zweiten Art.« [33] Dieser letzte Hinweis ist insofern von Bedeutung, als dadurch sichtbar wird, wie dieses doppelte Erleben in einem gewissen Gleichgewicht steht. Die »Einsamkeit« des werdenden Geistesforschers wird dadurch jedoch nicht aufgehoben.

Es liegt in der Natur des hier gemeinten Erlebens, daß das Einsamkeitsgefühl bei Jung ebensowenig wie bei Steiner nur auf eine bestimmte, etwa pubertäre Entwicklungsphase beschränkt bleiben konnte. Über seine Weimarer Zeit, Anfang der neunziger Jahre, als der Goethe-Forscher Rudolf Steiner mit namhaften Vertretern des geistigen Lebens bekannt wird, berichtet er Analoges: »Ich mußte, was mit meinen Anschauungen vom Geistigen zusammenhing, ganz allein mit mir abmachen. Ich lebte in der geistigen Welt; niemand aus meinem Bekanntenkreise folgte mir dahin. Mein Verkehr bestand in Exkursionen in die Welten der andern ... Ich konnte eine gute Schule in der Kunst durchmachen, das in Liebe zu verstehen, was gar keinen Anlauf nahm, zu verstehen, was ich selbst in der Seele trug. Das war meine ›Einsamkeit‹ damals in Weimar, wo ich in einem so ausgebreiteten geselligen Verkehre stand. Aber ich schrieb es nicht den Menschen zu, daß sie mich so zur Einsamkeit verurteilten. Ich sah doch in vielen den Drang nach einer bis in die Wurzeln des Daseins dringenden Weltanschauung unbewußt walten.« [34]

Charakteristisch für den in der Entwicklung befindlichen Rudolf Steiner und C. G. Jung ist beider Verhältnis zu den Natur- und Geisteswissenschaften. Die äußeren familiären Verhältnisse liegen so, daß für Rudolf Steiner eine ausgesprochen naturwissenschaftlich-technische Laufbahn in Aussicht genommen wird. Bei der Wahl des Schultyps kam deshalb nur die Realschule, später das Studium an der Technischen Hochschule in Frage. Das Schicksal hat später selbst die notwendige Korrektur angebracht, wodurch Steiner von einer einseitig darwinistisch gefärbten Weltsicht verschont blieb. Jedenfalls haben seine weitreichenden, das Philosophische und das Künstlerische einbeziehenden Interessen für den nötigen Ausgleich gesorgt.

Daß der Pfarrerssohn C. G. Jung, der vom Vater bereits als Sechsjähriger mit den Grundbegriffen des Lateinischen bekanntgemacht wurde, für den Besuch des Gymnasiums und damit für die humanistische Ausbildung vorgesehen war, erscheint als selbstverständlich. Es ist nun interessant zu sehen, wie auch er sich nicht auf eine einseitige — humanistisch-geisteswissenschaftliche — Ausbildung festlegen läßt. Jung schwankt geraume Zeit, ehe er sich über den Lebensberuf klar wird, zumal beide Wissenschaftsrichtungen ihn »mächtig« angezogen haben. Die Anziehung aber bestand darin, daß »Nr. 2« seiner Person in die Vergangenheit, ins Archäologische und Philologische tendierte. »Die Naturwissenschaft entsprach in hohem Maße den geistigen Bedürfnissen von Nr. 1, die geisteswissenschaftlichen Disziplinen bedeuteten einen wohltätigen Anschauungsunterricht für Nr. 2.« [35] Die Theologie, die die tragische Trennung zwischen Vater und Sohn mitverursacht hat, scheint als Studienfach nicht ernsthaft zur Diskussion gestanden zu haben. C. G. Jung war zu sehr homo religiosus, als daß die Theologie, die er kennenlernte, im Blick auf den späteren Beruf hätte studiert werden können. In der Psychiatrie findet Jung endlich das Betätigungsfeld, auf dem Nr. 1 und Nr. 2 miteinander zu versöhnen sind. »Hier allein konnten die beiden Ströme meines Interesses zusammenfließen und durch ein vereintes Gefälle sich ihr Bett graben. Hier war das gemeinsame Feld der Erfahrung von biologischen und geistigen Tatsachen, welches ich überall gesucht und nicht gefunden hatte. Hier war endlich der Ort, wo der Zusammenstoß von Natur und Geist zum Ereignis wurde.« [36] Wie wir wissen, bedurfte es jahrzehntelanger Bemühungen, um den »Zusammen*stoß* von Natur und Geist« im Blick auf den Unus Mundus der mittelalterlichen Alchemisten und anhand der Erforschung des Synchronizitätsphänomens zu einer Natur und Geist, Materie und Psyche vereinigenden Coniunctio zu verschmelzen.

Aufschlußreich ist es sodann zu sehen, auf welchen Wegen Steiner und Jung eine Aufhellung der Lebensrätsel suchen. Während Jung neben der philosophischen Lektüre zu den bis dahin veröffentlichten parapsychologischen und spiritistischen Schriften greift, selbst an Sitzungen teilnimmt und als angehender Mediziner mit einem Medium experimentiert, gibt Steiner seiner Erkenntnissuche eine ganz andere Wendung. Konsequent verfolgt er sein Ziel, das ihm zum ersten Mal aufgeleuchtet zu haben schien, als er in der Dorfschule von Neudörfl mit der Geometrie bekannt wurde. »Die Mathematik behielt für mich ihre Bedeutung auch als Grundlage meines ganzen Erkenntnisstrebens. In ihr ist doch ein System von Anschauungen und Begriffen gegeben, die von aller äußeren Sinneserfahrung unabhängig gewonnen sind. Und doch geht man, so sagte ich mir damals unablässig, mit diesen Anschauungen und Begriffen an die Sinneswirklichkeit heran und findet durch sie ihre Gesetzmäßigkeiten. Durch die Mathematik lernt man die Welt kennen, und doch muß man, um dies erreichen zu können, erst die Mathematik aus der menschlichen Seele hervorgehen lassen«[37], schreibt Steiner über die Zeit seiner Wiener Studienjahre. Die Erkenntnisinitiative geht so gewissermaßen von ihm selbst aus, wenn man liest, wie der knapp Zwanzigjährige für sich eine Art Erkenntnistheorie zu bilden beginnt, in der dem Gedanken-Erleben eine führende Rolle zugebilligt wird. Die Sicherheit, mit der beispielsweise Hegel von Gedanke zu Gedanke fortschreitet, zieht ihn an.

Anders bei Jung. Schicksalhafte Begegnungen und Fügungen gibt es zwar in beider Leben in Fülle. Man hat aber den Eindruck, als ob Jung weniger denkerisch aktiv am Erkenntnisringen teilnimmt. Bei ihm steht mehr ein Tasten, Probieren im Vordergrund. Das Intuitive hat einen unverkennbaren Vorrang. Für den jungen Steiner sind Schicksalsmomente Werkzeuge, die er einsetzt und aus denen er etwas macht. Das eigentliche Geschehen passiert in der eigenen Seele, das heißt in der denkerischen Auseinandersetzung.

Zunächst stellt derselbe »Zusammenstoß von Natur und Geist« wie bei Jung die Aufgabe. In der Art, wie sich beide mit dieser Aufgabe beschäftigen, gehen die Wege auseinander. Der mathematikbegeisterte junge Steiner, der fünfzehnjährig mit der Kant-Lektüre beginnt, um sich über die »Tragfähigkeit der menschlichen Gedankenfähigkeit« klarzuwerden, »empfand, ich müsse an die Natur heran, um eine Stellung zu der Geisteswelt zu gewinnen, die in selbstverständlicher Anschauung vor mir lag. Ich sagte mir, man kann doch nur zurechtkommen mit dem Erleben der geistigen Welt durch die Seele, wenn das Denken in sich zu einer Gestaltung kommt, die an das Wesen der Naturerscheinungen herangelangen kann. Mit diesen Gefühlen lebte ich mich durch die dritte und vierte Realschulklasse durch. Ich ordnete alles, was ich lernte, selbst daraufhin an, mich dem gekennzeichneten Ziele zu nähern.«[38] Zugrunde liegt die Überzeugung, die später auch als Basis für die erkenntnistheoretische Arbeit Steiners zu dienen hat, daß das Denken metamorphosiert, das heißt also umgewandelt und zu einer Kraft ausgebildet werden könne, mit der Dinge und Vorgänge der Welt zu begreifen sind. Für Jung, der sich sowohl bei Philosophen wie bei Theologen umsieht, gewinnt die Welt erst »Tiefe und Hintergrund«, als er auf die Bücher von William James, F. Myers, Zoellner, Crookes, Eschenmayer, Passavant, C. G. Carus, J. Kerner, Görres und Swedenborg, dazu Kants »Träume eines Geistersehers« stößt. »So seltsam und zweifelhaft sie mir auch vorkamen, waren die Beobachtungen der Spiritisten für mich doch die ersten Berichte über objektive psychische Phänomene.«[39]

Als Steiner 1879 achtzehnjährig mit den naturwissenschaftlichen Studien an der Technischen Hochschule in Wien beginnt, formt sich sein Geist-Erleben so durch, daß es ihm möglich wird, die ihm innewohnende unmittelbare Anschauung in die Gedankenform überzuführen. In demselben Jahr, in dem Jung als Vierjähriger seine »Initiation in das Reich des Dunklen« empfängt, beginnt Steiner, anhand von Fichtes Wissenschaftlehre einen Zugang ins Reich des »Ich« zu gewinnen. Die Polarität, die zwischen diesen beiden »Initiationen« waltet, ist offenkundig! Hatte sich Steiner bis dahin »geplagt«, Naturerscheinungen in den Begriff hineinzubringen, so will er nun vom Ich aus »in das Werden der Natur einbrechen«. Diese innere Gegensätzlichkeit in der Erkenntnisbemühung bei Steiner und Jung kann man sich auch so deutlich machen:

So wie der angehende Mediziner C. G. Jung einige Jahre parapsychologische Experimente macht, deren Resultate er wenige Jahre später in seiner Dissertation verarbeitet, so experimentiert Steiner mit seinem eigenen Denken. »Ich hielt mich damals für verpflichtet, durch die Philosophie die Wahrheit zu suchen.« Der junge Naturwissenschaftler kehrt deswegen seinem Fachgebiet nicht etwa den Rükken, er hat jedoch das Bedürfnis, sich die nötigen philosophischen Erkenntnisvoraussetzungen zu erwerben. Ähnlich wie Jung auf seine Weise hat Steiner, ganz auf sich gestellt, mit seiner Wahrheitssuche fertig zu werden; »man wollte nichts von ihr hören. Von dieser oder jener Seite kam man da höchstens mit allerlei Spiritistischem. Da wollte ich wieder nichts hören. Mir erschien es abgeschmackt, dem Geistigen sich auf solche Art zu nähern.« [40]

Hier scheint der Gegensatz Steiner — Jung unüberbrückbar. Von Steiner her gesehen, sucht Jung bei Leuten Rat, die mit atavistischen Seelenkräften experimentieren, eine »abgeschmackte« Art, sich dem Geistigen zu nähern. Von Jung her gesehen, überbewertet Steiner die rationale Funktion des Denkens. — Beide Behauptungen, die in abgewandelter Form bisweilen von Vertretern der einen oder der anderen Position geäußert werden, treffen letztlich nicht. Man muß sich immer vergegenwärtigen, daß sich Jung mit der ärztlich-therapeutischen Zielsetzung den parapsychologischen und psychopathologischen Erscheinungen stellte. Hier lag sein Lebensauftrag. Ihm durfte er nicht ausweichen, wenn er den wenig dankenswerten Pionierdienst nicht anderen überlassen wollte. Schon auf Grund seiner seelischen und schicksalsmäßigen Voraussetzungen war er dafür prädisponiert.

— Entsprechendes wäre auch Steiner zuzubilligen. Daß im übrigen sein Denken nicht einfach als eine rationale Funktion im Sinne der Jungschen Terminologie zu bewerten ist, ist einzusehen, wenn man sich mit Steiners Erkenntnistheorie, sodann mit Anthroposophie in ihrer Ganzheit befaßt. In biographischer Hinsicht ist u. a. eine Episode für Steiner kennzeichnend, die in die Zeit fällt, als er neben dem Studium mit Fichte und Hegel beschäftigt ist. Da macht er Bekanntschaft mit einem Mann aus dem Volk, einem »Dürrkräutler«, der unberührt von Wissenschaft und moderner Zivilisation so etwas wie ein »instinktives Wissen der Vorzeit« an den jungen Gelehrten heranbringt. »Er offenbarte sich so, als ob er als Persönlichkeit nur das Sprachorgan wäre für einen Geistesinhalt, der aus verborgenen Welten heraus sprechen wollte.«

Diesem schlichten Mann ist Steiner »seelennahe« verbunden geblieben. Daß es sich bei ihm nicht nur um eine flüchtige Begegnung handelte, zeigen Steiners Mysteriendramen, die ein Menschenalter nach dieser Begegnung geschrieben wurden, und in denen dieser Mann als ein Seelentypus wiederkehrt. Darüber hinaus wird man sagen müssen, daß dies Zusammentreffen auf okkult-esoterische Zusammenhänge im Leben Steiners weist, von denen Steiner nur gelegentlich einige Andeutungen gemacht hat. Offenbar trug die Begegnung dazu bei, daß Steiner seinen besonderen Lebensauftrag finden und erfüllen konnte.

Das Herzstück in der Biographie Steiners und Jungs bildet zweifellos das esoterisch-okkulte Moment, das bei beiden Männern eine individuellen Ausprägung gefunden hat. Was hinter der Geheimniswand der Berichte liegt, die sich bei Steiner auf kurze Erwähnungen beschränken, bei Jung verhältnismäßig ausführliche Schilderungen enthalten, lernt man eigentlich nicht schon dadurch verstehen, daß man diese Mitteilungen zur Kenntnis nimmt, sondern indem man einen ähnlichen Prozeß durchmacht und im übrigen die autobiographischen Anhaltspunkte im Kontext des Gesamtwerks sieht, in dem die zugrundeliegenden Kräfte ihren ideenmäßigen Niederschlag gefunden haben. Eine Ursache für die oft reservierte und ablehnende Haltung Jung und Steiner gegenüber dürfte nicht zuletzt darin zu suchen sein, daß »Mystisches«, Unheimliches, Unbehagen Bereitendes im Hintergrund der Anthroposophie oder der Analytischen Psychologie befürchtet wird. Es handelt sich um ein Furchtphänomen angesichts der Realität des Seelisch-Geistigen, mit dem Steiner und Jung bei ihrem Publikum jeweils gerechnet haben.

Wo liegen nun die okkult-esoterischen Bezüge?

Bei Steiner schloß sich an das Zusammentreffen mit dem »Dürrkräutler Felix«, wie er den einfachen Mann aus einem Dorf südlich von Wien nannte, noch eine weitere, die eigentliche Begegnung mit dem »Meister« an. »Mein Felix war gewissermaßen nur der Vorherverkünder einer anderen Persönlichkeit, die sich eines Mittels bediente, um in der Seele des Knaben, der ja in der spirituellen Welt darinnenstand, die regulären, systematischen Dinge anzuregen, mit denen man bekannt sein muß in der spirituellen Welt.« Auf Grund der Anspielungen, die Steiner in seiner autobiographischen Skizze von 1913 macht, ist daran zu denken, daß er eine Art geisteswissenschaftliche Unterweisung empfing, die ihn später befähigte, seine anthroposophischen Grundschriften wie z. B. die »Geheimwissenschaft im Umriß« (1910) zu verfassen. »Jene eigenartigen Strömungen, die durch die okkulte Welt gehen, die man nur erkennen kann, wenn man eine aufwärts- und eine abwärtsgehende Doppelströmung ins Auge faßt, traten damals lebendig vor des Knaben Seele. Es war die Zeit, da der Knabe noch nicht den zweiten Teil des ›Faust‹ gelesen hatte, als er auf diese Weise okkult hineingeführt wurde.« [41] In seiner allerersten autobiographischen Skizze, die Steiner 1907 für Edouard Schuré niederschrieb, erwähnt er als besondere Einsicht, die er okkulter Beeinflussung verdankte, »die völlige Klarheit über die Vorstellung der Zeit. Diese Erkenntnis stand mit den Studien in keinem Zusammenhang und wurde ganz aus dem okkulten Leben her dirigiert. Es war die Erkenntnis, daß es eine mit der vorwärtsgehenden interferierende rückwärtsgehende Evolution gibt, die okkult-astrale. Diese Erkenntnis ist die Bedingung für das geistige Schauen.« [42] Die Beschäftigung mit diesem Problem, das anthropologisch-psychologische Fragen berührt, sollte Steiner lebenslang begleiten. Steiner legte Wert auf die Feststellung, daß er erst daran ging als okkulter Lehrer tätig zu sein, nachdem er die dafür nötige Reife erlangt hatte: »Da kam die Zeit (um die Jahrhundertwende), wo ich im Einklange mit den okkulten Kräften, die hinter mir standen, mir sagen durfte: du hast philosophisch die Grundlegung der Weltanschauung gegeben, du hast für die Zeitströmungen ein Verständnis erwiesen, indem du so diese behandelt hast, wie nur ein völliger Bekenner sie behandeln konnte; niemand wird sagen können: dieser Okkultist spricht von der geistigen Welt, weil er die philosophischen und naturwissenschaftlichen Errungenschaften der Zeit nicht kennt. Ich hatte nun auch das vierzigste Jahr erreicht, vor dessen Eintritt im Sinne der Meister niemand öffentlich als Lehrer des Okkultismus auftreten darf.« [43]

Will man nun Steiners Anthroposophie als Frucht dieser seiner okkulten Entwicklung charakterisieren, indem man Verbindungslinien zu geistesgeschichtlich verwandten Strömungen zu ziehen versucht, so stößt man auf das Rosenkreuzertum. In seinen zahlreichen einschlägigen Schilderungen hat Steiner sichergestellt, daß Verwechslungsmöglichkeiten mit irgendwelchen gleichnamigen, aber obskuren Gruppierungen ausgeschlossen bleiben. Einzig und allein um eine bestimmte, klar beschreibbare geistige Substanz ist es ihm zu tun. Deshalb verzichtet er weitgehend darauf, Nachforschungen über historische Bezüge zu etwaigen rosenkreuzerischen Vereinigungen anzustellen. Bezeichnend ist in diesem Zusammenhang der Vergleich, den er am Eingang eines seiner zahlreichen Vorträge über die »Theosophie der Rosenkreuzer« anstellt. Dort — 1907 — heißt es: »So wenig den Schüler, der heute die elementare Geometrie lernt, die ursprüngliche Art angeht, wie Euklid die Geometrie der Menschheit gegeben hat, so wenig soll es uns kümmern, wie im Laufe der Geschichte sich das sogenannte Rosenkreuzertum entwickelt hat. Und wie der Schüler echte, wahre Geometrie aus der Sache heraus lernt, so wollen wir diese rosenkreuzerische Weisheit aus sich selbst heraus betrachten.« [44]

Rosenkreuzerisches Ideengut findet Steiner nicht nur in den eigentlichen Rosenkreuzerschriften, etwa in Valentin Andreaes »Chymische Hochzeit«, die er kommentiert hat, sondern auch in einer Reihe anderer Werke des 18. und 19. Jahrhunderts, beispielsweise in Goethes »Märchen von der Schlange und der Lilie«, dessen esoterischen Gehalt er aufgedeckt hat. Es geschah gewissermaßen als Auftakt (1899) für das nachfolgende anthroposophische Wirken [45]. Dieses von Rudolf Steiner vertretene Rosenkreuzertum ist — wie die Anthroposophie selbst — primär ein Einweihungsweg, auf dem der Initiant eine Wesenswandlung erfährt und zu einem vertieften Christusverständnis geführt wird. Natur- und Geisterkenntnis, Selbst- und Welterkenntnis werden einer Einheit entgegengeführt. Es wird kein abstraktes Wissen vermittelt, die spirituellen Wahrheiten sollen vielmehr unmittelbar im Leben konkretisiert werden. Die geistige Schulung erfolgt nicht auf die Autorität eines Lehrers hin, sondern in Respekt vor der inneren Freiheit jedes Menschen. Manipulative Eingriffe in das (unbewußte) Willensleben sind daher verpönt.

Stellen wir daneben Jungs Erfahrungen, so muß man sich abermals vergegenwärtigen, daß er nicht mit jener Erkenntnisabsicht an die Problematik herantrat wie Rudolf Steiner. Was die Krise anlangt, die beide Männer um die Lebensmitte, zwischen dem 35. und 40. Lebensjahr, heimsuchte, so waren beide sehr unterschiedlich darauf vorbereitet. Steiner hatte sich, wie wir gesehen haben, von früher Jugend an mit dem Erkenntnisproblem auseinandergesetzt, und zwar eben nicht nur auf philosophischem Weg. Das wissenschaftliche Studium wurde durch die okkulte Führung ergänzt, die rationale Bemühung durch einen spirituellen Prozeß. Unterschiedlich ist deshalb auch die Beschreibung und die Bewertung der Krise um die Lebensmitte, nicht nur weil das zu vergleichende biographische Material von unterschiedlicher Quantität und Ergiebigkeit ist. Steiner deutete sein zeitweiliges Aufgehen im Zeitgeist mit einem »Hineinschlüpfen in die Haut des Drachens«, der gleichsam von innen her zu überwinden war. Wohin die Prüfung der Seele bei ihm aber letztlich zielte, das hat Steiner in dem programmatischen Satz ausgedrückt: »Auf das geistige Gestandenhaben vor dem Mysterium von Golgatha in innerster ernstester Erkenntnis-Feier kam es bei meiner Seelenentwickelung an.«[46]

C. G. Jung traf die Lebenskrise nach der Lösung von Freud und der Psychoanalyse völlig unvorbereitet. Sie stieß ihn in eine Desorientiertheit hinein, die der Autobiograph rückhaltlos eingesteht. Eine seelische Prozedur wurde ihm »irgendwoher« aufgenötigt, deren Verlauf er nicht kannte, deren Begleiterscheinungen dem langjährigen Seelenarzt jedoch aus der ärztlichen Praxis von psychotischen Fällen her geläufig waren. Die Flut des Unbewußten umbrandete ihn; schwer faßbare Phantasien, Personifikationen psychischer Faktoren, Gesichte, Stimmen und rätselhafte Träume überfielen ihn; Spukphänomene stellten sich in seinem Küsnachter Haus ein. Seine Situation einer »bodenlosen Unwissenheit«, deren sich der im äußeren Leben erfolgreiche Dozent der Psychiatrie bezichtigen mußte, wird schlaglichtartig durch den Satz beleuchtet: »Ich hätte mir damals in meinen ›Finsternissen‹ ... nichts Besseres gewünscht als einen wirklichen, konkreten Guru, einen überlegen Wissenden und Könnenden, der mir die unwillkürlichen Schöpfungen meiner Phantasie entwirrt hätte.«[47]

Gerade wenn man Leben und Werk von Steiner und Jung in der Zusammenschau betrachtet, muß man sich sagen: Einen solchen »Wissenden und Könnenden«, nach dem Jung fragte, gab es. Er wirkte eben zu jener Zeit in erreichbarer Nähe. Mehrmals trug er in jenen Jahren in Zürich vor, u. a. über »Anthroposophie und Seelenwissenschaft« (1917), und zwar noch ehe das Dunkel sich bei Jung völlig aufzuhellen begann. Aber die schicksalwendende Begegnung unterblieb. Sie mußte unterbleiben. In den beiden Erdenleben, die voll von bemerkenswerten Parallelen waren, sprach die innere Gegensätzlichkeit in diesem Punkt offenbar die deutlichere Sprache. Oder lag es daran, daß Jung ein äußerer »Guru« gar nicht die Hilfe hätte geben können, die ihm sein innerer Guru bot, der ihm zeitenweise »wie physisch real« erschien? Wer vermöchte darüber zu urteilen?

In den Biographien Steiners und Jungs zeichnet sich sodann die bereits angesprochene Phasenverschiebung der inneren Entwicklung ab. Am Ende des Ersten Weltkriegs stand Jung erst noch die eigentliche Entfaltung seines Forscherlebens bevor. Die »Initialimaginationen und -träume«, die im Jahre 1912/13 begannen, schlugen sich erst nach dem geistigen Durchbruch in Gestalt wissenschaftlicher Erkenntnis nieder. »Während der Jahre zwischen 1918 bis ungefähr 1920 wurde mir klar, daß das Ziel der psychischen Entwicklung das Selbst ist ... Die ersten Imaginationen und Träume waren wie feurig-flüssiger Basalt; aus ihnen kristallisierte sich der Stein, den ich bearbeiten konnte. Die Jahre, in denen ich den inneren Bildern nachging, waren die wichtigste Zeit meines Lebens, in der sich alles Wesentliche entschied. Damals begann es, und die späteren Einzelheiten sind nur Ergänzungen und Verdeutlichungen. Meine gesamte spätere Tätigkeit bestand darin, das auszuarbeiten, was in jenen Jahren aus dem Unbewußten aufgebrochen war und mich zunächst überflutete. Es war der Urstoff für ein Lebenswerk.« [48]

Dies schreibt Jung rückblickend für die Zeit, da er, etwa fünfundvierzigjährig, den geistigen Durchbruch hinter sich hat und das aufzubauende Werk vor sich liegen sieht. Das was Jung als das »Selbst« bezeichnet, ist dem achtzehn- bis neunzehnjährigen Steiner in Anlehnung an Fichtes »Ich«-Verständnis erkennbar geworden. Es wurde bereits gesagt, daß es zu jenem Zeitpunkt geschah, da der vierjährige Jung seine »Initiation ins Reich der Tiefe« erlebte.

Fragt man, zu welchen Ufern er nach der Krisenzeit aufbrach und welche Richtung seine weitere Seelenforschung nahm, dann muß man sagen, daß es die Alchemie war, ein historisches Erkenntnisgebiet also, das die ihm hilfreichen »Präfigurationen« seiner eigenen inneren Erfahrungen in Texten, Bildern und Symbolen darbot. Der zugrundeliegende Ideengehalt aber ist weitgehend derselbe wie derjenige des Rosenkreuzertums, in dem Steiner so etwas wie die »Präfiguration« der Anthroposophie gesehen hat oder hätte sehen können. Freilich, Ansatz und Zielsetzung beider sind auch hierin nicht unbedingt identisch. Wo Steiner nach Erkenntnis Ausschau hält, da findet sich bei Jung das diagnostisch-therapeutische Anliegen. Ein formaler Differenzpunkt ist, daß Steiner darauf verzichtet, historische Anknüpfungspunkte bei den Rosenkreuzern und Alchemisten zu suchen. Deshalb erspart er es sich, alchemistische Folianten zu wälzen und dokumentarische Belege zusammenzutragen, während Jung um eine sorgfältige Entschlüsselung der alchemistischen Schriften bemüht ist. Es muß nicht eigens betont werden, daß er deswegen nicht zum Philologen wurde und allein auf den Buchstaben geschworen hätte. Es ist aber für sich genommen schon eine bemerkenswerte Erscheinung, daß ein moderner Psychiater des 20. Jahrhunderts rosenkreuzerisches und alchemistisches Ideengut in der Weise vergegenwärtigt und für seine psychologische Erkenntnis verwertet, wie es Jung getan hat. Die Präfiguration, nach der er fragt, ist das alchemistische *opus* selbst, das er als einen geistig-seelischen Prozeß deutet, der dem von ihm aufgefundenen Individuationsvorgang analog ist. Mitte und Ziel dieses Prozesses ist bekanntlich die »Bereitung des Steins«, wobei der Lapis der Alchemisten dem »Selbst« bei C. G. Jung entspricht. Vergleicht man hierzu, was Steiner über den siebenstufigen Einweihungsweg des Rosenkreuzers zu sagen hat, dann findet sich als vierte und mittlere Stufe diejenige, bei der es um die »Bereitung des Steins« geht.

Bei unserem Vergleich biographischer Daten Steiners und Jungs ist jeweils die Bewegung von schicksalbestimmender Bedeutung, in der beide Männer eine geraume Zeit gewirkt haben. Bei Steiner ist es die Theosophische Gesellschaft H. P. Blavatskys und Annie Besants, bei C. G. Jung ist es die Psychoanalytische Vereinigung S. Freuds. Beide Bewegungen bedeuteten für sie so etwas wie eine Plattform, von der aus sie die Ergebnisse ihrer Forschung an dafür Aufgeschlossene mitteilen konnten. Binnen kürzester Zeit wurden Steiner und Jung mit hohen Leitungsfunktionen betraut; Steiner mit dem Posten des Generalsekretärs der deutschen Sektion der Theosophical Society, Jung mit dem des Präsidenten der Weltgesellschaft der Psychoanalytischen Vereinigung. Beide Männer wußten und bekamen es zu spüren, daß die Verbindung mit den Theosophen oder mit den wissenschaftlich noch nicht anerkannten und als Außenseitern empfundenen Psychoanalytikern eine Exponierung darstellte, die ihrem Ruf schaden konnte. Einen Ruf hatte sowohl der als Goetheforscher und als Denker bekannt gewordene Steiner als auch der als Oberarzt an der Burghölzli-Klinik in Zürich arbeitende C. G. Jung zum Zeitpunkt ihres Eintritts in die betreffende Bewegung zu verlieren. Als ein Nonkonformist der für Nietzsche und Haeckel eintrat, in avantgardistischen Literaten- und Künstlerkreisen verkehrte, der schließlich vor Monisten, Marxisten und Theosophen Vorträge hielt, hatte sich Steiner zu Beginn des Jahrhunderts bereits ausgewiesen.

Bemerkenswert ist sodann, daß Jung und Steiner die Zusammenarbeit mit den Theosophen oder Psychoanalytikern nur als eine Durchgangsphase verstanden haben. Für Jung fällt diese Phase noch in die erste Hälfte seines Lebens, während der vierzehn Jahre ältere Steiner bereits zu sich selbst und zu seinem Lebensauftrag gekommen ist, als er sich mit der Theosophischen Gesellschaft verbindet. Dies ist ein wichtiger Unterschied, den man bei der Beurteilung beider beachten muß.

Folgende Vergleichsmomente seien noch zusammengestellt: Das Jahr 1875 ist einerseits das Geburtsjahr von C. G. Jung, andererseits ist es das Jahr, in das die Begründung der Theosophischen Gesellschaft fällt. Die Grundlagen der späteren Psychoanalyse werden von Freud und Breuer etwa zur selben Zeit gelegt wie die philosophischen und erkenntnistheoretischen Fundamente der späteren Anthroposophie durch Steiner, nämlich in den achtziger und neunziger Jahren des 19. Jahrhunderts. 1892, als Freuds erste Publikation über die hypnotische Heilung einer Hysterica erscheint, liegt Steiners umgearbeitete Dissertationsschrift »Wahrheit und Wissenschaft« vor; er promovierte 1891, zehn Jahre nach Freud, zum Dr. phil. Hier wie dort werden die Elemente einer späteren Heil- bzw. Erkenntniswissenschaft entwickelt. Nach überwundener Lebenskrise tritt Rudolf Steiner im Jahre 1900 der Theosophischen Gesellschaft nahe, deren Mitglied und Generalsekretär er 1902 wird. Er ist in diesem Augenblick etwa ebenso alt wie der vierzehn Jahre jüngere Jung bei seiner Trennung von der psychoanalytischen Bewegung. Der Bruch Steiner—Besant (oder Theosophische Gesellschaft) vollzieht sich 1912/13, also ebenfalls gleichzeitig mit dem Bruch Jung—Freud (oder Psychoanalytische Vereinigung). Während aber Steiner die erwähnte Lebenskrise vor Erreichung des vierzigsten Lebensjahrs an der Jahrhundertwende bereits hinter sich hat, steht eine ähnliche Krise dem noch nicht vierzigjährigen Jung bevor, als der Bruch mit Freud perfekt ist.

»Nach der Trennung von Freud hatte für mich eine Zeit innerer Unsicherheit, ja Desorientiertheit begonnen. Ich fühlte mich völlig suspendiert, denn ich hatte meinen eigenen Stand noch nicht gefunden«, bekennt Jung in den »Erinnerungen«[49]. Insofern hat das Jahr 1913 für Steiner und Jung einen biographisch völlig verschiedenen Stellenwert. Dies Jahr bringt für Steiner beispielsweise die Konstituierung der Anthroposophischen Gesellschaft und den Baubeginn des Goetheanums auf schweizerischem Boden. Während Steiner bis zu seinem Tode im Jahre 1925 nur noch zwölf Schaffensjahre verbleiben, tritt Jung mit den zwanziger Jahren erst in die eigentliche schöpferische Phase ein. Zu Steiners Lebzeiten erscheint noch das Werk »Psychologische Typen« (1921). Die eigentlichen bahnbrechenden Entdeckungen der Analytischen Psychologie sollte Rudolf Steiner nicht mehr kennenlernen. C. G. Jung stirbt (1961) in dem Jahr, in dem man Steiners 100. Geburtstags in aller Welt gedenkt.

ZU JUNGS »PSYCHOLOGIE DER UNBEWUSSTEN PROZESSE« UND STEINERS »VORTRÄGE ÜBER DIE PSYCHOANALYSE«

Bei der Besprechung des Werkes von C. G. Jung wird von anthroposophischen Autoren immer wieder auf Steiners beide »Vorträge über die Psychoanalyse« [1] und auf die darin gegebene Beurteilung Jungs verwiesen. Wer den Versuch einer Konfrontation und Synopse unternimmt, kann deshalb an den fraglichen Vortragsnachschriften aus dem Jahre 1917 nicht vorbeisehen, weil es sich hier um die einzige Schrift Jungs handelt, über die wir eine ausführlichere Stellungnahme Steiners besitzen.

Die Schrift »Die Psychologie der unbewußten Prozesse«, 1917 veröffentlicht, geht auf Jungs Aufsatz »Neue Bahnen der Psychologie« zurück, der zuerst 1912 in dem von Konrad Falke herausgegebenen »Raschers Jahrbuch für Schweizer Art und Kunst«, Band III, publiziert worden ist [2]. In der überarbeiteten Schrift ging es Jung nach vollzogener Trennung von Freud u. a. darum: einerseits die Anfänge und den Ansatz der Psychoanalyse, andererseits seine eben erst im Werden begriffene Analytische Psychologie bekannt zu machen. Das Buch stammt aus jenem Lebensabschnitt Jungs, den der Autor später als eine Zeit innerer Unsicherheit bezeichnet hat und aus der nur verhältnismäßig wenige literarische Arbeiten vorliegen. Jung läßt hier zwar einen Blick in seine Werkstatt tun. Aus dem Gesagten ergibt sich aber schon, daß es sich bei dieser Arbeit um Vorläufiges, wenn nicht um Uneigentliches handeln mußte. Dies geht nicht zuletzt auch aus der Beobachtung hervor, daß Jung gerade an dieser Studie später jahrzehntelang gearbeitet hat, ohne sie einer für seine Begriffe letzten Klärung entgegenführen zu können. Der wiederholte Wechsel der Titelüberschriften spiegelt dies Unabgeschlossene, Prozeßhafte wider. Der dritte Titel lautete: »Das Unbewußte im normalen und kranken Seelenleben« (1925), der fünfte und letzte, unter dem die Schrift in die Ausgabe der Gesammelten Werke aufgenommen wurde, heißt: »Über die Psychologie des Unbewußten«. Über die jeweiligen Änderungen und Erweiterungen gibt Jung in den Vorworten der einzelnen Ausgaben Auskunft [3].

Steiner, der mit großer Aufmerksamkeit die literarischen Neuerscheinungen beobachtet hat, wird also die Ausgabe von 1917, Jungs einzige Buchveröffentlichung dieses Jahres, vorgelegen haben, als er am 10. und 11. November in Dornach über Psychoanalyse sprach. Es sei im übrigen daran erinnert, daß Steiner in jenen Novembertagen etliche Male in Zürich Vorträge hielt, darunter vier öffentliche über das Verhältnis zu den akademischen Wissenschaften, wobei der erste am 5. November »Anthroposophie und Seelenwissenschaft« überschrieben war.

Um was war es Jung in der kritisierten Schrift gegangen? Es kam ihm darauf an, »eine gewisse Orientierung über die neuesten Auffassungen vom Wesen der Psychologie des Unbewußten zu geben. Ich halte gerade das Problem des Unbewußten für dermaßen wichtig und zeitgemäß, daß es nach meiner Ansicht ein großer Verlust wäre, wenn dieses Problem, das jeden so nahe angeht, durch Exilierung in ein unzugängliches fachwissenschaftliches Journal dem Gesichtskreis des gebildeten Laienpublikums entschwände, um ein papierenes Schattendasein in einem Bibliotheksregal zu führen.« [4] — Bereits an dieser Stelle könnte man Jungs Vorwort durch einen Text Rudolf Steiners »amplifizieren«, dem es nicht erst in jenen Kriegs- und unmittelbaren Nachkriegsjahren klar war, »daß gerade mit Bezug auf wichtigste, allerwichtigste Impulse der Menschheitsentwickelung in unserer Zeit gewissermaßen unter der Schwelle der äußeren Vorgänge Maßgebendes vorgeht«. Weil das so ist, deshalb müsse man in »das Unbewußte oder Unterbewußte der menschlichen Natur« hineinsehen, um die notwendigen und notwendenden Folgerungen für die soziale Gestaltung der Gegenwart (1919!) zu ziehen. Denn: »Nicht das eigentlich sagt uns über die Entwickelung der ganzen Menschheit viel, was wir heute in unserem Bewußtsein haben, obwohl wir im Zeitalter der Bewußtseinsseelen-Entwickelung gerade leben ... Im Unterbewußtsein müssen wir für die ganze Menschheit die wesentlichsten Übergangskräfte finden, wie wir für den einzelnen Menschen heute in diesem Zeitalter die wichtigsten Kräfte finden müssen gerade in der Aneignung des vollen Bewußtseins.« [5] Beide Forscher sind sich demnach darüber einig, auf welcher Ebene Entscheidendes vor sich geht. Steiner dringt im besonderen darauf, daß der im Unbewußten sich ankündigende »Schwellenübertritt« dem Menschen bewußt gemacht werden müsse. Auch darin dürfte sich zwischen Steiner und Jung vermitteln lassen. — Auf einem anderen Blatt steht, welche

Methodik anzuwenden und welcher praktische Weg zu beschreiten ist.

Jung spielt auf die Situation des Jahres 1917 an und fährt fort: »Die psychologischen Vorgänge, welche den gegenwärtigen Krieg begleiten — vor allem die unglaubliche Verwilderung des allgemeinen Urteils, die gegenseitigen Verleumdungen, die ungeahnte Zerstörungswut, die unerhörte Lügenflut und die Unfähigkeit der Menschen, dem blutigen Dämon Einhalt zu gebieten — sind wie nichts geeignet, das Problem des unter der geordneten Bewußtseinswelt unruhig schlummernden chaotischen Unbewußten dem denkenden Menschen aufdringlich vor Augen zu rücken.« [6] Steiners öffentliche Vorträge während des Weltkrieges rechneten mit derselben Situation, als er das allen zivilisierte Menschen gehörige geistige Erbe Mitteleuropas in Erinnerung rief, etwa in Gestalt der Berliner Architektenhaus-Vorträge [7]. Jung erblickt die Aufgabe darin, die Psyche des Einzelnen zu verändern. Bei ihm habe die beabsichtigte »Veränderung der Psychologie der Nation« zu beginnen.

Für die richtige Einschätzung der Schrift ist noch folgende Anmerkung Jungs von Bedeutung: »Ich verknüpfe mit dieser Arbeit keineswegs die Idee, daß sie in irgendeiner Hinsicht abschließend oder hinreichend überzeugend sei. Dieser Anforderung könnten nur umfangreiche wissenschaftliche Abhandlungen über einzelne in dieser Schrift berührte Probleme genügen.« Und als ein Jahr später die zweite Buchauflage nötig wird, gibt Jung zu erkennen, daß er sich nach wie vor der »außergewöhnlichen Schwierigkeit und Neuheit des Stoffes« bewußt sei. Sieben Jahre nach Kriegsende, im Todesjahr Steiners, sind für die dritte Auflage »ziemlich umfangreiche Veränderungen und Verbesserungen« erforderlich geworden. Wieder spricht der Verfasser davon, daß er es für riskant halte, »eine höchst komplizierte Materie, die wissenschaftlich noch im Werden ist, sozusagen populär zu schreiben«. Abermals rechnet er mit manchen Vorurteilen; »aber man möge berücksichtigen, daß der Zweck einer solchen Schrift höchstens der sein kann, daß sie einen ungefähren Begriff ihres Stoffes gibt und damit anregt, niemals aber, daß sie in alle Einzelheiten der Überlegung und der Beweisführung geht«. — Diese immer wieder erforderliche Einschränkung wird schließlich auch in der nochmals gründlich revidierten fünften Auflage (»Über die Psychologie des Unbewußten«, 1942) kaum zurückgenommen. Obwohl der nunmehr Siebenundsechzigjährige ein Menschenalter nach der Erstauflage selbst einen psychischen Reifungsprozeß durchlaufen und wesentliche Erkenntnisse hat sammeln können, vermag er nur mit großer Behutsamkeit von dem »so schwierigen und komplizierten Stoff« der Psychologie des Unbewußten zu sprechen. Der Erforscher meint zwar, inzwischen viele Unzulänglichkeiten beseitigt zu haben, sieht sich aber einem »noch unübersehbaren Neuland (gegenüber) ... in das wir nur versuchsweise eindringen und nur auf Umwegen entdecken wir den geraden Weg.«

Verfolgte man auch nur anhand dieser einen Schrift Jungs in der eben angedeuteten Weise den langen und mühevollen Weg des Tiefenpsychologen, so würde klar, daß eben jene vielzitierten Vorträge über die Psychoanalyse bestenfalls ein Zeitdokument, nicht aber eine zureichende Charakteristik und Beurteilungsgrundlage für das Phänomen C. G. Jungs aus anthroposophischer Sicht darstellen können. Es spricht für sich, wenn man bedenkt, daß Jungs Werk zu Steiners Lebzeiten noch gar nicht abzusehen war. Ein Blick auf die Übersicht, der die Entstehungszeiten von Jungs Hauptwerke zu entnehmen sind, unterstreicht dies. Dennoch sei auf einige Stellen in den Vorträgen kurz eingegangen.

Anläßlich der genannten Schweizer Vorträge machte Steiner, wie er selbst erwähnt, die Erfahrung, daß man mit dem kulturell-geistigen Leben dieser Stadt kaum in Berührung kommen könne, ohne daß man den Blick auf »die Analytische Psychologie oder Psychoanalyse« lenkt. Es fällt auf, daß Steiner immerhin bereits die Bezeichnung der Jungschen psychotherapeutischen Richtung benutzt, ohne jedoch einen erkennbaren Unterschied zwischen Jungs Analytischer Psychologie und Freuds Psychoanalyse zu machen. Für Steiner ist C. G. Jung in den Vorträgen immer »der Psychoanalytiker Jung«, wenngleich »einer der besseren Psychoanalytiker«, dem er besondere Aufmerksamkeit schenkt und dem er ein gewisses Maß an Respekt entgegenbringt. Die andere Beobachtung besteht für Steiner darin, daß sich auch ernsthaft Suchende der Psychoanalyse zuwenden. Ignorieren könne man diese Bewegung nicht mehr, »weil die Ereignisse, auf welche diese Bewegung losgeht, einmal da sind«[8]. Steiner gibt nicht nur zu, daß die von ihm besprochene Psychoanalyse unleugbare Tatbestände untersucht; er anerkennt: »Über den bloßen Materialismus sind diese Leute doch hinaus ... sie reden vom Seelischen. Also immerhin sicher ein Weg ... aus dem bloßen Materialismus herauszukommen und das Seelische ins Auge zu fassen.«[9] Weiter: »Ich kann Ihnen (das heißt den Hörern des Vortrags) die Versicherung geben, diese Psychoanalytiker als Seelenkenner oder als Seelenforscher sind doch noch immer weit, weit über das hinaus, was die landläufige ... Universitätspsychiatrie, -psychologie zumeist bietet.« [10]

Trotzdem ist die Ablehnung, die in Steiners Kritik liegt, unverkennbar. Zwar ist an der Existenz der psychischen Tatbestände, die die Psychoanalyse angeht, seiner Meinung nach nicht zu zweifeln. Aber, so sagt Steiner, das geschieht »mit unzulänglichen Erkenntnismitteln ... Viertelswahrheiten können unter Umständen schädlicher sein als ganze Irrtümer« [11]. In diesem Zusammenhang wird vor allem Freuds Sexualtheorie genannt. Dagegen vermißt der Leser der beiden Vorträge über die Psychoanalyse eine eingehende erkenntnistheoretische Darlegung. Angesichts der Zusammensetzung des damaligen Dornacher Zuhörerkreises konnte sich der Vortragende offensichtlich eine detaillierte Begründung ersparen. Steiner läßt es daher mit einer Warnung vor den »mannigfältigsten schweren Verirrungen« bewenden, die sich beispielsweise im sozialen Leben bei Anwendung psychoanalytischer Praktiken auswirken können.

Sehen wir nun, wie Steiner zu einzelnen, wir müssen sagen: vorläufigen — Ergebnissen aus Jungs Forschungsarbeit Stellung nimmt:

Zunächst attestiert er ihm, daß Jung das Freudsche Sexualprinzip und die Neurosentheorie für nicht ausreichend hält [12]. Steiner wendet sich dann der Jungschen Typenlehre zu — das grundlegende Werk, »Die psychologischen Typen«, erschien jedoch erst vier Jahre später — und demonstriert daran die erwähnten »Erkenntnisunzulänglichkeiten«. Sieht man einmal davon ab, daß erst in den »Psychologischen Typen« eine ausführliche fundierte Darstellung der Jungschen Typologie gegeben werden konnte, so ist das Urteil Steiners über Jungs Vorstellungen von den beiden Typen samt den dazu gehörigen Grundfunktionen enttäuschend. Eingeleitet wird das kurze Referat mit dem Satz: »Es hat also wiederum einmal ein großer Gelehrter eine epochemachende Entdeckung gemacht, die eigentlich jeder vernünftige Mensch in seiner nächsten Umgebung als auf der Straße liegend machen kann ...« Zwar gesteht Steiner, die Unterscheidung von Extravertierten und Introvertierten sei »eine gelehrte Einteilung ... scharfsinnig, geistreich, wirklich entsprechend bis zu einem gewissen Grade«, kommt aber zu dem Schluß: »Nicht wahr, man kann sagen, die Theorie Jungs ist ja eigentlich nichts als eine Umschreibung, wie gesagt des trivialen Urteils von dem Gefühlsmenschen und dem Verstandesmenschen, und es ist keine besondere Vertiefung des Tatbestandes.« Für Steiner handelt es sich im übrigen um eine bloße Theorie: »Die Leute stellen eine Theorie über das Unterbewußte (sic!) auf, aber sie rumoren selber mit ihrer Theorie im Unterbewußten.« [13]

Gewiß kann man sich jeder Mutmaßung enthalten, wie Jungs Antwort gelautet haben könnte, wenn er Steiners Vortrag gehört hätte. Es gibt genug Belege. Als er z. B. im Frühjahr 1920, also knapp drei Jahre später, die Vorrede zu den »Psychologischen Typen« schreibt, beginnt er mit dem lapidaren Satz: »Dieses Buch ist die Frucht einer beinahe zwanzigjährigen Arbeit im Gebiete der praktischen Psychologie.« Und als zwanzig Jahre nach Steiners Psychoanalyse-Vorträgen, im September 1937, die 7. Auflage nötig geworden ist, antwortet Jung jenen Kritikern, die die Elemente seiner »Theorie« noch nicht wirklich verstanden haben: »Die Kritik begeht nämlich häufig den Irrtum, anzunehmen, die Typen seien sozusagen frei erdacht und würden dem Erfahrungsmaterial gewissermaßen aufgedrängt. Ich muß dieser Annahme gegenüber betonen, daß meine Typologie das Resultat vieljähriger praktischer Erfahrung ist, einer Erfahrung allerdings, welche dem akademischen Psychologen völlig verschlossen ist. Ich bin in erster Linie Arzt und praktischer Psychotherapeut, und alle meine psychologischen Formulierungen gehen aus den Erfahrungen einer täglichen schweren Berufsarbeit hervor. Was ich daher in diesem Buche sage, ist sozusagen Satz für Satz hundertfach in der praktischen Krankenbehandlung erprobt und ursprünglich auch aus dieser hervorgegangen. Diese ärztlichen Erfahrungen sind natürlich nur dem zugänglich und verständlich, der sich berufsmäßig mit der Behandlung seelischer Verwicklungen beschäftigen muß. Es ist daher dem Laien nicht zu verdenken, wenn ihn gewisse Feststellungen fremdartig anmuten oder wenn er gar denkt, meine Typologie sei das Produkt einer idyllisch ungestörten Studierstube. Ich bezweifle aber, daß solche Ahnungslosigkeit zu kompetenter Kritik befähigt.« [14] Mit der Annahme oder mit dem Vorwurf, er theoretisiere, hatte sich Jung immer wieder auseinanderzusetzen. In einer Diskussion während der Londoner Tavistock Lectures von 1935 sagt er u. a.: »Ich muß wiederholen, daß meine Methoden nicht Theorien entdecken, sondern Tatsachen ... Was wir effektiv finden, sind gewisse Tatsachen, die in einer spezifischen Art angeordnet sind, und wir benennen sie auf

Grund mythologischer oder historischer Parallelen. Man kann nicht ein mythologisches Motiv entdecken, man kann nur ein persönliches Motiv entdecken, und das erscheint nie in Form einer Theorie, sondern als lebendige Gegebenheit eines menschlichen Lebens.«[15] Erst aus den sich darstellenden Tatsachen oder Phänomenen könne man eine Theorie ableiten.

Im Vortrag fährt Steiner fort und kommt auf Inhalte des »überpersönlichen Unbewußten« zu sprechen. Er meint, der Psychoanalytiker gehe davon aus, daß der Mensch z. B. die Sage von Ödipus erlebe. — In Parenthese ist anzumerken, daß Jung an eben diesem Punkt die erwähnte deutliche Unterscheidung trifft zwischen dem persönlichen Motiv, das sich zeigt, und dem ähnlich motivierten mythologischen Material, das auf dem Wege der Amplifikation gegenübergestellt wird. — Steiners Stellungnahme berührt nun aber auch jenen wesentlichen Differenzpunkt, an dem sich beide, der Geistesforscher und der Seelenarzt, unterscheiden. Es ist das Problem der »Beziehung zu den Göttern« bzw. der Gottesbegriff als solcher. Steiner ist von seinem die Dimension des Geistigen einbeziehenden Wirklichkeitsverständnis her an der Frage nach der jeweils zugrundeliegenden Realität interessiert, während das Augenmerk des Seelenarztes primär auf Heilung seelischer Leiden gerichtet ist. Letztere Aufgabe gesteht Steiner C. G. Jung zu; er sagt es im Vortrag ausdrücklich: »Jung betreibt die Sache als Arzt, und das ist ja im Grunde bedeutsam, daß man die Patienten seelisch-therapeutisch behandelt.«[16] Steiner findet aber von seinem anderen erkenntnistheoretischen Ausgangspunkt her gewisse Deutungsversuche »des Psychoanalytikers Jung« grotesk, weil diese Forschungsart einerseits an die Probleme heranführe, im Grunde jedoch mit der Realität der geistigen Welt nicht Ernst mache. »Überall begegnet man Tatsachen, die von Bedeutung, von Wichtigkeit sind, die ... nur durch Geisteswissenschaft oder Anthroposophie erkenntnistheoretisch zu bewältigen sein werden.« Immerhin: »Diese Psychoanalyse hat wenigstens die Menschen aufmerksam gemacht darauf, daß Seelisches als Seelisches zu nehmen ist. ... Aber überall sitzt ihnen der Teufel im Nacken ... Sie können nicht heran an die geistige Wirklichkeit und wollen vor allen Dingen nicht heran an die geistige Wirklichkeit.«[17]

Dabei wären nach Steiners Meinung »die Tatsachen, welche der Psychoanalyse vorliegen, in der Tat geeignet, auf ein wichtiges spirituelles Gebiet hinzuweisen«[18]. Dies ist der andere Punkt, auf den

Steiner im zweiten seiner Vorträge über die Psychoanalyse zu sprechen kommt und der eine weitgehende Gemeinsamkeit der Interessen von Geistesforscher und Seelenarzt markiert. Da heißt es: »Im Unterbewußtsein aber hängt der Mensch mit einer ganz anderen Welt zusammen, mit derjenigen, von der Jung sagt, die Seele bedürfe ihrer, weil sie einfach im Zusammenhang mit dieser Welt stehe, aber wovon er auch sagt, es sei töricht, nach der Existenz zu fragen ... Sobald die Schwelle des Bewußtseins überschritten wird, ist der Mensch mit seiner Seele nicht in einem bloßen materiellen Zusammenhange drinnen, sondern in einem Zusammenhange, wo Gedanken walten, Gedanken, die sehr raffiniert sein können. — Jung sieht ganz recht, wenn er sagt, daß der Mensch der Gegenwart ... ganz besonders nötig hat, auf solche Dinge aufmerksam zu sein.« [19]

Damit leitet Steiner zu einem Fragenkreis über, der im Zusammenhang mit anderen Aussagen seines Werkes zu besprechen ist. Fassen wir hier zusammen, was Steiners Psychoanalyse-Vorträge für unsere Fragestellung zeigen:

1. Steiner wendet sich gegen eine eben erst im Werden begriffene Forschungsrichtung, die Analytische Psychologie, die von seinem Standort aus gesehen, noch in der Nachbarschaft der Psychoanalyse Freuds steht, obwohl in der kritisierten Schrift Jungs deutliche Unterschiede gegenüber Freud zugegeben werden müssen.

2. Das Urteil Steiners aus dem Jahr 1917, das bis zu einem gewissen Grade von den Vortragshörern mit bestimmt worden zu sein scheint, kann keinesfalls als ein Pauschalurteil über das spätere Werk C. G. Jungs gewertet werden.

3. Die beiden Vorträge zeigen aber auch, daß ein Schicksalsfaktor in dies Verhältnis Steiner—Jung hereinspielen muß. Nur so ist es zu erklären, daß Steiner einerseits die unbestreitbaren Verdienste der modernen Tiefenpsychologie anerkennt, gleichzeitig aber noch recht wenig Verständnis für die Pioniertat Jungs aufbringt.

Ebensowenig wie eine Überbewertung der beiden Vorträge dem Werk Jungs gerecht wird, ebensowenig werden aus den Vortragsnachschriften bereits die Gründe sichtbar, die Steiner zu seiner ablehnenden Haltung veranlaßt haben. Wir müssen uns mit diesem Problem noch in anderen, größeren Zusammenhängen beschäftigen.

Je länger man sich mit dem Werk Rudolf Steiners beschäftigt, desto deutlicher wird einem, daß seine Einzelmitteilungen erst dann richtig verstanden und gewürdigt werden können, wenn sie in großen und größten Zusammenhängen betrachtet werden. Dieser Sachverhalt macht es dem Außenstehenden schwer, wenn nicht unmöglich, Angaben Steiners über ein relativ begrenztes Stoffgebiet zu verwerten. Das trifft in erster Linie auf die internen Vorträge zu, die ausschließlich vor Mitgliedern der Anthroposophischen Gesellschaft gehalten worden sind und deren Nachschriften ursprünglich diesem geschlossenen Kreis vorbehalten bleiben sollten, sofern der Vortragende überhaupt eine Vortragsnachschrift genehmigte. Die nicht gerade einladende Vorbemerkung in den betreffenden Bänden der Gesamtausgabe, wonach nur dem ein Urteil über den Inhalt des Bandes zugestanden werden könne, der die dafür notwendigen wissensmäßigen Voraussetzungen mitbringt, erweist sich demnach als berechtigt, ja als unumgänglich. Anders ist es bei den als Büchern konzipierten Veröffentlichungen oder bei den öffentlichen Vorträgen.

Ein Blick auf Jung konfrontiert mit ganz ähnlichen Verhältnissen, wenn man sich vergegenwärtigt, in welcher Lage sich der befindet, der sich — auch wenn es sich um einen Kollegen vom Fach handelt — »nur schnell mal« informieren will, was Jung zu diesem oder jenem Problem zu sagen hat. In einer Diskussion während der Londoner Tavistock-Lectures, die 1935 vor Ärzten bzw. Psychiatern gehalten worden sind, wies Jung auf Schwierigkeiten hin, die beispielsweise dort auftauchen, wo es darum geht, gewisse Kriterien seiner Traumdeutung darzulegen. »Das ist eben die große Schwierigkeit. Es klafft eine solche Lücke zwischen dem, was allgemein bekannt ist, und den Dingen, an denen ich so lange Jahre gearbeitet habe.« Er meint hier seine intensive Beschäftigung mit der Symbolik und mit Inhalten der asiatischen Esoterik, die er studieren mußte, um gewisse Fakten des Unbewußten überhaupt einordnen und verstehen zu können. »Erst wenn man einen solchen Apparat von Parallelismen besitzt, kann man beginnen, Diagnosen zu stellen und zu sagen, dieser Traum ist organisch und jener ist es nicht. Solange die Menschen dieses Wissen nicht haben, bin ich für sie einfach ein Magier ... Besonderes Wissen ist ein schrecklicher Nachteil.« [1]

So ist bei beiden Forschern ein ungemein weitreichender Kontext zu berücksichtigen. Beide müssen ihren Lesern ein besonderes Maß an Geduld, Vorurteilslosigkeit und Vertrauen abverlangen. Jung ist in dieser Hinsicht gegenüber Steiner insofern im Vorteil, als er ethnologische, kultur-, religions- und geistesgeschichtliche Fakten aufzeigen kann, um anhand dieser einzelnen Daten seine psychologischen Einsichten zu erläutern. Man denke nur an Jungs Deutung und Kommentierung östlicher Texte oder alchemistischer Schriften und Bilddarstellungen. Diese greifbaren Belege fallen bei Steiner vielfach weg. Er muß dagegen an vielen Stellen seines Werkes mit Problemen und Phänomenen vertraut machen, die sich nicht so manifestieren, daß sie der gewohnten Empirik zugänglich werden. Diese Dinge sind ihres okkult-esoterischen Ursprungs wegen meist völlig unbekannt und muten daher noch befremdlicher an als Ergebnisse der tiefenpsychologischen Forschung. Die Frage der Nachprüfbarkeit des auf dem geisteswissenschaftlichen Gebiete Geleisteten läßt sich auch nicht mit ein paar Steiner-Zitaten abtun. Deshalb klafft bei Steiner eine noch größere Lücke zwischen dem, was als allgemein bekannt vorausgesetzt werden kann, und dem, was der Geistesforscher zu sagen hat. Dennoch kann man auf den Einbezug derartiger Angaben aus der Geistesforschung nicht verzichten, weil sie, ähnlich wie bei Jung, zum Kontext gehören.

Um welchen Zusammenhang geht es beispielsweise bei den Vorträgen Steiners zur Psychoanalyse? — Gewisse okkult-esoterische Bezüge zu dem dort Gesagten wurden in Vorträgen ausgebreitet, die den genannten Dornacher Ansprachen vom 10. und 11. November 1917 im Herbst des selben Jahres vorausgingen.

Steiner hat sich eine Anschauung von Geschichte zu eigen gemacht, nach der die äußeren Daten, Fakten und Vorgänge *Symptome* eines Prozesses signalisieren, der gleichsam unter der Oberfläche der äußeren Abläufe vor sich geht. In dem äußeren Geschehen spricht sich ein inneres aus. »Spirituelle Hintergründe« wollen beachtet sein. Es entspricht der Bewußtseinsentwicklung des heutigen Menschen die Offenbarung — man könnte auch sagen: das Transparentwerden — der geistig-übersinnlichen Welt zu erfassen. »Diese Gesinnung muß die Menschen durchdringen, daß sie fortan nicht werden weiterkommen können, ohne der neuen Art von Offenbarung der übersinnlichen Welt entgegen zu gehen«, heißt es in einem Vortrag aus dem Jahr 1918 zu dieser Thematik [2].

Steiner geht es darum, dem Menschen einsichtig zu machen, welchen Tendenzen die Menschheitsentwicklung unterliegt, aber auch welche retardierenden, den Bewußtwerdungsprozeß hemmenden Kräfte am Werke sind. Damit ist schon ein wichtiger Gesichtspunkt angegeben, denn »hinter den Kulissen der weltgeschichtlichen Angelegenheit spielen geistige Kräfte in gutem und in schlechtem Sinne hin und her«. Geistige Geschehnisse, so heißt es im Zürcher Vortrag vom 6. November 1917, müssen mit angemessenen Erkenntnismitteln, nämlich mit einer Wissenschaft vom Geist zu erforschen gesucht werden [3]. Die Menschheit ist daraufhin angelegt, zu einem bestimmten Zeitpunkt gewisse Erkenntnis- und Willenskräfte zu entfalten und durch das Erfassen der Realität des Spirituellen zur Reifung der Seele zu gelangen. Steiner erblickt eine Aufgabe der Menschen dieser Epoche darin, »daß sie über gewisse Dinge, die eben bisher mehr im Unterbewußten für die menschliche Seele gehalten worden sind, Aufklärung bekommen und auch Herr darüber werden« [4].

In einem Zyklus von vierzehn Vorträgen, die Steiner zwischen dem 29. September (Michaelstag!) und dem 28. Oktober 1917 in Dornach gehalten hat, schildert er, was sich gemäß okkulter Beobachtung im Laufe des 19. Jahrhunderts abgespielt hat. Steiner spricht hier — wie auch in anderen Zusammenhängen — davon, wie um die Mitte des 19. Jahrhunderts ein für die westliche (europäische und amerikanische) Menschheit bedeutungsvoller Einschnitt erfolgt ist, bei dem die »materialistische Verstandesentwicklung« so etwas wie einen Höhepunkt erlebt hat. Steiner versteht darunter ein »Verstandesbegreifen«, das ein Höchstmaß an Präzision und wissenschaftlicher Genauigkeit erzielt hat, das aber im Grunde nur geeignet ist, die »äußeren toten Tatsachen« zu erfassen. Für das Begreifen des Lebendigen, noch weniger für das des Seelischen und Geistigen reicht diese Erkenntnisart nicht aus; sie erhebt jedoch einen Anspruch darauf. Sie beschränkt sich aber auf jene Empirie, für die alles meßbar, wägbar und zählbar, somit quantitativ erfaßbar sein muß, wenn eine wissenschaftliche Aussage gemacht werden soll.

Derartige Entwicklungen, so sagt Steiner, sind letztlich in Prozessen der geistigen Welt begründet. Steiner spricht von einem »Kampf der geistigen Wesenheiten«, der sich von den vierziger Jahren bis zum Herbst des Jahres 1879 erstreckt haben soll. Seine Schilderungen kleidet er in ein biblisch-mythologisches Bild: Die Kontrahenten des geistigen Kampfes sind der Erzengel Michael und Ahriman, der Repräsentant des Bösen in seinem dunklen Aspekt (im Gegensatz zu Lucifer, der eine entgegengesetzte Verführungsmacht personifiziert). Die Offenbarung Johannis spricht vom Kampf Michaels mit dem Drachen (Kap. 12). Da dies Bild symbolischer Natur ist, räumt Steiner ein, daß oftmals im Verlauf der Menschheitsgeschichte derartige Auseinandersetzungen, wenngleich immer mit eigener Bedeutsamkeit, stattgefunden haben. »Das Ende der siebziger Jahre war vorzugsweise diejenige Zeit, in welcher die menschlichen Seelen mit Bezug auf gewisse Erkenntniskräfte von ahrimanischen Impulsen ergriffen wurden.«[5] Die satanisch-ahrimanischen Impulse wurden somit im besonderen dem Erkenntnis- und Willensleben eingeprägt. »Was vorher mehr Allgemeingut war, wurde damit verpflanzt in das (seelische) Eigentum der Menschen. Und so können wir sagen, daß seit dem Jahre 1879 durch die Anwesenheit dieser ahrimanischen Mächte im Reiche der Menschen persönliche Ambition, persönliche Tendenz vorhanden ist, die Welt materialistisch zu deuten.« Steiner bedient sich der symbolisch-imaginativen Redeweise der Bibel und nennt den Vorgang den »Sturz der Geister der Finsternis«. Das dadurch Angedeutete besagt, auf die Psyche des Menschen übertragen: Die Psyche ist mithin in eigenartiger Weise empfänglich und anfällig geworden für Einbrüche aus dem satanisch-ahrimanischen Bereich der geistigen Welt. Dem Tiefenpsychologen sind derartige Möglichkeiten der Einwirkung auf die Massenpsyche ebenfalls längst bekannt. C. G. Jung spricht von »Einbrüchen archetypischer Inhalte«, von der »Umklammerung des Unbewußten«. In seinem Aufsatz »Wotan« (1936) hat er den nordischen »Sturm- und Brausegott, (den) Entfeßler der Leidenschaften und der Kampfbegier, (den) übermächtigen Zauberer und Illusionskünstler« in seinem Überfall auf das Mitteleuropa der dreißiger Jahre charakterisiert[6]. Auch für den Geistesforscher stellen sich diese Dinge nicht nur als Fakten dar, die sich in der Einzelpsyche spiegeln oder sie aufrühren. Es sind für ihn vielmehr Tatsachen und eruptive Vorgänge, die eine enge Wechselbeziehung zwischen geistiger und irdischer Welt darstellen. Die Symbole und Imaginationen, die Steiner anführt, sind nicht nur »Bilder«. Sie weisen über sich hinaus auf eine zugrundeliegende geistige Wirklichkeit bzw. auf die geistige Dimension der einen Wirklichkeit. Denn: »Was hier auf dem physischen Plan geschieht, das ist eigentlich immer eine Art Projektion, eine Art Abschattung dessen, was in der geistigen Welt geschieht. Nur geschieht das, was in der geistigen Welt geschieht, früher.« [7]

Gleichzeitig wehrt sich Steiner gegen »das allgemeine nebulose Herumreden von Geist«, das zu nichts führt. Auch »kommt man nicht durch bloße Spekulation hinter die hier angesprochenen Dinge, sondern nur durch wirkliche spirituelle Beobachtung« [8]. Sie darf wiederum nicht mit spiritistischer und medialer Aktivität verwechselt werden, die sich in jenen Jahrzehnten in Europa und Amerika in so starkem Maße ausgebildet hat. Steiner wehrt sich gegen die spiritistischen Praktiken, weil dadurch ein wirkliches Herankommen an die geistige Welt geradezu verhindert wird. Die rasche Ausweitung dieser Bewegung könnte immerhin als Ausdruck jenes Suchens nach vertiefter Erkenntnis zu werten sein, das einerseits zur Begründung der Theosophischen Gesellschaft (in dem Geburtsjahr C. G. Jungs, 1875) bzw. der Anthroposophischen Gesellschaft (1912/13), andererseits der Psychoanalyse bzw. der Analytischen Psychologie Jungs (1912 ff.) geführt hat. Vergleicht man die Daten, so macht man in der Tat überraschende Entdeckungen. Gerade aus diesem Grund ist das Drängen Steiners nach deutlich-eindeutiger Differenzierung verständlich, solange jedenfalls die Erkenntnisfrage offen ist. Die Folgerung, die er für das Geistesleben des 20. Jahrhunderts gezogen wissen möchte, ist daher ein Höchstmaß an Wachsamkeit und geistiger Klarheit. »Denn das Gefährlichste in der nächsten Zukunft wird sein, sich unbewußt den Einflüssen auszuliefern, die ja doch da sind.« [9] Die nächste Zukunft brachte in Deutschland das, was Jung die Entfesslung Wotans genannt hat. Auf den »Sturz des Drachens« folgte die »Drachensaat« des ersten und zweiten Weltkrieges samt seiner Folgeerscheinungen. Diese Mahnung angesichts der »nächsten Zukunft« sprach Steiner wenige Tage vor der russischen Oktoberrevolution von 1917! [10]

Nimmt man diese Gesichtspunkte mit in die Betrachtung hinein, die sich durch den Blick auf »die spirituellen Hintergründe der äußeren Welt« ergeben und die durch den »Sturz der Geister der Finsternis« symbolisiert sind, so läßt sich leichter verstehen, weshalb Steiner in dem Bestreben, den Bewußtwerdungs- und Reifungsprozeß der Menschheit energisch voranzutreiben, alles unter die kritische Lupe nehmen mußte, was den Anspruch erhob, wegweisend oder heilend auf den Kulturprozeß einzuwirken. Gerade die Gefahr einer Verharmlosung der Problematik meinte er in der ihm zeitgenössischen Tiefenpsychologie begegnen zu müssen. Zwar attestierte Rudolf Steiner den »Psychoanalytikern«, daß sie immerhin bereits den ärgsten Materialismus überwunden haben, indem sie ein an sich existierendes Psychisches als Realität anerkannten. Steiner konnte sich aber andererseits nicht mit den Erkenntnisvoraussetzungen und dem geistigen Horizont einverstanden erklären, unter denen diese Seelenforschung und -therapie geschah.

Zur Begriffserklärung

Wie nicht anders zu erwarten, reden Steiner und Jung zweierlei Sprachen. Je nach den weltanschaulichen Voraussetzungen, den geistesgeschichtlichen Bezügen, je nach Aufgabenstellung und Zielsetzung divergiert auch die Begriffsbildung. Dazu kommt noch, daß beide Forscher nicht immer und an jeder Stelle ihrer Werke dieselben termini technici verwenden, die sie teils von anderen übernehmen, teils mit neuem Sinngehalt füllen, teils neu prägen. Dies ist einerseits infolge der Vielschichtigkeit beider Werke wie auch im Blick auf den Entwicklungsprozeß, den Anthroposophie und Analytische Psychologie zu durchlaufen hatten, durchaus verständlich.

So geht aus einem Vergleich von Steiners älteren anthroposophischen Schriften hervor, daß er sich während seiner Zugehörigkeit zur Theosophischen Gesellschaft der dort üblichen Begriffe bedient, um sein Bild von Welt und Mensch zu beschreiben. Benützt werden in jener Zeit mit Vorliebe indische oder vielmehr Sanskrit-Bezeichnungen. Der Name »Theosophie« steht bis 1913 für die von Steiner allerdings schon von Anfang an vertretene Anthroposophie. Derselbe Name wird für eine grundlegende Schrift, für einige Vortragsreihen und Einzelvorträge verwendet. Es liegt auf der Hand, daß die Änderung von Bezeichnungen letztlich der Präzisierung des Gemeinten dienen sollte.

Das Verhältnis von Theosophie und Anthroposophie hat Steiner in jenen Vorträgen näher bestimmt, die anläßlich der Generalversammlung der Deutschen Sektion der Theosophischen Gesellschaft 1909 in Berlin gehalten worden sind. Es war in der Zeit, als es darum ging, der von Steiner geleiteten Bewegung — laut Marie Steiner — »zum erstenmal eine festere Fundamentierung« zu geben. In diesen Vorträgen kommt zum Ausdruck, daß Standort und Gesichtspunkt bei Theosophie und Anthroposophie unterschiedlicher Natur seien. Steiners Vergleich zufolge nimmt der Theosoph einen »oberen« Beobachtungspunkt ein, der eine Betrachtung der Wirklichkeit (Gott, Mensch, Natur) von einer gleichsam höchsten Warte erlauben soll. Anthroposophie ist indessen eher ein »Stehen in der Mitte, so daß man hinauf- und hinunterschaut.« Der Anthroposoph dieser Beschreibung ist sich nicht zu gut, auch die Welt dessen, was »unter« ihm ist, den physischen Plan also, mit gleicher Sorgfalt zu erkunden wie die »höheren Welten«. Die Theosophie wolle den »Gott im Menschen« Aussagen über die Wirklichkeit machen lassen. Es liege aber hier die Gefahr nahe, die unmittelbar, gleichsam zu Füßen liegenden Phänomene nicht mehr wahrzunehmen. »Anthroposophie ist damit zu charakterisieren, daß man sagt: Stelle dich in die Mitte zwischen Gott und Natur, laß den Menschen in dir sprechen über das, was über dir ist und in dich hineinleuchtet, über das, was von unten in dich hineinragt, dann hast du Anthroposophie, die Weisheit, die der Mensch spricht.«[1] Für diese Charakteristik von Anthroposophie hat Steiner unter seinen ersten Anhängern keinesfalls das gewünschte Verständnis gefunden. Das Schwelgen in einer von Phantastik und Irrealität bedrohten Geistigkeit war all denen bequemer, die die straffe Zucht der Gedankenübungen am Eingang des anthroposophischen Schulungsweges umgehen wollten. Aber eben dieser seines Ich bewußten, dies Ich-Bewußtsein steigernde Mensch wurde von Steiner mehr und mehr in den Mittelpunkt seiner »Lehre« gerückt. Diesen Menschen zu einem Erkennenden und zu einem aus Erkenntnis Handelnden zu machen, ist das Ziel aller anthroposophischen Arbeit. Auch das Herzstück der anthroposophischen Esoterik, das bezeichnenderweise der anglo-indischen Theosophie fehlt, darf nicht unerwähnt bleiben. Es ist derjenige, der aus der christlichen Überlieferung als der Jesus Christus bekannt ist, der sich selbst als »Sohn des Menschen« bezeichnet hat.

Aus der Geschichte der tiefenpsychologischen Schulen weiß man, daß es einer klaren Grenzziehung bedurfte, die wie eine Analogie zur Trennung Steiners von der Theosophie anmutet. Die Trennung Freuds und Jungs ist offensichtlich nicht nur im persönlichen Schicksal beider Forscher begründet, sondern auch im Sachlichen. Blickt man in den Werdeprozeß hinein, den die Psychoanalyse zu durchlaufen hatte, vor allem wie Freud Schritt um Schritt seine analytische Theorie und seine therapeutische Methode erst fundieren mußte, dann ermißt man, was es bedeutete, über Freuds Position hinausgehende fundamentale Aussagen zu machen. Jung konnte aus den bekannten Gründen die vorgefundene Begrifflichkeit nicht immer und nicht unverändert übernehmen. Die unter anderer Voraussetzung gefundenen Tatbestände und Vorgänge verlangten eine adäquate Benennung. Daß diese Begriffe an vielen Punkten nicht nur anfangs fließend waren, es teilweise immer bleiben mußten, ergab sich einerseits infolge der Unabgeschlossenheit der Forschungsergebnisse, andererseits erforderte der ständigen Prozessen, Wandlungen und Umschichtungen unterworfene Gegenstand, das fluktuierende Seelenleben, selbst eine entsprechende Flexibilität im Begrifflichen.

Was die Bezeichnung »Analytische Psychologie« betrifft, die Jung für seine Forschungsart wählte, um sich — ähnlich wie Steiner — von der älteren psychologischen bzw. theosophischen Schule abzugrenzen, entsprach gewiß nicht nur Gründen der Zweckmäßigkeit. Jung wollte Freuds tiefenpsychologische Errungenschaften nach wie vor respektieren. Die Jungsche Psychologie und Therapie sollte und konnte deshalb weiterhin als eine »analytische« Methode bezeichnet werden, weil das Verfahren infolge des Einbezugs des Unbewußten ein analytisches Vorgehen nötig macht. Eine »Analyse der Seele« im Sinne einer bloßen »Zerlegung« strebte die Analytische Psychologie jedoch nicht an. Dies muß eigens betont werden, zumal entsprechende Vorurteile bestehen. Es gehört zu der Tragik menschlicher »Vergegnung« (M. Buber), daß so profilierte anthroposophische Gelehrte wie Emil Bock dies an der Jungschen Psychologie nicht zu sehen vermochten, obwohl sie in gewisser Hinsicht ein und dasselbe Ziel verfolgten. Bock forderte zum Beispiel: »Statt einer Psycho-*Analyse* brauchten wir eine Psycho-*Synthese.* Nicht eine aufsplitternde Analyse des tausendfältigen Schatzes, den wir in uns tragen, der aber auch so vieles Schwierige und Tragische enthält, kann wirklich helfen. Es ist nötig, das Ganze zu einer Einheit zusammenzuschließen, zu ordnen, zu harmonisieren. Aber ein Bewußtsein, das alles umfaßt, erzielen wir nicht mit der schwachen Spiegelung in unseren Köpfen, die wir heute Bewußtsein nennen.« [2]

C. G. Jung hätte dem anthroposophischen Theologen nicht nur verbal rückhaltlos zugestimmt. Im Grunde ist sein ganzes Werk eben der Aufgabe gewidmet, die Bock eine Psycho-*Synthese* genannt hat, wenn Jung seelische Ganzwerdung anstrebte. Es ist daher angemessen, an dieser Stelle auf Wilhelm Bitters Ausführungen zu verweisen, in denen er diese — nennen wir sie einmal *synthetische* Psychologie C. G. Jungs, die ja auch eine auf Synopse hin angelegte Erkenntnisart ist, als ein therapeutisches Verfahren bestimmt, das mehr als nur das »aufdeckende Moment« enthält. Denn »in der Analytischen Psychotherapie von C. G. Jung steht die ... erwähnte Synthese im Zentrum der therapeutischen Arbeit. Die Gegensätze zwischen unbewußt und bewußt, aber auch solche innerhalb des Unbewußten, werden durch die ›synthetische Funktion‹ überbrückt und auf einer höheren Ebene zu einer Einheit verschmolzen. Diese Funktion ist wirksam, unabhängig davon, ob sie durch eine analytische Kur gefördert wird oder ob sie sich autonom ereignet. Sie ist auf die Ganzwerdung des Menschen, auf seine Selbstverwirklichung gerichtet ...« [3]

Das Menschenbild Rudolf Steiners

Wenngleich hinsichtlich einer detaillierten Schilderung des anthroposophischen Menschenbildes auf das einschlägige Schrifttum verwiesen werden muß, soll der besseren Vergleichsmöglichkeit wegen ein kurzer Überblick über die Zusammenhänge gegeben werden.

Wie eine Anknüpfung an antike anthropologische Entwürfe mutet es an, wenn Steiner die Bedeutsamkeit hervorhebt, die die Dreiheit (Trichotomie) von Leib, Seele und Geist für den Menschen darstellt. Unter Berufung auf einen Gedanken Goethes erwecken drei Bereiche die Aufmerksamkeit des Menschen: »Das *erste* sind die Gegenstände, von denen ihm durch die Tore seiner Sinne fortwährend Kunde zufließt, die er tastet, riecht, schmeckt, hört und sieht. Das *zweite* sind die Eindrücke, die sie auf ihn machen, und die sich als sein Gefallen und Mißfallen, sein Begehren oder Verabscheuen dadurch kennzeichnen, daß er das eine sympathisch, das andere antipathisch, das eine nützlich, das andere schädlich findet. Und das *dritte* sind die Erkenntnisse, die er sich als ›gleichsam göttliches Wesen‹ über die Gegenstände erwirbt; es sind die Geheimnisse des Wirkens und Daseins dieser Gegenstände, die sich ihm enthüllen.« [4]

Insofern also wird der Mensch gewahr, daß er in einer dreifachen Art mit der Welt verwoben ist. Demnach werden durch Steiner nicht nur menschenkundliche Überlieferungen fortgepflanzt. Es sind vielmehr die Phänomene selbst, die einst wie jetzt erfahren werden können. Zum anderen lassen sich Steiners Darlegungen von bloß traditionellen insofern abheben, als er letztlich nur das gelten läßt, was mit der modernen Naturwissenschaft in Einklang zu bringen ist. Überall dort, wo Anthroposophie vor dem wissenschaftlichen Bewußtsein zu rechtfertigen war, hat Steiner die von ihm vertretene

Anschauungsart als eine solche charakterisiert, »die im vollen Sinne den gegenwärtigen Gesichtspunkt der naturwissenschaftlichen Forschung bejaht und da anerkennt, wo er berechtigt ist. Dagegen strebt sie, durch die streng geregelte Ausbildung des rein seelischen Anschauens, über die übersinnliche Welt objektive, exakte Ergebnisse zu gewinnen. Sie läßt als solche Ergebnisse nur das gelten, was durch ein solches Anschauen der Seele gewonnen ist, bei der die seelisch-geistige Organisation ebenso exakt überschaubar ist wie ein mathematisches Problem.«[5] In der Vorbemerkung zum Aufsatz »Philosophie und Anthroposophie«, der auf einen Vortrag des Jahres 1908 zurückgeht, schreibt Steiner: »Unter Anthroposophie verstehe ich eine wissenschaftliche Erforschung der geistigen Welt, welche die Einseitigkeiten einer bloßen Naturerkenntnis ebenso wie diejenigen der gewöhnlichen Mystik durchschaut, und die, bevor sie den Versuch macht, in die übersinnliche Welt einzudringen, in der erkennenden Seele erst die im gewöhnlichen Bewußtsein und in der gewöhnlichen Wissenschaft noch nicht tätigen Kräfte entwickelt, welche ein solches Eindringen ermöglichen.«[6] Auf diesen zuletzt angesprochenen Punkt wird an anderer Stelle nochmals anzuknüpfen sein, um Anthroposophie gegenüber der Analytischen Psychologie deutlicher zu profilieren.

Steiners auf wissenschaftliche Exaktheit zielende Geistesforschung hat ihn zu einer Differenzierung geführt. Der Mensch »ist« nicht nur eine Ganzheit, die sich aus Leib, Seele und Geist zusammensetzt. Man muß nach ihm eher sagen: Der Mensch, als Individualität in ihrer Einmaligkeit, Unverwechselbarkeit verstanden, hat an den drei Bereichen des Leiblichen, Seelischen, Geistigen teil. Er »ist« nicht einfach die Summe dieser drei Gebiete; er gestaltet vielmehr in diesen drei Gebieten der Wirklichkeit sich selbst. Er bedient sich des physisch Leiblichen und des Seelischen, um seine irdische Leiblichkeit aufzubauen. Er hüllt sich darein wie in ein Kleid; er bewohnt es wie ein Haus. Dieser Vergleich selbst ist uralt. Auch die Bibel spricht von der Hütte des Leibes, die einmal abgebrochen werden muß, oder von dem Strahlenkleid (doxa), in das sich die Sterne kleiden (I. Kor. 15). Neu ist aber die Erkenntnis der Individualität, an die vornehmlich die Denker des mitteleuropäischen Idealismus herangeführt worden sind, und die bei Steiner in der Gestalt des »Ich« als viertes Wesensglied in die Dreiheit der genannten »Hüllen« hineinverkörpert erscheint. Es ist das Ich, das selbst der geistigen Welt angehört. In ihm, dem Wesenskern des Menschen, ist das Geistige individualisiert und befähigt, seiner selbst bewußt zu werden. »So verbindet sich der Mensch immerwährend in dieser dreifachen Art mit den Dingen der Welt. Man lege zunächst nichts in diese Tatsache hinein, sondern fasse sie auf, wie sie sich darbietet. Es ergibt sich aus ihr, daß der Mensch drei Seiten in seinem Wesen hat. Dies und nichts anderes soll hier vorläufig mit den drei Worten Leib, Seele und Geist angedeutet werden ... Mit *Leib* ist hier dasjenige gemeint, wodurch sich dem Menschen die Dinge seiner Umwelt offenbaren. ... Mit dem Worte *Seele* soll auf das gedeutet werden, wodurch er die Dinge mit seinem eigenen Dasein verbindet, wodurch er Gefallen und Mißfallen, Lust und Unlust, Freude und Schmerz an ihnen empfindet. Als *Geist* ist das gemeint, was in ihm offenbar wird, wenn er, nach Goethes Ausdruck, die Dinge als ›gleichsam göttliches Wesen‹ ansieht.« [7]

»So stellt sich die Seele als das Eigene des Menschen der Außenwelt gegenüber. Er erhält von der Außenwelt die Anregungen; aber er bildet in Gemäßheit dieser Anregungen eine eigene Welt aus. Die Leiblichkeit wird zum Untergrunde des Seelischen ... Den Gesetzen des Stoffwechsels ist der Mensch durch die Natur unterworfen; den Denkgesetzen unterwirft er sich selbst. Dadurch macht sich der Mensch zum Angehörigen einer höheren Ordnung, als diejenige ist, der er durch seinen Leib angehört. Diese Ordnung ist die geistige.« [8]

Was Steiner am Anfang seiner anthroposophischen Tätigkeit (1904) niedergeschrieben hat, wurde von ihm in den vermächtnishaften »Leitsätzen« der Jahre 1924/25 noch einmal so formuliert: »Der Mensch ist ein Wesen, das in der Mitte zwischen zwei Weltgebieten sein Leben entfaltet. Er ist mit seiner Leibes-Entwicklung in eine ›untere Welt‹ eingegliedert; er bildet mit seiner Seelen-Wesenheit eine ›mittlere Welt‹, und er strebt mit seinen Geisteskräften nach einer ›oberen Welt‹ hin. Seine Leibes-Entwicklung hat er von dem, was ihm die Natur gegeben hat; seine Seelen-Wesenheit trägt er als seinen eigenen Anteil in sich; die Geisteskräfte findet er in sich als die Gaben, die ihn über sich selbst hinausführen zur Anteilnahme an einer göttlichen Welt.« [9]

Um einem eventuellen Mißverständnis zu begegnen, ist bereits an dieser Stelle zu bemerken, daß diese Teilhabe an der geistigen Welt noch keineswegs eine vollkommene darstellt. Sie muß vielmehr erst errungen und durch Bewußtseinssteigerung erlangt werden. Das Ich ist allerdings — wie noch zu zeigen sein wird — der Ausgangspunkt für diese Bemühungen um »Erlangung der Erkenntnis höherer Welten«. Die Wachheit des Denkens markiert die Bewußtseinshelligkeit, die nicht unterschritten werden darf. Geist ist aber ebensowenig mit der Ratio gleichzusetzen, wie das Ich bereits die ideale Ausgestaltung des Geistigen im Menschen ist. Dem Gedanken billigt Steiner zwar den Charakter einer »wirklichen Wesenheit« zu, wenn er sagt: »Der Mensch wandelt unter Gedanken, aber diese Gedanken sind wirkliche Wesenheiten.« [10] Denkend hat der Mensch zwar teil an der Wirklichkeit überhaupt, auch wenn er sich Objekten der physischen Welt zuwendet, die gewissermaßen nur einen »Aggregatzustand« des Geistigen darstellen. »Nur weil die Dinge der Sinnenwelt nichts anderes sind als die verdichteten Geistwesenheiten, kann der Mensch, der sich durch seine Gedanken zu diesen Geistwesenheiten erhebt, in seinem Denken die Dinge verstehen. Es stammen die Sinnendinge aus der Geisterwelt, sie sind nur eine andere Form der Geisteswesenheiten; und wenn sich der Mensch Gedanken über die Dinge macht, so ist sein Inneres nur von der sinnlichen Form ab- und zu den geistigen Urbildern dieser Dinge hingerichtet. Ein Ding durch Gedanken verstehen ist ein Vorgang, der verglichen werden kann mit dem, durch welchen ein fester Körper zuerst im Feuer flüssig gemacht wird, damit ihn der Chemiker dann in seiner flüssigen Form untersuchen kann.« [11] Und doch verhalten sich das Ich und das Denken zur geistigen Welt wie Abschattungen zur eigentlichen Wirklichkeit: »Man kann auch sagen, das Gedankenleben des physischen Menschen sei ein Schattenbild, ein Abglanz der wahren geistigen Wesenheit, zu der es gehört. So tritt während des physischen Lebens der Geist auf der Grundlage des physischen Körpers mit der irdischen Körperwelt in Wechselwirkung.« [12] Erst wenn der Mensch die Sphäre des Physischen verläßt und in die geistige Welt eintritt (durch den Tod oder mittels eines entsprechend verwandelten »schauenden« Bewußtseins) lernt er die »geistigen Urbilder« kennen, die allem Sein zugrunde liegen. Was in der irdischen Verkörperung bzw. vom unverwandelten Ich »bloß gedacht« wird, das wird in der geistigen Welt »erlebt«. »Der Gedanke erscheint nicht (mehr) als der Schatten, der sich hinter den Dingen verbirgt, sondern er ist lebensvolle Wirklichkeit, welche die Dinge erzeugt. Der Mensch ist gleichsam in der Gedankenwerkstätte, in der die irdischen Dinge geformt und gebildet werden.« [13] Schon diese Äußerungen zeigen, daß Rudolf Steiner dem Denken keine absolute Bedeutung einräumt. Er macht ohnehin darauf aufmerksam, daß »gesunde Urteilskraft« erforderlich sei, wenn Mitteilungen der geistigen Forschung entgegengenommen werden sollen. Dieses urteilsfähige Denken reiche jedoch nicht aus, wahrnehmend in die geistige Welt einzudringen. Dazu ist eine entsprechende Schulung nötig [14].

Nun wird die oben angedeutete Viergliedrigkeit des Menschen von Steiner noch weiter differenziert, um z. B. auch dem Phänomen von Mineral, Pflanze, Tier besser gerecht zu werden. Schon die alltägliche Beobachtung zeigt, daß der Mensch mit seinem physischen Leib (Leichnam) nicht unmittelbar mit dem Seelisch-Geistigen verbunden sein kann. Es wird eine begriffliche Differenzierung benötigt, die bereits im Vergleich zwischen dem leblosen Mineral und dem Organismus einer Pflanze besteht. Zwar baut auch sie sich aus mineralischen Stoffen auf, doch kommt in ihr das zur Geltung, was ihr Leben, ihr Keimen, Wachsen, Samentragen usw. bestimmt. Es sind organisierende, Leben tragende, Form bildende oder umbildende Kräfte. Dies Spezifikum, das Mensch und Tier auf ihre jeweils besondere Weise gemeinsam haben, durch das sich die Pflanze jedoch von der mineralischen Welt abhebt, nennt Steiner den »Bildekräfteleib« oder »Lebensleib«, wenn er die funktionale Seite dieser Tatsache bezeichnen will; er nennt ihn »Ätherleib«, um die Substanz des Lebensleibes andeuten zu können. Sinnlich wahrnehmbar, mit den Forschungsmethoden der äußeren Naturwissenschaft erfaßbar ist der ätherische Bildekräfteleib nicht. Wohl tritt seine Wirksamkeit im Prozeß der Lebensvorgänge zu Tage; als ein Wesensglied von Pflanze, Tier und Mensch kann er jedoch nur mit jenen Mitteln der Geistesforschung wahrgenommen werden, die Steiner im Zusammenhang der okkulten Schulung näher erläutert. Ausdruck des Geistigen sind nach Steiners Verständnis alle drei Seinsbereiche, auch die physische Welt. Die ätherische Welt der Bildekräfte aber gehört bereits dem übersinnlichen Gebiete an, das ein spezifisches Erkenntnisvermögen zu seiner Erforschung verlangt.

Wenden wir uns der Welt des Seelischen zu, so trifft Steiner hier abermals Unterscheidungen. Zunächst aber ist der Vollständigkeit wegen anzumerken, daß auch das Tier Träger eines Seelenleibes ist, insofern es Lust und Schmerz empfindet. Der Seelen- oder Astralleib des Tiers, in dem sich Gruppeninstinkte zwanghaft auswirken (Gruppenseelenhaftigkeit) läßt sich mit dem menschlichen Seelenleib nicht verwechseln, weil die menschliche Seele durch das Ich ihre besondere

Durchprägung erfährt. Die anthroposophischen Elementarwerke, z. B. »Theosophie«, enthalten Schilderungen, nach denen der viergliedrige Mensch durch weitere Differenzierungen näher bestimmt werden kann. In der Zuordnung von physischem Leib, Bildekräfteleib und Seelenleib zum Ich ließe sich der *statische* Aspekt erblicken, unter dem dieses Menschenbild betrachtet werden kann. Je nach der Fähigkeit, Empfindung, Verstand und Bewußtsein zu entfalten, ist daher eine Empfindungs-, Verstandes- bzw. Bewußtseinsseele zu unterscheiden. Zum *dynamischen* Aspekt des anthroposophischen Menschenbildes gehört schließlich die Mitteilung, daß der Mensch in der Lage ist, eine Verwandlung seiner physisch-psychischen Leiblichkeit zu erzielen, und zwar in dem Maße, in dem es ihm als dem Ich gelingt, sich von der geistigen Welt her mit entsprechenden Impulsen zu durchdringen und erfüllen zu lassen. »In der Seele blitzt das ›Ich‹ auf, empfängt aus dem Geiste den Einschlag und wird dadurch zum Träger des Geistmenschen. Dadurch nimmt der Mensch an den ›drei Welten‹ (der physischen, seelischen und geistigen) teil. Er wurzelt durch physischen Körper, Ätherleib und Seelenleib in der physischen Welt und blüht durch das Geistselbst, den Lebensgeist und Geistesmenschen — Steiner versteht darunter die Geistgestalt des Menschen — in die geistige Welt hinauf. Der Stamm aber, der nach der einen Seite wurzelt, nach der andern blüht, das ist die Seele selbst.« [15] Insofern ist der Mensch nach anthroposophischer Anschauung nicht etwa nur die Summe seiner Wesensbestandteile, er läßt sich daher auch nicht als ein in sich abgeschlossenes, »fertiges« Wesen definieren. Der Mensch ist vielmehr im Werden. Er manifestiert sich als ein geistig-seelischer Prozeß, in den, aufs ganze gesehen auch die Physis einbezogen ist. Aber damit ist freilich schon etwas von dem vorweggenommen, was in der Theologie der Eschatologie zuzurechnen ist.

Durch den Einbezug der Karma- und der Wiederverkörperungsidee ist eine weitere Dynamik besonderer Art angedeutet. Das Schicksal des Menschen ist demnach das Ergebnis vergangener Verkörperungen. Und dieses Leben bietet die Chance, künftiges Schicksal zu gestalten und so den von Verkörperung zu Verkörperung sich immer neu inkarnierenden Wesenskern (Ich; Individualität) weiter zu entwickeln und reifen zu lassen. Die Menschwerdung des Menschen, somit auch das, was Jung die »Individuation« nennt, wird nicht nur unter dem Gesichtspunkt gesehen, der sich aus der Lebensspanne zwischen Geburt und Tod ergibt, sondern weist darüber hinaus ins Vorgeburtliche bzw. ins Nachtodliche. Damit ergeben sich Perspektiven, die in der traditionellen Tiefenpsychologie fehlen, ein Mangel, den Steiner mit schroffen Worten (»Dilettantismus im Quadrat«) gerügt hat.

Aus dem bisher Gesagten ergibt sich die große Bedeutung des Ich, in dem bzw. oder vielmehr durch das der Mensch nicht nur seine leibliche und seelische Wesenheit erlebt, sondern das auch gleichsam zum Gefäß für den Empfang von Inhalten aus der geistigen Welt wird, jener Sphäre also, dem Ursprung alles Schöpferischen, aus der Offenbarungen aller Art kommen, der er selbst entstammt und von der her dieses Leben seinen letzten Sinn erfährt. Wie schon aus der biographischen Skizze hervorging, wurde Steiner nicht nur durch die Ich-Philosophie des deutschen Idealismus angeregt, über die Individualität nachzudenken. Das Ich-Problem beschäftigte ihn existentiell. Seine Bedeutung ergibt sich sowohl aus den erkenntnis-theoretisch-philosophischen und aus den geisteswissenschaftlich-anthroposophischen Arbeiten Steiners. Im Ich stellt sich für Steiner die Freiheit und die Entwicklungsfähigkeit des Menschen dar. Repräsentant dieser Freiheit und Ich-Verwirklichung ist der Christus Jesus als der Ich-Bin. Mit Klaus von Stieglitz könnte man sagen: »Während der Philosoph die Ich-Werdung, die freie Persönlichkeit lediglich als Ziel der abendländischen Geistesgeschichte ansah, wird nunmehr in der Christosophie die Ich-Werdung des Menschen zur Mission der ganzen Erde. Die Ich-Werdung wird eingeordnet in die Geschichte des Kosmos.«[16] Weltenweite Horizonte tun sich auf. Wie schon betont, muß man sich nur immer wieder vergegenwärtigen, daß hierbei nicht nur das vorfindliche, noch unreife Ich gemeint ist. Der Mensch ist nicht, was er zu sein scheint, sondern eher, was er zu werden imstande ist.

Das Menschenbild C. G. Jungs

Nach dieser umrißhaften Beschreibung des anthroposophischen Bildes vom Menschen wenden wir uns nun dem psychologischen Modell C. G. Jungs zu. Auch hier ist eine Beschränkung auf die wichtigsten Elemente seiner Lehre geboten, zumal eingehende Schilderungen von ihm selbst sowie von seinen Schülern vorliegen[17].

Es versteht sich, daß C. G. Jungs menschenkundlicher Beitrag auf den Bereich der Psyche konzentriert ist. Sie ist für ihn die Wirklichkeit schlechthin. Deshalb gehört es zu den grundlegenden Charakteristiken seiner Psychologie, daß es für ihn ein Objektiv-Psychisches gibt, das als Wirklichkeit über eine Eigengesetzlichkeit verfügt. Bekanntlich ist auch Steiner diese Besonderheit bei der Psychoanalyse seiner Zeit aufgefallen, obwohl Jungs Analytische Psychologie damals noch lange nicht die Ausformung erfahren hat, in der sie heute bekannt ist.

Diese »Wirklichkeit der Seele«, das heißt der Bereich dessen, in dem sich wirkende immaterielle Kräfte empirisch nachweisen lassen, teilt sich in Bewußtes und Unbewußtes auf. Im Bewußtseinsfeld begegnen wir dem »Ich«, dessen Konsistenz durch Bewußtheit maßgeblich bestimmt ist. Folgen wir der »Definition«, die Jung in den »Psychologischen Typen« gefunden hat, dann ist Bewußtsein »die Bezogenheit psychischer Inhalte auf das Ich, soweit sie als solche vom Ich empfunden wird. Beziehungen zum Ich, soweit sie von diesem nicht als solche empfunden werden, sind unbewußt. Das Bewußtsein ist die Funktion oder Tätigkeit, welche die Beziehung psychischer Inhalte zum Ich unterhält. Bewußtsein ist nicht identisch mit Psyche, indem Psyche die Gesamtheit aller psychischen Inhalte darstellt, welche nicht notwendigerweise alle mit dem Ich direkt verbunden, das heißt dermaßen auf das Ich bezogen sind, daß ihnen die Qualität der Bewußtheit zukäme.« [18]

Wesentlich ist, daß Bewußtsein im Sinne von Alltags- oder Wachbewußtsein demnach noch nicht eine menschliche oder psychische Totalität ausdrückt, sondern partieller Natur ist. Partieller Natur ist demnach auch das Ich, das Jung als einen Komplex von Vorstellungen schildert, »der mir das Zentrum meines Bewußtseinsfeldes ausmacht und mir von hoher Kontinuität und Identität mit sich selber zu sein scheint«, heißt es in demselben Werk. Dieser Ich-Komplex ist sowohl Inhalt wie Bedingung des Bewußtseins.

Mit dem bewußten Ich verbunden und doch von ihm unterschieden ist die der Außenwelt zugewandte »Persona«. Sie erfüllt eine Anpassungsfunktion. Man könnte sie — in Anlehnung an die ursprüngliche Bedeutung der Maske im antiken Theater — die maskenhafte Seite des Ich nennen. Sie täuscht insofern Individualität vor, als sie sich durch Namen, Titel, Amt, gesellschaftliche Rolle, Lebensart usw. repräsentiert. Der Mensch kann je nach persönlicher Eigenart, je nach Anlaß oder Umgebung mehr oder weniger vollständig als Mime in die Persona hineinschlüpfen.

Diese im Bewußtseinsfeld des Psychischen und Physischen fungierenden Größen aber machen erst einen Teil der Persönlichkeit aus. Insofern ist auch das Ich nach dem Verständnis Jungs noch nicht die ganze Individualität. Diese größere Ganzheit ist erst dann realisiert, wenn es gelingt, Bewußtes und Unbewußtes zu einer Einheit zu integrieren. Jung bezeichnet das Resultat dieses Vorgangs die Selbstwerdung (Individuation). Das »Selbst« im Jungschen Sinne läßt sich als Ziel und als Weg zum Ziel verstehen. Ein Faktor des Unbewußten ist der »Schatten«, in dem die negativen, ungern eingestandenen, infolge der Unbewußtheit meist geleugneten Wesenszüge des Menschen veranlagt sind. Der inferiore Gesichtspunkt des Schattens kommt zur Geltung infolge einer zu wenig benützten oder ungenügend entwickelten seelischen Funktion. Der Schatten liegt der »Persona« insofern gegenüber, als diese negativen Züge des Schattens nicht nur der Außenwelt, sondern dem eigenen, bewußten Ich gegenüber als scheinbar nicht existent geleugnet werden. (Sofern sie vom Bewußtsein wahrgenommen werden, handelt es sich um »Projektionen« aus dem »Schatten«-Bereich des eigenen Inneren, die nur nicht als das durchschaut werden, was sie tatsächlich sind.) Die der Umwelt zugewandte Persona hingegen ist gerade das, was die Außenseite, die Fassade des Ich, genannt werden könnte.

Die Identifikation mit der Persona (z. B. wenn der Mensch das zu sein vorgibt, was in seinem Rollenverhalten zum Ausdruck kommt; der Untergebene, der Chef, der Amtsträger), ist nicht weniger problematisch als das totale Ausleben des Schattens, etwa wenn der Mensch seine moralischen Schwächen, sein Versagen (als »Pechvogel«) lebt. Ein Verzicht auf jegliche Persona ist nicht möglich, weil sich das menschliche Leben nicht nur auf Innerlichkeit beschränken kann. Totale Leugnung des eigenen Schattens kommt einer Überbewertung des Ego gleich und entspricht einem empfindlichen Mangel an realistischer Selbsteinschätzung und damit einem erheblichen Erkenntnismangel.

Während nun der dem bewußten Ich zugehörige Schatten in der Region des Unbewußten lebt — dies ergibt sich schon aus der Art, in der er sich manifestiert — gibt es noch eine tiefer liegende Schicht unbewußter Inhalte, die nicht nur je einem Einzelindividuum eigentümlich sind. Es ist bekanntlich Jungs eigentliche Pionierleistung, dieses »kollektive Unbewußte« als erster wissenschaftlich erforscht zu haben. Jung stieß auf eine verblüffende Parallelität zwischen Mitteilungen von gesunden und kranken Menschen einerseits und mythologischen bzw. symbolischen Ausgestaltungen auf der anderen Seite. Um das seiner charakteristischen Grundform nach in der Psyche aufbewahrte kollektive Unbewußte zu benennen, wählte Jung den Begriff »Archetypus«.

»Der Archetypus stellt wesentlich einen unbewußten Inhalt dar, welcher durch seine Bewußtwerdung und das Wahrgenommensein verändert wird, und zwar im Sinne des jeweiligen individuellen Bewußtseins, in welchem er auftaucht.«[19] Und in einer Fußnote fügt der Autor präzisierend hinzu: »Man muß, um genau zu sein, zwischen ›Archetypus‹ und ›archetypischen Vorstellungen‹ unterscheiden. Der Archetypus stellt an sich eine hypothetische, unanschauliche Vorlage dar, wie das in der Biologie bekannte ›pattern of behavior‹.« Man könnte somit ganz im Sinne Jungs sagen: Die in der Unanschaulichkeit verbleibenden Archetypen bewirken ›archetypische Vorstellungen‹, die in den menschlichen Wahrnehmungsbereich treten. Archetypen sind geradezu die Voraussetzung für diese Veranschaulichungen. Anders ausgedrückt: Archetypen sind ihrer Begriffsbestimmung nach »Faktoren und Motive, welche psychische Elemente zu gewissen (nämlich zu archetypisch zu bezeichnenden — GW)Bildern anordnen, und zwar in einer Art und Weise, die immer erst aus dem Effekt erkannt werden kann. Sie sind vorbewußt vorhanden und bilden vermutlich die Strukturdominanten der Psyche überhaupt ...«[20] Während der Archetypus an sich unerkennbar im Unbewußten ruht, ist das archetypische Bild des jeweiligen Menschen erkennbar.

Vom Ich deutlich unterschieden ist bei Jung das »Selbst«, dessen größerer Radius die gesamte Psyche, also Bewußtes und Unbewußtes, zu einer Ganzheit vereint. »Als empirischer Begriff bezeichnet das Selbst den Gesamtumfang aller psychischen Phänomene im Menschen. Es drückt die Einheit und Ganzheit der Gesamtpersönlichkeit aus. Insofern aber letztere infolge ihres unbewußten Anteils nur zum Teil bewußt sein kann, ist der Begriff des Selbst eigentlich zum Teil potentiell empirisch und daher im selben Maße ein Postulat. Mit anderen Worten, er umfaßt Erfahrbares und Unerfahrbares, bzw. noch nicht Erfahrenes.«[21] Jung hat gezeigt, wie dieses Selbst archetypischen Charakter hat und in Träumen, Mythen, Märchen die Gestalt von Führer-, Helden- oder Heilandspersönlichkeiten annehmen oder durch Ganzheitssymbole wie Kreis, Quadrat, Kreuz usw. sich darzustellen vermag. So betrachtet ist das Selbst nicht nur der Mittelpunkt, sondern auch jener Umfang, der Bewußtsein und Unbewußtes einschließt. Jung hat dies Selbst als Zentrum psychischer Totalität dem Ich als dem Zentrum des Bewußtseins gegenübergestellt.

Analytische Psychologie bzw. -Psychotherapie ist aber eben nicht nur Analyse, auch nicht nur Beschreibung oder Interpretation dessen, was ist. Alle analytisch-therapeutische Bemühung ist auf Veränderung und Verwandlung angelegt. Es geht um eine Ganzwerdung im Selbst. Wie kommt es dazu?

Jungs Antwort verweist auf einen seelischen Entwicklungsprozeß — es ist gewissermaßen der dynamische Aspekt seiner Seelenlehre — den der Selbst-Werdung oder »Individuation«. »Individuation bedeutet zum Einzelwesen werden, und, insofern wir unter Individualität unsere innerste, letzte und unvergleichbare Einzigartigkeit verstehen, zum eigenen Selbst werden. Man könnte ›Individuation‹ darum auch als ›Verselbstung‹ oder als ›Selbstverwirklichung‹ übersetzen.« [22] Der Zweck dieses psychischen Entwicklungsvorgangs, den nach Jungs Erfahrung verhältnismäßig wenige Menschen bewußt durchlaufen, bestehe u. a. darin, das Selbst aus den Hüllen der Persona, das heißt der maskenhaften, Individuelles vortäuschenden Kollektivpsyche, und auf der anderen Seite von der Gewalt unbewußter Bilder zu befreien. Jung spricht auch von der »Integration der bewußtseinsfähigen Inhalte« der Psyche, wodurch das Ich-Bewußtsein nicht etwa mit dem Selbst identifiziert werde, wenngleich gewisse »ebenso merkwürdige wie schwer zu beschreibende Folgen« für das Ich-Bewußtsein genannt werden [23]. Jung bestimmt diesen bedeutsamen Vorgang so: »Die Individuation ist allgemein der Vorgang der Bildung und der Besonderung von Einzelwesen, speziell die Entwicklung des psychologischen Individuums als eines vom Allgemeinen, von der Kollektivpsychologie unterschiedenen Wesens. Die Individuation ist daher ein Differenzierungsprozeß, der die Entwicklung der individuellen Persönlichkeit zum Ziele hat. Die Notwendigkeit der Individuation ist insofern eine natürliche, als eine Verhinderung der Individuation durch überwiegende oder gar ausschließliche Normierung an Kollektivmaßstäben eine Beeinträchtigung der individuellen Lebenstätigkeit bedeutet.« [24]

Dieses Nebeneinander der Skizzen von Steiners Menschenkunde und Jungs Seelenlehre wirft eine Reihe von Fragen auf. Zu ihnen gehören etwa: Wie verhalten sich Seele und Geist bei Steiner und bei

Jung? Inwiefern läßt sich der dynamische Gesichtspunkt im Menschen- und Seelenbild beider Forscher miteinander vergleichen? — Bevor diese Fragen in Angriff genommen werden können, wollen wir uns mit dem Bewußtseinsproblem beschäftigen, denn seelische Vorgänge und Tatbestände spielen sich immer auf einer bestimmten Bewußtseinsebene ab.

Im übrigen muß wohl nicht eigens betont werden, daß das Nebeneinander der einzelnen Kapitel dieser Schrift im Grunde ein Notbehelf ist. Gerade bei einer Materie, die sich eben nicht aus in sich abgeschlossenen und damit für sich definierbaren Elementen aufbaut, sondern in der das Prozeßhafte die entscheidende Rolle spielt, sind Vorgriffe auf später zu Behandelndes unvermeidlich; anders gesagt: es müßte eigentlich immer schon Wichtiges als bekannt vorausgesetzt werden können. Der Leser bestimmter anthroposophischer und auch psychologischer Literatur muß daher eine besondere Einstellung mitbringen, denn es gilt, nicht nur Fakten, Hypothesen, Behauptungen zur Kenntnis zu nehmen. Die »gläubige« Entgegennahme ist ebenso unangemessen wie eine in der Kritik und in der Skepsis verharrende Haltung. Es geht eher um ein ständiges Prüfen, bei dem sich kritische Distanz und vorurteilsfreies, bis zu einem gewissen Grade, vertrauenvolles Eingehen auf das Mitgeteilte die Waage halten. Das oft gehörte Vorurteil, es handle sich bei Steiner wie bei Jung ja doch nur um Mystizismus, um Metaphysik oder um Weltanschauung, verbaut sich im vornherein den Zugang zu einer fruchtbaren Auseinandersetzung. Hier wie dort ist ein besonderes Maß an Wachheit vonnöten, dazu die Bereitschaft, wenigstens ansatzweise zu Eigenerfahrungen zu gelangen. Wer befürchtet, sich durch seine Bereitschaft für das Unbekannte einer Suggestion zu öffnen, der läßt es eben an der nötigen Wachheit und Kritikfähigkeit fehlen. Wer z. B. Anthroposophie »blind« entgegennimmt, bleibt auch blind für die Intentionen Rudolf Steiners. Verbale Bekenntnisse, Mitgliedschaften u. ä. vermögen die hier gemeinte Blindheit nicht zu verringern. Wer so verfährt, macht sich — um mit Hermann Poppelbaum zu reden — lediglich »ein aus ›anthroposophisch‹ formulierten Illusionen gezimmertes Ersatz-Ich« zurecht, das heißt, er täuscht sich selbst; denn er redet u. U. von »Erkenntnissen höherer Welten«, statt sich psychotherapeutisch behandeln zu lassen [25]. Hier ist im übrigen ein Wort Steiners aus dem Jahr 1911 am Platz, in dem er seinen Mitgliedern einschärft: »Ich appelliere in der Zeit des Intellektualismus nicht an ihren Autoritätsglauben, sondern an Ihre intellektuelle Prüfung ... Ich fordere Sie auf, mir diese Dinge nicht zu glauben, sondern sie zu prüfen ...«[26] Entsprechendes gilt natürlich auch für C. G. Jung, der — vermutlich noch freimütiger als Steiner — von sich bekannt hat: »Die Arbeit auf diesem Gebiet ist Pionierarbeit. Ich habe mich oft geirrt und mußte viele Male umlernen ... Aber nicht die Kritik des einzelnen Zeitgenossen, sondern die kommenden Zeiten werden über Wahrheit und Irrtum des Neuentdeckten entscheiden. Es gibt Dinge, die heute noch nicht wahr sind, vielleicht noch nicht wahr sein dürfen, aber vielleicht morgen.«[27]

DAS »ZWEITE SELBST« BEI STEINER UND DAS UNBEWUSSTE

In den besprochenen Vorträgen über die Psychoanalyse hat sich Rudolf Steiner nicht nur auf die Kritik an Psychoanalyse und Analytischer Psychologie beschränkt. Er leitet dort über zu einer Besprechung jenes Gebietes, das in den Forschungsbereich von Tiefenpsychologie und Anthroposophie gehört.

Angesichts der ablehnenden Beurteilung der Psychoanalyse könnte die Vermutung aufkommen, Steiner habe der Bedeutung des Unbewußten (oder auch des Unterbewußten, wie er es immer wieder nennt) unterschätzt. Er habe sich in erster Linie für die Bewußtseinssteigerung und -erweiterung eingesetzt. Ihm sei es so sehr auf die Erlangung von Erkenntnissen der *»höheren* Welten« angekommen, daß er an den Realitäten der *»Tiefe«* der menschlichen Seele, am Unter- und Unbewußten mißachtend vorübergegangen sein könnte. Das ist jedoch keineswegs der Fall. Dies geht schon an dem zweiten der beiden Vorträge über die Psychoanalyse hervor. Gewiß ließ Steiner nie einen Zweifel aufkommen, welcher Art seine Geistesforschung ist, ob er nur die Wege seiner Forschung zu erläutern oder zu bestimmten Formen eines niederen Okkultismus Stellung zu beziehen hatte. Ebenso steht fest, daß seine Geistesforschung immer auch die Tiefen des sogenannten Unterbewußten im Blick behielt.

So muß man die von Steiner selbst gewiesene Verbindungslinie ziehen, die von den Dornacher Psychoanalyse-Vorträgen des Jahres 1917 auf jene drei Vorträge zurückgeht, die Steiner 1911 in Kopenhagen über »Die geistige Führung des Menschen und der Menschheit« hielt und die er entgegen seiner allgemeinen Praxis noch im selben Jahr im Druck erscheinen ließ: »Es geschieht, weil ich Gründe habe, diese Schrift gerade in diesem Zeitpunkt erscheinen zu lassen«, heißt es im Vorwort. Dieser Gründe wegen nahm er den Verzicht auf eine zeitraubende Bearbeitung dieser Thematik in Kauf. Dafür kam er einige Male in späteren Vorträgen auf den dort besprochenen Stoff zurück.

Die Schrift beginnt: »Der Mensch, welcher sich auf sich selbst besinnt, kommt bald zu der Einsicht, daß er außer dem Selbst, das er mit seinen Gedanken, Gefühlen und vollbewußten Willensimpulsen umfaßt, noch ein zweites kraftvolleres Selbst in sich trägt. Er wird gewahr, wie er sich diesem zweiten Selbst als einer höheren Macht unterordnet. Zunächst wird der Mensch allerdings dieses zweite Selbst wie eine niedrigere Wesenheit empfinden gegenüber demjenigen, das er mit seinem klaren, nach dem Guten und Wahren neigenden vollbewußten Seelenwesen umspannt. Und er wird diese niedrigere Wesenheit zu überwinden trachten.«[1] Nun hat Steiner auch noch an vielen anderen Stellen seiner Vorträge dies »andere Selbst« und dessen »niedere Wesenheit« beschrieben. Dafür seien einige Beispiele gegeben, bevor wir auf den anthropologischen und christologischen Bezug zurückkommen, von denen in der Buchausgabe der Kopenhagener Vorträge die Rede ist.

Beginnen wir bei Texten aus dem gleichen Jahr 1911: Im April dieses Jahres referierte Steiner auf dem 4. Internationalen Philosophie-Kongreß in Bologna über »Die psychologischen Grundlagen und die erkenntnistheoretische Stellung der Anthroposophie«. Es ging Steiner darum, den Erkenntnisbegriff der Anthroposophie klarzustellen und Erkenntnis als »etwas Fließendes, Entwicklungsfähiges« auszuweisen. Er weist darauf hin, »daß es hinter dem Umkreis des normal bewußten Seelenlebens ein anderes gibt, in welches der Mensch eindringen kann«. Da Steiner auch hier jeder Verwechslung mit pseudo-okkultistischen Praktiken aus dem Wege gehen will, fügt er hinzu, »daß mit diesem Seelenleben nicht dasjenige gemeint ist, was man gegenwärtig als ›Unterbewußtsein‹ zu bezeichnen gewohnt ist. Dieses ›Unterbewußtsein‹ mag Gegenstand der wissenschaftlichen Forschung sein; es kann von dem Gesichtspunkt der gebräuchlichen Forschungsmethoden als Objekt untersucht werden. Mit jener Seelenverfassung, von welcher hier gesprochen werden soll, hat es nichts zu tun. Innerhalb dieser lebt der Mensch geradeso bewußt, sich logisch kontrollierend, wie er im Horizonte des gewöhnlichen Bewußtseins lebt.«[2] Es folgt sodann eine Schilderung der Erkenntnismethodik nach Maßgabe der genannten Themenstellung.

In den Münchner August-Vorträgen des gleichen Jahres über »Weltenwunder, Seelenprüfungen und Geistesoffenbarungen« knüpfte Steiner an die Kopenhagener Ausführungen an, als er abermals jenes »umfänglichere Seelenleben« umriß, das viel größer ist, als das Bewußtsein zu erkennen gibt. Steiner »amplifiziert« diesen Tatbestand, indem er Gestalten der griechischen Mythologie, Persephone und Demeter als Repräsentanten dieser Tiefenschichten angibt. Die alten hellseherischen Kräfte des Menschen seien zu Persephone hinuntergestiegen und stellten eine Analogie zu dem dar, was die Untergründe der menschlichen Seele heute ausmachen. War es einst Aufgabe dieser Seelenkräfte, den Menschen hellsichtig zu machen, so stehen sie heute im Dienste der Festigung des Ich. Steiner deutet an der gleichen Stelle auf Demeter hin und sagt, daß in ihr »eine noch ältere Regentin sowohl der äußeren Naturkräfte wie auch der Kräfte der menschlichen Seele zu sehen« sei. Ob eine Entsprechung zu dem kollektiven Unbewußten Jungs angenommen werden darf, läßt sich freilich nicht eindeutig sagen. Andererseits erblickt der Geistesforscher im mythischen Bild vom Raub der Persephone eine Phase im Prozeß menschheitlicher Bewußtseinsentwicklung: »Und so hat sich im Laufe des geschichtlichen Werdens der Menschheit dieser Raub der Persephone vollzogen durch jene Kräfte der Menschenseele, die tief in ihrem Untergrunde sitzen und äußerlich in der Natur repräsentiert werden durch Pluto.« Als Herr der Unterwelt verkörpert er die Kräfte, die sowohl in der Erde bzw. Natur als auch in der Seele des Menschen herrschen. Gemäß Steiners Schilderung zogen sich »die Götter« von den Naturkräften zurück. Auch dafür ist der Raub Persephones ein Bildausdruck. Dieser Vorgang hatte zur Folge, daß das alte, atavistische Hellsehen nach und nach verschwand und die an den Instinkt appellierende Menschenführung durch eine neue Form ersetzt werden mußte. Die geistige Lenkung hatte nun von dort her zu erfolgen, wo das heilige, seelenverwandelnde Drama dargestellt und vollzogen wurde: in den Mysterien des Altertums. »In alten Zeiten haben zugleich mit den Naturkräften die Götter dem Menschen die Moral gegeben. Dann haben sich die Naturkräfte mehr und mehr zurückgezogen. Dafür gaben später die Götter durch ihre Boten in den Mysterien in abstrakterer Form die Moralgesetze ... Deshalb sahen die alten Griechen auf ihre Mysterien hin, aus denen ihnen die Anweisungen kamen für ihr moralisches Leben, und sie sahen in diesen Mysterien die Wirksamkeit der Götter in ihren Moralanweisungen, wie sie sie früher in den Naturkräften gesehen hatten. Deshalb schrieben die ältesten Zeiten des Griechentums die Moralgesetze denselben Göttern zu, die auch den Naturkräften zu Grunde gelegen haben.« [3]

Für die anthroposophisch-menschenkundliche Seite dieses Vorgangs, den Steiner hier meint, ist ferner von Bedeutung, was im gleichen Zusammenhang über den »Ätherleib« gesagt wird, also über jenes menschliche Wesensglied, das als ein Kräftefeld zwischen physischem Leib und Seele (Astralleib) vermittelt und das die in der Seele aufsteigenden Bilder anschaubar macht, indem es die »Gestaltungen des Unbewußten« — könnten wir mit Jung sagen — spiegelt: »So bringt der Ätherleib die vom astralischen Leib hervorgerufenen Bilder zum Anschauen, zum Wahrnehmen. Das, was der Mensch wahrnimmt von dem, was in seinem eigenen astralischen Leib vorgeht, ist das, was ihm sein Ätherleib spiegelt ... Es hing dies ab vom Ätherleib in der alten hellseherischen Zeit, und auch heute hängt alles Wissen von der Welt von der Spiegelung der astralen Tätigkeit im menschlichen Ätherleibe ab.« [4] Hier liegt also ein Schlüssel zur Welterkenntnis, und zwar einschließlich der Hervorbringungen des Unbewußten. Über diese menschenkundliche Seite ist noch an anderer Stelle zu sprechen. Hier wird soviel klar, daß nach anthroposophischer Sicht die Sphäre des Unbewußten als ein Phänomen verstanden werden kann, durch das mythologische Bildgehalte mit anthropologischen Fakten in Beziehung gebracht werden können. Andererseits schildert Steiner die Vorgänge des griechischen Mythos so, daß deutlich wird, inwiefern dessen Bildfolgen einst erzieherische und seelengeleitende Funktion hatten, eine Funktion, die seit der Christuserscheinung und in der darauf folgenden Bewußtseinsentwicklung eine Änderung erfuhr. Diese Änderung ergab sich vor allem im Blick auf die Heranbildung des Ich-Bewußtseins, das sich in dem selben Maße entfalten konnte, in dem das alte, mehr instinktive Schauen und das mythologische Nachbilden von tiefer liegenden Tatbeständen in Natur und Psyche zurückging und so ein »Raub der Unterwelt« wurde.

Im letzten Vortragszyklus, den Steiner (1924) im Ausland halten konnte, nahm er die Thematik des griechischen Demeter-Persephone-Mythos im Blick auf die verborgene Wirksamkeit von Naturwesenheiten und auf den Weg in die geistige Welt nochmals auf. Marie Steiner spricht im Vorwort dieser Vorträge »Das Initiaten-Bewußtsein« (1927) von der »Alchemie des menschlichen Seelenwesens«, das »nachdem es vom Leibe wie verfinstert und seiner edelsten Organe beraubt war, diese aus den Erdenkräften heraus durch Transsubstantiation des Erdenhaften wieder neu erschafft« [5].

Im vierten dieser Vorträge, in dem Steiner die Metamorphosierung des Bewußtseins behandelt, führt er auch die Bilder des Mythos an. Während die »Oberwelt« auf das Alltags-Wachbewußtsein hindeutet, symbolisiert Persephone im Verein mit Pluto die Tätigkeit des physischen und ätherischen Leibes während des Schlafs. Und was heute in sehr abstrakter Weise »Natur« genannt wird, wurde einst als lebensvolle Teilnahme an der Persephone-Erkenntnis erlebt, freilich in einem eher träumenden Bewußtsein [6]. Von Jung und seiner Schule sind diese Tatbestände unter den verschiedensten Aspekten betrachtet worden. Hier sei vor allem auf die weiterführenden Arbeiten von Erich Neumann verwiesen, ferner auf die von Esther Harding [7].

Von der geistesgeschichtlichen Bedeutung dieses Vorgangs ist hier zumindest soviel bemerkenswert, daß diese Welt der Bilder nicht für immer verschüttet geblieben ist, sondern daß sie vornehmlich auf eine doppelte Weise neu ans Tageslicht drängt: einmal in der Gestalt der Tiefenpsychologie, zum anderen in der der Geistesforschung. (Ein Symptom für sich ist der Bilderhunger des modernen Menschen!) Von diesem »alten, durch die grandiosen Bilder angeregten Wissen der Griechen« sagt daher Steiner: »In der Geisteswissenschaft taucht aus dem modernen Leben wiederum das herauf, was da untergetaucht ist in die tieferen Gründe der menschlichen Seele.« [8] Entsprechendes kann der Tiefenpsychologe für seinen Erfahrungsbereich bestätigen. Allein, die Art der Deutung und des Umgangs mit diesen Inhalten der Seelentiefe sind unterschiedliche. Daneben ist auch das andere von Bedeutung, das wir nicht aus dem Blick verlieren dürfen: Rudolf Steiner und später auch C. G. Jung waren sich bewußt, daß durch anthroposophische Geisteswissenschaft bzw. durch Analytische Psychologie ein neuer Zugang zum Christusverständnis gebahnt werden könne. »Die Kraft, welche in die Menschenseele eindringt, um sie wieder hinaufzuführen, oder ich könnte auch sagen, um zu ihr herunterzuführen die hellseherischen Kräfte, ist diejenige, welche zunächst für die Erkenntnis der Menschen als bewußter Gedanke vorbereitet worden ist in der alten Jahve-Kultur und dann ihre volle Ausgestaltung gewonnen hat durch das Erscheinen der Christus-Wesenheit, die von den Menschen immer mehr und mehr erkannt werden wird.« [9] Diese Christus-Kraft ist es, die — nach Steiner — die Impulse in sich birgt, das neu emporzuheben und neu zur Anschauung zu bringen, was im Gang der Bewußtseinsgeschichte in die »unterbewußten Seelengründe« untergetaucht ist. Steiner spricht vom »größten Ereignis der menschlichen Seelenentwickelung«. Er meint die »Wiederbringung des Paulus-Ereignisses« (von Damaskus), nämlich die Schau des wiederkehrenden Christus, der sich nach Steiners Angaben nicht in einem einmaligen Akt manifestiert, sondern der sich im Verlauf eines lange andauernden Prozesses der Bewußtwerdung seiner Gegenwart den Menschen erfahrbar macht. (Vgl. Exkurs: Unus Mundus und Kosmischer Christus) Diesem »Fortschritt der menschlichen Seele« — ein Fortschritt, der mit dem Fortschrittsoptimismus der Moderne nicht verwechselt werden darf — will Steiner mit der von ihm entwickelten Geistesforschung dienen. Darin erblickt er seine Mission.

Es ist daher kein Zufall, wenn Steiner seine Ausführungen über die unbewußten Seelenkräfte in engem Zusammenhang mit seinen christologischen Mitteilungen bringt. Als weiteres Beispiel dafür kann der Karlsruher Zyklus »Von Jesus zu Christus« (1911) angeführt werden, der mit einem öffentlichen Vortrag eingeleitet worden ist. Dort wird weiterführend erläutert, inwiefern heute — das heißt seit der Christuserscheinung — ein anderer Weg zu den »göttlichen Urgründen der Welt« beschritten werden muß, als es zur Zeit der antiken Mysterien der Fall war, in denen Demeter und Persephone, Isis und Osiris, Dionysos oder auch der persische Mithras einen innerseelischen Prozeß personifizierten, bei dem jede Seele »ein Tor für das Hereindringen der Gottheit in die menschliche Erdenentwicklung« darstellte.

Damit all das, was Steiner über die Bedeutung des Unbewußten — er nennt es auch einmal »die Tiefen des Seelen-Meeres-Lebens« — nicht mißverstanden wird und damit vor allem kein Mißbrauch erfolgt, ist in den Karlsruher Vorträgen besondere Sorge getragen. Zwar wird anerkannt, daß der Mensch stärkste Antriebe für sein geistiges und für sein moralisches Leben aus jenen Tiefen heraus empfängt, die weit unter der Bewußtseinsschwelle liegen. Zwar wird auch hier betont: »Alles bewußte Leben wurzelt in einem unterbewußten Seelenleben. Im Grunde genommen ist ja die ganze Entwikkelung der Menschheit nur dann zu verstehen, wenn man ein solches unterbewußtes Seelenleben zugibt ... (deshalb) muß man als ein zweites Element unseres Seelenlebens« dieses Unterbewußte anerkennen. Das ist das Eine. Auf der anderen Seite muß aber gerade dieser Bereich, der sich normalerweise der unmittelbaren Beobachtung entzieht, besonders geschützt werden. Dieses Unterbewußte, in dem auch der Wille gründet, entzieht sich zwar der unmittelbaren Erforschung, man kann jedoch durch mißbräuchliche Praktiken in diese Tiefen hinein vorstoßen. Es gibt Übungssysteme — Steiner nennt als Beispiele die Exercitia spiritualia des Jesuitismus — die die Wurzeln des Willenslebens antasten. Dazu Steiner: »Das Gebiet des bewußten Geisteslebens ist etwas, worüber Verständigung zwischen Mensch und Mensch möglich sein muß ... Dagegen gibt sich das Willenselement und alles, was im Unterbewußten ist, als etwas zu erkennen, in das wir, wenn es uns bei der anderen Persönlichkeit entgegentritt, im Grunde genommen gar nicht hineingreifen sollen, es als das innerste Heiligtum des anderen Menschen betrachten sollen ... Das einzig Gesunde ist doch, allen Einfluß auf den Willen des anderen Menschen nur durch Erkenntnis hindurch zu bekommen.« [10] Als »innerstes Heiligtum« kann von Steiner das Unbewußte angesprochen werden, weil der auferstandene Christus »aus den unbewußten Seelenkräften in das (bewußte) Seelenleben der Jünger heraufwirkte« [11].

Zweifellos steht dieser kurze, aber überaus wichtige Hinweis Steiners in innerer Korrespondenz zu dem, was die Analytische Psychologie zur Rezeption Christi durch die Menschheit zu sagen hat. Während der Historiker lediglich die bloße Tatsache verbuchen kann, daß das Christentum während der ersten Jahrhunderte überraschend schnell aufgenommen worden ist, hat Jung eine bis jetzt noch wenig gewürdigte Erklärung parat, wenn er ähnlich wie Steiner sagt: »Christus hätte seinen Gläubigen keinen Eindruck gemacht, wenn er nicht zugleich etwas, das in ihrem Unbewußten lebte und am Werke war, ausgedrückt hätte. Das Christentum selber hätte sich in der antiken Welt nicht mit dieser erstaunlichen Schnelligkeit ausgebreitet, wenn seiner Vorstellungswelt nicht eine analoge psychische Bereitschaft entgegengekommen wäre.« [12] Gerhard Zacharias, der diesem Problem eine Untersuchung gewidmet hat, bezeichnet diesen Hinweis, dem wir denjenigen Steiners an die Seite stellen dürfen, als eine »für die christliche Theologie hochbedeutsame Tatsache« [13]. Jungs Archetypenlehre leistet auch hier einen wertvollen Dienst. In »Aion« versucht Jung im einzelnen nachzuweisen, »in was für eine psychische Matrix die Gestalt Christi im Laufe der Jahrhunderte rezipiert worden ist. Bestünde nicht eine Affinität (»Magnet«!) zwischen der Figur des Erlösers und gewissen Inhalten des Unbewußten, so hätte nie ein menschlicher Geist das Licht in Christo erblicken und es mit Inbrunst erfassen können. Das Verbindungsstück beider ist der *Archetypus des Gottmenschen,* der einerseits in Christo historische Wirklichkeit wurde und andererseits, als ›ewig‹ vorhanden, die Seele als übergeordnete Ganzheit, eben als *Selbst*, beherrscht.« Jung weist auf die psychologische Wirksamkeit des Fischsymbols hin und fährt fort: »Das nicht kanonische Fischsymbol hat uns in die psychische Matrix hineingeführt und damit in die Sphäre des Erlebbaren, wo die unerkennbaren Archetypen lebendig sind, Namen und Gewand in unendlicher Folge wechseln und durch eben diesen Wechsel ihr nie erschautes Wesen gewissermaßen circumambulierend beschreibend ... Zusammenfassend möchte ich nochmals hervorheben, daß das Fischsymbol eine spontane Rezeption der Christusgestalt des Evangeliums, und damit sozusagen ein Symptom darstellt, welches anzeigt, in welcher Weise und mit welcher Bedeutung es vom Unbewußten aufgenommen wurde ... Das Bild des Fisches nämlich trat aus der Tiefe des Unbewußten der verkündeten Christusgestalt als eine Entsprechung entgegen, und wenn Christus als Ichthys angerufen wurde, so bezog sich diese Bezeichnung auf das, was aus der Tiefe des Unbewußten hervorgelockt wurde. Das Fischsymbol bildet daher die Brücke zwischen der historischen Gestalt Christi und der seelischen Natur des Menschen, in welcher der Archetypus des Erlösers ruht. Auf diesem Wege wurde Christus zum inneren Erlebnis, zum ›Christus in uns‹.« [14]

Auf Grund der Deutung des Psychologen kann Christuserkenntnis als eine Art Wiedererkennen verstanden werden. In dem Christus drückt sich ein Urmenschliches aus. In einem *anderen*, spirituellen Sinne als dem Ludwig Feuerbachs ist Christologie zutiefst Anthropologie. In dem Christus Jesus gibt sich der deus incarnatus als der Mensch schlechthin zu erkennen und der Ausruf des Pontius Pilatus, »ecce homo, seht das ist der Mensch!« wird zu einem Wahrwort, das in einem Erkenntnisprozeß eigener Art von jedem einzelnen erst realisiert werden muß. Der Psychologe kann diesen Erkenntnisprozeß bestenfalls beschreiben, indem er die psychologische Seite des Vorgangs darlegt, etwa, indem er die »seelischen Bereitschaftssysteme« nennt, die im Unbewußten des Menschen für die Christus-Rezeption angelegt sind. Er kann erklären, warum der Mann aus Nazareth zur »kollektiven Gestalt (wurde), welche das zeitgenössische Unbewußte erwartete« [15]. Öffnen muß sich jeder einzelne selbst für die Christus-Begegnung. Jeder einzelne muß sich erst den Weg zeigen lassen, auf dem eben dieser Christus gefunden werden kann. Rudolf Steiner hat dort begonnen, wo der Psychologe notgedrungen am Ende ist. Steiner sah seine besondere Aufgabe darin, in der Anthroposophie, die einzelnen Stadien der Rosenkreuzer-Schulung zu beschreiben, wie es u. a. in einer Reihe von Vortragszyklen [16] geschehen und in den Schulungsbüchern niedergelegt ist. Und während sich der Psychologe bewußt auf die Interpretation derartiger Phänomene beschränkte, ging der Geistesforscher daran, »Geistesschüler auf die Bahn der Entwicklung zu bringen« [17].

Wie läßt sich nun jene Wirksamkeit des Unbewußten beurteilen, welcher Wert ist ihr, von Steiner her gesehen, zuzuerkennen? — In den am Eingang dieses Abschnitts zitierten Kopenhagener Vorträgen von 1911 hat Steiner von dem »zweiten kraftvolleren Selbst« im Menschen gesagt, daß es gegenüber dem vollbewußten Seelenwesen »wie eine niedrigere Wesenheit« empfunden werden könne, die man zu überwinden trachte. Dieser Tendenz, der sich vor allem der rational eingestellte »moderne« westliche Mensch anschließt, stimmt Steiner keinesfalls zu. Er macht im Gegenteil darauf aufmerksam, »daß der Mensch im Leben nicht sehr weit kommen könnte, wenn er alles, was er vollbringen muß, mit vollbewußtem Verstande, mit einer alle Verhältnisse überschauenden Intelligenz vollbringen müßte« [18]. Nun läßt sich die Erinnerung im Laufe eines Lebens bis zu einem Punkt bzw. bis zu einer Zone zurückführen, in der allererste, noch mit einem schwachen Ich-Empfinden verbundene Erlebnisse durch unser Erinnern erreicht werden. Was jenseits liegt und die ersten drei bis vier oder fünf Jahre betrifft, bleibt unserer Erinnerung unzugänglich. Wieder stehen wir vor dem, was Steiner »die unterbewußten Seelengründe« nennt. Nach seinen Angaben mußte dort, von dort aus eine wichtige Arbeit für die Menschwerdung des Menschen geleistet werden. Als Früchte dieser Arbeit nennt er die Erlangung der Gleichgewichtslage, die Sprachentwicklung und die Entfaltung der Gehirntätigkeit. Deshalb kann er diesen gestaltenden Kräften des »Unterbewußten« eine außerordentliche Weisheit zuerkennen, deren das rationale Wachbewußtsein zu keinem späteren Zeitpunkt fähig ist. Nun ist für unsere Gegenüberstellung von Steiner und Jung von Bedeutung, wie Steiner die Frage beantwortet: Warum wird aus den Seelentiefen, die außer dem Bewußtsein liegen, eine derart weisheitsvolle Arbeit geleistet? Steiner: »Es geschieht aus dem Grunde, weil der Mensch in den ersten Jahren seines Lebens mit seiner Seele, mit seiner ganzen Wesenheit viel mehr angeschlossen ist an die *geistigen Welten der höheren Hierarchien,* als dies später der Fall ist . . . Diese Weisheit ist mächtiger, umfassender als alle spätere bewußte Weisheit.

Diese höhere Weisheit verdunkelt sich für die menschliche Seele, welche dann dafür die Bewußtheit eintauscht. Sie wirkt aus der geistigen Welt heraus tief in die Körperlichkeit herein, so daß der Mensch durch sie sein Gehirn aus dem Geiste heraus formen kann. Nicht mit Unrecht darf gesagt werden, von einem Kinde kann auch der Weiseste lernen. Denn was an dem Kinde arbeitet, ist die Weisheit, die dann später nicht in das Bewußtsein eintritt, und durch welche der Mensch etwas wie einen ›Telefonanschluß‹ nach den geistigen Wesenheiten hat, in deren Welt er sich zwischen dem Tode und einer neuen Geburt befindet. Von dieser Welt strömt noch etwas ein in die kindliche Aura, und der Mensch ist da unmittelbar als einzelnes Wesen unterstehend der Führung der ganzen geistigen Welt, zu welcher er gehört. Die geistigen Kräfte aus dieser Welt strömen in das Kind noch ein. Sie hören auf einzuströmen in dem Zeitpunkte, bis zu dem die normale Rückerinnerung geht [19]. Diese Kräfte sind es, die den Menschen fähig machen, sich in ein bestimmtes Verhältnis zur Schwerkraft zu bringen. Sie sind es auch, die seinen Kehlkopf formen, die sein Gehirn so bilden, daß es ein lebendiges Werkzeug für Gedanken-, Empfindungs- und Willensausdruck wird.« [20]

Diese Auskunft Steiners ist deshalb so wichtig, weil bei dem vorliegenden Versuch einer Gegenüberstellung Vergleichs- und Korrespondenzpunkte gesucht werden müssen, die einen gedanklichen Brückenschlag ermöglichen. Nun ist der Anthroposoph in einem ähnlichen Umfang mit der »geistigen Welt« beschäftigt, die allem Sein zugrunde liegt, wie der Analytische Psychologe mit den Gestaltungen des Unbewußten, die ihm Schlüsse auf die Wirklichkeit der Seele zu ziehen erlauben. Die Frage besteht demnach, ob und inwieweit die von Steiner gemeinte »geistige Welt« mit dem Unbewußten, vor allem mit dem kollektiven Unbewußten bei C. G. Jung korrespondiere. Steiner hat nun eine Antwort gegeben, die deutlicher, als es in seinen bisher zitierten Ausführungen der Fall war, an eine Korrespondenz zwischen geistiger Welt und Unbewußtem denken lassen. Daß der zentrale Begriff des Anthroposophen mit dem des Tiefenpsychologen nicht einfach zur Deckung zu bringen ist, bedarf keiner Diskussion. Halten wir uns an Steiners Wort, so wirken »die geistigen Welten der höheren Hierarchien« — also nicht nur relativ untergeordnete Schichten der geistigen Wirklichkeit — in die Seele des Kindes hinein und plastizieren weisheitsvoll an der Leiblichkeit des werdenden Menschen. Wir haben es offenbar mit schöpferischen

Kräften zu tun, die zugleich urtümlicher, urbildlicher Art sind, insofern diese Kräfte die Menschwerdung des Menschen lenken. Dies geschieht aus einem Wissen heraus, das nicht nur dem Normalbewußtsein weit überlegen ist, sondern das diesem Bewußtsein als ein »Unbewußtes« erscheint. Von ihm sagt Jung in »Psychologie und Erziehung«: »Das Unbewußte ist die schöpferische Mutter des Bewußtseins. Aus dem Unbewußten heraus entwickelt sich Bewußtsein in der Kindheit, wie es in den fernen Zeitaltern der Primitivität entstand, als der Mensch Mensch wurde.« [21] Hinsichtlich dieser Analogie, die zwischen der Bewußtseinsentwicklung des Einzelmenschen und derjenigen der Menschheit anhand einer Fülle empirischen Materials zu belegen ist, bestehen zwischen Anthroposophie und Analytischer Psychologie ohnehin bemerkenswerte Übereinstimmungen. Jung ist im übrigen aufgefallen, daß die frühesten, noch erinnerbaren Kinderträume »erstaunliche Mythologeme« enthalten, archetypische Bilder also, für die die Geistesgeschichte der Menschheit entsprechende Parallelen aufweist. Doch kommt seiner Meinung nach die Untersuchung des kollektiven Unbewußten bei Kindern als praktisches Problem nicht in Betracht, da beim Kind die Anpassung an die Umgebung, und das heißt wiederum: das schrittweise Hineinwachsen in die Bewußtseinswelt, die Hauptrolle spielt. Aus diesem Grunde sollte das Unbewußte bei Kindern nicht unnötig betont werden [22]. Dieser Rat des Seelenarztes steht durchaus im Einklang mit der Bewegungsrichtung der Bewußtseinsentwicklung überhaupt, die von traumhaften, aus prälogischen, mythischen Tiefen herkommt und zur Erweckung des Ich-Bewußtseins führt.

Ohne diesen Gedanken weiter verfolgen zu wollen, den Jung und Steiner je von ihrem verschiedenen Standort aus bewegt haben, ist es doch interessant zu sehen, wie beide hohe Anforderungen an den Erzieher stellen. Nach Jung soll das kindliche Unbewußte — das »innerste Heiligtum« sagt Steiner — nicht sonderlich betont werden, um jene ungesunde Neugier des Kindes zu vermeiden, die gerade das Gegenteil, etwa eine abnorme Frühreife und Selbstbewußtheit erzeugen könnte. Um so größere Bedeutung mißt Jung der psychologischen Introspektion des Erziehers bei, der nicht nur dadurch, daß er Wissen und Fertigkeiten vermittelt, sondern auch indem seine Psyche einschließlich all ihrer bewußten und unbewußten Schattenseiten auf das Kind einwirkt. Steiner forderte 1919: »Jeder Unterricht in der Zukunft wird gebaut werden müssen auf eine wirkliche Psychologie...« [23]

Wer sich mit den geistigen und pädagogischen Grundlagen der von Steiner ins Leben gerufenen Waldorfschulen vertraut macht, erfährt, daß seine Forderung in eine Methodik und Didaktik umgesetzt worden ist, die man hinsichtlich der Schüler-Lehrer-Beziehung als eine praktizierbare Psychosophie bezeichnen könnte.

Aber kehren wir zur Thematik der Kopenhagener Vorträge zurück, in denen Steiner eine Ergänzung macht, durch die er mit den Erkenntnissen der Tiefenpsychologie weitgehend übereinstimmt. Er sagt, daß die un- bzw. unterbewußt tätigen geistig-seelischen Kräfte »bis zu einem gewissen Grade« auch im späteren Leben eine Rolle spielen: »Alles was der Mensch hervorbringen kann an Idealen, an künstlerischem Schaffen, aber auch alles, was er hervorbringen kann an naturgemäßen Heilkräften im eigenen Leibe, durch die ein fortwährendes Ausgleichen der Schädigungen des Lebens eintritt, alles das, kommt nicht von dem gewöhnlichen Verstande, sondern von den tieferen Kräften, die in den ersten Jahren an unserer Orientierung im Raum arbeiten, an der Prägung des Kehlkopfes und am Gehirn. Denn es sind dieselben Kräfte später noch im Menschen. Wenn oftmals bei Lebensschädigungen gesagt wird, äußere Kräfte können uns nicht helfen, es muß unser Organismus die in ihm liegenden Heilkräfte aus sich entwickeln, so hat man ja auch eine im Menschen vorhandene weisheitsvolle Wirkung im Auge. Und weiter kommen aus derselben Quelle auch die besten Kräfte, durch welche man zur Erkenntnis der geistigen Welt gelangt.« [24] Entscheidend für diesen letzten Hinweis ist freilich der Zusatz, wonach der Zugang zur geistigen Welt nicht in instinktiver Unbewußtheit gesucht werden kann und soll, also nicht auf einem Weg, der zu einem atavistischen Hellsehen zurückführt, das für die archaische Menschheit oder für Menschen einer entsprechenden Bewußtseinsstufe charakteristisch ist. Die unterbewußten Kräfte selbst sollen durch ein »bewußtes Verhältnis« zur geistigen Welt erschlossen werden. Die nötigen Ausführungen dazu hat Steiner in seinen Schulungsbüchern gegeben. Davon soll noch die Rede sein.

Steiner setzt sodann im einzelnen auseinander, daß die bildenden Kräfte der frühen Kindheit auch eine christologische Komponente aufweisen. Denn »die am Menschen im Kindheitsalter wirksamen Kräfte erkennen, heißt den Christus erkennen« [25]. Es ist möglich, »ohne irgendwelche Dokumente« den Christus zu finden. Wurde in den oben genannten Münchener Vorträgen davon gesprochen, daß der archaische Mensch instinktiv der Lenkung durch »die Götter« vertrauen konnte, so spricht Steiner hier betontermaßen von der »geistigen Führung des Menschen und der Menschheit«, die Christus der Menschheit angedeihen läßt, wobei Christus gemäß dem Johannesevangelium als »der Weg, die Wahrheit und das Leben« verstanden wird. »Solche Worte, wie die von dem Weg, der Wahrheit und dem Leben sind geeignet, die Türen der Ewigkeit zu öffnen. Sie tönen dem Menschen aus seinen Seelengründen, wenn die Selbsterkenntnis eine wahre, wesenhafte wird. — In einem zweifachen Sinn eröffnen solche Betrachtungen den Ausblick auf die geistige Führung des Menschen und der Menschheit. Man findet als Mensch *in* sich den Christus durch Selbsterkenntnis als den Führer, zu dem man seit Christi Erdenzeit immer gelangen kann, weil er immer *im* Menschen ist.« Eine Synopse mit dem, was C. G. Jung zunächst über die spontane Rezeption in der psychischen Matrix gesagt hat, drängt sich auf. Zu denken ist auch an die »anima naturaliter christiana« der Kirchenväter. Steiner fährt fort: »Und man findet ferner, wenn man dasjenige, was man ohne die geschichtlichen Dokumente erkannt hat, auf diese anwendet, die wahre Natur dieser Dokumente. Sie sprechen geschichtlich etwas aus, was im Innern der Seele sich durch sich selbst offenbart. Sie sind deshalb zu jener Führung der Menschheit zu zählen, welche die Hinlenkung der Seele auf sich selbst bewirken soll.« [26]

Damit ist Christus, den Steiner ebensowenig wie Jung mit dem historischen Rabbi Jesus von Nazareth identifiziert, abermals als der Mensch schlechthin ausgewiesen. Daraus leitet Steiner jedoch keine anthropologisch verkürzte, auf das Schlagwort von der Mitmenschlichkeit reduzierte Christologie ab. Er möchte vielmehr den Impuls aufzeigen, der die ganze Menschheit evolutionär erfaßt hat und vorantreibt: »Was an der Kindheit des Menschen wirkt, das kann man im großen in der Welt der Menschheit arbeiten sehen als die über der ganzen Menschheits-Evolution schwebende nächste Welt der Geistes-Hierarchien, als das nächste Reich der Angeloi oder übermenschlichen Wesenheiten, die um eine Stufe höher stehen als die Menschen und unmittelbar in die geistigen Sphären hinaufragen. Sie tragen aus diesen Sphären das auf die Erde herunter, was in die menschliche Kultur hineinarbeitet. Beim Kinde ist es die Leibesgestaltung, in welcher sich die höhere Weisheit ihren Abdruck schafft; in der Menschheitsentwicklung der Vorzeit kam die Kultur in ähnlicher Art zur Ausgestaltung.« [27]

Unter dieser Voraussetzung bringt Steiner den Inspirationsbegriff, der in der protestantischen Orthodoxie eine dogmatische Verengung erfahren hatte und vom Rationalismus als unverständlich eliminiert worden war, neu zur Geltung. Er tut dies, indem er in den Evangelisten Menschen erblickt, »welche aus dem höheren Selbst heraus schrieben, das am Menschen in den Kindheitsjahren arbeitete«[28]. So betrachtet sind die Evangelien Schriftwerke, deren geistiger Ursprung in derselben Weisheit liegt, die — psychologisch betrachtet: unbewußt — die Leiblichkeit des werdenden Menschen aufbaut. Trifft dies zu, so reicht eine Bibelexegese nicht aus, die an der Realität der geistigen Welt achtlos vorübergeht, die spirituelle Dimension der Wirklichkeit ignoriert und sich einzig mit den Gestaltungen der Ratio auseinandersetzt, wie dies mit den gängigen philologischen und hermeneutisch-exegetischen Methoden der Schultheologie geschieht. Das Recht, das bei der Bibelauslegung der Philologie zugestanden wird, sollte auch einer spirituellen Interpretation eingeräumt werden[29].

Im Zusammenhang der Frage nach der geistigen Führung verweist Steiner auf das Beispiel des Philosophen Sokrates, der für sich in Anspruch genommen hat, unter der Inspiration eines »Dämons« (im ursprünglichen Sinn des Wortes) zu stehen. Als vorbereitende Stimmung habe der »Sokratismus« der Christus-Botschaft das Feld bereitet. Ihm sei der missionarische Erfolg etwa des Paulus auf griechischem Boden zu verdanken. Als Psychologe kommt Jung zu einem verblüffend ähnlichen Ergebnis, wenn er in dem sokratischen »Dämon« die Ausgestaltung eines »übermächtigen Objektiv-Psychischen« erblickt, zu dem wir in der allerjüngsten Gegenwart »wo wir religiös so schamhaft geworden sind ... richtigerweise ›unbewußt‹ sagen, denn Gott ist uns tatsächlich unbewußt geworden«[30]. Lediglich die »Erfahrungen von den Tiefen und Höhen menschlicher Natur berechtigen zum metaphysischen Gebrauch des Terminus ›Daimon‹«, sagt Jung in einer Auseinandersetzung mit Martin Buber[31]. Was Jung über den »Archetypus des Gottmenschen« gesagt hat, der einerseits in Christus historische Wirklichkeit wurde und andererseits »als ewig vorhanden« die Seele als übergeordnete Ganzheit bzw. als Selbst beherrscht, ist ebenso im Kontext zu diesen Äußerungen Steiners zu sehen wie Jungs Hinweis »Christus hätte seinen Gläubigen keinen Eindruck gemacht, wenn er nicht zugleich etwas, das in ihrem Unbewußten lebte und am Werke war, ausgedrückt hätte«[32].

NATURWISSENSCHAFT ALS AUSGANGSPUNKT UND DAS BEISPIEL GOETHES

Rudolf Steiner und C. G. Jung sind beide als Naturwissenschaftler angetreten. Der Geistesforscher und der Seelenarzt haben — einer wie der andere — in allen Abschnitten ihrer Wirksamkeit die Exaktheit der naturwissenschaftlichen Erkenntnisart bejaht und auch immer praktiziert. Da beide den kartesianischen Erkenntnishorizont durchstießen und sich nicht damit begnügen konnten, Meßbares, Wägbares, Zählbares festzustellen, stießen sie auf die immer noch nicht völlig überwundene Erkenntnisskepsis ihrer Zeitgenossen. Es fällt auf, daß der des Mystizismus und des Psychologismus bezichtigte Jung immer wieder betont hat, er sei Empiriker und seine psychologische Hypothesenbildung basiere auf der Grundlage von Erfahrungstatsachen. Daß diese Behauptung keine inhaltslose Phrase ist, bestätigen seine einzelnen Arbeiten, in denen sich Jung einer streng induktiven Methode bedient. Die Ausgangsbasis ist jeweils das Erfahrungsmaterial, das der Patient dem Psychotherapeuten als Gestaltungen des Unbewußten in Form von Träumen, Assoziationen, Phantasien usw. darbietet. Daneben tritt das Vergleichsmaterial, das der Therapeut als eine Art der Verständnishilfe anführt. Die Schlußfolgerungen (Hypothesen), die sich für Jung aus der Zusammenschau ergeben, werden von ihm immer erst ausgesprochen und publiziert, nachdem die maßgeblichen Entdeckungen, etwa hinsichtlich des kollektiven Unbewußten, des Individuationsprozesses, der Synchronizitätsphänomene, nach jahrelanger, teilweise nach jahrzehntelanger Erprobung ihre Zuverlässigkeit bewiesen haben.

Er ist damit in einer ganz ähnlichen Lage wie Rudolf Steiner, der kaum eine Gelegenheit versäumt hat, die anthroposophische Denkungsart als im Einklang befindlich mit der Naturwissenschaft auszuweisen. So wie sich Jung gegenüber der Universitäts-Psychologie und -Psychiatrie als Wissenschaftler behaupten muß, geht es Steiner darum, Anthroposophie als eine Wissenschaft zu begründen, die sich beispielsweise keine vorschnelle Popularisierung leisten kann. »Mir schwebt vor — so gesteht er einmal im öffentlichen Vortrag vom

24. Januar 1918 — eine Gestalt der Geistesforschung, die es in der Zukunft geben kann, eine Gestalt, die einfach, die populär ist, so daß sie jedes einfache Gemüt in sich aufnehmen kann ... Heute noch steht Geistesforschung der übrigen Forschung fern. Sie muß sich, damit sie geduldet wird, heute noch auf einen Gesichtspunkt stellen, daß sie den gegen sie gerichteten Angriffen seitens der übrigen Forschung gewachsen ist.« [1]

So ist es gut zu verstehen, warum Steiner schon in den allerersten anthroposophischen Büchern zeigen möchte, »daß man ein treuer Bekenner der naturwissenschaftlichen Weltanschauung sein und doch die Wege nach der Seele aufsuchen kann, welche die richtig verstandene Mystik führt. Ich gehe sogar noch weiter und sage: Nur wer den Geist im Sinne der wahren Mystik erkennt, kann ein volles Verständnis der Tatsachen in der Natur gewinnen. Man darf wahre Mystik nur nicht verwechseln mit dem ›Mystizismus‹ verworrener Köpfe« [2]. Für Jung sind Mystiker »Menschen mit einer besonders lebhaften Erfahrung der Abläufe im kollektiven Unbewußten. Mystische Erfahrung ist die Erfahrung der Archetypen« [3].

Steiners »Christentum als mystische Tatsache« beginnt, indem der Verfasser die »tiefgreifende Beeinflussung« des neuzeitlichen Vorstellungslebens durch das naturwissenschaftliche Denken als einen leitenden Gesichtspunkt für die Abfassung dieser anthroposophischen Grundschrift herausstellt. Er sagt, »daß dem naturwissenschaftlichen Denken eine Kraft innewohnt, die dem Aufmerkenden die Überzeugung gibt: dieses Denken enthält etwas, an dem eine Weltanschauung der Gegenwart nicht vorbeigehen kann, ohne bedeutungsvolle Eindrücke zu empfangen« [4]. Im übrigen handelt man nur im Sinne der Naturwissenschaft, wenn man den geistigen Werdegang des Menschen ebenso unbefangen betrachte, wie der Naturwissenschaftler die Objekte seiner Untersuchung. Diese positive Würdigung der Naturwissenschaft ließe sich durch viele andere Belege Steiners stützen. Man darf nur nicht die Sätze unterschlagen, mit denen Steiner fortfährt: »Man wird dann allerdings auf dem Gebiete des Geisteslebens zu einer Betrachtungsart geführt, die sich von der bloß naturwissenschaftlichen ebenso unterscheidet wie die geologische von der bloß physikalischen, die Untersuchung der Lebensentwicklung von der Erforschung der bloßen chemischen Gesetze. Man wird zu höheren Methoden geführt, die zwar nicht die naturwissenschaftlichen sein können, aber doch ganz in ihrem Sinne gehalten sind. Dadurch wird sich manche einseitige Ansicht der Naturforschung von einem andern Gesichtspunkte aus modifizieren oder korrigieren lassen; aber man setzt damit die Naturwissenschaft nur fort; man sündigt nicht gegen sie.« [5]

Schon an diesem Punkt wird klar, weshalb der Geistesforscher diese Stellung bezieht. Er tut es nicht etwa, weil er sich lediglich der Zeittendenz anzupassen hätte, sondern weil die von ihm entwickelte Geistesforschung organisch aus der Naturforschung herausgewachsen ist und so etwas wie eine Metamorphose dieser Denkungsart darstellt[6]. Dies ergibt sich, wenn man sieht, wie für Steiner zwischen Geist und Natur oder Materie nicht etwa eine unüberbrückbare Kluft besteht. Geistige Wirklichkeit ist auch nicht einfach mit »anderer Welt« zu identifizieren. Wie Steiner in Anlehnung an Goethe gezeigt hat, muß Geistiges nicht »hinter« den Erscheinungen gesucht werden, es manifestiert sich dem erkennenden Subjekt vielmehr *in* diesen. Der Hinweis, daß anthroposophische Geisteswissenschaft gewissermaßen die Konsequenz der Naturwissenschaft ist oder sein kann, ist schon deswegen so wichtig, weil oft dem Mißverständnis entgegenzutreten ist, Anthroposophie sei bald eine »moderne Gnosis«, bald ein mystizistisches Mischprodukt wie gewisse theosophische Richtungen, bald eine westliche Spielart eines östlichen Synkretismus. Ebensowenig ist Anthroposophie ein modernisierter Okkultismus der Alten. Das ist unten noch näher zu erläutern.

Und wie versteht sich C. G. Jung? — Er sagt (1926) von sich: »Ich bin kein Philosoph, sondern ein bloßer Empiriker, und in allen schwierigen Fragen bin ich geneigt, nach der Erfahrung zu entscheiden. Wo aber keine Erfahrungsgrundlage vorhanden ist, da lasse ich aufgeworfene Fragen lieber unbeantwortet.« [7] Ebenso positiv wie sein Verhältnis zu den Religionen ist seine Beziehung zur Biologie, »überhaupt zur naturwissenschaftlichen Empirie, die mir als ein gewaltiger Versuch erscheint, die Seele von außen nach innen zu begreifen, wie umgekehrt die religiöse Gnosis mir ein ebenso gigantisches Unternehmen des menschlichen Geistes ist, Erkenntnis aus dem Innersten zu schöpfen.« Es zeigt sich, daß dies Votum vom Ende der zwanziger Jahre bereits die *eine* Wirklichkeit, den »Unus Mundus« ins Auge faßt, der im Spätwerk eine so große Rolle spielen sollte. Und Jung fährt fort: »In meinem Weltbild gibt es ein großes Außen und ein ebenso großes Innen, und zwischen diesen Polen steht mir der Mensch, bald dem einen, bald dem anderen zugewandt, um je nach Temperament und Veranlagung bald das eine, bald das andere für die absolute Wahrheit zu halten und je nachdem das eine für das andere zu leugnen oder zu opfern.« [8]

Wer diese Sätze niederschreiben kann, tut es nicht nur, weil er den dogmatisch anmutenden Einseitigkeiten der Psychologie Sigmund Freuds widersteht, sondern weil ihm — ähnlich wie Steiner — eine einseitige Wirklichkeitsbetrachtung nicht genügt. So wie die moderne Naturwissenschaft gezwungen ist, über die traditionelle Empirie ins Metaphysische hinein vorzustoßen, etwa physikalische Tatsachen mit scheinbar antilogischen Hypothesen zu interpretieren, mußte vor allem Jung die gewohnten Erfahrungsbereiche verlassen. Dabei meinte er am Anfang, Naturwissenschaft im besten Sinne zu treiben, Tatsachen festzustellen, zu beobachten, zu klassifizieren, kausale und funktionelle Zusammenhänge zu beschreiben. Schließlich entdeckte er jedoch, daß er mit Überlegungen beschäftigt war, die ihn weit über die landläufige Naturwissenschaft hinaus ins Gebiet der Philosophie, der Theologie, der vergleichenden Religionswissenschaft und der Geistesgeschichte gedrängt hat. Dies Ergebnis machte ihm zu schaffen. Dennoch hielt er den Gang der Dinge für unvermeidlich [9].

Jung hatte auf seinem Feld eine ähnliche Entdeckung gemacht wie andere Naturwissenschaftler, nämlich die, daß der herkömmliche Wirklichkeitsbegriff im Grund unbrauchbar geworden ist. Er reicht nicht mehr aus. Die Naturwissenschaft hatte ein Weltbild aufgerichtet, das durch eine ähnliche Einseitigkeit begrenzt war wie der abendländische Mensch selbst. »Die Einschränkung auf materielle Wirklichkeit schneidet aus dem Weltganzen ein zwar ungemessen großes, aber eben doch nur ein Stück heraus und erzeugt damit ein dunkles Gebiet, welches man unwirklich oder überwirklich nennen müßte.« [10]

Nun zeigen sich dem Psychologen Phänomene, an deren Wirklichkeitsbezug nicht zu zweifeln ist, deren Beschreibung aber bereits für denjenigen eine Überforderung darstellt, der nur ein begrifflich verhärtetes, logisch eindeutiges Denken gelten läßt. Jolande Jacobi weist daher auf die Schwierigkeit der Psychologie Jungs hin, die darin besteht, »daß sie, von der Empirie ausgehend und sie nicht verlassend, in ein Gebiet vorstößt, in welchem der von der Erfahrung stammende Sprachausdruck naturgemäß inadäquat und ein bloßer Versuch bleiben muß« [11]. Zweifellos wird Jung dadurch ebensowenig zu einem »Metaphysiker«, der er nie sein wollte, wie einer der zeitgenössischen

Biologen oder Physiker, die auf dieselbe Problematik gestoßen sind. Aber es sind eben die Phänomene selbst, die ein derartiges Transzendieren verlangen. Der sprachliche Ausdruck, der für die Beschreibung derartiger Fakten gebraucht wird und die gewohnte Eindeutigkeit vermissen läßt, ist bereits ein Indiz dafür, daß eine »Schwelle« betreten wird, jenseits der ein »anderes Denken«, eine andere Erkenntnisart nötig ist. Es handelt sich offensichtlich nicht nur um ein bloßes Sprachproblem. Es gilt nicht nur eine hermeneutische Frage zu klären. Was da in Erscheinung tritt, hat eher insofern symptomatischen Charakter, als es auf eine tiefer liegende Fragestellung verweist. Dieser Frage ist auch Steiner begegnet. Er hat sich ihr freilich in einer ganz anderen Weise als C. G. Jung gestellt, nicht als »bloßer Empiriker«, weil Empirie allein, Beobachtung allein letztlich keiner Antwort auf Erkenntnisprobleme fähig ist. Steiner ist dieser Aufgabe zunächst als Denker gegenübergetreten. Um jedoch ein Mißverständnis zu vermeiden, muß man hinzufügen, daß Steiner das abstrakte Denken vom »reinen Denken« unterscheidet, das bereits einer geistigen Anschauung gleichkommt und nach einem Wort aus »Philosphie der Freiheit« (1894), dem maßgeblichen philosophischen Werk Steiners, in der Lage ist, der »Weltauffassung« zu dienen.

Da sich Rudolf Steiner sowohl der naturwissenschaftlichen wie der philosophisch-erkenntnistheoretischen Problematik gestellt hat, bevor er daran gehen konnte, die Ergebnisse seiner geisteswissenschaftlichen Forschung vorzutragen, ist an dieser Stelle auf die Einschätzung des Denkens bei Steiner und Jung einzugehen.

Wer von der Analytischen Psychologie herkommend mit der Anthroposophie bekannt wird, dem fällt auf, daß Rudolf Steiner dem Denken eine besondere Rolle zuweist. So lesen wir in »Philosophie der Freiheit« (1894) u. a.: »Mein Suchen kommt erst auf einen festen Grund, wenn ich ein Objekt finde, bei dem ich den Sinn seines Daseins aus ihm selbst schöpfen kann. Das bin ich aber selbst als Denkender, denn ich gebe meinem Dasein den bestimmten, in sich beruhenden Inhalt der denkenden Tätigkeit.«[12] Und: »Im Denken haben wir ein Prinzip, das durch sich selbst besteht. Von hier aus sei es versucht, die Welt zu begreifen. Das Denken können wir durch es selbst erfassen.«[13] Ferner: »Die höchste Stufe des individuellen Lebens ist das begriffliche Denken ohne Rücksicht auf einen bestimmten Wahrnehmungsgehalt.«[14] Auf Grund der autobiographischen Aufzeichnungen und aus den philosophiegeschichtlichen Untersuchungen («Rätsel der Philosophie«, »Vom Menschenrätsel«) kann man wissen, wie wichtig für Steiner diejenigen Denker geworden sind, die den philosophischen Idealismus vorbereitet und begründet haben. Freilich bleibt er nicht bei ihnen stehen. Er kann sich nicht einfach mit ihnen identifizieren. Andererseits sieht er die Notwendigkeit, Verbindungen zu schaffen, etwa zwischen dem reinen Gedankenerleben Hegels und Goethes anschauender Erfahrung der Idee in den Phänomen der Natur. Aber gerade darin kündigt sich bereits ein anderes Denkverständnis an, von dem noch zu sprechen sein wird. Durch die Betätigung eines sinnlichkeitsfreien Denkens suchte Steiner schließlich jene Grenzen der Erkenntnis zu überschreiten, die seit Kant für die Erkenntnistheorie des 19. Jahrhunderts gezogen waren.

Dieser hohen Einschätzung des Denkens stehen Äußerungen C. G. Jungs entgegen, die, für sich genommen, einen Vertreter dieser Position, somit auch einen Anthroposophen zunächst befremden werden. In den zuerst als Eranos-Vortrag veröffentlichten »Theoretischen Überlegungen zum Wesen des Psychischen« [15] geht Jung auf historische Zusammenhänge ein und kommt dann auf die Versuche zur Erfassung der Psyche zu sprechen, die in den letzten drei Jahrhunderten unternommen worden sind. Die Naturerkenntnis habe zu einer gewaltigen Ausdehnung des Wissens über den Kosmos geführt. Andererseits habe man die Seele stillschweigend als bekannt vorausgesetzt. »Mit der Entdeckung der Möglichkeit eines unbewußten seelischen Bereiches war die Gelegenheit zu einem großen Abenteuer des Geistes geschaffen, und man hätte erwarten können, daß ein leidenschaftliches Interesse sich dieser Möglichkeit zuwenden würde. Bekanntlich war dies nicht nur nicht der Fall, sondern es erhob sich im Gegenteil ein allgemeiner Widerstand gegen diese Hypothese. Niemand zog den Schluß, daß, wenn tatsächlich das Subjekt des Erkennens, nämlich die Seele, auch eine dunkle, dem Bewußtsein nicht unmittelbar zugängliche Existenzform besitzt, alle unsere Erkenntnis in einem unbestimmbaren Grade unvollständig sein muß. Die Gültigkeit des bewußten Erkennens war in einem ganz anderen und bedrohlicheren Maße in Frage gestellt als durch die kritischen Überlegungen der Erkenntnistheorie. Letztere setzte zwar dem menschlichen Erkennen überhaupt gewisse Grenzen, von denen sich die deutsche, idealistische Philosophie nach Kant zu emanzipieren trachtete; aber die Naturwissenschaft und der common sense fanden sich damit ohne Schwierigkeiten ab, wenn sie überhaupt Notiz davon nahmen. Die

Philosophie wehrte sich dagegen zugunsten eines antiquierten Anspruches des menschlichen Geistes, sich selber über den Kopf steigen und Dinge erkennen zu können, die schlechterdings jenseits der Reichweite des menschlichen Verstandes liegen. Der Sieg Hegels über Kant bedeutete für die Vernunft und die weitere geistige Entwicklung zunächst des deutschen Menschen eine schwerste Bedrohung...« [16] Erst durch den späten Schelling, durch Schopenhauer und Carus seien »dieser unheilvollen Entwicklung kompensierende Kräfte« entbunden worden. Im weiteren Verlauf dieses Gedankenganges erteilt Jung Hegel eine entschiedene Absage. Durch Hegel sei »die Identifikation und Inflation, die praktische Ineinssetzung des philosophischen Verstandes mit dem Geist schlechthin« ins Werk gesetzt worden. Damit habe er dem Verstand jene Hybris verschafft, welche zu Nietzsches Übermenschen und zur Katastrophe in Deutschland geführt hat [17].

Ein anthroposophischer Kritiker, Josef Hupfer, der sich mit diesen Äußerungen Jungs auseinandergesetzt hat [18], räumt zwar ein, daß der Autor sein Urteil nicht im vollen Umfang aufrechterhalten habe, erblickt in ihr aber einen Beleg dafür, welchen (Un-)Wert Jung der bewußten philosophischen Erkenntnisarbeit beimesse. Hupfer stellt dann mit Recht die Notwendigkeit heraus, daß der Philosoph nicht nur Eingebungen habe, sondern diese auch denkend zu durchschauen und deren Struktur in klarer begrifflicher Formulierung zu erfassen in der Lage sein muß. So naheliegend es nun ist, die aus dem Gesagten sich ergebende Diskrepanz zwischen Steiner und Jung hervorzuheben und als eine Gegebenheit hinzustellen, die keinen Brückenschlag zulasse, ist die Rückfrage nach dem, was beide unter Denken verstehen, unerläßlich.

Da Jung weder Philosoph noch Geistesgeschichtler war oder sein wollte, verzichtete er darauf, im einzelnen nachzuweisen, wie mit der Entwicklung des neuzeitlichen Bewußtseins — Steiner spricht von der Geburt der »Bewußtseinsseele« — das Denken sich immer mehr von der lebendigen Verbindung mit der Welt der (platonischen) Ideen entfernt und in eine von abstrakten Begriffen erfüllte Rationalität hineingefunden hat. Dadurch schuf sich der Denker seit Descartes zwar ein geeignetes Werkzeug, die ihn umgebende Welt der anorganischen Natur zu erfassen und deren technische Bewältigung sicherzustellen. Ein Höchstmaß an Exaktheit wurde erreicht. Dieses abstrakte Denken erwies sich jedoch, wie wir gesehen haben, als wenig geeignet, das Lebendige, Seelische und Geistige zu erfassen. Jung konnte die Verabsolutierung des Bewußtseins und der Ratio nicht billigen, weil er erkannte, daß das Verstandesdenken zu einer verhängnisvollen Vereinseitigung führen muß. *Dieser* Art des Denkens maß er daher die Bedeutung *einer* seelischen Funktion bei, die durch andere kompensiert werden muß.

Wirft man einen Blick auf Jungs Schema von den vier seelischen Grundfunktionen, dann steht dem Denken das Fühlen gegenüber. Beide Funktionen werden als rationale durch zwei irrationale, das Empfinden und das Intuieren, komplementär ergänzt. Das Denken ist nach Jung somit nur eine von vier Grundfunktionen des seelischen Organismus. Aus dieser Tatsache ist jedoch keine Unterbewertung des Denkens zu folgern. Man könnte eher sagen, daß Jung auf diese Weise einer rationalistischen Überbewertung des Verstandesdenkens begegnen will. In den »Psychologischen Typen« unterscheidet Jung einerseits eine Psychologie, die dem (rationalen) Bedürfnis der Wissenschaft entspricht, somit als exakte Naturwissenschaft anerkannt werden könnte, andererseits eine »Psychologie als irrationale Praxis«, wie es Alice Morawitz-Cadio nennt [19], in der der Intellekt zur ancilla psychologiae, zur Gehilfin der Psychologie werde. »Der Intellekt bleibt in sich selbst solange gefangen, als er sein Primat nicht freiwillig opfert, um die Würde anderer Zwecke anzuerkennen. Er schreckt davor zurück, den Schritt über sich selbst hinaus zu tun und seine universelle Gültigkeit zu leugnen, denn alles andere ist ihm nichts als Phantasie. Was aber hat es je Großes gegeben, das nicht zuvor Phantasie war? Solchermaßen schneidet sich der im Selbstzweck der Wissenschaft versteifte Intellekt die Lebensquelle ab.« [20]

Sieht man hier einmal davon ab, daß Steiner die Phantasie ebenfalls als eine schöpferische, den Menschen inspirierende Kraft einschätzt, so teilt er andererseits Jungs kritische Einstellung dem Intellekt gegenüber. Wie er hat er die Notwendigkeit einer Überwindung des Intellektualismus und Rationalismus aufgezeigt. Er hat Wege gewiesen, die diese Überwindung eines in Abstraktionen sich verhärtenden Denkens ermöglichen. Entscheidend ist freilich die Richtung, in die hinein diese Wege weisen. Eine Rückwendung zu einem vorkritischen Irrationalismus, der als Reaktion auf rationalistische Auswüchse immer wieder einmal empfohlen wird, schien ihm grundsätzlich verwehrt. Was seine großen philosophischen Vorbilder des deutschen Idealismus denkerisch erreicht haben, durfte nicht preisgegeben werden, ebensowenig übrigens wie die Errungenschaften der neuzeitlichen Naturwissenschaften hinsichtlich der mathematischen Exaktheit ihrer Beweiskraft. »Man braucht aber eine innerliche Anschauung, so exakt, wie die mathematische Anschauung ist, wenn man in die höheren Wirkungsweisen der Außenwelt eindringen will ... Und man wird einstmals, wenn man einsehen wird, wie aus dem Geiste moderner Naturerkenntnis hier Geist-Erkenntnis gewonnen werden soll, gerade aus diesem Gebiet moderner Naturerkenntnis heraus die hier gemeinte Geisteswissenschaft gerechtfertigt finden; denn sie will nicht in irgendeine Opposition treten zu den bedeutsamen, großartigen Ergebnissen der Naturwissenschaft.« [21]

Steiner konnte, wie gesagt, weder als Denker noch als Naturwissenschaftler bei dem auf beiden Erkenntnisgebieten Erreichten stehenbleiben. Das, wofür er eintrat, nannte er »die Umwandlung der Seelenverfassung« [22]. Dabei sagte er sich: »Mit der Seelenverfassung, die man hier in der sinnlichen Welt hat, die für das Leben, für das Handeln in der sinnlichen Welt angemessen ist, läßt sich gar nicht hineinkommen in die übersinnliche Welt.« [23] Vertraute Steiner einerseits der Tragfähigkeit des »reinen Denkens«, so war er sich andererseits darüber im klaren, daß dies Denken durch eine Seelenumwandlung zu einem Wahrnehmungsorgan höherer Ordnung umgestaltet werden könne und müsse. (Die Beschäftigung mit Steiners Erkenntnislehre zeigt, daß erst Wahrnehmung *und* Denken Erkenntnis im Vollsinn des Wortes möglich machen.) Was für die Naturerkenntnis gilt, hat in der Geistesforschung eine Entsprechung. Jedenfalls wird sie, wie Steiner von Anfang seiner anthroposophischen Tätigkeit an mit Nachdruck betont hat, nicht durch schlußfolgernde Denkoperationen gefunden. »Verstandeskraft (allein) verscheucht den Geist; aber wenn man den Verstand selber entwickelt zur Imagination hin, so kommt man wieder an den Geist heran.« [24]

Was nun auf dem Wege der Geistesforschung erkannt wird, ist — pauschal gesagt — ebenso schwer zu beschreiben wie das, was der Tiefenpsychologe über gewisse Forschungsgegenstände (z. B. die Archetypen) zu sagen hat, die sich der begrifflichen Fixierung, also einer eindeutigen, somit abgrenzenden Definition in ähnlicher Weise entziehen, wie dies vergleichsweise für die Erfassung des Sinngehalts eines Symbols zutrifft. Jung hat die Unumgänglichkeit mehrdeutiger Interpretation immer wieder hervorgehoben und begründet [25]. »Mit Definitionen ist nichts gegeben. Man sieht gewöhnlich nicht das Ungenügende einer jeden Definition.«[26] Diese Sätze Steiners könnte C. G. Jung ebenfalls zur Sache geschrieben haben. Sie zeigen an, wie sehr sich beide Männer in dieser Frage einig sind. In einem anderen Vortrag (1919), in dem Steiner ausführt, wie im Un- bzw. Unterbewußten heute die Kräfte der Weiterentwicklung der Menschheit gefunden werden müßten, heißt es: »Unsere Sprache ist ja im Grunde genommen gemacht für die seelische Wiedergabe der *äußeren* sinnlichen Wirklichkeit. Diese Sprache macht es uns schwer, ganz präzise, namentlich hinreichend zu schildern, was nicht der sinnlichen Wirklichkeit angehört, was dem übersinnlichen Dasein angehört.« Und die Anregung, die Steiner im darauffolgenden Satz gibt, erinnert an C. G. Jungs Begründung seiner Amplifikationsmethode, das heißt jener analytischen Praxis, das vom Patienten mitgeteilte Material des Unbewußten mit ähnlich motivierten Elementen, etwa aus dem Gebiet der Mythologie, der Märchenwelt oder der Religionsgeschichte »anzureichern«, um den Sinn des Mitgeteilten zu erfragen. Steiner sagt: »Man muß sich da oftmals helfen durch Vergleiche, ... die immer eine Lebenserscheinung mit der anderen zusammenstellt, damit die eine Lebenserscheinung die andere erörtere. Wenn dann solche Vergleiche gebildet werden, muß man sich klar sein, daß nur ein bewegliches Denken, ein Denken, das die Begriffe, die Worte nicht preßt, auf den genauen Sinn des Darzustellenden wirklich kommt.«[27]

Aus demselben Grund verlangte Steiner an anderer Stelle ein neues Ernstnehmen der mehrdimensionalen Wirklichkeit. Auch wenn es bequemer sei, »mit den bloßen Begriffsleichen zu hantieren«, müsse man lernen »wirklichkeitsgemäß« zu denken. Denn »die Wirklichkeit ist nicht in Schablonen gepreßt, die Wirklichkeit ist in Metamorphosen begriffen ... Unsere Weltauffassung muß wiederum an das Wesen der Dinge herankommen. An das Wesen der Dinge kommt man nur heran, wenn man an den Geist herankommt.«[28] Steiner dachte dabei auch an den Einbezug des Künstlerischen.

Steiner, dessen Schaffen in erster Linie unter dem Gesichtspunkt eines einzigen großen pädagogischen Auftrags gesehen werden kann, war Realist genug, um aus seiner Menschenerkenntnis heraus praktische Anregungen für eine entsprechende Ausbildung des Verstandesdenkens beim Kind zu geben. (Hier ist auf die einschlägigen Arbeiten zur Begründung der Waldorfpädagogik sowie auf die Schulpraxis der heutigen Waldorferziehung zu verweisen.) Ein anderes Mal drückte er das Krankmachende, Infizierende bestimmter Denkgewohnheiten mit den Worten aus: »Auf materiellem Gebiete haben die Tuberkel- und Bazillenkrankheiten einen ähnlichen Ursprung wie der gerade jetzt vorhandene Verstandesmaterialismus auf geistig-seelischem Gebiete ...« [29]

Diese Beispiele, die unschwer zu vermehren und durch weitere Aspekte zu ergänzen wären, dürften zeigen, daß das oben erwähnte Mißverständnis zwischen Analytischer Psychologie und Anthroposophie hinsichtlich der Einschätzung des Denkens nicht bestehen muß, obwohl Steiner und Jung dem Problem unter verschiedenen Gesichtspunkten nachgegangen sind.

Wenn Jolande Jacobi von der Doppelsichtigkeit der modernen Tiefenpsychologie schreibt, daß Jung mit den Meistern des paradoxalen Denkens wie Pascal oder Kierkegaard zu vergleichen sei, so meint sie damit eine Betrachtungsweise, in der sowohl das abstrakte Denken als auch das Erlebnis und die lebendige Erfahrung ihren Platz finden. Merkwürdig ist es, daß Jung sich zwar eingehend mit Goethe beschäftigt hat, jedoch von dessen Erkenntnistheorie, die allerdings erst durch Steiner formuliert worden ist, wenig berührt worden zu sein scheint. Gerade Goethe ist es, über den in der Frage der Erkenntnistheorie zwischen Jung und Steiner eine Annäherung erzielt werden könnte. Wie Steiner aus seiner jahrzehntelangen Goetheforschung heraus gezeigt hat, war Goethe dem abstrakten Denken und dem »Denken über das Denken« zutiefst abgeneigt [30]. Diese Abneigung teilte Jung mit dem Dichter. Er lehnte es ferner ab, den Geist in einer »anderen Welt« zu suchen. Ohne es eigens auszusprechen oder philosophisch zu präzisieren, war ihm der »Unus Mundus« empirische Gewißheit. »Goethe suchte den Geist so sehr innerhalb der Dinge in dieser Welt, daß er es ablehnen mußte, ihn im Bereich irgendwelcher andern Welt zu suchen. Schon das Gefühl, man müsse aus dieser Welt herausgehen, um zum Geiste zu kommen, empfand er als etwas Geistloses.« [31] Damit forderte Goethe — und nicht nur er — den Widerspruch der Naturwissenschaft seiner Zeit heraus. Seine Denkart führte ihn dazu, »anschauende Urteilskraft« zu üben, die die Phänomene der Wirklichkeit als Symptome versteht, die auf ein Zugrundeliegendes, das Urphänomen, verweisen, das nicht erst »jenseits« der Erscheinung erblickt werden kann. Diese Anschauungsart war möglich, weil Goethes Blick nicht nur auf Details gerichtet war, sondern weil sich ihm die Natur als eine harmonische Ganzheit darstellte, die dies Geistige ausdrückt.

Man vergegenwärtige sich an dieser Stelle jenes denkwürdige Gespräch, das Goethe und Schiller Mitte Juli 1794 geführt haben, als sie von einem Vortrag der Jenaer Naturforschenden Gesellschaft weggingen. Beide waren sich darin einig, daß sie einer atomisierenden, die Ganzheit der Natur zerstückelnden Anschauung nicht zustimmen konnten, wie sie der damalige Vortragende Professor Batsch offensichtlich vertrat. In den »Tag- und Jahresheften« berichtet Goethe: »Da trug ich die Metamorphose der Pflanzen lebhaft vor und ließ mit manchen charakteristischen Federstrichen eine symbolische Pflanze vor seinen (Schillers) Augen entstehen. Er vernahm und schaute das alles mit großer Teilnahme, mit entschiedener Fassungskraft; als ich aber geendet, schüttelte er den Kopf und sagte: ›Das ist keine Erfahrung, das ist eine Idee‹. Ich stutzte, verdrießlich einigermaßen, denn der Punkt, der uns trennte, war dadurch aufs strengste bezeichnet; ich nahm mich aber zusammen und versetzte: ›Das kann mir sehr lieb sein, daß ich Ideen habe, ohne es zu wissen, und sie sogar mit Augen sehe.‹ . . . Wenn Schiller das für eine Idee hielt, was ich als Erfahrung aussprach, so mußte doch zwischen beiden irgend etwas Vermittelndes, Bezügliches obwalten!«

Dieser inzwischen längst Philosophiegeschichte gewordenen Episode wohnt selbst etwas Urbildlich-Typisches inne. Sichtbar wird daran die Polarität von Betrachtungsweisen, die je von der Voraussetzung des einen bzw. des anderen Gesprächspartners her eine gewisse Berechtigung innewohnt. Steiner, der in seinem »Lebensgang« bei der Behandlung seiner Wiener Studienjahre Anfang der achtziger Jahre des vorigen Jahrhunderts auf diese von ihm selbst durchlebte Problematik zu sprechen kommt, sagt dort über Goethes Position: »Er sah geistig das Ganze, wie er sinnlich die Einzelheit sah. Und er gab keinen prinzipiellen Unterschied zu zwischen der geistigen und der sinnlichen Anschauung, sondern nur einen Übergang von der einen zur andern.« [32]

Um das Geistige, Ganze zu finden, ist daher nicht ein Transzendieren nach außen als vielmehr ein Metamorphosieren der Erkenntniskräfte vonnöten. Goethe sprach von »Geistesaugen« und »Geistesohren«, die ein »anschauendes Denken« ermöglichen. Mit anderen Worten heißt das: Denken ist für Goethe nicht ein Operieren mit abstrakten Begriffen, die in ihrer logischen Eindeutigkeit eigentlich tot und nicht mehr entwicklungsfähig sind. An Goethes Metamorphosenlehre ist es abzulesen, daß Goethe ein Denken meint, das jene Flexibilität besitzt, die nötig ist, um — z. B. in der Botanik — den Gestaltwandel des Blattes denkerisch anschauend verfolgen zu können. Dies Denken steht nicht als solches im Widerspruch zur naturwissenschaftlichen Erkenntnis. Es ist eher als eine *Weiter*entwicklung (Metamorphose) des Denkens anzusehen, das die mechanistische Wissenschaft mit Erfolg im Bereich der unorganischen Physis angewandt hat, das aber beim Verstehen des Lebendigen sowie des Seelischen versagt. Es ist nur begrenzt anwendbar. An diesem Punkt, der den Geistesforscher wie den Psychologen in gleichem Maße interessieren dürfte, sagt Steiner: »Man reicht eben mit den bloßen Erkenntniskräften und Erkenntnismöglichkeiten, wie sie in der Naturwissenschaft mit Recht angewendet werden müssen, nicht aus, um das Lebendige oder das Seelische wirklich zu durchdringen, wirklich zu verstehen, und man hat nur die Wahl, entweder rein im Gebiet physikalischer und chemischer Gesetze stehenzubleiben und dann auf ein Begreifen des Lebens, auf ein Begreifen des Seelischen und Geistigen zu verzichten, oder an ganz andere Erkenntniskräfte zu appellieren, als diejenigen sind, durch welche das rein Naturgemäße, das Physikalische und Chemische namentlich, betrachtet werden kann.« [33]

Im Rahmen der gleichen Vortragsreihe, in der u. a. »Goethe als Vater der Geistesforschung« vorgestellt wird, hat Steiner ergänzend hinzugefügt: »Wer ein starres Denken hat, wer ein solches Denken hat, das nur scharf konturierte Begriffe ausbilden will, der bildet sich den festen Begriff des grünen Blattes, des Blumenblattes und so weiter, kann aber nicht von einem Begriff zum andern übergehen. Dabei fällt ihm die Natur in lauter Einzelheiten auseinander. Er hat nicht die Möglichkeit, weil seine Begriffe selber keine innere Beweglichkeit besitzen, in die innere Beweglichkeit der Natur einzudringen. Dadurch kommt man aber darauf, sich einzuleben in die Goethesche Seele und sich davon zu überzeugen, daß bei ihm das Erkennen überhaupt etwas ganz anderes ist als bei vielen anderen. Während bei vielen anderen das Erkennen ein Zusammenfügen von Begriffen ist, die sie getrennt bilden, ist bei Goethe das Erkennen ein Untertauchen in die Welt der Wesenheiten, ein Verfolgen desjenigen, was wächst und wird und sich fortwährend verwandelt . . . Goethe bringt in innere Bewegung dasjenige, was sonst bloßes Denken ist.« [34]

Dies Goethe-Verständnis hat Steiner nicht erst in seiner »anthroposophischen Zeit« vertreten. Die Fundamente dafür hat er bereits in den Einleitungen zu Goethes Naturwissenschaftlichen Schriften, in

»Grundlinien einer Erkenntnistheorie der Goetheschen Weltanschauung« (1886) sowie in »Goethes Weltanschauung (1897) gelegt. In den »Goethe-Studien« von 1900 werden die Ergebnisse von Steiners Untersuchungen so zusammengefaßt, daß er den »Zusammenfluß von Beobachtung und Denken« im Erkenntnisprozeß nochmals deutlich macht. Objektive äußere Wahrnehmung und subjektive innere Gedankenwelt sind nicht länger durch eine Kluft voneinander getrennt. Die Wahrheit ereignet sich *im* menschlichen Geist dann, wenn er *beobachtend und denkend* der Außenwelt gegenübertritt. Denn: »Der Mensch kann keine andere Erkenntnis verlangen als eine solche, die er selbst hervorbringt. Wer hinter den Dingen noch etwas sucht, das deren eigentliches Wesen bedeuten soll, der hat sich nicht zum Bewußtsein gebracht, daß alle Fragen nach dem Wesen der Dinge nur aus einem menschlichen Bedürfnisse entspringen: das, was man wahrnimmt, auch mit dem Gedanken zu durchdringen. Die Dinge sprechen zu uns, und unser Inneres spricht, wenn wir die Dinge beobachten.«[35]

Haben wir bei C. G. Jung gesehen, daß er einerseits den Anspruch erhebt, als Naturwissenschaftler streng empirisch zu forschen, andererseits überrascht feststellt, daß seine Aufgaben, das, was sich ihm zeigte, längst über die Grenzlinien der sogenannten exakten Naturwissenschaft hinausgewiesen haben, so kann Steiners Charakteristik der Goetheschen Naturanschauung ein Licht auf Jungs Problematik werfen. Eben an jener »Erkenntnistheorie der Goetheschen Weltanschauung« könnte abgelesen werden, daß eine Erkenntnishaltung eingenommen werden kann, durch die einerseits der Empiriker weiterhin Erfahrungswissenschaftler bleiben kann und durch die er andererseits die Grenzen zu überschreiten vermag, ohne den Eindruck zu haben, in ein »Jenseits« der einen Wirklichkeit geraten zu sein. Dies ist ja das Problem, das sich für Jung ergab, dessen erkenntnistheoretische Durchdringung er sich versagte, weil er nicht nur »kein Philosoph« war, sondern gewiß auch weil sein kantianisches Vorverständnis ihn darauf verzichten ließ. Ähnlich wie Goethe kam Jung ohne eine formulierte Erkenntnistheorie aus. Ihm genügte wie jenem die lebensvolle Theoria, die Schau der Phänomene, die die ärztliche Forschertätigkeit und der Umgang mit dem eigenen Unbewußten tagtäglich beschert haben. Und gerade dadurch wurde Jung, ähnlich wie Goethe, aus seiner beruflichen Notwendigkeit heraus zu einem Denken veranlaßt, das die rationale Enge aufsprengt und die Hülsen des Begrifflich-Abstrakten hinter sich läßt. Wie er selber bekennt, trachtete Jung danach, »abstrakte Größen auf ihren Erfahrungsgehalt zurückzuführen, um einigermaßen sicher zu sein, daß ich auch weiß, wovon ich spreche«[36]. Und da der Seelenforscher gesteht, er wisse nicht, »was Geist schlechthin« ist, hielt er sich an »das Leben« als an ein »Kriterium der Wahrheit des Geistes«[37], wobei »Leben« für Jung ebenfalls kein definierbares Abstraktum, sondern ein charakterisierbares Konkretum darstellt. Wo Jung »definiert«, macht er eigentlich schon wieder ein Zugeständnis an die von ihm an so vielen wesentlichen Punkten überschrittene Naturwissenschaft. Viel gemäßer ist ihm und seinem Werk der Aufweis der einzelnen im Blick auf das Ganze sich darstellenden Phänomene, wenn beispielsweise die Aufeinanderfolge von Träumen zu schildern und behutsam zu interpretieren ist. Da ist ein etwaiges Vorherwissen des Therapeuten gegenüber dem Patienten kaum von Belang, weil rational Wißbares dem völlig unangemessen ist, was sich nach eigener Rhythmik und Gesetzmäßigkeit als ein Prozeß der Seele nach und nach manifestiert. Daher rührt letztlich die zweideutige oder doppelsinnige Sprechweise Jungs, die, von eben dieser Eigengesetzlichkeit des Unbewußten her gesehen, gar keine festumrissene Begrifflichkeit dulden darf. »Eindeutigkeit hat nur Sinn bei der Tatsachenfeststellung, nicht aber bei der Interpretation«, heißt es einmal in den autobiographischen »Erinnerungen«[38]. Damit sind Methodik und Arbeitsstil des Analytischen Psychologen in einem wichtigen Punkt vorgeprägt. Mal um Mal muß der Psychologe die Flexibilität eines anschauend-denkenden Mitgehens praktizieren, von dem Goethe gesagt hat, »daß wir uns durch das Anschauen einer immer schaffenden Natur zur geistigen Teilnahme an ihren Produktionen würdig machten«. Er erblickt darin — übrigens mit Kant — ein Abenteuer der Vernunft, in dessen Verlauf Goethe »erst unbewußt und aus innerem Trieb auf jenes Urbildliche, Typische rastlos gedrungen« ist und eine der lebendigen Natur adäquate Darstellung aufgebaut hat[39]. Dieser Satz könnte gut von einem Autor niedergeschrieben worden sein, der sich mit der modernen Psychologie des Unbewußten beschäftigt hat und mit der Archetypenlehre bekannt geworden ist.

Zweifellos ist diese geistige Nachbarschaft zwischen Jung und dem naturforschenden Goethe bisweilen frappierend. Von Goethes eigentümlicher Bewußtseinsverfassung gibt Rudolf Steiner eine Beschreibung, die, auf die Problemlage des Psychologen abgewandelt, bis zu einem gewissen Grade auch auf Jung zutrifft: Goethe »hatte die Möglichkeit, sein Denken, sein Empfinden, die ganze Struktur seines Seelenlebens in eine solche Bewegung zu bringen, daß er wirklich nicht nur äußerlich forschen konnte und dadurch zu in Gedanken gefaßten Naturgesetzen kam, sondern daß er das innere Leben der Naturerscheinungen in ihren Metamorphosen verfolgen konnte«[40]. Diese Charakteristik weist auf eine natürliche Anlage hin, die dem naturschauenden Dichter ein instinktives Voranschreiten der Seele gestattete, instinktiv insofern, als seinem Schauen mit »Geistesaugen« ebensowenig wie bei Jung eine Geistesschulung im Sinne Steiners vorausgegangen war. Diese individuelle Eigentümlichkeit, die Goethe — auffälligerweise im Aufsatz über die anschauende Urteilskraft! — als einen »unbewußten inneren Trieb« zum Urbildlichen hin erkannt hat, ließ ihn in die Natur eintauchen, um nachzuerleben, wie »die sich wandelnde Natur, die von Metamorphose zu Metamorphose schreitende Natur mit innerem beweglichen Seelenleben verfolgt« werden kann[41]. Und zu diesem »beweglichen Seelenleben« gehört eben auch eine Beweglichkeit in der Gedankenführung, ja in der Begriffsbildung, die auf jene Begrifflichkeit keine Rücksicht nehmen kann, die nur für die unorganische Natur zu verwenden ist.

Verweilen wir noch einen Augenblick bei diesem Gegenüber von Jung und Goethe, dann muß auch ein Wort zum psychologischen Typenproblem, wenigstens hinsichtlich der Einstellungstypen, gesagt werden. Hierzu Steiner: »Goethe war durch seine besondere Anlage auf die Natur hingewiesen, und weil diese Anlage besonders stark war, so blieb, ich möchte sagen, das Hingewendetsein auf das Seelenleben selbst von ihm weniger berücksichtigt. Man kann aber seine Art und Weise, die Welt anzuschauen, auf das Seelenleben selbst anwenden.« Zweifellos steht Steiners Bemerkung unter einem anderen Skopus. Versteht man sie psychologisch, dann kann diese kurze Charakteristik als ein Wink genommen werden, der Goethes Einstellungstyp als deutlich erkennbare Extraversion ausweist. Wie die Probe aufs Exempel mutet die Notiz des — introvertierten — C. G. Jung an: »Ich glaube genügenden Grund zu haben zu der Vermutung, daß Goethe eher dem extravertierten Typus zugehört als dem introvertierten.«[42]

Nun ist nochmals der Gedankenfaden aufzunehmen, der uns zu der psychischen Eigentümlichkeit geführt hat, die sich bei Goethe in der beschriebenen Schau der Natur, des Urbildes im Naturbild, bei

Jung in der Entdeckung der urtümlichen Bilder (Archetypen) im Seelengrund darstellt. Wer von der Anthroposophie zu C. G. Jung kommt und auf jenen Mangel an einer eingehenderen erkenntnistheoretischen Klärung seiner Seelenforschung stößt, der befindet sich, wie wir gesehen haben, in einer ähnlichen Lage wie der junge Steiner, der sich angesichts der naturwissenschaftlichen Werke Goethes gedrängt fühlte, die bis dahin noch fehlende Erkenntnistheorie der Goetheschen Weltanschauung zu entwerfen. Auf der anderen Seite könnte der anthroposophische wie auch der philosophische Leser der Werke Jungs geneigt sein, diese Unzulänglichkeit als einen empfindlichen Mangel deutlich herauszustellen, wie es etwa Steiner im Hinblick auf die »unzulänglichen Erkenntnismittel« der Psychoanalyse seiner Zeit getan hat. Nun ist es aber interessant zu sehen, daß Steiner Goethe gegenüber in dieser Hinsicht nicht nur große Nachsicht übt. Goethes Ablehnung des »Denkens über das Denken« hat Steiner nicht etwa in irgendeiner Form gebrandmarkt. Er respektiert vielmehr diese Ablehnung, obwohl er in seinen eigenen erkenntnistheoretischen Büchern eben dies »Denken über das Denken« als eine Erkenntnisnotwendigkeit herausstellt, wenn auf diesem Wege ein wesentlicher Schritt über das begrifflich abstrakte Denken hinaus getan werden soll. Deshalb hat Steiner beispielsweise in seiner »Philosophie der Freiheit« dies Denken als »das absolut Letzte bzw. Erste« der philosophischen Bemühung überhaupt bestimmt. Steiners Respekt vor Goethes Ablehnung gründet indessen auf der Einsicht, daß ein Verzicht auf die Ablehnung dieses Denkens einer Beeinträchtigung dessen gleichkäme, »was sonst seine Stärke, seine Kraft in der Weltbetrachtung ausmachte«.

Hier also muß nach Steiners Überzeugung die Kritik haltmachen, »da man von hier aus recht tief in das Gefüge des Goetheschen Geistes hineinschauen kann« [43]. Gewiß kann sich der Denker eine derartige Einstellung nicht zu eigen machen, da es ja seine Aufgabe ist, den Gedanken selbst zu erfassen und das »sinnlichkeitsfreie Denken« in Schaukräfte umzuwandeln. Goethe hätte sich gleichsam von jenen Erkentnisquellen abgeschnitten, die ihm laut Steiner »dieses instinktgemäße Vorwärtsdringen seiner Seele« gestattete. Die freundschaftliche Auseinandersetzung mit Schiller verdeutlicht abermals, daß Goethe »der Schauende«, Schiller »der Sinnende« bleiben mußte, damit jeder die ihm entsprechenden Erkenntnisarten pflegen konnte. Deshalb überwiegt bei Schiller der philosophische Gedanke, während

Goethe bildhaft gestaltet. (Im genannten Vortrag stellt Steiner die philosophische Schrift Schillers »Briefe über die ästhetische Erziehung des Menschen« Goethes imaginativ gehaltenem »Märchen von der grünen Schlange und der schönen Lilie« gegenüber.)

Berücksichtigen wir, daß Jungs Leben und Werk erst dann richtig eingeschätzt werden, wenn man sie nach seiner eigenen Deutung als »Selbstverwirklichung des Unbewußten« begreift, durch die ein neuer Zugang zur Welt der Imaginationen gewiesen worden ist, dann dürfte es auch möglich sein, Steiners Respekt vor der Erkenntnisart Goethes auf diejenige Jungs zu übertragen, denn hier wie dort wird, »was sonst blasses Denken oder aufgezwungenes Wahrnehmen ist, in die Imagination, in das bildhafte Schauen« umgewandelt. Hier wie dort offenbart sich Geistiges, auch wenn dieses Geistige zunächst nicht erkenntnistheoretisch durchleuchtet ist. In jedem Fall aber sind Naturwissenschaftler am Werk. Mit dem Anspruch, als Naturforscher angetreten zu sein, haben der Seelen- und der Geistesforscher je auf ihrem Feld gewirkt. Daß der Anspruch der Wissenschaftlichkeit bei Steiner gerechtfertigt ist, wurde öfter dargestellt [44]. Zusammenfassend kann man sagen: Für beide Forscher bildet die *Erfahrung* den Ausgangspunkt ihrer Arbeit. Ihr stehen sie *kritisch* gegenüber, sei es, daß sie sich über ihre Methode Rechenschaft geben, sei es, daß sie ihre Hypothesenbildung an den praktischen Ergebnissen, z. B. in der Psychotherapie überprüfen. Daß bei Jung die *erkenntnistheoretische* Klärung nicht in dem Maße vorangetrieben worden ist, wie dies bei Steiner bzw. bei der durch Steiner herausgearbeiteten Erkenntnistheorie Goethes zutrifft, wurde bereits gesagt. Ihr subjektives Erleben haben Steiner und Jung in *objektiv-systematischer Form* dargestellt. Sie waren bemüht, ihre Ergebnisse in einer Begriffssprache darzubieten, die der Eigenart ihres Forschungsgegenstandes entspricht. An der Vorläufigkeit und *Unabgeschlossenheit* ihrer Arbeitsresultate haben beide keinen Zweifel gelassen. Aus dem gleichen Grund haben sich Steiner und Jung von jeder Form der Dogmatisierung ihrer Einsichten mit Nachdruck distanziert. Die lehrmäßigen Aussagen sollten nicht auf Autorität hin übernommen werden, Steiner und Jung wollten vielmehr zu *eigener Erfahrung* aufrufen. Aus diesem Grunde spielt der Schulungsgedanke bei Steiner eine entscheidende Rolle. Bei Jung, dem Arzt, tritt die Aktivierung der bewußten und unbewußten Kräfte im Heilungsuchenden an die Stelle des geisteswissenschaftlichen Erkenntnisweges.

Um die Wissenschaftlichkeit des auf diesem Weg Erstrebten einsichtig zu machen und gleichzeitig zu zeigen, inwiefern Steiner über die von Jung und Goethe eingenommenen Erkenntnispositionen noch hinausgeht, wäre in einem weiteren Gedankengang der Weg abzuschreiten, der von der Naturforschung zur Geistesforschung verläuft.

BEWUSSTSEINSFORMEN

Mehrdimensionalität des Bewußtseins

Rudolf Steiner und C. G. Jung haben unser Wissen um das Wesen und die Entfaltungsmöglichkeit des Bewußtseins in hohem Maße bereichert. Ihre Beiträge sind als Pionierleistungen anzusprechen, obgleich beide Vorläufer haben, vor allem unter den Philosophen. Lange bevor Freud und Breuer in die Tiefe der Psyche vorgedrungen und in der Lage waren, den bereits bekannten Begriff des Unbewußten zu einem Grundelement der empirischen Seelenforschung zu machen, wußte und ahnte man — manchem theoretisierenden Kathederpsychologen zum Trotz —, daß die menschliche Seele umfänglicher sein müsse, als es die Reichweite des Bewußtseins ahnen läßt. Den Zugang zu den Tiefen des persönlichen Unbewußten vermochte Freud freizulegen. Daß mit einem überpersönlichen, kollektiven Unbewußten zu rechnen sei, verdanken wir vor allem der Forschung C. G. Jungs, wenngleich es auch in dieser Hinsicht an einschlägigen Vermutungen nicht fehlte [1].

Rudolf Steiner war bezüglich seines Wissens um verschiedene Bewußtseinsmöglichkeiten nicht auf die meist östlicher Esoterik entliehenen Mitteilungen angewiesen. Wie aus seinen Schilderungen im »Lebensgang« hervorgeht, war er von Jugend auf mit der Erkenntnissuche und der damit zusammenhängenden Bewußtseinsproblematik konfrontiert, und zwar in praktischer wie in erkenntnistheoretisch-philosophischer Hinsicht. Und was den an Goethes Weltanschauung Anknüpfenden und an seiner Erkenntnistheorie [2] Geschulten beschäftigte, blieb zeitlebens sein Forschungsgegenstand. Ja, man muß sagen, erst dem Geistesforscher erschloß sich die Mehrdimensionalität des Bewußtseins im vollen Sinn des Wortes. Sie erschloß sich ihm in einem Maße, das ihn befähigte, andere zur Vorbereitung einer Bewußtseinsmutation, ausgehend vom Alltagsbewußtsein und aufsteigend zu höheren Bewußtseinsformen, anzuleiten.

Auf Grund seiner eigenen seelischen Erfahrungen beobachtete Steiner mit großer Aufmerksamkeit, wie andere Denker das Erkenntnis- und Bewußtseinsproblem theoretisierend, spekulativ, behandelten.

Das ist ein Grund dafür, daß in seinen Arbeiten die Theorien zeitgenössischer Denker wie Wundt, Fechner, Franz Brentano, Eduard von Hartmann und dessen »Philosophie des Unbewußten« immer wieder besprochen werden. Das geschieht augenscheinlich häufiger, auch eingehender, als es gegenüber der Psychoanalyse, gegenüber Freud und Jung der Fall ist. So ist es auch zu verstehen, daß Eduard von Hartmanns philosophischer Begriff des Unbewußten öfter beleuchtet wird als der psychologische. Das erschwert unseren Versuch einer Gegenüberstellung. Aber worauf kommt es Steiner allein an? Darauf, Anthroposophie zu entwickeln, also einen Erkenntnisweg zu bahnen, »der das Geistige im Menschenwesen zum Geistigen im Weltall führen möchte« (1. Anthroposophischer Leitsatz). »Es gehört zur rechten Entfaltung des Seelenlebens im Menschen, daß er sich innerhalb seines Wesens des Wirkens aus dem Geiste vollbewußt werde« (20. Leitsatz). »Die Nicht-Anerkennung dieses Antriebes aus dem Geiste heraus im Innern des menschlichen Wesens ist das größte Hindernis für die Erlangung einer Einsicht in die geistige Welt. Denn Einordnung des eigenen Wesens in den Naturzusammenhang bedeutet Ablenkung des Seelenblickes von diesem Wesen. Man kann aber in die geistige Welt nicht eindringen, wenn man den Geist nicht zuerst da erfaßt, wo er ganz unmittelbar gegeben ist: in der unbefangenen Selbstbeobachtung.« (21. Leitsatz) »Die Selbstbeobachtung bildet den Anfang der Geistbeobachtung. Und sie kann deshalb den rechten Anfang bilden, weil der Mensch bei wahrer Besinnung nicht bei ihr stehenbleiben kann, sondern von ihr fortschreiten muß zu weiterem geistigen Weltinhalt ...« (22. Leitsatz)[3].

Damit ist — von Rudolf Steiner her gesehen — eine für das Bewußtseinsproblem wichtige Forderung erhoben, die Forderung, das, was Bewußtsein, Tages- oder Wachbewußtsein genannt werden kann, zu erweitern und in einen »höheren« Zustand hinein zu transzendieren. Bekanntlich bleibt Steiner nicht bei dem Postulat stehen, sondern er entwickelt eine Forschungsmethode, und er teilt Ergebnisse mit, die durch diese Methode erlangt werden können und die zunächst durch ihn selbst, ansatzweise durch eine kleine Schar seiner Schüler erlangt worden sind.

Welche Bewußtseinsarten oder -formen gibt es demnach? — Aus der Fülle der Antworten, die Steiner an den verschiedenen Stellen seines Werkes je aus einem bestimmten Anlaß heraus gegeben hat, wählen wir hier diejenige aus, die die allgemeinste Klassifizierung darstellt[4]. Je nach dem Gesichtspunkt, von dem aus die Frage angegangen wird, lassen sich weitere ergänzende Antworten geben.

Wir kennen 1. das *»tagwachende Bewußtsein«*, in dem sich jeder Mensch — freilich je nach seiner individuellen Bewußtseinsstruktur vielfältigen Schwankungen der Wachheit unterworfen — vorfindet. Mittels dieses Wachbewußtseins vollzieht der Mensch einen Großteil seines Lebens, und zwar jenes Teiles, den er wachend, wahrnehmend, planend, denkend, handelnd als Ich-Wesen aktiv lebt. Von dieser Bewußtseinsart hebt sich 2. das *Traumbewußtsein* in der bekannten Weise deutlich ab. Es handelt sich um Bildwahrnehmungen, die der Träumende, vom wachen Ich her betrachtet, mehr passiv empfängt und die nur teilweise an das Wachbewußtsein erinnern, die sich oft vom Tageserleben entfernen und in ihrer Bildgestaltung von einer dunklen Symbolik durchzogen sind. Von dem in erster Linie durch die Physis bedingten Leibreiztraum sehen wir hier ab. Zu diesen bekannten Tatsachen des Wach- und des Traumbewußtseins tritt eine dritte, die Steiner in Anlehnung an eine Formulierung Goethes das *»schauende Bewußtsein«* nennt. Es ist so geartet, daß es sich sowohl vom Tageswachen als auch vom Bildweben des Traums in einer charakteristischen Weise deutlich abhebt. Zwar ist auch das schauende Bewußtsein bestimmten Wahrnehmungen offen, diese Wahrnehmungen stellen sich — wie noch zu zeigen sein wird — sogar in einer Reichhaltigkeit und Differenziertheit dar. Sie beziehen sich jedoch nicht auf die Sinneswelt. Die Organe der Sinneswahrnehmung werden hierbei nicht betätigt. Die Wahrnehmungen, die vermittels des schauenden Bewußtseins gemacht werden, sind somit übersinnlicher Natur. Die Metapher »über« ist hier insofern zutreffend und angebracht, als es sich um eine Bewußtseinsverfassung handelt, die hinsichtlich der Bewußtseinshelligkeit und der Reichweite des Geistes *über* derjenigen des geläufigen Tagesbewußtseins liegt. Dem schauenden Bewußtsein erschließt sich damit ein Jenseits, zutreffender: ein Oberhalb der Sinne und der bewußten Seele. Es erschließt sich jene Dimension der Wirklichkeit, die Rudolf Steiner die »geistige Welt« genannt hat. Es lag ihm sehr daran, seine auf diese geistige Welt gerichtete Forschung von all jenen Praktiken zu unterscheiden, bei denen es zu einer unklaren Vermengung von sinnlichen und übersinnlichen Phänomenen, etwa in Gestalt des Mediumismus oder in Form von halluzinatorischen Erscheinungen kommt. So betrachtet arbeitet der anthroposophische Geistesforscher mit einem

»leibfreien« Bewußtsein. Die dafür nötigen Seelenkräfte müssen jedoch erst aktiviert werden. Dazu hat Steiner entsprechende Anweisungen gegeben. Um was es ihm unter diesem Gesichtspunkt und unter Abgrenzung von anderen Betrachtungsweisen ging, hat er einmal so formuliert:

»Unter Anthroposophie verstehe ich eine wissenschaftliche Erforschung der geistigen Welt, welche die Einseitigkeiten einer bloßen Natur-Erkenntnis ebenso wie diejenigen der gewöhnlichen Mystik durchschaut, und die, bevor sie den Versuch macht, in die übersinnliche Welt einzudringen, in der erkennenden Seele erst die im gewöhnlichen Bewußtsein und in der gewöhnlichen Wissenschaft noch nicht tätigen Kräfte entwickelt, welche ein solches Eindringen ermöglichen.« [5] Wie an anderer Stelle gezeigt werden sollte, ist dieser Äußerung nicht etwa eine Absage an die Naturwissenschaft zu entnehmen, zu der sich Steiner in seinen philosophischen wie in seinen speziellen anthroposophischen Schriften immer bekennt. Aber Anthroposophie kann nicht bei der Naturwissenschaft stehenbleiben. Sie ist für ihn vielmehr ihre »Fortsetzerin«. Denn: »Um auf dem Gebiete des Geistes ein Ähnliches zu leisten, wie Naturwissenschaft auf dem der Natur geleistet hat, muß Geisteswissenschaft andere Erkenntnisfähigkeiten zur Entwickelung bringen, als die in der Naturforschung anwendbaren sind.« Diese Fähigkeiten, die zur Herstellung des schauenden Bewußtseins nötig sind, liegen »durchaus in der Entwicklungslinie der gewöhnlichen menschlichen Seelenkräfte«. Steiner fährt fort: »Um in die geistige Welt einzudringen, muß sie der Mensch durch geistig-seelische Übungen über den Punkt hinaus weiterentwickeln, bis zu dem sie ohne solche Übungen sich — gleichsam von selbst — bilden ...« [6]

Verglichen mit diesem zur Fähigkeit des Schauens weiterentwickelten Bewußtsein ist die Wahrnehmung von Traumbildern deutlich unterschieden. Der Traum, er mag nach dem Erwachen in seinen Details noch so leicht reproduzierbar sein, liegt hinsichtlich der Bewußtseinshelligkeit *unter* derjenigen des Wachbewußtseins. Ausdrücklich anerkennt Steiner die Existenz von »Seelenprovinzen«, die dementsprechend »unterhalb« des Wachbewußtseins liegen und die dem willentlichen Zugriff des Ich und damit dem Bewußtsein entzogen sind.

Jung würde sagen: Es handelt sich um den Bereich des *Unbewußten,* das sich »unterhalb« des sogenannten Ich-Komplexes als persönliches und als kollektives Unbewußtes ausbreitet. Auch Steiner bedient sich der Bezeichnung »Unbewußtes« an mehreren Stellen. Er tut es aber ungern und mit Vorbehalten. »Es ist gar nicht einmal richtig, wenn man vom Unbewußten redet, man sollte *Über*bewußtes oder *Unter*bewußtes sagen.« [7] Steiner begründet diesen Vorschlag mit dem Hinweis, daß die Bezeichnung »unbewußt« lediglich auf das »gewöhnliche Bewußtsein« bezogen sei. In diesem Sinne wird sie von ihm mehrfach gebraucht, zumeist aber mit der Bedeutungsnuance »unterbewußt«, wenn nicht synonym. Es besteht demnach nicht nur keine begriffliche Eindeutigkeit, sondern vor allem keine volle Kongruenz zwischen der Bezeichnung »unbewußt« bei Steiner und bei Jung.

Es ist des öfteren darauf aufmerksam gemacht worden, daß »das Unbewußte« einen ungenügenden Begriff darstelle. »Sowohl Bedeutung wie Inhalt des Wortes sind allzu negativ und einschränkend, um dem Begriff des Wachstums, wie er jetzt im Entstehen ist, gerecht zu werden.« [8] Und doch handelt es sich um ein Schlüsselwort der Tiefenpsychologie, das nicht nur historisch bedingt ist, insofern es sich mit der Entwicklung der Tiefenpsychologie entwickelt, herausgestaltet und umgestaltet hat. Für Jung ist das Unbewußte zunächst nichts anderes als das Unbekannte, das sich dem empirischen Nachforschen entzieht oder doch zu entziehen sucht; denn: »Theoretisch können dem Bewußtseinsfelde keine Grenzen gesetzt werden, da es sich in unbestimmtem Umfang zu erweitern vermag. Empirisch aber findet es stets seine Grenze am Gebiet des Unbekannten. Letzteres besteht aus all dem, das man nicht weiß, was also nicht mit dem Ich als dem Zentrum des Bewußtseinsfeldes in Beziehung steht. Das Unbekannte zerfällt in zwei Gruppen von Objekten, nämlich die sinnlich erfahrbaren, äußeren, und zweitens die unmittelbar erfahrbaren, inneren Tatbestände. Erstere Gruppe stellt das Unbekannte der Umwelt, letztere das der Innenwelt dar. Letzteres bezeichnen wir als das Unbewußte.« [9] Nun ist freilich nicht zu leugnen, daß die Fülle der Beschreibungen, die C. G. Jung diesem Unbewußten, dem persönlichen wie dem überpersönlich-kollektiven gewidmet hat, sich einer befriedigenden Definition entzieht. Das ist in erster Linie in der Besonderheit des Unbewußten selbst begründet. Teils manifestiert und »gestaltet« es sich, teils ist es nur erschließbar; teils legt es eine Deutung nahe, die mit der Seelenvergangenheit des Einzelmenschen bzw. der Gesamtmenschheit zu tun hat, teils nötigt es zu einer Betrachtungsweise und zu einer Theoriebildung, die finale und akausale Aspekte einschließt; einmal bedroht das Unbewußte den Menschen und die Menschheit durch die Abgründigkeit seines Wesens, zum anderen ist dasselbe Unbewußte auch wieder die Matrix, der Wurzelgrund alles Schöpferischen, dessen der Mensch teilhaftig werden kann. Ja, man kann vorwegnehmend sagen: Wichtige Aspekte dessen, was Jung das Unbewußte nennt, gehören zur Wesensbestimmung der »geistigen Welt« bei Steiner. Man könnte ja auch sagen — und Steiner spricht sich gelegentlich in diesem Sinne aus: Die geistige Welt, all das, zu dessen Wahrnehmung und Erforschung ein schauendes Bewußtsein und Organe einer übersinnlichen Wahrnehmung nötig sind, sind für das Tagesbewußtsein »unbewußt«. Diese Tatbestände sind es so lange, als sich der Mensch nicht in die Lage versetzt hat, auch diese »unbewußte« Seite der Wirklichkeit in den Erkenntnishorizont einzubeziehen. Die bloße Feststellung, dies oder jenes sei einerseits unbewußt und lasse sich andererseits als die geistige Welt beschreiben, hätte so noch wenig Sinn. Deshalb ist Steiners Interesse darauf gerichtet, die für die Beobachtung und Erforschung der sinnlichen Welt benötigten Bewußtseinskräfte in solche zu verwandeln, die geeignet sind, die übersinnliche Welt zu ergreifen. »Bevor man die wahre Wirklichkeit ergreifen kann, muß man erst den Seelenzustand herstellen, der auf die übersinnliche Welt Bezug haben kann . . . Erst das verwandelte Bewußtsein schaut in diejenige Welt, in welcher der Mensch als übersinnliches Wesen lebt, als ein Wesen, das von dem Zerfall des sinnlichen Organismus nicht berührt wird.« [10] Und was die Arbeitsweise von Steiner und von Jung anlangt, so müßte man sagen: Während Steiner mit dem schauenden oder mit dem zum Zwecke des Schauens umgewandelten Bewußtsein in die »unbewußte« geistige Welt eindringt, wählt Jung einen anderen, indirekteren Weg, eben den, daß er die »Gestaltungen des Unbewußten« zu sich reden läßt und indem er auf dem Weg der sogenannten Amplifikation ähnlich motivierte Phänomene der Religions- und Geistesgeschichte damit vergleicht.

Auf den ersten Blick scheint dieser anscheinend indirekte Weg ein rationales bzw. spekulatives Unternehmen zu sein, weil es einen unmittelbaren Einblick in den übersinnlichen Bereich der Wirklichkeit ohne Zuhilfenahme eines schauenden Bewußtseins nicht gibt. Doch der Schein trügt. Zwar hat Steiner nachgewiesen, unter welchen Umständen und mit welchen Erkenntnismitteln der Weg in die übersinnliche Welt gebahnt werden könne. Es ist aber auch nicht von der

Hand zu weisen, daß die Analytische Psychologie in der Lage ist, empirisch an unbewußte Tatbestände in den Tiefenschichten der Psyche heranzukommen. Es handelt sich dabei keinesfalls um ein bloßes Theoretisieren oder um Spekulation, sondern um *Selbsterfahrung*. Der analytische Vorgang zeigt es Mal um Mal. Und allein diese Erfahrung, die Konfrontation mit zuvor nicht geahnten seelischen Fakten ist es, die den Wert einer Analyse ausmacht. Psychologisches Wissen allein hat lediglich den Wert oder Unwert alles Verstandeswissens. Bestandteil dieser Erfahrung ist durchaus nicht nur das, was einem »aufgeht«, wovor man (etwa beim Gewahrwerden des eigenen »Schattens«) erschrickt, wogegen man Abwehrkräfte entwickelt. Es kommt auch u. U. eine Schicksalskomponente hinzu, Zufälle, Hindernisse und Lösungen, die sich im Zusammenhang des analytischen Prozesses einstellen können. Dabei wird besonders einsichtig, daß eine Weisheit waltet, die von der menschlichen Ratio nicht ausgedacht worden ist, ja die sich dem Verstandesdenken gegenüber als klüger und auch als weiser zu erkennen gibt. Diese tausendfältige Erfahrung, die Jung an sich und an seinen Analysanden gemacht hat, stimmt mit entsprechenden Aussagen Steiners durchaus überein. An diesem Punkt liegt das Trennende viel weniger in der beobachteten Realität als in der unterschiedlichen Terminologie und in dem Gedankengebäude, deren Bestandteil die Bezeichnungen (Unbewußtes, Unter- bzw. Überbewußtes) sind. So ist für Jung die Vokabel »unterbewußt« bzw. »überbewußt« in einer ähnlichen Weise suspekt wie für Rudolf Steiner das Wort »unbewußt«. Doch ist es bemerkenswert, daß es Jung für denkbar hält: »Unser Ich-Bewußtsein könnte möglicherweise in einem vollständigen Bewußtsein, wie ein kleinerer Kreis in einem größeren, eingeschlossen sein.« Und doch steht er der Möglichkeit eines »höheren Bewußtseins« mit unverhohlener Skepsis gegenüber. So fragt er einmal, woher man denn wissen wolle, daß das Unbewußte »unter« und nicht etwa »über« dem Bewußtsein liege [11]. Jung wendet sich hier, wie immer wieder gegen das Vorurteil einer an der Oberfläche bleibenden Bewußtseinspsychologie, die den Versuch macht, das Unbewußte vom Bewußtsein abzuleiten und daran allein zu messen. Unnötig zu sagen, daß dieser Vorwurf Steiner nicht treffen kann, der nicht nur von »höheren Welten« spricht, sie schildert, den Weg zu ihnen weist, sondern diese höheren Welten gelegentlich auch mit der Metapher der »Tiefe« beschreibt. Auch gibt es für Steiner nicht nur das mit dem Wachbewußtsein korrespondierende Ich, sondern ein unbewußtes, jedoch unter bestimmten Bedingungen bewußtseinsfähiges »anderes Selbst«, das »höhere Ich«.

Was sagt nun Jung zur Frage eines »höheren Bewußtseins«? — »Auch wenn wir die Möglichkeit eines höheren Bewußtseins zur Erklärung gewisser seelischer Tatsachen benötigen sollten, so bliebe es doch bei einer bloßen Annahme, denn es überstiege bei weitem das Vermögen des Verstandes, ein höheres Bewußtsein als das uns bekannte zu beweisen. Immer bestünde die Möglichkeit, daß im Dunkel jenseits unseres Bewußtseins die Dinge auch noch ganz anders liegen könnten, als wir uns, auch mit der kühnsten Erfindungsgabe, zu erdenken vermögen.« [12] Diese Antwort enttäuscht freilich. Sie enttäuscht um so mehr, als Jung gegen Ende dieses Aufsatzes schreibt: »Ich wüßte gar nicht, wie wir je beweisen könnten, daß eine höhere oder weitere Bewußtheit als das Ich-Bewußtsein in uns existierte; aber wenn eine solche existiert, so muß oder wird sie das Ich-Bewußtsein empfindlich stören.« Jung läßt zur Not hypothetisch ein »weiteres« Bewußtsein gelten, ein »höheres« nicht.

Von Jungs Standpunkt aus ist dieser Einspruch durchaus verständlich. Im Grunde geht Jung dabei aber von der Voraussetzung aus, die ihn auch bei seiner Seelenforschung (im Gegensatz zur Geistesforschung Steiners) geleitet hat, nämlich von der eines unverwandelten Bewußtseins. Wir werden von dem Individuations-Prozeß zu sprechen haben, der gewissermaßen ein Pendant zum Initiationsweg darstellt. Inwiefern hier eine Parallele zu ziehen sein wird, soll nicht vorweggenommen werden. Hinsichtlich des Einwandes, ein »höheres Bewußtsein« sei nicht möglich, aber muß man sagen: Diese Behauptung ist nur verständlich, solange man sich keine Klarheit darüber verschafft hat, was ein schauendes Bewußtsein ist und auf welchem Wege man es vorbereiten kann. In der Analytischen Psychologie gibt es zwar verschiedene Möglichkeiten, den Prozeß der Selbstwerdung einzuleiten und zu begleiten, aber es gibt keinen Schulungsweg, der dem Steiners gleichkäme. Diese Feststellung wird am besten durch Steiners Schilderungen belegt. Schon die Wendungen Jungs, wonach auch »mit der kühnsten Erfindungsgabe« bewußtseinstranszendente Dinge nicht zu »erdenken« seien, oder daß das »Vermögen des Verstandes« überfordert wäre, verraten, daß damit kein ernsthafter Einwand gegen Steiners »schauendes Bewußtsein« vorgebracht worden sein kann, ganz zu schweigen von einer etwaigen empfindlichen Störung des Ich-Bewußtseins. Hier mag es genügen zu sagen:

Für Steiner wird Wirklichkeitserkenntnis weder auf rein denkerischem Wege noch durch die Mittel herbeigeführt, deren sich die exakte Naturforschung bedient, um in die Sinnenwelt einzudringen. Die philosophische Bemühung gelangt durch ihre Denkmethoden zu begrifflichen Abstraktionen, die noch nicht Geist oder geistige Welt schlechthin sind; der Naturforscher erfährt die Außenseite der Wirklichkeit, der Mystiker dessen Innenseite. Der Anthroposoph leugnet die Dimension nicht, die sich dem Mystiker erschließt. Ihm ist es aber um mehr Klarheit, um mehr Exaktheit zu tun. Hierin setzt der Denker und der Naturforscher Maßstäbe bezüglich der Zuverlässigkeit geistiger Forschung. »Für die Anthroposophie wird dadurch der Erkenntnisvorgang ein innerlich wirkliches Geschehen, das hinausführt aus dem gewöhnlichen Bewußtsein, während Naturerkenntnis nur ein logisches Urteilen und Schließen dieses gewöhnlichen Bewußtseins auf Grund der von außen gegebenen materiellen Wirklichkeit und Mystik nur ein vertiefteres Innenleben, aber doch ein solches ist, das innerhalb des gewöhnlichen Bewußtseins stehen bleibt.« [13] Deshalb knüpft Steiner beim Ich und beim Denkbewußtsein an, gibt aber Übungsanweisungen, die geeignet sind, bewußtseinssteigernd oder erweiternd zu wirken, ohne die Konsistenz des Ich zu stören. Ja, es ist zu betonen, daß es gerade das Ich ist, von dem aus der Weg angetreten wird. »Durch die Erweiterung des Bewußtseins infolge geistiger Schulung tritt das Ich in die Sphäre des Geistes ein, die schizophrenen Spaltungs-, Auflösungs- und Verhärtungsprozesse ... bleiben in der Sphäre des Leibes ...« [14] So lautet das Urteil des anthroposophischen Arztes Rudolf Treichler.

Jungs Begriff des Unbewußten — sofern bei ihm von einem klar umrissenen Begriff gesprochen werden darf — ist von seinem Forscherstandort aus verständlich, das heißt, er hat »lediglich indirekte Anhaltspunkte dafür, daß es ein psychisches Gebiet unterhalb der Bewußtseinsschwelle gibt« [15]. Die Mitteilung, eine Produktion der Psyche (z. B. ein Traum) sei unbewußt hervorgebracht worden, ist zunächst gar nicht nur als Hypothese anzusehen, sondern entspricht einem konkreten Sachverhalt: Die betreffende Produktion entstammt nicht einem bewußten Schaffen; sie ist nicht dem bewußten, planenden Ich zuzuschreiben, sondern sie ist eben »unbewußt«. Es entspricht ferner durchaus Jungs arationaler Wirklichkeitsbetrachtung, das was die Psyche hervorbringt, nicht etwa theoretisierend in einen rationalen Begriffsrahmen einspannen zu wollen, und sei es durch das wiederum rationale Zugeständnis, es »gebe« eben »auch« ein Unbewußtes. Auch wenn es zur Arbeit des Tiefenpsychologen gehört, bewußt zu machen, Unterschwelliges ins Licht des Bewußtseins zu heben, so hat C. G. Jung doch darauf verzichtet, dieses Unbewußte wisserisch zu systematisieren. Jeder Versuch, Unbewußtes — wie übrigens auch Übersinnliches — in eine Ideenform zu gießen, muß sich die Erinnerung gefallen lassen, daß diese Operation eine Art Notbehelf darstellt; was einer unmittelbaren Anschauung entzogen ist, läßt sich gleichsam nur im Spiegel der Gedanken- und Bildersprache betrachten. Das auf diese Weise Geschilderte darf jedoch nie mit der zugrundeliegenden Wirklichkeit (also mit dem, was wirkt) verwechselt werden. Das archetypische Bild ist seiner Konturiertheit gemäß wohl bewußtseinsfähig, nicht jedoch der unbewußt bleibende Archetypus, dessen angenommene Existenz Hypothese bleibt. Entsprechendes läßt sich in der Anthroposophie über das Verhältnis von reflektierendem Denken und geistiger Wirklichkeit sagen, die zwar in Gedankenform mitgeteilt werden kann, auf dem Denkwege jedoch nicht zu erforschen ist, solange der Denkende nicht die Fähigkeit eines schauenden Bewußtseins errungen hat. Auch dieser Hinweis Rudolf Steiners dürfte dazu beitragen, die von Jung geäußerte Skepsis gegenüber der Möglichkeit eines höheren Bewußtseins zerstreuen zu helfen. Volle Klarheit ergibt sich freilich erst auf dem Schulungsweg selbst, also auch hier auf dem Boden eigener Erfahrung.

Auf der anderen Seite ist Steiners Streben deutlich, überall dort das sich zeigende Unterbewußte auch als ein *Unter*bewußtes zu benennen, um jede Verwechslung mit dem von ihm gewiesenen Weg der Geisteswissenschaft auszuschließen. Er möchte damit zugleich der Gefahr begegnen, daß archaische Begriffsfetzen, richtiger: archaische Bildresiduen ins Bewußtsein heraufsteigen, die dort nicht verarbeitet werden und sich deshalb chaotisierend in der Psyche auswirken können. Wie groß die Überflutung des Bewußtseins durch Inhalte aus dem Unbewußten ist — Jung spricht gelegentlich auch von einer »Inflation« — kann niemand besser beurteilen als ein erfahrener Nervenartzt, der Jung war, aus der Behandlung psychotischer Patienten. Die Möglichkeit der Gefährdung, die auf dem Feld des Okkultismus sich beispielsweise als »okkulte Gefangenschaft« [16] auswirken kann, bezieht sich auch auf die Symbole, die — Geistes- und Seelenforscher bestätigen es — in das Wesensgefüge des Menschen beeinflussend und verändernd eingreifen, wenn nicht gleichzeitig eine bewußte Auseinandersetzung mit der symbolischen Realität erfolgt. Das numinos Überwältigende, das religiösen, okkulten und auch politischen Sinnzeichen und Symbolen innewohnt, vermag sonst, das heißt unter Umgehung des Bewußtseins Macht auszuüben. Weil es der Bewußtseinsstruktur des heutigen Menschen der »Bewußtseinsseele« entspricht und alle anders fundierten spirituellen Praktiken fragwürdig erscheinen, kommt für Steiner nur eine besonnene Benützung von Symbolen in Frage. In seiner Geisteswissenschaft ist daher nur das Bewußtsein als *Ausgangs*punkt denkbar. Ihre Inhalte müssen begriffen werden. Alles andere ist Magie, ein Rückfall in eine vergangene oder zu überwindende Bewußtseinsstruktur [17]. Und hierin stimmen Steiner und Jung im wesentlichen überein.

Höhere Bewußtseinszustände

Wer das östliche Geistesleben näher kennenlernt und sich nicht nur in einer äußerlichen Weise mit yogaähnlichen Körperhaltungen oder Atemübungen befaßt, der sieht sich abermals mit dem Bewußtseinsproblem konfrontiert. Hier ist nicht nur von *einem* schauenden Bewußtsein die Rede, das sich über dem Traum- und dem Wach- oder Denkbewußtsein erhebt. Das »höhere« Bewußtsein ist vielmehr reich differenziert. Die einschlägigen Darstellungen schildern ein ganzes System von Bewußtseinszentren. Zu den wichtigsten Aufgaben des Geistesschülers gehört es, diese zunächst ungeahnten Potenzen zu aktivieren. Solange es dem westlichen Leser nicht gelingt, das Wesen dieses höheren Bewußtseins zu begreifen, meint er sich in einem illusionären Wunderland zu befinden, wenn er etwa religiöse Texte Asiens liest oder die Schilderung von Buddhas Erleuchtungsprozeß verfolgt. Die ganze Mentalität des Ostens bleibt ihm fremd.

Nun ergibt sich aber das Wissen, genauer: die Erfahrung höherer Bewußtseinszustände, nicht allein aus der Beschäftigung mit östlicher Spiritualität. Das zeigt sich auf dem meditativen Weg. Während das Denkbewußtsein, dessen sich der Philosoph bedient, im Grunde einen uns mehr oder weniger bekannten Bewußtseinsgrad aufrechterhält, wird durch Meditation ein Aufstieg zu höheren Formen ermöglicht. Der indische Yoga hat diese Aufstiegsmöglichkeiten in klassischer Weise beschrieben. Wer sich mit dem anthroposophischen Gedanken- und Übungsgut vertraut macht, der merkt, daß es der abendländische Mensch gar nicht nötig hat, sich auf dem Umweg über die alte asiatische Esoterik informieren zu lassen. Wie wir schon gesehen haben, knüpft Rudolf Steiner gar nicht primär an östliche Traditionen an, sondern vor allem an Goethe. Auch die Bezeichnung »schauendes Bewußtsein« deutet darauf hin. Wenn Goethe den Metamorphosengedanken auf Erscheinungsformen bei Pflanzen und Tieren angewandt hat und dadurch im (natürlichen) Phänomen das (geistige) Urphänomen »anschauend« zu erkennen vermochte, dann hat Steiner eben diesen Gedanken auf das Seelenleben übertragen. Auch hier lassen sich Metamorphosen feststellen; es ereignen sich Metamorphosen des Bewußtseins. Es handelt sich hierbei nicht um eine — etwa fiktive — Analogie, sondern um konkrete Fakten, wenngleich diese Fakten erst voll verifiziert werden können, wenn der betreffende Bewußtseinszustand erreicht oder durch entsprechende Schulung hergestellt worden ist. Solange das nicht möglich ist, muß man sich mit einer Art Begriffs»bild« behelfen; der zugrunde liegende übersinnliche Tatbestand kann zunächst nur begrifflich-abstrakt beschrieben werden. Der Begriff, eine Charakteristik, dient dazu, eine übersinnliche Gegebenheit in einer Sprache anzudeuten, die zunächst nur der Sinnesbeobachtung und dem Denkprozeß angemessen ist. Um was handelt es sich also?

Man könnte vergleichsweise von einem Aufwach- oder Erwekkungsvorgang sprechen. So wie der Mensch am Morgen aus dem Traum- und Schlafzustand aufwacht und eine Klarheit gewinnt, die es ihm gestattet, sein Ich zu betätigen, zu denken und planend zu schaffen, so stellt ein schauendes Bewußtsein das Ergebnis eines Aufwachprozesses dar. Das Wachbewußtsein hat eine Steigerung erfahren. Diese Steigerung ist aber nicht mit einer gesteigerten sinnlichen Wahrnehmungskraft zu verwechseln, denn der Bereich, der nun im »Blickfeld« liegt, ist buchstäblich übersinnlicher Natur.

Steiner hat vornehmlich drei Bewußtseinszustände höherer Ordnung unterschieden:

1. die Imagination, eine Wahrnehmungsart, in der das Bildhafte vorherrscht;

2. die Inspiration, in der sich die geistige Welt in einer Weise vernehmen läßt, die mit einer Gehörwahrnehmung zu vergleichen ist;

3. die Intuition, die als ein »Berührtwerden« durch die geistige Welt angesprochen werden könnte. Es kommt zu einem Austausch, der über den imaginativen und den inspirativen Zustand hinausgeht.

Diese erste Andeutung ist näher zu bestimmen.

Steiner spricht dann von einem imaginativen Bewußtsein, wenn die Seele von Bildern erfüllt ist, Bilder, die selbst noch keine Realität, sondern eher Abbild einer übersinnlichen Realität darstellen. Es handelt sich um ein Bildweben und ein Bildschaffen, das allerdings der Willkür entnommen ist und nicht bloßen »Einfällen« oder der Phantastik entstammt. In der Imagination besteht ein Realitätsbezug. »Wer sich Bilder formt, denen Sinnengegenstände entsprechen sollen, wo in Wahrheit keine sind, lebt in Phantastik«, betont Steiner[18].

Wenn der um höhere Erkenntnis Bemühte dennoch zu einer dem Bild entsprechenden Wahrnehmung gelangt, die sich nicht auf einen sinnlich wahrnehmbaren Gegenstand richtet, dann muß es sich um ein Objekt anderer Ordnung handeln. In einer zweifachen Weise hat Steiner diese erste (imaginative) Stufe des geistigen Erlebens gegenüber etwaigen Mißverständnissen oder Irrtümern abgegrenzt: Die von ihm gemeinte Imagination darf jedenfalls nicht mit jenen Bildern verwechselt werden, die aus einem krankhaften Seelenleben aufsteigen. Deshalb möchte er Imagination gegenüber visionären Produktionen abgegrenzt sehen. Unter einer Vision versteht er etwas Ähnliches wie unter einer Halluzination, nämlich eine Hervorbringung von Bildern, deren Zustandekommen von der physischen Organisation abhängig ist. Imagination aber als Form eines höheren Bewußtseinszustandes wird ja gerade nicht durch die physische Leiblichkeit gedämpft, sie ist sozusagen »leibfrei«. »Worum es sich handelt, das ist, genau zu unterscheiden das ganze unbewußte Leben in allerlei Visionen von dem, was der Geistesforscher als imaginatives Bewußtseinsleben meint. Das besteht darin, daß man bei allem, was da an Bildern gewoben wird, so dabei ist, wie nur irgendwie bei dem vollbewußten, von Gedanken zu Gedanken gehenden Denken. Es gibt keine Möglichkeit, anders in die geistige Welt einzudringen, als wenn die Tätigkeit durch die man hineintritt, so vollbewußt ist wie das bewußteste Gedankenleben. Dabei ist nur der Unterschied, daß die Gedanken als solche schattenhaft, abgeblaßt sind, und daß sie erworben werden an äußeren Dingen oder irgendwie aus der Erinnerung aufsteigen, während dasjenige, was hier als Imagination gemeint ist, von der Seele selbst gewoben wird in dem Moment, wo es auftritt.«[19]

Auf der anderen Seite soll Imagination nicht mit Phantasie als solcher verwechselt werden. Gemeint sind Gestaltungen, die aus dem »Unterbewußtsein« emporsteigen, also aus einem Zustand eines reduzierten Bewußtseins. Um die volle und klare Überschaubarkeit dessen, was sich imaginativ zeigt, ist es Steiner zu tun und um »objektive Tatsächlichkeit«. Um dies zu gewährleisten, Irrtümer im vornherein auszuschalten, beginnt der anthroposophische Schulungsweg mit einer entsprechenden Gedankenzucht. In dem als Ausgangsebene angegebenen Wachbewußtsein lassen sich eigentlich zwei verschieden nuancierte Erkenntnishaltungen unterscheiden: einmal die unausgebildet-naive Form des Bewußtseins, mit der wir unsere Umwelt wahrnehmend in uns aufnehmen und mit der wir im Alltagsleben Worte und Gedanken assoziativ aneinanderreihen; zum anderen ist hiervon zu unterscheiden ein diszipliniertes Denken, in dem nicht äußere Wahrnehmungsinhalte oder Erinnerungen zum Gegenstand der Reflexion gemacht werden, sondern in dem das Denken schließlich selbst Denkobjekt wird. Schon in seiner »Philosophie der Freiheit« schreibt Steiner: »Wer das Denken beobachtet, lebt während der Beobachtung unmittelbar in einem geistigen, sich selbst tragenden Wesensweben darinnen. Ja, man kann sagen, wer die Wesenheit des Geistigen in der Gestalt, in der sie sich dem Menschen zunächst darbietet, erfassen will, kann dies in dem auf sich selbst beruhenden Denken.« In *dieser* Weise denkend hat der Mensch bereits an der geistigen Welt teil. Das ist daher streng genommen der Ausgangspunkt für die höhere Bewußtseinsart. Wo immer Steiner die von ihm entwickelte Forschungsmethode und das dazu nötige Bewußtsein beschreibt, betont er die zu fordernde Gedankenklarheit und geradezu mathematische Exaktheit.

Diese ständig zu übende und zu bewährende Exaktheit ist selbstverständlich auch bei den höheren Bewußtseinsformen vorauszusetzen, also dann, wenn sich die geistige Welt nicht nur in Imaginationen zeigt, sondern wenn sie gleichsam »tönend« wird, auf der Ebene der *Inspiration.* Um dahin zu gelangen, ist eine abermalige Metamorphose des Seelenlebens erforderlich. Entsteht Imagination aus der Verschmelzung von Denkkraft und der Fähigkeit zu erinnern — ein Erinnerungsbild ist aber mit einer Imagination nicht identisch, sondern lediglich hinsichtlich des Bildcharakters mit ihr vergleichbar —, so ist ein Erwachen, ein Bewußtwerden des Gefühls erforderlich, wenn die seelische Voraussetzung für die Inspiration erzielt werden soll. Erzwingen läßt sich der Zugang zur geistigen Welt letztlich nicht! Eine Entsprechung zur Inspiration stellen im normalen Bewußtsein mehr oder minder klare Ahnungen oder die »Stimme« des

Gewissens dar. Aus dem Zusammenhang ergibt sich, daß Inspiration nicht einfach vom Wachbewußtsein — spekulativ — abgeleitet werden kann. »Tönend« werden ja nicht die Objekte der sinnlich wahrnehmbaren, kritisch überprüfbaren Welt, sondern die geistige Welt teilt sich inspirativ mit. Wenn Pythagoras von Sphärenharmonien sprach, wenn Goethe dichtet: »Die Sonne tönt nach alter Weise / In Brudersphären Wettgesang...«, wenn der Apokalyptiker Johannes nach der Schilderung der (imaginativen) sieben Siegel an einer bestimmten Stelle des Offenbarungsgeschehens vom Ertönen der sieben Posaunen spricht, dann liegt jeweils der Tatbestand der Inspiration zugrunde. Natürlich muß von Fall zu Fall unterschieden werden, ob beim antiken Philosophen ein altes, naturhaftes Schauvermögen vorliegt, inwieweit der Dichter selbst an die Sphäre der Inspiration herangekommen ist oder wo der Seher entsprechende übersinnliche Wahrnehmungen gemacht hat. Offensichtlich sind die großen Dokumente der Religions-, Geistes- und Literaturgeschichte voll von Beispielen imaginativer und inspirativer Tatbestände. In der Tat bewährt sich Steiners Unterscheidung dieser Bewußtseinszustände.

Die dritte Steigerung, die *Intuition* wurde bereits genannt. Dieser Begriff ist nicht mit der im Unbestimmten bleibenden Bezeichnung zu verwechseln, man habe dies oder jenes »intuitiv« herausgefunden. Auch Jungs »Intuieren« als eine irrationale seelische Funktion hat mit Steiners Begriff nichts zu tun. Intuition als dritte Stufe eines erhöhten Bewußtseins entsteht aus der Verbindung von Denken und Wollen. Steiners Schilderungen zufolge wird im Zustand der Intuition das Gefühl erweckt, man stehe nicht mehr den Objekten der Beobachtung gegenüber, sondern man befinde sich gewissermaßen *in* ihnen. Die Subjekt-Objekt-Distanz ist aufgehoben. Im gewöhnlichen Bewußtsein gibt es eine wichtige Parallele, im eigenen Ich, in dem man darinnensteckt, mit dem man sich identifiziert und das mit den Objekten der Außenwelt, es handle sich um ein dinghaftes »Es« oder um ein personenhaftes »Du«, nicht zu verwechseln ist. »Und so lebt man durch die intuitive Erkenntnis in allen Dingen. Die Wahrnehmung des eigenen ›Ich‹ ist das Vorbild für alle intuitive Erkenntnis. Um so in die Dinge hineinzukommen, muß man allerdings erst aus sich selbst heraustreten. Man muß ›selbstlos‹ werden, um mit dem ›Selbst‹, dem ›Ich‹, einer anderen Wesenheit zu verschmelzen.« [20]

Wie Imagination und Inspiration, so läßt sich auch die Intuition von verschiedenen Gesichtspunkten aus betrachten. Man könnte beispielsweise sagen: Intuition entspricht einem geistig-seelischen Kommunikationsvorgang, in dem der Mensch mit seiner eigentlichen Geistgestalt und mit der geistigen Welt eins wird. Dazu ist Liebe nötig, die zu einer Erkenntniskraft umgewandelt wird [21]. Die hier gemeinte Liebe entspricht am ehesten der neutestamentlichen Agape, denn sie strebt in selbstloser Weise eine communio an. Hier berühren wir ohnehin jenes Mysterium, von dem der Apostel Paulus (Eph. 5,32) sagt: Es ist das große Geheimnis der Vereinigung mit Christus. Als das In-Christo-Sein hat der Apostel dieses Leitmotiv des Neuen Testaments bezeichnet. So trägt das, was unter Intuition zu verstehen ist, sakramentale Züge. Auf anderer Ebene begegnen wir derselben Realität unter ihrem psychologischen Aspekt der Gegensatzvereinigung in der Form des »Mysteriums Coniunctionis« bei C. G. Jung. Es ist gewiß kein Zufall, daß diese tiefste Menschheitsgeheimnisse berührende Thematik von Jung erst in seiner allerletzten Schaffensperiode bearbeitet werden konnte. Es muß nicht eigens gesagt werden, daß damit nicht etwa schon Intuition im Sinne Rudolf Steiners verwirklicht ist.

Sieht man sich nun bei C. G. Jung nach etwaigen Vergleichspunkten um, dann ist — wie bereits gesagt — davon auszugehen, daß die Frage eines höheren Bewußtseins bei ihm primär nicht die Rolle spielt, wie dies bei Steiner der Fall ist. Das ergibt sich schon aus seiner prinzipiellen Ablehnung einer Unterscheidung eines »Unter-« und eines »Überbewußtseins«. Zweifellos ist das in erster Linie in Jungs Zielsetzungen begründet. Seine Erforschung des Unbewußten erfolgt ohne die Absicht, zu jenen Erkenntnissen zu gelangen, die beispielsweise Steiner oder Sri Aurobindo zur Fortentwicklung der Menschheit für notwendig halten und die in den alten Schulungswegen, etwa im indischen Yoga, angestrebt werden. So hat es den Anschein, als ob Jung an einem spirituellen Wachstum des Menschen nicht interessiert wäre, obwohl er immer wieder und mit Nachdruck auf Introspektion, auf Einsicht in das Wesen des Menschen drängt. Jung leugnet die Existenz von verschiedenen Bewußtseinszuständen jedoch ebenso wenig wie die Möglichkeit von entwicklungsfähigen Bewußtseinszentren (cakras).

Ganz unproblematisch ist die Frage der Bewußtseinserweiterung in der Psychologie Jungs jedoch keineswegs. Es ist richtig: Seine Arbeit ist darauf gerichtet, das Bewußtseinsfeld auszudehnen, Unbewußtes dem Bewußtsein zu integrieren; die ganze analytisch-psychologische

Arbeit, der ganze Individuationsprozeß umfaßt Bewußtseinserweiterungen. Es sollen hier aber auch nicht Äußerungen unterschlagen werden, die zumindest zu kritischen Rückfragen Anlaß geben. In einem seiner letzten Briefe, der sich mit dem zukünftigen Schicksal der Menschheit befaßt, schreibt er geradezu: »Allein der Gedanke, daß die Menschheit einen Schritt weitergehen und das menschliche Bewußtsein erweitern und differenzieren sollte, scheint so abwegig zu sein, daß ihn niemand verstehen kann, oder so abstoßend, daß keiner den notwendigen Mut dazu aufbringt. Alle Fortschritte in der Entwicklung der menschlichen Psyche sind mit Blut bezahlt worden ...« [22]

Dies Wort gibt zweifellos Rätsel auf. Sollten alle früheren positiven Äußerungen an Wert verloren haben, in denen Jung, aus unmittelbarer Erfahrung schöpfend, »viele Helligkeitsgrade« des Bewußtseins bezeugte, und zwar eben ein Bewußtsein, das auch auf höherer und höchster Stufe »unbestimmter Erweiterung fähig« ist [23]? — Vielleicht dürfen wir die pessimistisch anmutende Briefstelle so verstehen, daß sich Jung auf diese Weise vor einer euphorisch-illusionären Fehleinschätzung jener menschlichen Entwicklungsfähigkeiten zu schützen suchte, an deren Tatsache zu zweifeln er doch gar keine Ursache hatte. Denn letztlich erblickte er in einer fortschreitenden Erweiterung des allgemeinen Bewußtseins eine Aufgabe des Menschen. Nur so vermochte er dem Weltzusammenhang einen Sinn abzugewinnen [24]. Jedenfalls besteht kein Anlaß, unsere Konfrontation abzubrechen. Das Bemerkenswerte bei C. G. Jung ist, daß er in einen Bereich des Seelisch-Geistigen hinein vorgestoßen ist, der eine Konfrontation geradezu herausfordert. Jungs Hauptarbeitsgebiet der Traum und die Traumanalyse, die Erforschung des persönlichen und des kollektiven Bewußtseins hat ihn in ein Reich von Bildern hineingeführt, denen wiederum Urbilder, »urtümliche Bilder«, sagte er einmal, die sogenannten Archetypen zugrunde liegen. Und diese — soweit es sich um archetypische Bilder handelt — Manifestationen des Unbewußten sind — in *stofflicher* Hinsicht — nichts anderes als Elemente des Imaginativen. Diese Bezeichnung gebraucht Jung übrigens selbst, wenn er z. B. eine psychotherapeutische Praktik, die »aktive Imagination«, beschreibt. Von ihr muß noch die Rede sein, wenn wir den anthroposophischen und den tiefenpsychologischen Weg miteinander vergleichen. Die Imagination, wie wir sie bei Steiner kennenlernen, ist aus dem Stoff gewoben, aus dem die Träume sind, könnte man in

Anlehnung an ein bekanntes Shakespeare-Wort sagen. Im Traum, in den Visionen, in den Produktionsprozessen der Phantasie äußert sich das Imaginative. Bilderschaffende Vorgänge ereignen sich. Und insofern ist auch das *Material*, dem wir bei Jung in der Hauptsache begegnen, ein und dasselbe wie das der Imagination. Und doch ist die Differenz nicht zu übersehen, wenn man sich den Unterschied zwischen Traum und Imagination klarmacht. Denn der Traum wird in einem Bewußtseinszustand empfangen, der *unter* dem Niveau des Wachbewußtseins liegt. Das Ich ist nicht beteiligt. Seine Kontrolle fällt weg, deshalb kommt der Traum als via regia zum Unbewußten überhaupt in Frage, deshalb sucht der Tiefenpsychologe aus dem Traumbild das zu erfahren, was das Wachbewußtsein willentlich oder unbewußt ablehnt. — Ganz anders die Imagination als Ausdruck oder vielmehr Darstellungsform eines erhöhten, schauenden Bewußtsein. In ihm ist das Ich beteiligt. Der »Blick« des Beschauers ist aber nicht auf Objekte gerichtet, die im Zustand der Tageswachheit mit den Sinnen wahrgenommen werden, sondern auf *über*sinnliche. Hier wird wohl deutlich, weshalb Steiner an der Kennzeichnung »unter-« bzw. »überbewußt« so viel liegt, während sich der an dieser Erkenntnis-Aspekt gar nicht interessierte Jung mit dem undifferenzierten Begriff des Unbewußten begnügen kann.

Nun würde man aber der Traumarbeit, wie sie in der Analytischen Psychologie geübt wird, nicht gerecht, wenn man nicht wenigstens in Umrissen deutlich machte, um was es hier geht. Eben weil der Traum im Gegensatz zur Imagination (im Sinne Steiners) einer »unter«-bewußten Seelenverfassung entstammt, ist die Traumarbeit überhaupt nötig. Der Traum an sich hat zwar seinen Eigenwert, vor allem sogenannte »große Träume«, die sich weder erfinden noch rational konstruieren lassen. Die in ihnen sich darstellende tiefere Weisheit »weiß« auch, wann die entsprechenden Traumbilder hervorgebracht werden müssen, um die psychische Ökonomie durch Kompensation ins Gleichgewicht zu bringen. Von entscheidender Bedeutung ist es, daß der Sinngehalt und damit das Geistige eines Traums im Gespräch zwischen Analysand und Therapeut herausgearbeitet wird. Man schreitet gleichsam gemeinsam das seelisch-geistige Feld ab, »bewegt« anschauend, sinnend, verknüpfend die Folge der Traumvorgänge und versucht eine Verbindung zu den im Bewußtseinsfeld auffindbaren Bezügen herzustellen. Erst das gemeinsame Gespräch über den Traum, erst das dialogische Imaginieren und Meditieren des Traums führt zum Sinnhaltigen und zur Bewußtwerdung der zunächst verhüllten Symbolik. Wichtig ist, daß »es« einem aufgeht und daß der Träumende des Sinnes inne wird. Es ist immerhin bemerkenswert, daß auch der geschulte Analytiker nicht in der Lage ist, seine eigenen Träume in zureichendem Maße zu deuten. Jung hat seine diesbezügliche Unfähigkeit offen eingestanden. Der Partner ist nötig, damit »es« sich ereignen kann. Und dies »es« stellt sich gleichsam als ein Drittes ein, in dem sich ein zuvor Verhülltes, Unbewußtes in einen bewußten Seeleninhalt transformiert.

Zur Bewußtseinsgeschichte der Menschheit

Bewußtseinsmetamorphose ist nicht nur ein Phänomen, das sich am Einzelmenschen zeigt, sondern dessen Bedeutsamkeit sich im Rückblick für das Verständnis der Menschheitsgeschichte, in der Vorausschau auf die Menschheitsevolution erweist. Geschichte stellt sich nicht nur als ein willkürlich scheinendes Auf und Ab äußerer Ereignisse dar. Kulturen und Zeitalter erhalten ihre besondere Prägung für uns erst, wenn es gelingt, die jeweilige Bewußtseinsstruktur zu bestimmen. Oftmals wird das Problem als solches gar nicht gesehen, wenn man in der Geschichtsschreibung, nicht zuletzt in der Religions- und Kirchengeschichte auf Darstellungen stößt, deren Autoren stillschweigend von der Annahme ausgehen, unser heutiges Bewußtsein sei zu allen Zeiten das gleiche gewesen. Dieser irrtümlichen Annahme leistet eine existentiale Betrachtungsweise etwa in der Bibelauslegung noch Vorschub. Von der Voraussetzung ausgehend, die Existenz des Menschen stelle das Eigentliche dar, kommt die bewußtseinsgeschichtliche Fragestellung erst gar nicht auf. Dabei müßte bereits ein Blick auf ethnologische Beobachtungsergebnisse genügen, um zu zeigen, daß Zeitgenossen dieser heutigen Welt in vielfältiger Abstufung in bewußtseinsmäßiger Hinsicht »ungleichzeitig« leben. Diese Ungleichzeitigkeit ist in geringerem Maße in den zivilisierten Nationen selbst zu beobachten, im oft dichten Nebeneinander von Zivilisierten und den Ureinwohnern eines Kontinents der sogenannten dritten Welt wird die Bewußtseinsverschiedenheit offenkundig. (Damit soll nicht gesagt sein, daß die Verwendung von Techniken der modernen Zivilisation mit dem ihr entsprechenden Bewußtsein immer kongruieren.)

Rudolf Steiner ist nicht der erste, der sich mit dem Bewußtseinsproblem als solchem, mit dem der frühen Menschheit im besonderen beschäftigt hat. Ihm kommt aber zweifellos das Verdienst zu, Geschichte als Bewußtseinsgeschichte verständlich werden zu lassen, wenngleich es eine in sich abgerundete Darstellung aus seiner Feder eigentlich nicht gibt. Unter verschiedenen Gesichtspunkten sind auch andere vor und nach ihm auf die gleiche Frage eingegangen. Erinnert sei in diesem Zusammenhang an die Studien von Spengler, Frobenius oder Dacquè, vor allem an die von Jean Gebser, ferner an anthroposophische Autoren wie Emil Bock, Sigismund von Gleich, Hans Erhard Lauer und Günther Wachsmuth. C. G. Jungs spezieller Beitrag — gewissermaßen ein Nebenprodukt seiner tiefenpsychologischen Forschung — ist insbesondere durch seinen Schüler Erich Neumann fruchtbar gemacht worden.

Die der historischen Forschung datenmäßig zugängliche etwa fünftausendjährige Geschichte der Menschheit läßt sich als ein Prozeß der Selbstentfaltung des Menschen ansehen, die einer zunehmenden Bewußtwerdung entspricht. Für Steiners Anthroposophie muß allerdings hinzugefügt werden, daß in seinen Darstellungen ein viel größeres Feld abgesteckt ist, einmal auf dem irdischen Plan jene — hypothetisch anmutenden — Angaben, über noch weit ältere Kulturzusammenhänge, die sich durch keine Dokumente bestätigen lassen; zum andern ins Außerirdisch-Kosmische reichende Mitteilungen[25]. An dieser Stelle können wir uns auf den Hinweis beschränken, daß sich die Menschheitsentwicklung für die anthroposophische Forschung als eine Art Inkarnationsvorgang darstellt. Der Einzelmensch ist anfangs noch ganz eingebettet in die großen kollektiven Zusammenhänge. Er erlebt sich noch nicht als freier, in sich abgeschlossener Einzelner, als Individualität. In bewußtseinsmäßiger Hinsicht heißt dies: Der Mensch ist in frühesten Zeiten Träger eines traumartigen Bewußtseins. Wo heute der klar umrissene Begriff steht, bediente man sich einst des mythischen Bildes. Der Schritt vom Mythos zum Logos zog sich über viele Jahrhunderte hin. Es gibt allerdings Anhaltspunkte für das Auftreten eines innerlich selbständigen Gedankenlebens. In seiner philosophiegeschichtlichen Schrift »Rätsel der Philosophie« hat Steiner diese Zusammenhänge aufgedeckt. »Man wird allmählich erkennen — so heißt es da —, daß im Laufe der Menschheitsentwickelung eine Umwandlung der menschlichen Organisation stattgefunden hat. Es gab eine Zeit, in der die feinen Organe in der menschlichen Natur noch nicht ausgebildet waren, welche ermöglichen, ein inneres abgesondertes Gedankenleben zu entwickeln; in dieser Zeit hatte dafür der Mensch die Organe, die ihm sein Mit-Erleben mit der Welt in Bildern vorstellten.«[26] Dieses traumhafte Bildbewußtsein befähigt den Frühmenschen, in die ihn umgebende, sein Tun und Leben bestimmende geistige Welt hineinzusehen. Aber das geschieht nicht in der uns bekannten Verstandesklarheit, sondern bei entsprechend reduzierter Bewußtseinshelligkeit[27]. In den Überlieferungen der Völker gibt es entsprechende Hinweise, die auf die einstige Bedeutung des Stirn- und des Scheitelauges als vorbewußtes (prälogisches) Wahrnehmungsorgan hinweisen. Moses »Widdergehörn«, das in Michelangelos Statue einen ebenso charakteristische wie für viele rätselhafte Ausgestaltung gefunden hat, ist in diesem Zusammenhang zu sehen[28]. Im Vorwort zum 2. Band seiner eindrucksvollen »Beiträge zur Geistesgeschichte der Menschheit« schreibt Emil Bock: »Die Tafel, auf die der Griffel der Klio schreibt, ist das menschliche Bewußtsein. Wer die Weltgeschichte als Bewußtseinsgeschichte zu lesen und darzustellen versucht, hat einen Zugang zu den darin waltenden, fortschreitend sich realisierenden Götterzielen. Die Bewußtseinswandlungen, durch welche die Menschheit hindurchgeschritten ist, sind die Stationen des gottgewollten Fortschrittes. In ihnen ist der Sinn des geschichtlichen Werdens zu erkennen.«

Erst nach und nach wacht der Mensch für die äußere Welt auf. Wie ein noch unbekannter Kontinent taucht die Welt des Wachbewußtseins aus dem verebbenden Dämmerzustand der Seele auf. Seines Ichs wird sich der Mensch erst nach und nach bewußt. Im gleichen Maße, in dem das geschieht, verschwinden die alten Seelenfähigkeiten, zu denen die geistige Schau alter Ordnung gehört. Kennzeichnend für Steiners bewußtseinsgeschichtliche Betrachtungsweise, die Emil Bock in seinem genannten Werk konsequent auf das Alte und das Neue Testament übertragen hat, ist die zentrale Stellung von Jesus Christus. In einem weltgeschichtlich bedeutungsvollen Augenblick — »als die Zeit erfüllt war« (Gal. 4,4) — inkarniert sich der Christus-Logos in dem Menschen Jesus von Nazareth. Er verbindet sich mit der ganzen Erde. Gleichzeitig ist der »Menschensohn« das Urbild des Menschen, der »zweite Adam«. Für das menschliche Bewußtsein ist von besonderer Bedeutung, daß eigentlich erst das Ich-Bin des Christus das Ich-Bewußtsein in Kraft setzt. (Ich-Bewußtsein hat hier bei Steiner in etwa die Bedeutung wie das Selbst bei Jung.)

Sich mit diesem Christus-Ich verbinden (was natürlich nicht etwa mit kirchlicher Weltmission zu verwechseln ist!), bezeichnet eine Aufgabe, die man den Individuationsweg der Menschheit bezeichnen könnte. Und dieses »Hereintreten des Christus in die Welt« meint, daß das menschliche Ich bzw. Selbst »ganz und gar Herrschaft gewinnt über alles«. So heißt es in Steiners Vorträgen zum Lukas-Evangelium. »Der Christus Jesus weist in der Tat, auch im Sinne des Lukas-Evangeliums, genügend darauf hin, wie etwas ganz Neues, das Bewußtwerden des Ichs, in die Menschheitsentwicklung hineingetreten ist; er weist darauf hin, und man muß es nur lesen können, daß die Menschen früher die geistige Welt nicht in ihr selbstbewußtes Ich einströmend gesehen haben, sondern ... daß immer ein Grad von Unbewußtheit dabei war, wenn früher göttlich-geistige Kräfte in den Menschen einströmten. Das sollte jetzt anders werden.« [29]

Der weitere Fortgang der Bewußtseinsentwicklung hat in eine — nach Steiner durchaus notwendige — Geistesferne, in Materialismus und Atheismus hineingeführt. Diese Bewegung zur Menschheitskrise hin, in der wir bewußtseinsmäßig noch mitten darinstehen, war nötig, um einerseits das volle Ich- bzw. Selbstbewußtsein auszubilden, die Reife der Mündigkeit zu erlangen, andererseits die Verstandesklarheit auszubilden, deren Schatten der von Steiner und von Jung beklagte Intellektualismus des modernen Menschen ist. Im Verlauf des skizzierten Inkarnationsprozesses ist der Mensch gewissermaßen jetzt erst auf der Erde angekommen. Das darf jedoch nicht der Endpunkt seiner Bewußtseinsentwicklung sein, denn diese Entwicklung geht weiter. Es gilt, die im Menschen schlummernden psychischen Potenzen zu aktivieren. Die verlorene geistige Welt ist aufs neue wieder zu gewinnen, der »Seelenverlust« (Jung, Bitter) ist zu überwinden. Der Ton liegt auf dem Wort »neu«! Es kann sich nicht darum handeln, daß alte Seelenfähigkeiten künstlich wiederhergestellt werden. Das würde ins Pathologische hineinführen. Denn im Grunde sind die sogenannten Geisteskranken Menschen, die oft der geistigen Schau teilhaftig sind, die die grandiosen Träume haben, aber nicht imstande sind, sich an ihrem bewußten Ich zu orientieren. Für den Anthroposophen gibt es keinen anderen Ort, als vom Ich-Bewußtsein aus einen Zugang zur geistigen Welt zu bahnen. Eben dieser Aufgabe hat sich Rudolf Steiner verschrieben. Anthroposophie will ja primär ein Weg zu dieser geistigen Welt sein, um dann aus dieser Erkenntnis heraus methodisch-praktische Hilfen für die Bewältigung der Gegenwartsprobleme auf den verschiedenen Arbeitsgebieten zu vermitteln.

Aus dem gleichen Grund erhob Steiner die Forderung, die Menschheit müsse im Zuge einer stufenweisen Erweiterung ihrer Seelenfähigkeiten den Schritt vom bloßen Erdbewußtsein zum Weltbewußtsein wagen. In einer Zeit, in der die Möglichkeiten interplanetarischer Flüge überprüft werden, stellt sich diese Forderung aufs neue. Es ist natürlich klar, daß Steiner mit der Erringung des Weltbewußtseins in erster Linie eine Bewußtseinserweiterung vom Sinnlich-Physischen ins Übersinnlich-Geistige gemeint hat. Deshalb bejahte er die Frage, ob man eigentlich von der Erde aussteigen könne (1919) folgendermaßen: »Man kann das, nur ist es etwas anderes, von der Erde aussteigen als von einem Eisenbahnzug auszusteigen ... Von der Erde aussteigen heißt: in das menschliche Innere, in die Seele eindringen. Dringen Sie wirklich in die Seele ein, erreichen Sie das, was im Innern der Seele ist, dann sind Sie aus der Erde ausgestiegen ...« [30] — So mußte sich der Mensch vom alten Seelenerbgut emanzipieren, er mußte sein — nach dem Reichtum der mythischen Bilder zu schließen — unerschöpfliches schauendes Bildbewußtsein drangeben, um die Bewußtseinsklarheit und die Freiheit des eigenen Selbst zu erlangen. Das ist das Ergebnis bewußtseinsgeschichtlicher Betrachtungsweise. Diesem Blick auf Bildreichtum und Schauvermögen der Vergangenheit muß aber ein Blick, vor allem eine Erkenntnisbemühung in die Zukunft hinein entsprechen. Deshalb die Forderung: »Was wir brauchen, und was ja durch die Geisteswissenschaft angestrebt wird, ist in dem heute tauglichen Sinne eine Art Erneuerung des Mysterienwesens.« [31]

C. G. Jung hat, wie schon gesagt, keine ausgearbeiteten Beiträge zu einer Bewußtseinsgeschichte der Menschheit geliefert, wenngleich seine Bücher voller Materialien sind, die sich in diesem Sinne verwerten und deuten lassen. Sein Augenmerk war auf die Individuation des einzelnen gerichtet, das heißt auf eine Bewußtseinsreifung, die einen eventuellen Menschheitsfortschritt nicht unmittelbar in den Blick der tiefenpsychologischen Beobachtung faßt. Es gibt bisher erst noch wenige Arbeiten, die — abgesehen von Erich Neumanns »Ursprungsgeschichte des Bewußtseins« — dieses Problem in Angriff genommen haben [32]. Ein Vergleich zwischen Steiner und Jung ist daher nicht ohne weiteres möglich. Es sei jedoch darauf hingewiesen, daß es an verschiedenen Stellen des Werkes Anmerkungen gibt, die eine fortschreitende Bewußtwerdung der Menschheit zumindest nicht ausschließen. Eigentlich weist bereits Sigmund Freuds Motto: Wo Es ist soll Ich werden, — auf die Möglichkeit einer solchen Sichtweise hin. So kann Jung beispielsweise einmal davon reden, daß die »verschiedenen geistigen Schichten« im Menschen »der Geschichte der Völkerentwicklung« entsprechen, wenngleich dieses Wort nicht primär in einem historischen Sinne gemeint ist [33]. Im Vordergrund stehen bei Jung eben jene Vorstellungen von einem kollektiven Unbewußten, an dem letztlich jeder Mensch partizipiert wie der Teilhaber an einem gemeinsamen Erbgut. Und das Charakteristische daran ist, daß dieses Erbe eine Ganzheit darstellt, die gemäß Jungs Feststellung nicht zerstückelt werden kann [34].

Verweist man auf die Gestalt des Selbst im Sinne Jungs, das sich im archetypischen Bild des Christus manifestieren kann, so ist eine Parallele zu der Christus-Vorstellung in der Anthroposophie eigentlich nicht möglich. Denn dort läßt sich der Christus als eine Zentralgestalt der Menschheitsentwicklung überhaupt verstehen. Bei aller Hochschätzung, die z. B. Buddha oder Zarathustra in der Anthroposophie erfahren, ist der bewußtseinsgeschichtliche Stellenwert des Christus hier ein qualitativ größerer. Anders in der Analytischen Psychologie, wo archetypische Bilder des Selbst im Sinne psychischer Ganzheit gegebenenfalls auch durch Buddha oder andere große Geistesrepräsentanten in Erscheinung treten können. Und eben hier ergeben sich für die bewußtseinsgeschichtliche Betrachtung erhebliche Schwierigkeiten. Ein Vergleich des Buddha-Bewußtseins, an dessen Erhabenheit und Einmaligkeit nicht gezweifelt werden soll, mit dem Christus-Bewußtsein ergibt markante Unterschiede. Schon in »Das Christentum als mystische Tatsache« (1902) hob Steiner hervor, inwiefern das Jesus-Leben »mehr enthält« als das Buddha-Leben: »Buddha schließt mit der Verklärung. Das Bedeutungsvollste im Jesus-Leben beginnt nach der Verklärung [35], nämlich die Passion und der Durchgang durch den Kreuzestod. Christus fordert nicht nur Treue bis zum Höhepunkt einer geistig-religiösen Entwicklung, sondern »bis in den Tod«. Christus predigt nicht Weltflucht im Sinne einer Aufhebung der Ursachen, die zum Leiden in der irdischen Verkörperung führen, sondern Überwindung durch Weltbejahung. Inkarnation im christlichen Sinne ist gerade Ausdruck der liebenden Hinwendung Gottes zur Welt: So sehr hat Gott die Welt geliebt, daß er seinen einzigen Sohn dahingab (Joh. 3,14). Verzichten wir hier auf weitere Belege, so läßt sich abgekürzt sagen: In Christus ist die Bewußtseinsgeschichte über Buddha hinaus weiter fortgeschritten [36].

Die gleichmäßige Anwendung der Kategorie des Selbst bei Buddha und bei Christus ist daher nicht geeignet, Aussagen über bewußtseinsgeschichtliche Zusammenhänge zu machen. Allerdings weist die Selbstwerdung, wie Wilhelm Bitter und Marie-Louise von Franz zeigen, immer auch auf das mitmenschliche Du und damit auf die soziale Dimension hin. Über eine etwaige Evolution der Menschheit sagt sie zunächst nichts aus. Damit soll nicht geleugnet werden, daß die vielfältigen Mitteilungen Jungs zum Individuationsprozeß des Einzelmenschen ein Licht auf den Individuationsgang der Menschheit werfen, wie er von Steiner in vielen aphoristischen Hinweisen beschrieben worden ist. Vor allem wenn man auf die von theologischer Seite noch zu wenig gewürdigten Äußerungen aus Jungs letzter Schaffensperiode hinweist, in der er die »Psychologie des Unbewußten auch als eine Rezeptionserscheinung« [37] des der Psyche übergeordneten Christus-Logos zu sehen vermochte, werden gesamtmenschheitliche Gesichtspunkte berücksichtigt. In der Gestalt des im Johannes-Evangelium angekündigten Heiligen Geistes weist dieser Christus über den historischen Jesus weit hinaus. Es kommt zu einer incarnatio continua, die »wann und wo Gott will« sich ereignet. Dieses Ereignis meint Wilhelm Bitter, wenn er von einer »fortschreitenden Durchdringung der Welt durch den pneumatischen Christus« spricht. Und eben in dieser hochbedeutsamen Erkenntnis berühren sich Steiners und Jungs Auffassungen. Bei Steiner ist es die weiterwirkende, sich stets erneuernde Kraft Christi, der »Christusimpuls«, das »Christusprinzip«, das in dieser Zeit aufs neue wirksam wird. Und damit dieser Christus als kosmische Wesenheit auch in den Seelengründen des Menschen gefunden werden kann, unabhängig von den religiösen Dokumenten der christlichen Tradition, ist die Anthroposophie am Beginn des 20. Jahrhunderts auf den Plan getreten, um das »Christus-Ereignis« dieses Jahrhunderts vorbereiten zu helfen. Denn: »Man findet als Mensch in sich den Christus durch Selbsterkenntnis als den Führer, zu dem man seit Christi Erdenzeit immer gelangen kann, weil er immer im Menschen ist. Und man findet dann ferner, wenn man dasjenige, was man ohne die geschichtlichen Dokumente erkannt hat, auf diese anwendet, die wahre Natur dieser Dokumente. Sie sprechen geschichtlich etwas aus, was im Innern der Seele sich durch sich selbst offenbart. Sie sind deshalb zu jener Führung der Menschheit zu zählen, welche die Hinlenkung der Seele auf sich selbst bewirken soll.«[38]

So betrachtet, steht das Christentum nicht etwa an dem Ende, das sich in der Situation der kirchlichen Konfessionen vielerorts widerspiegelt, sondern an einem verheißungsvollen Anfang in eine noch ungeahnte Zukunft hinein. Unter dem Blickpunkt der Bewußtseinsmutation betrachtet muß man sagen: Das im Zeitalter der Entwicklung von Naturwissenschaft und Technik herausgebildete Bewußtsein, das sich bei der Eroberung der Außenseite der Wirklichkeit bewährt hat, reicht nicht aus, um auch die seelisch-geistige Seite der Wirklichkeit zu erfassen. Es führt aber auch nicht weiter, durch Drogenmißbrauch Verrat an dieser Seelenverfassung zu üben. Eine vermeintliche Bewußtseinserweiterung, die ohne die seelenumwandelnde Kraft seelisch-geistiger Schulung erzielt wird, führt in die Illusion. Der Mensch muß seelisch aktiv werden, um dem gewachsen zu sein, was ihm aus der geistigen Welt entgegenkommt. Denn »seitdem die Sterne vom Himmel gefallen und unsere höchsten Symbole verblaßt sind, herrscht geheimes Leben im Unbewußten ... Unser Unbewußtes birgt belebtes Wasser, das heißt naturgewordenen Geist, um dessentwillen es aufgestört ist«[39]. Aus diesem Grund hat Jung die Beschäftigung mit dem Unbewußten als eine Lebensfrage des Menschen bezeichnet. Es ist, so können wir fortfahren, offensichtlich nicht nur eine Matrix menschlichen Schöpfertums, sondern eben auch die Matrix, die gemäß Johannes-Offenbarung, Kap. 12 den »Sohn« gebiert, den puer aeternus der Alchemisten, das »Geisteskind im Seelenschoß« (Rudolf Steiner), das Christus-Bewußtsein. Diese Bewußtseinsmutation, die der Menschheit heute aufgegeben ist, läßt sich mit den Worten Johannes des Täufers als eine Zeitforderung in der Weise fassen, die sich in zahlreichen Vorträgen Rudolf Steiners findet: Ändert eure Seelenverfassung, die Reiche der Himmel sind nahe zu euch herbeigekommen[40]!

SEELE UND GEIST

Zur geistesgeschichtlichen Ausgangsposition

Das Thema Seele und Geist bei Rudolf Steiner und bei C. G. Jung stellt uns vor ein besonders schwieriges Problem. Hier wird abermals deutlich, wie sehr sich in wichtigen Punkten Weg und Ziel der beiden Forscher voneinander abheben.

Wie bereits angedeutet, unterscheidet sich der Weg Steiners von dem Jungs darin, daß Steiners Zielsetzung hinsichtlich seines Geistverständnisses — biographisch gesehen — sehr früh feststeht. Zwischen Steiners anthroposophischer Schaffensperiode (nach 1900) und der sogenannten »voranthroposophischen« Zeit gibt es eigentlich keinen Bruch, es werden vielmehr die auf dem Feld der Goetheforschung, der Erkenntnistheorie und Philosophie der Freiheit gewonnenen Einsichten unter bewußtem Einbezug der übersinnlichen Welt konsequent fortgeführt. Steiners Geistesanschauung steht im Grundsatz dort fest, wo er in der »Philosophie der Freiheit« (1894) den Weg zum »reinen Denken« bahnt, zu einer Anschauung vom Denken als einer eigenen geistigen Tätigkeit. Die noch älteren Vorarbeiten führen geradlinig darauf zu. Nun darf man nicht übersehen, daß reines Denken, ein Denken also, das sich selbst zum Gegenstand der Reflexion zu machen imstande ist, in eine abstrakte Begrifflichkeit hineinführt, hineinführen muß, um jene »Reinheit« und jenes Freisein von sinnlicher Anschauung zu erzielen, das zur übersinnlichen Forschung nötig ist. Steiner bleibt aber hier nicht stehen. Er mußte sich um eine Umbildung der Seelenkräfte bemühen, indem er dieses abstrakte Denken zum geistigen Anschauen befähigte. Für Steiner ist abstraktes Denken nicht bereits Inbegriff des Geistes, sondern bestenfalls *eine* Form des Anteilnehmens am Geist. Es ist jene Form von geistiger Tätigkeit, deren der Mensch als Denkender im Zustand seines Normalbewußtseins fähig ist. Die Gefahr, im Abstrakten hängen zu bleiben und den umgreifenden, lebentragenden Geist auf seinen gedanklichen Niederschlag zu reduzieren, besteht dann, wenn der kartesische Erkenntnishorizont als Grenze jeglicher Erkenntnis angenommen und das Normalbewußtsein, dessen der Mensch im Zustande des Tagwachens fähig ist, als Erkenntnisnorm absolut gesetzt wird. Steiner sagte sich: »In die schattenhaften Verstandesbegriffe und in die schattenhaften intellektuellen Vorstellungen muß aufgenommen werden dasjenige, was an lebendiger Weisheit die Geisteswissenschaft geben kann. Dadurch müssen die Schattenbilder des Verstandes belebt werden.« [1] Die Anthroposophie als Wissenschaft vom Geist ist der Beleg dafür, daß Steiner selbst eine Antwort auf diese seine Forderung gegeben hat.

Im Grunde war diese Forderung nicht nur sein persönliches Problem, sondern ein Zeitalterproblem, das sich in ihm allerdings in einer charakteristischen Weise dargestellt hat. Die Wissenschaft, vor allem als Naturwissenschaft und Technik, war zu einem Instrument geworden, mit dem sich die Menschheit seit dem 16. Jahrhundert in die Lage versetzte, diese Welt zu begreifen und sie verwandelnd zu beherrschen. »Die Wissenschaft wurde die stärkste Waffe im Kampfe mit der Natur und gegen die Natur, verhalf zu ihrer Umgestaltung, Ausbeutung und teilweisen Beherrschung. So wenigstens glaubten es unsere Väter. Dies alles wurde ermöglicht durch die Anwendung mechanischer Gesetze auf die ›leblose‹ Natur, durch die Bereicherung, die das Denken des Europäers erhielt dadurch, daß er Herr des Raumes wurde ...« [2] In der Beherrschung der Außenwelt erwies sich das zählende, messende, wägende Denken durchaus als berechtigt, soweit es sich um die unbelebte Natur handelte. Angesichts des Lebendigen und des Seelischen mußte es jedoch versagen. In der zeitgenössischen Philosophie und Psychologie spiegelte sich die Unfähigkeit wider, die Rätsel des Menschen, der Seele und des Geistes in einer zeitgemäßen Weise zu lösen. Geist wurde auf begriffliche Abstraktionen reduziert, Seelisches meinte man nur dort attestieren zu können, wo sich dieser »Geist« manifestierte, nämlich im Tagesbewußtsein. Seelisch-Geistiges büßte in der Vorstellung dieser Wissenschaft die ihr eigene Objektivität und Eigengesetzlichkeit ein. Die religiöse Wahrheit als ein aus Erfahrung geschöpftes Wissen um die sinngebenden Kräfte war in dem Maße unzugänglich geworden, in dem die äußere Welt erobert und erschlossen wurde. Den religiösen Autoritäten verblieb in dieser Hinsicht die Aufgabe, im vornherein verlorene Nachhutgefechte mit der revolutionierenden Naturwissenschaft zu kämpfen. Von der im Niedergang begriffenen Religion war keine Neubegründung des geistigen Lebens zu erwarten. Eine zuverlässige Kunde von Mensch, Seele und Geist konnte sich nicht in ein vorwissenschaftliches Gewand kleiden. Sie mußte, was die Exaktheit anlangt, an der modernen Naturwissenschaft ausgerichtet sein. Gefordert war demnach eine Wissenschaft vom Menschen, eine Wissenschaft von der Seele, eine Geisteswissenschaft. Zu fordern war aber auf der anderen Seite auch eine Überwindung des engen Erkenntnishorizontes dieser während einiger Jahrhunderte entwickelten Naturwissenschaft. Für Steiner bedeutete das, daß er seine »Philosophie der Freiheit« nur als »seelische Beobachtungsresultate nach naturwissenschaftlicher Methode« darstellen durfte, um der Zeitforderung zu entsprechen. Andererseits galt es, Geistesforschung zu begründen, die dieser Forderung standhielt und die über die Naturwissenschaft hinausging.

Die Situation, die er antraf, als er seinen Weg begann, findet sich in »Grundlinien einer Erkenntnistheorie der Goetheschen Weltanschauung« (1886) so umrissen: »Man muß sich immer vor Augen halten, daß es sich nie darum handeln kann, erst künstlich ein geistiges Bedürfnis zu erzeugen, sondern allein darum, das bestehende aufzusuchen und ihm Befriedigung zu gewähren. Nicht das Aufwerfen von Fragen ist die Aufgabe der Wissenschaft, sondern das sorgfältige Beobachten derselben, wenn sie von der Menschennatur und der jeweiligen Kulturstufe gestellt werden, und ihre Beantwortung. Unsere modernen Philosophen stellen sich Aufgaben, die durchaus kein natürlicher Ausfluß der Bildungsstufe sind, auf der wir stehen, und nach deren Beantwortung daher niemand fragt. An jenen Fragen aber, die unsere Bildung vermöge jenes Standortes, auf den sie unsere Klassiker gehoben, stellen muß, geht die Wissenschaft vorüber. So haben wir eine Wissenschaft, nach der niemand sucht, und ein wissenschaftliches Bedürfnis, das von niemandem befriedigt wird.«[3] Damit hatte der eben erst 25 Jährige seine eigene Aufgabe umrissen, nämlich nicht etwa künstlich-abstrakte Scheinbedürfnisse zu befriedigen, sondern drängende Menschheitsfragen beantworten zu helfen.

Jungs Situation ist kaum eine andere. Da er sich jedoch einer ganz anderen Lebensaufgabe gegenübergestellt sieht und da ihm die Erkenntnisproblematik als solche fernliegt, gehen die Wege der Forschung der beiden in verschiedene Richtung. Als sich der junge Arzt und Psychiater auf seinem Arbeitsfeld orientiert und um eigene wissenschaftliche Beiträge bemüht, findet er ein noch weithin unerschlossenes Terrain vor. Ebensowenig wie Freud kann er sich auf eine bloße Beschreibung von psychischen Phänomenen beschränken. Er experimentiert. Seine psychiatrischen Studien, die im 1. Band der Gesammelten Werke enthalten sind, vermitteln ein Bild dieses Experimentierens. Die Art und Weise dieser Arbeit, der erkenntnistheoretische Hintergrund seines Vorgehens sind weitgehend von der Situation der Naturwissenschaft am Ausgang des 19. Jahrhunderts abhängig, das heißt, sie sind durch eine materialistisch-kausaldeterminierte Wissenschaftsgesinnung festgelegt. Dieser Fixierung begegnet Jung bei Freud im gleichen Maße. Bei aller Fortschrittlichkeit, durch die sich bereits die Psychoanalyse in ihrer frühen Form von der herkömmlichen Seelenforschung abhob, ist doch nicht zu verkennen, daß sie philosophisch von dem Erkenntnispessimismus ihrer Zeit eingeengt war. Das Bild des Menschen, das ihr zugrunde lag, basierte letztlich auf der Unfreiheit. Auf der kausalen Bedeutung der Libido war Freuds Programm des Lustprinzips gegründet. Die spätere Ich-Psychologie Freuds überwindet die rein kausalistische Betrachtungsweise. Das, was sich Freud und dem anfänglichen Psychoanalytiker Jung als seelische Wirklichkeit zu erkennen gab, wurde in seiner Triebgebundenheit, also in biologischer Bedingtheit vorgestellt. Ohne die Wichtigkeit und Heilsamkeit dieser »Entthronung« des Menschen verkennen zu wollen, muß man doch sagen, daß auf die Phase einer einseitig idealistisch ausgerichteten Anthropologie und Psychologie eine Lehre von Mensch und Seele gefolgt war, deren Basis eine Trieblehre mit sexuellem Vorzeichen darstellt. »Objektiver« Geist und der zeitgenössische »Geist der Wissenschaft« waren so gut wie identisch geworden.

Als sich der junge Arzt von der Zürcher Burghölzli-Klinik dem Begründer der Psychoanalyse anschloß, konnte Jung kaum ahnen, daß ihm ein ein halbes Jahrhundert lang andauernder Prozeß der Wandlung bevorstehen würde. (Das Werk, das die Trennung zwischen Freud und Jung markiert, wurde bezeichnenderweise mit »Wandlungen und Symbole der Libido« betitelt.) Diese Wandlung läßt sich an Jungs Psychologie selbst ablesen. Will man sich die Richtung deutlich machen, in die sich Jungs Seele-Geist-Vorstellung bewegte, dann könnte man sagen: Jungs Entwicklung erstreckte sich von einer in der »unerbittlichen Klammer des biologischen Geschehens« eingefaßten Psychologie zu einer Seelenforschung, die am Ende mit der Vorstellung von einem transpsychischen Hintergrund rechnete. In dem verhältnismäßig frühen Aufsatz »Der Gegensatz Freud und Jung« (1929) ist, spätere Entwicklungen vorweg andeutend, gesagt, welchen

Weg Jung vor sich sah: »Wir Modernen sind darauf angewiesen, den Geist wieder zu erleben, das heißt Urerfahrung zu machen. Dies ist die einzige Möglichkeit, den Zauberkreis des biologischen Geschehens zu durchbrechen.« Und im Blick auf die religiöse Dimension: »Wer diesen Aspekt der menschlichen Seele nicht sieht, ist blind, und wer ihn wegerklären oder gar aufklären will, hat keinen Tatsachensinn ... Das Rad der Geschichte soll nicht zurückgedreht und der Schritt der Menschheit zum Geistigen, der schon bei den primitiven Initiationen anhebt, soll nicht verleugnet werden. Gewiß, die Wissenschaft darf nicht nur, sondern muß sich Teilgebiete mit beschränkten Hypothesen herausschneiden; die Seele ist aber eine dem Bewußtsein übergeordnete Ganzheit, Mutter und Vorbedingung des Bewußtseins ...«[4] Freud scheitere an der Nikodemusfrage, meinte Jung. Aber damit sagte Jung nur, daß er diese Frage zu seiner eigenen machte.

Die Seele als anthropologische Basis des Geistes

Aber wovon sprechen wir überhaupt, wenn wir »Geist« sagen? Läßt sich eigentlich ein gemeinsamer Nenner für das finden, was Jung die »Wirklichkeit der Seele« nennt und was bei Steiner als »geistige Welt« bezeichnet wird? — Die Schwierigkeit, dem Geistigen zu begegnen, es zu erfahren, beginnt schon damit, daß es sich nicht als ein Objekt neben anderen Objekten dieser Welt manifestiert. Geist ist ohnehin nicht verfügbar wie Dinge, deren man in beliebiger Weise habhaft werden kann. Und doch verhüllt er sich nicht total wie ein deus absconditus, wenngleich ihm diese Neigung, sich zu entziehen, auch eignet. Uns interessiert hier vor allem die Art, *wie* der Geist sich gibt. An diesem Wie suchen wir — unter bewußtem Verzicht auf reduzierende Definitionen — einige seiner Wesensmerkmale abzulesen. Es stellt sich die Frage nach dem Verhältnis von Mensch und Geist. Die allgemeine Erfahrung zeigt, daß der Geist immer nur im Ausschnitt sichtbar wird. Der Gesamtumfang bleibt unkenntlich, jedenfalls dem rationalen Bewußtsein. Was sich aber Mal um Mal zeigt, das sind Aspekte eines größeren Ganzen, dessen Radius die Welt der Dinge und der Personen ist, die Welt des »Es« und des »Du« umgreift, durchwaltet als das »offenbare Geheimnis« (Goethe) der Wirklichkeit, als die »Tiefe des Seins«, als das, »was uns unbedingt angeht« (Tillich), als die Transzendenz *in* der Immanenz. Auf dies

Problem kam Steiner einmal zu sprechen, als er sagte, es genüge nicht »das Gewebe der Welt« nur von dem Standpunkt einer einzigen Weltanschauung anzusehen. »Es gibt nicht eine Weltanschauung, die sich verteidigen läßt, die berechtigt ist, sondern es gibt zwölf Weltanschauungen.«[5] Damit ist die Notwendigkeit, einen weltanschaulichen Standort in seiner Relativität zu sehen, unmißverständlich ausgesprochen.

Und an welche Aspekte des Geistigen ist zu denken? — Einem sehr wesentlichen Gesichtspunkt, der gleichzeitig ein Licht auf das Verhältnis von Geist und Seele wirft, sind wir schon bei Rudolf Steiner begegnet, nämlich in jenem Abschnitt seiner »Theosophie«, in der er »die geistige Wesenheit des Menschen« bestimmt und darstellt, wie der Mensch durch seine freie Anerkennung der Denkgesetze zum »Angehörigen einer höheren Ordnung (wird), als diejenige ist, der er durch seinen Leib angehört«[6]. Diese *Ordnung* wird von Steiner »die geistige« genannt. Unnötig hinzuzufügen, daß diese Feststellung nicht etwa eine totale Identität von Denken und Geist impliziert. Zu bemerken ist ferner, daß nach Steiner dieses Geistige, unter dem anthropologischen Aspekt betrachtet, mit dem Seelischen in enger Beziehung steht, obwohl es sich von ihm ähnlich dimensional unterscheidet wie das Seelische vom Physischen. Dieses Seelische bildet »die Grundlage für das Geistige, wie das Leibliche Grundlage für das Seelische ist«.

Hier stellt sich die Aufgabe der Besinnung auf das eigene Selbst, das Personsein des Menschen. Was bringt eine derartige Besinnung zuwege? — Für unsere Ausgangsfrage nach dem Verhältnis von Seele und Geist ist wichtig, daß die geforderte Selbstbesinnung einen wichtigen Geist-Aspekt sichtbar zu machen vermag. An einem Beispiel läßt sich das Gemeinte veranschaulichen: Der Betrachter eines Natur- oder Kunstgegenstandes entwickelt Gefühle der Freude und der Bewunderung (vielleicht auch das Gegenteil). Diese Gefühle gehören der eigenen Innenwelt, der Seele eben dieses Betrachters an. Sie erweisen sich insofern als subjektive Tatsachen, als ein anderer Betrachter des gleichen Gegenstandes ganz andere Gefühle entwickeln wird.

Auf einer anderen Ebene bewegt sich das Denken, dessen Gesetze eben nicht auf das jeweilige Individuum beschränkt Gültigkeit haben, sondern auf objektive Tatsachen bezogen sind. »Der Mensch blickt zum gestirnten Himmel auf, das Entzücken, das seine *Seele* erlebt, gehört ihm an, die ewigen Gesetze, die er im Gedanken erfaßt, gehören nicht ihm an, sondern der Sternenwelt.« So verhält sich das spezifisch Seelische zum *Geistigen* wie ein *Subjektives* der eigenen Innerlichkeit zum *Objektiven,* dem dieses Innen untergeordnet ist. Das in der Seele eingebettete *Ich* (im Sinne Steiners) — so könnten wir fortfahren — erfüllt eine doppelte Aufgabe: einerseits lebt sich in ihm das Seelische in seiner Einmaligkeit, Unverwechselbarkeit aus; zum anderen ist dieses individuelle Ich fähig, das Objektiv-Geistige in sich und damit im Menschen aufzunehmen. Diese Fähigkeit wird in dem uns geläufigen Wachbewußtsein durch die Denkkraft geübt. Freilich wissen wir, daß dieses Denken auch in der entwickelten Form des »reinen Denkens« nur *eine* Form ist, der geistigen Welt zu nahen. Um in die übersinnliche Welt tiefer einzudringen, ist die Erlangung höherer Bewußtseinsarten (Imagination, Inspiration, Intuition) nötig.

Die Seele wird auf diese Weise zum Schauplatz, auf dem sich das Geistige ereignet. Das Feld der Seele ist es, auf dem das Wurzeln schlägt, wächst und Frucht trägt, was vom Geistigen her befruchtet worden ist. Die Seele ist es, in die der Prägestempel des Geistes seine Signaturen eingräbt. Denkend, fühlend, wollend ergreift der Mensch als Seelenwesen in Freiheit, was die geistige Welt ihm entgegenbringt. Geist, wie Steiner ihn versteht, ist nicht einfach identisch mit dem Unbewußten im Sinne C. G. Jungs, aber aus einer zunächst unbewußten Sphäre heraus, dem Bewußtsein vernehmbar, tönt der Anruf des Geistes. Der Geist tritt auf diese Weise mit dem bewußten Ich in Verbindung, das in der Seele eingebettet ist [7]. Haben wir das Verhältnis von Geist und Seele im Verhältnis eines Objektiven zu einem Subjektiven gesehen, so könnte nun gesagt werden: Geist verhält sich zur Seele wie ein Inhalt eines Gefäßes zum Gefäß selbst. Die enge Wechselbeziehung von Seele und Geist tritt in der Terminologie Steiners in der Bezeichnung vom »Seelisch-Geistigen« in Erscheinung. Auf die entwicklungspsychologische und auf die praktisch-pädagogische Ebene angewandt heißt das, daß das Seelisch-Geistige des heranwachsenden Menschen in bestimmten Entwicklungsschritten der physischen Leibesgestalt eingeprägt wird. Es findet ein Inkarnationsvorgang statt, dem bis in die methodisch-didaktische Durchführung des Unterrichts hinein Rechnung zu tragen ist. In der von Rudolf Steiner entwickelten Waldorfpädagogik geschieht dies seit mehr als fünfzig Jahren. Entsprechende Konsequenzen sind in der anthroposophisch orientierten Heilerziehung fruchtbar gemacht [8].

Wir sind damit dem Geistigen unter dem Aspekt des *Überindividuellen* begegnet. Zwei weitere Aspekte seien noch aufgeführt. Der eine ergibt sich aus dem Gesagten bereits. Es ist der Aspekt der *Ordnung*. Ordnung basiert auf Gesetzmäßigkeiten. An ihnen lassen sich geistige Tatsachen bedenken. Dieser Ordnungsbegriff darf nur nicht zu eng gefaßt werden, da auch das Paradoxe, das — scheinbar — Widersprüchliche der Wirklichkeit noch und gerade Ausdruck des umfassenden Geistes ist. Wird auf den Einbezug des Widersprüchlichen verzichtet, dann ermangelt dem Wirklichkeitsverständnis die polare Spannung, das heißt, es fehlen die Grundelemente des Wirklichen überhaupt. Wo aber Geist als ein Umgreifendes (coincidentia oppositorum) verstanden werden kann, wo »Höhe« oder »Tiefe« auf die übergeordnete Dimension hinweisen, wo Individuelles (Seelisches) in einem Überindividuellen aufgehoben erscheint, da enthüllt sich als weiterer Geistesaspekt der *Sinn*. Es ist ein Aspekt, an dem wohl am ehesten deutlich gemacht werden kann, wie sehr der Geist als eine Realität, als ein Wirkendes und als ein Bergendes verlorengegangen oder zumindest für viele unzugänglich geworden ist. Wo die Egoität, das heißt, ein sich nur um sich selbst drehendes Seelisches, das »in se curvatum« nennt es Luther, das Überindividuelle ignoriert, entsteht Geistes-Blindheit; wo das Chaotische die Ordnung zerstört, da entbirgt sich statt der Sinnhaftigkeit die Absurdität, die Welt ohne Hoffnung. Mit dem Geistverlust geht die Seele in ihrer Ganzheit verloren. Das Problem ist seit Jahrtausenden bewußt, es ist das Problem des Menschen schlechthin, wenn Jesus im Evangelium sagt: Was hülfe es dem Menschen, wenn er die ganze Welt gewönne und nähme doch Schaden an seiner Seele! — Welche aktuelle Symptomatologie zutage tritt, ist jedem psychotherapeutisch Geschulten geläufig [9]. Umgekehrt ist allgemein bekannt, wie die Sehnsucht nach seelischer Vertiefung, der letztlich ein Verlangen nach Geisterkenntnis zugrunde liegt, auf den verschiedenen Wegen und Abwegen gesucht wird. Die Abwege reichen von mystischen Schwärmereien mit hysterisch-pathologischen Begleiterscheinungen bis hin zum Drogenmißbrauch und zu schwarzmagischen Praktiken.

Auf dem Wege zur Geisterfahrung

Was also hat zu geschehen, um »unser Urständen im Geist«, wie es Rudolf Steiner in Anlehnung an eine Wortprägung Jakob Böhmes genannt hat, neu zu erfahren und zu begründen? Verbale pastorale Ermahnungen und Hinweise auf das Absolute, auf Ordnung und Sinn genügen schon deshalb nicht, weil »das Wort in den Wörtern« (Karl Barth) selbst verstummt und seine verpflichtende Autorität von einst geschwunden ist. Der Geist läßt sich in seiner Kundgabe als der Sinn eben nicht rational begründen, definieren oder dozieren. Er muß sich ereignen. Die Zeit der Appelle, der Deklamationen und der Manifeste ist vorüber, jedenfalls wenn eine Verwandlung des Menschen in Gang kommen soll. Die bloße Information über Sachverhalte muß durch die Möglichkeit der Selbsterfahrung vertieft werden. »Es wird gewöhnlich nicht genügend berücksichtigt, daß das Geistige ein Lebendiges ist; und dasjenige, was lebt, muß auch im vollen Leben erfaßt werden ...«[10] »Die meisten Menschen reden, wenn sie heute vom Geiste reden, von etwas ganz Abstraktem, Weltenfremden, nicht von etwas, das in das alltägliche Leben einzugreifen vermag.«[11]

Die Einsicht in die Notwendigkeit einer Erfahrung, die einerseits auf das konkrete Leben bezogen ist und die doch in tiefere Bezirke seelischer Wirklichkeit einzudringen vermag, hat C. G. Jung den Weg gewiesen. Seine therapeutische Aufgabe trat ihm in den verschiedensten Krankheitsbildern und Menschenschicksalen vor Augen. Es ist verhältnismäßig leicht, nachzuweisen, wie unpräzise sein Reden von Seele und Geist ist. Zweifellos bleiben in dieser Hinsicht eine Reihe von Wünschen offen. Jungs Kritiker dürfen nur nicht vergessen, daß der Psychologe seinen Weg an einer psychiatrischen Klinik und nicht an einem philosophischen Seminar mit erkenntnistheoretischen Untersuchungen begonnen hat, und dies unter den erwähnten Voraussetzungen, mit denen die Naturwissenschaft und Psychologie am Ende des 19. Jahrhunderts arbeiteten. Jung selbst hat immer wieder auf diesen Sachverhalt seiner Aufgabenstellung aufmerksam gemacht. In der Vorrede zur 2. Auflage (1934) zu »Die Beziehungen zwischen dem Ich und dem Unbewußten« heißt es unter Hinweis auf »28 Jahre psychologischer und psychiatrischer Erfahrung« unter anderem: »Es handelt sich nicht um ein ausgeklügeltes Gedankensystem, sondern um die Formulierung psychischer Erlebniskomplexe, welche noch nie Gegenstand einer wissenschaftlichen Betrachtungsweise waren. Da die Seele ein irrational Gegebenes ist und keineswegs nach altem Vorbild mit einer mehr oder weniger göttlichen Vernunft gleichgesetzt werden kann, so darf man sich auch nicht wundern, daß wir in der psychologischen Erfahrung überaus häufig auf Vorgänge und Erlebnisse stoßen, welche unserer vernünftigen Erwartung nicht entsprechen und infolgedessen von unserem rationalistisch eingestellten Bewußtsein verworfen werden.«[12] Der Textzusammenhang sagt selbst deutlich genug, unter welchem Skopus diese Feststellung getroffen worden ist.

Als einer, der eben nicht Philosoph, sondern »ein bloßer Empiriker« ist, den nicht in erster Linie ein Erkenntnisbedürfnis leitet, sondern der Wille und die berufliche Notwendigkeit des Arztes, dem psychisch Erkrankten möglichst unverzüglich zu helfen, mußte er symptomatologisch vorgehen, also den Leidenden mit dem annehmen, was er als Stimmen und als Gestaltungen des Unbewußten mitgeteilt bekam; es galt, von den Symptomen zu den zugrunde liegenden Ursachen vorzudringen, und zwar tastend, experimentierend, mehr aus einem »dunklen« als aus einem klaren »Vorherwissen« heraus. Auch wenn Jungs Ergebnisse nicht auf einem Weg gefunden wurden, der von ihm immer klar überschaut werden konnte, so ist doch zu respektieren, was er hierüber zu sagen hat: »Meine wesentlichsten Anschauungen und Begriffe sind aus diesen Erfahrungen abgeleitet. Zuerst bestanden die Beobachtungen, und erst nachher habe ich mühsam mir darüber Auffassungen gebildet. Und so geht es auch der Hand, die den Zeichenstift oder den Pinsel führt, dem Fuß, der den Tanzschritt macht, dem Sehen und dem Hören, dem Wort und dem Gedanken: ein dunkler Impuls entscheidet letzthinig über die Gestaltung, ein unbewußtes Apriori drängt zur Gestaltwerdung ...«[13] Ein »dunkles Vorherwissen«, sofern von »Wissen« überhaupt die Rede sein darf, hatte die Initiative ergriffen. Jungs autobiographischer Lebensbericht ist voll von derartigen Führungen.

Von dieser Grundeinstellung her ist es durchaus verständlich, weshalb Jung sein Nichtwissen um das, was »Geist« an sich, was »Leben« an sich ist, unumwunden eingesteht. Man darf nur eben nicht übersehen, daß dieses Nichtwissen auf eine rein *denkerische* Bewältigung von Lebensproblemen zu beziehen ist. Es ist andererseits nicht zu leugnen, daß sich in dem Nichtwissen wiederum eine docta ignorantia verbirgt, ein weisheitsvolles Nicht-Wissen. »Er strebt über das gedanklich erreichbare Wissen hinaus zu einem Seelenzustand, in dem dies Wissen aufhört und die Seele ihrem Gotte in der ›wissenden Unwissenheit‹, der docta ignorantia, begegnet«, schreibt Steiner über Nicolaus Cusanus[14]. Entsprechendes ließe sich auch über C. G. Jungs Bewertung des Wissens sagen. Denn: »Nicht die Wahrheit zu ›wissen‹ tut uns not, sondern sie zu erfahren. Nicht eine intellektuelle Anschauung zu haben, sondern den Weg zur innern, vielleicht wortlosen, irrationalen Erfahrung zu finden, das ist das große Problem«, heißt es im Vorwort zu Jungs Aufsatzsammlung »Seelenprobleme der Gegenwart« (1930). Eine Konfrontation mit Rudolf Steiner führt uns an diesem Punkt zu folgender Feststellung:

Zum ersten: Jung und Steiner stimmen miteinander darin überein, daß ein bloßes Wissen, eine bloße Rationalität zu keiner echten Problemlösung führt; denn »indem wir denken, sind wir nicht, denn im Denken haben wir nur das Bild des Wirklichen ... Wir müssen uns bewußt werden des Spiegelcharakters unserer Vorstellungswelt, des Spiegelcharakters unserer Gedankenwelt«. [15]

Andererseits gehen Steiner und Jung getrennte Wege in der Einschätzung des Denkens, wenn es darum geht, in die Bereiche des Unbewußten bzw. des Übersinnlichen vorzustoßen. Während Jung auf direktem Weg zur Untersuchung der Gestaltungen des Unbewußten schreitet, zu dem Seelengut also, das ihm seine Patienten in Form von Träumen, Phantasien, Assoziationen bringen, hält es Steiner für nötig, den Weg *durch* die Rationalität zu gehen, freilich nicht um dort stehenzubleiben, sondern um dort — wie schon gesagt — jene Klarheit zu gewinnen, die für eine zuverläßliche Erforschung des Übersinnlichen erforderlich ist.

Jungs Ausgangspunkt erklärt demnach auch seine Stellung zu dem, was er Geist nennt. Näherliegend als er ist ihm die Seele, das Psychische überhaupt, das allem Menschentun anhaftet: »So muß ich wohl zunächst statt von Leben, vom lebenden Körper und, statt von Geist, vom Seelischen reden. Dies geschieht nun keineswegs, um der gestellten Frage in eine Betrachtung über Leib und Seele auszuweichen; im Gegenteil, ich hoffe gerade mit Hilfe der Erfahrungsgrundlage dem Geiste zu einem wirklichen Dasein zu verhelfen ...« [16] Während nun Steiner — wie gesagt — schon am Beginn seiner wissenschaftlichen Tätigkeit um Geisterkenntnis bemüht ist und in dieser Bemühung zu inmmer neuen Steigerungen (in der Herausbildung der Geisteswissenschaft) und schließlich zu bestimmten Konkretionen (auf den verschiedenen Arbeitsfeldern der anthroposophischen Bewegung) gelangte, mußte Jung in einem nicht weniger mühsamen Ringen experimentelle Pionierarbeit leisten und sich einem fortwährenden Revisionsprozeß seiner wissenschaftlichen Anschauungen aussetzen. Seine im Laufe der Zeit sich wandelnden Vorstellungen vom Psychischen und von einem Transpsychischen spiegeln etwas von diesem Revisionsprozeß wider.

Wenn Jung von der totalen Umschlossenheit der menschlichen Erkenntnis, somit von deren Abhängigkeit von psychischer Realität spricht — »Alles, was wir je wissen können, besteht aus psychischem Stoff« — und in der Psyche das »einzig Unmittelbare, das allerrealste Wesen« erblickt, so scheint das zunächst auf einen Erkenntnispessimismus hinzudeuten, zumal Jung auf Grund seiner Anlehnung an die Erkenntnistheorie Kants über die angebliche Begrenzung menschlichen Erkenntnisvermögens keinen Zweifel aufkommen läßt. Für ihn steht deshalb auch fest, daß »wir das Wesen des Seelischen in letzter Linie nicht verstehen« [17]. Denn: »Die Frage nach der Substanz des Beobachteten ist in der Naturwissenschaft nur dort möglich, wo sich ein archimedischer Punkt außerhalb findet. Für die Psyche fehlt ein solcher Standpunkt außerhalb, weil ja nur die Psyche die Psyche beobachten kann. Infolgedessen ist die Erkenntnis der psychischen Substanz unmöglich«, und als ahnte er die Notwendigkeit einer Einschränkung dieser Feststellung, fügt Jung hinzu: »wenigstens für unsere jetzigen Mittel« [18]. An dieser seiner theoretischen Grundposition, die bis ins Alterswerk hinein Gültigkeit hat, konnte Jung praktisch nicht festhalten. Sie blieb nicht sein letztes Wort. Denn wenn Jung davon spricht, daß der Mensch von psychischen Bildern umgeben sei, so besagt dies ja gleichzeitig, daß die in der Psyche entstehenden Bilder die Existenz und die Wirksamkeit einer objektiven geistigen Welt, an der Jung persönlich nicht gezweifelt hat, auch wenn er darüber nicht theoretisiert, voraussetzen. Die Bedeutung von Bild und Symbol in der Jungschen Psychologie liegt eben darin, daß ein Symbol nicht nur Zeichen im nominalistischen Sinne ist, sondern daß es jeweils Wirklichkeit repräsentiert, auf Wirklichkeit hindeutet. Der unverfügbare, dem Psychischen transzendente Archetypus, rückte erst nach und nach in den Bereich seiner Forschung und Hypothesenbildung. Die Anerkennung eines Transpsychischen gehört zu den Resultaten, zu denen Jung am Ende seines Schaffens gelangte.

Als ein neues Element taucht der Begriff des Archetypus, wie Liliane Frey-Rohn nachgewiesen hat, zuerst 1919 in »Instinkt und Unbewußtes« auf. »Bis ungefähr zum Jahre 1921 bezeichnete er das archaische Bild als ›urtümliches Bild‹. Von da an verwendete er auch den Ausdruck ›Archetypus‹ bzw. ›archetypisches Bild‹ hierfür — ein Ausdruck, der sich immer mehr einbürgerte ... In späteren Jahren unterschied Jung zwischen archetypischem Bild und zwischen ›Archetypus‹, wobei er letzteren im Sinne allgemeiner Modelle des

Auffassens verstand, ersteres hingegen auf symbolische Manifestationen und Bildausdrücke des ›Archetypus‹ einschränkte.« [19] In einer stetigen weiteren Differenzierung der Begrifflichkeit schlug sich eine Ausweitung des psychologischen Erkenntnishorizontes nieder. Diese Erweiterung kann geradezu als ein Überschreiten der bis dahin notwendigen Begrenzungen bezeichnet werden. Eine neue Dimension kam in Sicht. Diese Dimension bzw. diese Sichterweiterung ist eigentlich schon im Terminus »Archetypus« ausgedrückt, wenn man »Arche« als Hinweis auf das Anfängliche, Urtümliche, den Urgrund versteht, den »Typus« hingegen als Prägung oder vielmehr als Wirkung eines Stempels deutet. Geprägtes aber setzt ein Prägendes voraus, selbst wenn sich über dieses »jenseits« des Geprägten liegende Prägende keine zureichenden Aussagen machen lassen sollten. Anfang der vierziger Jahre spricht sich Jung darüber in diesem Sinne aus. Hier setzt er sich nicht nur mit der Theologie auseinander, die sich zwar Aussagen über die Allgewalt Gottes und über die Gültigkeit der religiösen Dogmen erlaubt, jedoch dem Gedanken, Gott könne sich in der Seele manifestieren, skeptisch gegenübersteht. Jung fügt auch hinzu: »Der religiöse Standpunkt faßt den Typus als Wirkung des Stempels auf; der wissenschaftliche dagegen faßt ersteren als Symbol eines ihm unbekannten und unfaßbaren Gehaltes auf.« [20] Offensichtlich hat Jung zu diesem Zeitpunkt bereits mit der Wahrscheinlichkeit eines objektiven Seelenhintergrundes gerechnet. Jedenfalls bestätigt sich diese Vermutung, wenn man sich seinem letzten großen Werkabschnitt zuwendet, in dem er den in der klassischen Physik üblichen Kausalitätsbegriff, den Begriff der Determiniertheit also, durch ein neues Erklärungsprinzip ersetzt, und zwar erstaunlicherweise im Dialog mit der modernen Physik. Angesichts der *Synchronizitäts*phänomene, die durch eine ursachelose Anordnung ähnlich motivierter Ereignisse oder Vorgänge charakterisiert sind, gelangt Jung zu der Erkenntnis, »daß die Welt außen und innen auf transzendentalen Hintergründen ruht« [21]. Die Wechselbeziehung, genauer: das Komplementaritätsverhältnis von Materie und Geist wird nachweisbar: »Da Psyche und Materie in einer und derselben Welt enthalten sind, überdies miteinander in beständiger Berührung stehen und schließlich beide auf unanschaulichen transzendentalen Faktoren beruhen, so besteht nicht nur die Möglichkeit, sondern sogar auch eine gewisse Wahrscheinlichkeit, daß Materie und Psyche zwei verschiedene Aspekte einer und derselben Sache sind. Die Synchronizitätsphänomene weisen, wie mir scheint in diese Richtung, indem ohne kausale Verbindung Nicht-Psychisches sich wie Psychisches et vice versa verhalten kann. Unsere gegenwärtigen Kenntnisse erlauben uns allerdings nicht viel mehr, als die Beziehung der psychischen und materiellen Welt mit zwei Kegeln zu vergleichen, deren Spitzen sich in einem unausgedehnten Punkt, einem eigentlichen Nullpunkt, berühren und nicht berühren.«[22] Damit ist, wie Liliane Frey-Rohn zusammenfaßt, der Schritt von der subjektiven zur objektiven Betrachtungsweise bzw. von der archetypischen Vorstellung zum Trans-Psychischen des Archetypus an sich getan. Der Hintergrund der empirischen Welt, den die Alchemisten des Mittelalters den Unus Mundus genannt haben, ist gedanklich faßbar geworden. — Soviel zu den Stadien auf dem langen Weg der Seelenforschung, den Liliane Frey-Rohn in dem genannten Werk als den Weg von Freud zu Jung in allen wichtigen Phasen nachgezeichnet hat.

Nun ist Jungs Zurückhaltung als Wissenschaftler von den einen nicht gesehen worden, die ihn als Exponenten eines Psychologismus zu brandmarken suchten; und diese Zurückhaltung ist von den anderen nicht gewürdigt worden, die vorschnell meinten, der Psychologe habe doch eigentlich Transzendenzbeweise geliefert. Diese Zurückhaltung Jungs, liegt — mit Goethe zu reden — darin, das Erforschliche der archetypischen Bilder zwar nach Maßgabe seiner Erkenntnismittel erforscht zu haben, das (ihm) Unerforschliche aber des übergeordneten, ordnenden Archetypus »in Demut zu verehren«. In der Tat ist Jungs Psychologie eine Forschungsart, die der Wissenschaftlichkeit den ihr zukommenden Tribut zollt, indem sie Fakten sammelt, Belege zusammenträgt und Deutungen ermöglicht. Sie ist aber zugleich eine Wissenschaft, die an die Ehrfurchtsfähigkeit des Menschen appelliert, die Ehrfurcht vor dem, was über uns ist, provoziert. »Den Pfad der Verehrung, der Devotion gegenüber der Wahrheit und Erkenntnis« hat Rudolf Steiner als eine Grundvoraussetzung jener Schulung bezeichnet, die zu einer Empirie höherer Ordnung vordringen will. »Höhe des Geistes kann nur erklommen werden, wenn durch das Tor der Demut geschritten wird«, heißt es in dem elementaren Schulungsbuch »Wie erlangt man Erkenntnisse der höheren Welten?« [23]; ferner, »daß jedes in der Seele entwickelte Gefühl von wahrer Devotion eine Kraft entwickelt, die in der Erkenntnis früher oder später weiterführen kann.«

Einer empfindlichen Verletzung des Ehrfurchtsgebotes käme es gleich, versuchte auch der Seelenforscher das Unvergängliche, Ewige, Schöpferische, das in der Psyche erfahren wird, in die Schablonen abstrakter Definitionen der Ratio zu zwängen. Was gemeint ist, wird deutlich, wenn man sich — z. B. im Gespräch zwischen Psychologie und Theologie — Jungs klare Unterscheidung zwischen dem in der Seele des Menschen sich manifestierenden Gottesbild auf der einen und dem deus absconditus als dem bewußtseinstranszendenten Gott auf der anderen Seite vergegenwärtigt. Da Jung konsequenterweise Psychologe sein und bleiben will, da er keine theologischen, keine auf die religiöse Verkündigung zielende Mitteilungen machen will, beziehen sich seine Forschungsresultate *ausschließlich* auf das in der Seele sich manifestierende, in Bildern und Symbolen sich ausdrückende Material. Diese gewissenhafte Selbstbeschränkung ist zu respektieren. Mit Beweisen für oder gegen die Existenz eines Transzendenten haben diese Äußerungen nichts gemein. Hervorheben muß man aber, daß Jung ebensowenig einen Zweifel an bewußtseinstranszendenter Realität aufkommen läßt. In seinem Spätwerk wird dies besonders evident. Diese seine Gewißheit befähigte den Tiefenpsychologen zu bekenntnishaften Geständnissen. Sie dürfen nur eben nicht in wissenschaftliche Beweise umgemünzt und damit auf eine ganz andere Ebene transferiert werden. Zeugnisse dieser Art beruhen auf intimen (Geist-)Erfahrungen. Erfahrungen lassen sich nicht auf andere übertragen. Jeder muß sich selbst in den Zustand versetzen oder die Voraussetzungen für den Empfang derartiger Erfahrungen vorbereiten. Bereiten heißt hier bereit sein. Zeit und Stunde für den Empfang des Unverfügbaren läßt sich nicht bestimmen. In der Sprache der Religion ist das, was sich als höheres Wissen mitteilt, ohne beeinflußt werden zu können: *Offenbarung;* die Bedingung, unter der sie zuteil wird, ist ein Unbedingtes: *Gnade;* das Geschehen, die unverfügbare, wirkende Wirklichkeit: *Geist.* Der Geist weht, wo er will! Mit dem Geistesforscher hat der Seelenarzt dies gemeinsam, daß beider Werk im Vorhof der Geistesmitteilung beginnt und endet. Unter Berufung auf Thomas von Aquin hat es Rudolf Steiner ein Praeambulum fidei, ein Vorspiel des Glaubens, genannt[24]. (Hierzu Exkurs: Seelen- und Geistesforschung als Praeambulum fidei.)

Bei Jung findet sich zweierlei: Einmal sein Insistieren auf Standort und Auftrag des Empirikers, der es sich versagen muß, metaphysische oder ins Metaphysische reichende Aussagen zu machen; zum andern sein faktisches Transzendieren, das heißt das ständige Überschreiten der Grenzen der fachlichen Zuständigkeit, wie sie die traditionelle Wissenschaft eingehalten wissen will. (Wer ihm die einer Disqualifikation nahekommende Metabasis vorwerfen will, gibt damit nur zu erkennen, daß er es selbst nicht wagt, eine die Bruchstückhaftigkeit des wissenschaftlichen Spezialistentums zu überwinden trachtende Sichtweise anzustreben.) Obwohl sich Jung dazu verpflichtet sah, die durch Kants »Kritik der reinen Vernunft« gezogene Erkenntnisbegrenzung grundsätzlich zu respektieren, ist er als Psychologe dennoch ein Grenzgänger geworden. Unschwer lassen sich Zeugnisse aus seiner Feder dafür beibringen, die jeden gesicherten »Blick nach drüben« in Abrede stellen oder doch zu stellen scheinen. Im Geleitwort zu T. Suzukis »Die große Befreiung« findet sich z. B. der erkenntnispessimistisch anmutende Passus: »Selbstverständlich können wir nie endgültig entscheiden, ob jemand *wirklich* ›erleuchtet‹ oder ›erlöst‹ sei, oder ob er es sich bloß einbildet. Dazu fehlen uns alle Kriterien. Überdies weiß man zur Genüge, daß ein eingebildeter Schmerz oft viel peinlicher ist als ein sogenannter wirklicher, indem sich dazu noch ein subtiles moralisches Leiden gesellt aus der dumpfen Ahnung eines geheimen Selbstverschuldens. Es handelt sich also nicht in diesem Sinne um ›Tatsächlichkeit‹, sondern um die *seelische Wirklichkeit*, nämlich das psychische Geschehen des als Satori bezeichneten Vorganges.« Kaum weniger verblüffend wirkt es, wenn Jung fortfährt: »Alles seelische Geschehen ist ein Bild und eine Ein-Bildung, sonst könnte ja gar kein Bewußtsein und keine Phänomenalität des Vorganges existieren. Auch die Einbildung ist ein psychischer Vorgang, weshalb es völlig irrelevant ist, ob eine Erleuchtung ›wirklich‹ oder ›eingebildet‹ genannt wird.« [25]

Das mutet alles so an, als ob eine auf Selbsttäuschung basierende Einbildung denselben Wert oder Unwert hätte wie das Ergebnis eines tatsächlichen Initiationsvorgangs. Jung fügt immerhin bedeutsam hinzu: »Der, welcher eine Erleuchtung hat oder zu haben vorgibt, meint auf alle Fälle, erleuchtet zu sein. Was andere davon halten, entscheidet für ihn in bezug auf seine Erfahrung gar nichts.« Der

Schwerpunkt liegt offensichtlich auf der Eigenerfahrung. Sie ist jedes Zweifels anderer enthoben. Sie ist keines Beweises fähig; sie ist auch keines Beweises bedürftig. An diesem Punkt wäre an Rudolf Steiners Antwort zu erinnern, die er auf die Frage nach Beweisen für geisteswissenschaftliche Mitteilungen gegeben hat. Bereits im Vorwort zur ersten Auflage von »Geheimwissenschaft im Umriß« (1909) findet sich der Hinweis, daß es darauf ankomme, nicht etwa auf blinden Glauben hin Schilderungen der geistigen Welt hinzunehmen, das Vorgebrachte sei vielmehr an dem Erkenntnisvorgang der eigenen Seele zu messen. Die für die Entgegennahme geisteswissenschaftlicher Aussagen erforderliche Seelenbetätigung habe in sich selbst »Beweiskraft«. Beweise, wie sie beispielsweise im Sinne der äußeren Naturwissenschaft gefordert werden können, lenken eigentlich von der Sache weg, die es angeblich zu beweisen gilt. Sie lenke gewissermaßen auf die Außenseite der Wirklichkeit, während die von der Seele zu erfahrenden Tatsachen »innen«, in der Seele selbst liegen, somit durch kein »äußeres« Kriterium zu erreichen sind. »Der geisteswissenschaftliche Darsteller muß diese Seelenbetätigung in den Vordergrund stellen; denn der Leser gelangt nur zu den Tatsachen, wenn er diese Seelenbetätigung in rechtmäßiger Weise zu seiner eigenen macht. Diese Tatsachen sind nicht wie in der Naturwissenschaft — allerdings unbegriffen — auch *ohne* die Seelenbetätigung vor der menschlichen Wahrnehmung; sie treten vielmehr in diese nur *durch* die Seelenbetätigung. Der geisteswissenschaftliche Darsteller setzt also voraus, daß der Leser mit ihm gemeinsam die Tatsachen *sucht*... Man lernt erkennen, daß für die naturwissenschaftliche Darstellung das ›Beweisen‹ etwas ist, was an diese gewissermaßen von außen herangebracht wird. Im geisteswissenschaftlichen Denken liegt aber die Betätigung, welche die Seele beim naturwissenschaftlichen Denken auf den Beweis wendet, schon in dem Suchen nach den Tatsachen. Man kann diese nicht finden, wenn nicht der Weg zu ihnen schon ein *beweisender* ist. Wer diesen Weg wirklich durchschreitet, hat auch schon das Beweisende erlebt; es kann nichts durch einen außen hinzugefügten Beweis geleistet werden.« [26]

Es liegt auf der Hand, daß hier viele Mißverständnisse möglich sind, die die Analytische Psychologie als empirische Wissenschaft ebenso betreffen können wie die Anthroposophie. Es ist keinesfalls ausgeschlossen, daß Anthroposophen und Psychologen sich in diesem Punkt wechselseitig mißverstehen können. Und doch kommt es bei beiden Richtungen letztlich auf ein und dasselbe entscheidend an: auf die Erfahrung. Sie läßt sich durch das umfänglichste Wissen niemals ersetzen. Die bloße »gläubige« oder auch nur kritische Entgegennahme von anthroposophischen oder psychologischen Lehrinhalten bewirkt nichts, solange der Betreffende nicht bereit und in der Lage ist, den diesen Theorien innewohnenden Impuls in der eigenen Seelenbetätigung zu realisieren. Deshalb Steiners unerläßliche Forderung, der Geistesschüler müsse »ein völlig unmittelbares Verhältnis zur objektiven Geisteswelt« bekommen. Es sei viel wichtiger als seine Beziehung zum Geisteslehrer, der mit dem östlichen Guru nicht ohne weiteres zu vergleichen ist. Was sich *in* der eigenen Seele begibt, ist für die geistige Schulung das Ausschlaggebende. Eine analoge Einsicht hat die Tiefenpsychologie seit Freud zu nutzen gewußt, seitdem sie die (Lehr)Analyse des Analytikers fordert, die sich durch kein Examen und durch kein akademisches Diplom ersetzen läßt.

Kehren wir zu Jungs verblüffend scheinenden Äußerungen zurück, dann werden noch manche Fragen offenbleiben, was die einem Seelenerlebnis zugrundeliegende und in der Seele hereinwirkende geistige Realität anlangt. Bezeichnend ist es immerhin, daß Jung unmittelbar vor der zitierten Stelle zu Suzukis »Die große Befreiung« nochmals eigens betont, unter welchem Gesichtspunkt seine Anmerkungen zum Satori-Erlebnis des Zenisten einzig und allein gemacht werden: »Da ich mir hiemit — aus wissenschaftlicher Selbstbescheidung — keine metaphysische Aussage anmaße, sondern eine erfahrbare Bewußtseinsveränderung meine, so behandle ich das Satori zunächst als *psychologisches Problem.*«[27]

Es geht keinesfalls an, Jung auf Grund bestimmter Stellen seines Werkes Agnostizismus zu bescheinigen. Eher wird bei behutsamer Interpretation im Rahmen des Gesamtkontextes etwas von der schwierigen Aufgabe deutlich, traditionelle Erkenntnishorizonte zu durchstoßen und dennoch als exakter Wissenschaftler ernstgenommen zu werden. Ein riskantes Unternehmen zweifellos!

Bekanntlich hat sich Jung — entgegen seinen expressis verbis gemachten Beschränkungen »wissenschaftlicher Selbstbescheidung« — eben nicht auf die allein »intrapsychisch« erfahrbaren »nur seelischen« Inhalte beschränkt. Er wurde seinen eigenen Grundsätzen — nolens volens? — untreu, wo er beispielsweise »Geist« nicht nur unter dem innerseelischen Aspekt bzw. unter dem vom Psychologen Jung als »seelisch« bezeichneten Gesichtspunkt als existent anerkannte. Er ließ auch den nicht weniger mächtigen, ja umfassenderen »anderen Geist« gelten: wo er den Geist-Aspekt des Archetypus dadurch kenntlich machte, daß er den Archetypus als das Prägende in seinem Verhältnis zum archetypischen Bild als zu dem Geprägten erläuterte; schließlich überall dort, wo Jung in psychischen Manifestationen Ordnungsprinzipien gewahr wurde, wo er Ganzheit und Sinnhaftigkeit wahrnahm. Wenn dies alles zugegeben werden muß, dann ist damit eine Grundlage für Wahrheit und Wirklichkeit anerkannt, die mit der Kennzeichnung »nur-psychisch« nicht mehr zureichend bezeichnet werden kann. Ihres Gesamtumfanges wegen ist diese Wirklichkeit rational überhaupt nicht zu begreifen. Die Ratio, das rationale Denken ist nur einer sektorhaften »Einsicht« fähig. Ihre perspektivische Sehweise erlaubt zwar eine Höchstform an definierbarer Klarheit, jedoch nur bei gleichzeitigem Verzicht auf Totalität [28].

Aspekte des Geistes

Was besagt das aber für unsere Ausgangsfrage nach dem Verhältnis von Seele und Geist? Inwiefern kommt Geist in den Sichtbereich des Psychologen C. G. Jung?

Ausgehend von Steiners Unterscheidung von Seele und Geist, die sich wie ein Individuelles zu einem umgreifenden Objektiven verhalten, sprachen wir davon, daß sich Geist unter bestimmten *Aspekten* anvisieren lasse. So groß die Unterschiede zwischen der Geistesanschauung Steiners und Jungs im Grundsätzlichen und im Einzelnen sein mögen, so dürfte sich doch die Frage nach etwaigen Geistaspekten bei Jung als fruchtbar erweisen.

Der Phänomenologie und Symbolik des Geistes hat C. G. Jung eingehende Untersuchungen gewidmet, angefangen von der schillernden Wortbedeutung »Geist«, die aus recht verschiedenen Sprachwendungen zu erheben ist, zu denen bald rationale, bald irrationale Phänomene gehören; über die verschiedensten historischen Darstellungsformen im Märchen, in der Alchemie als »Geist Mercurius«, im christlichen Dogma und in außerchristlichen religiösen Zusammenhängen. Das Ergebnis war entsprechend facettenreich. Einen Hauptnenner zu suchen und »Geist« definieren zu wollen, widerspräche sowohl der Arbeitsmethode Jungs als auch dem begrifflich zu bestimmenden »Objekt«. (Es muß nicht eigens betont werden, daß dadurch eine philosophische Bemühung um den Begriff des Geistes nicht nur nicht überflüssig, sondern nötig ist; man darf diese Operation nur nicht von C. G. Jung erwarten.) Wieder sind wir auf das von Steiner empfohlene Charakterisieren verwiesen.

Zur Charakteristik dessen, was sich für Jung als Geist darstellt, gehören u. a. die Faktoren des Dynamischen, das Immaterielle, dem ein »spontanes Bewegungs- und Tätigkeitsprinzip« eignet, »die Eigenschaft der freien Bilderzeugung jenseits der Sinneswahrnehmung« ferner »die autonome und souveräne Manipulation der Bilder« [29]. Hinzu tritt die Unterscheidung von »subjektivem Geist«, der auf innerpsychische Tatbestände verweist, im Gegensatz zum »objektiven Geist«. Wichtig ist dem Psychologen die Feststellung, daß die psychische Erscheinung des Geistes »archetypischer Natur« sei und auf der Existenz eines autonomen Urbildes beruhe, »das vorbewußt in der Anlage der menschlichen Psyche universell vorhanden ist« [30]. Dieser Archetypus pflegt jeweils in einer Situation in charakteristischer Gestalt aufzutreten, »in welcher Einsicht, Verständnis, guter Rat, Entschluß, Plan usw. nötig wären, aber aus eigenen Mitteln nicht hervorgebracht werden können« [31].

Legt man die bei Steiner angetroffenen klaren Unterscheidungsmerkmale für Seele als ein subjektiv, für Geist als ein objektiv Bestimmtes zugrunde, so befriedigt Jungs Katalog nicht durchwegs, weil eben dieser Gesichtspunkt unklar bleibt. Hilfreicher sind die Ausführungen, die Jung über den Geist als eine transphysische und eine transpsychische Realität macht, wobei er diese unter dem Aspekt der Ordnung betrachtet. Er erkannte das Vorhandensein von Qualitäten und Wirksamkeiten, die er (etwa vom Jahr 1946 an) als »psychoid« bezeichnete. Er tat es, um damit zum Ausdruck zu bringen, daß das Bewirkende mit der menschlichen Psyche nicht identisch sei, wohl aber in ihr gestalte. Eines der wichtigsten Kennzeichen dieses Bewirkenden liegt in der Überwindung der kausalen Gesetzmäßigkeit. Damit enthüllte sich für Jung jedoch nicht etwa ein chaotischer Hintergrund der Seele, sondern vielmehr ein Ordnungsgefüge eigener, eben akausaler Art [32]. Mit Aniela Jaffé kann man von »anordnenden Strukturformen im Unbewußten« sprechen, die einerseits die Analogie bzw. die gelegentliche Identität von Mythenmotiven und Symbolen bei Völkern aller Rassen und Länder erklären« [33], andererseits stellt sich der (im Gegensatz zum archetypischen Bild unanschaulich bleibende) Archetypus an sich als Anordner akausaler Ereignisse dar. In den sogenannten synchronistischen Phänomenen parapsychologischer oder psychologischer und physikalischer Prägung offenbart sich eine Sinngleichheit dessen, was sich unter bestimmten Voraussetzungen sowohl in der menschlichen Psyche als auch in ähnlich motivierten äußeren Ereignissen, die sich der statistischen Erfassung entziehen, zutragen kann. Dank seiner erstaunlich umfassenden und detaillierten Kenntnis der mittelalterlichen Naturphilosophie alchemistischer Prägung fand Jung heraus, daß die Vertreter der Alchemie auf Grund ihres schauenden Bewußtseins auf eine Tatsache gestoßen waren, die auf wissenschaftlichem Wege die moderne Tiefenpsychologie im Zusammenwirken mit der theoretischen Physik als einen Einheitsaspekt des Seins entdeckte oder vielmehr wiederentdeckte. Diesem bewußtseinstranszendenten Einheitsaspekt, der in den Synchronizitätsphänomenen auftritt, hat Jung den »Unus mundus« genannt. Ausdruck des Geistigen ist dieser Unus mundus insofern, als er das Psyche und Materie Umgreifende, zu einer Ganzheit Zusammenfassende repräsentiert [34].

Daß Psyche und Materie zwei Manifestationsweisen einer und derselben Wirklichkeit darstellen können, die auf den Hintergrund unserer empirischen Welt, eben auf den Unus mundus deuten, hat Jung in seinen »Theoretischen Überlegungen zum Wesen des Psychischen« (1946) folgendermaßen zusammengefaßt: »Da Psyche und Materie in einer und derselben Welt enthalten sind, überdies miteinander in beständiger Berührung stehen und schließlich beide auf unanschaulichen transzendentalen Faktoren beruhen, so besteht nicht nur die Möglichkeit, sondern sogar auch eine gewisse Wahrscheinlichkeit, daß Materie und Psyche zwei verschiedene Aspekte einer und derselben Sache sind. Die Synchronizitätsphänomene weisen, wie mir scheint, in diese Richtung, indem ohne kausale Verbindung Nicht-Psychisches sich wie Psychisches et vice versa verhalten kann.« [35]

Hier darf die Anmerkung nicht unterschlagen werden, daß Rudolf Steiner einige Jahrzehnte zuvor (1919) die Anerkennung eines solchen Einheitsaspektes des Seins als etwas bezeichnet hat, das in die heutige Kulturentwicklung einströmen müsse. Es genüge nicht, nur von einer allgemeinen abstrakten geistigen Welt zu theoretisieren. Als eine Notwendigkeit bezeichnete er es, »in der Zukunft nicht in abstrakter Weise ein Materielles und ein Geistiges zu unterscheiden, sondern in dem Materiellen selber das Geistige zu suchen, daß man es zugleich beschreiben könne als das Geistige, und in dem Geistigen den Übergang ins Materielle, die Wirkungsweise im Materiellen zu erkennen«[36]. Natürlich ist auch diese Sichtweise viel älter. In Goethes Naturschau kommt sie ebenso zum Ausdruck wie in Jacob Böhmes Theo-Kosmosophie. Und damit nähern wir uns geistesgeschichtlich schon wieder den Vertretern der Unus-mundus-Vorstellung, die eben bei C. G. Jung wissenschaftlich verifiziert wird.

Wenn es zutrifft, daß — woran wir festhalten wollen — das Geistige, die geistige Welt unter verschiedenen Aspekten betrachtet werden kann, dann darf ein Geistaspekt, der im Leben und Schaffen von C. G. Jung eine maßgebliche Rolle spielt, nicht vergessen werden: Es ist der oben genannte Aspekt des Sinnes, der Sinnhaltigkeit. Jungs langjährige Mitarbeiterin Aniela Jaffé, die sich u. a. um die Zusammenstellung der autobiographischen Aufzeichnungen »Erinnerungen, Träume, Gedanken« verdient gemacht hat, widmete dem »Mythus vom Sinn im Werk von C. G. Jung« [37] eine gehaltvolle Monographie. Es gibt allerdings Äußerungen, die beim flüchtigen Hinhören den Eindruck erwecken, als ob Jung die Sinnfrage nicht allzu ernst genommen habe. Da schreibt beispielsweise der Neunundfünfzigjährige: »Das Leben ist närrisch und bedeutend. Und wenn über das eine nicht gelacht und über das andere nicht spekuliert wird, dann ist das Leben banal; dann hatte alles kleinstes Ausmaß. Es gibt dann nur einen kleinen Sinn und einen kleinen Unsinn.« [38] Selbst noch in der Autobiographie des über Achtzigjährigen finden sich Sätze, die etwas ungeschützt niedergeschrieben zu sein scheinen: Da bezeichnet es Jung beispielsweise als »Temperamentssache« ob man glaube, es überwiege der Sinn oder die Sinnlosigkeit: »Wenn die Sinnlosigkeit absolut überwöge, würde mit höherer Entwicklung die Sinnerfülltheit des Lebens in zunehmendem Maße verschwinden. Aber das ist nicht — oder scheint mir — nicht der Fall. Wahrscheinlich ist, wie bei allen metaphysischen Fragen, beides wahr: das Leben ist Sinn und Unsinn, oder es hat Sinn und Unsinn. Ich habe die ängstliche Hoffnung, der Sinn werde überwiegen und die Schlacht gewinnen.« [39]

Trotz dieser im Unbestimmten verbleibenden Formulierungen erfuhr es Jung in der therapeutischen Praxis Mal um Mal, daß nur der Patient als »geheilt« angesehen werden darf, der den Sinn seines Lebens, seines Schicksals und damit gerade auch seiner Leiden gefunden hat. Für Jung ist Leben eigentlich nur dann gelebt und erfüllt, wenn es, wie er in »Seelenprobleme der Gegenwart« einstmals sagte, zum »Kriterium der Wahrheit des Geistes« geworden ist. Und das

Reich des Geistes wird eben dort betreten, wo sich in der Sinnfindung eine Tür öffnet [40].

Wer den Sinn findet, der findet nicht ein zusätzliches Ding innerhalb der Welt der Dinge, auch nicht ein Fragment und sei es das lange gesuchte »missing link«; denn den Sinn finden, heißt Ganzheit erleben. Im Grunde tendiert die im »Klima des Absurden« [41] gründende Existenz des Menschen auf Ganzwerdung hin. Schon in den Initiationspraktiken der Primitiven findet sich dieses Bestreben, das dort noch kaum ins Bewußtsein gehoben sein kann. Jung resümiert: »Jedes Leben ist schließlich die Verwirklichung eines Ganzen, das heißt eines Selbst, weshalb man die Verwirklichung auch als Individuation bezeichnen kann.« [42] Hier wären nun alle jene reichhaltigen Materialien und Einsichten Jungs zusammenzutragen, zusammenzuschauen — Aniela Jaffé hat das getan — um deutlich zu machen, daß Jung mit der Behandlung der Sinnfrage zur Realität des Geistigen vorgestoßen ist, auch wenn ihn die Abklärung des damit zusammenhängenden Erkenntnisproblems nicht beschäftigt hat. Unnötig zu sagen, daß das bloße Wissen um den Sinn noch nicht genügt. Entscheidend ist allein das Innewerden dieses Sinnes als eines Überindividuellen in der Einmaligkeit des je eigenen Lebens und der individuellen Seele.

Liliane Frey-Rohn hat mit Recht auf den Unbestimmtheitsfaktor hingewiesen, der den Äußerungen Jungs über die transzendentale Wirklichkeit anhafte und der jeden Anspruch auf deren Erkenntnismöglichkeit hinfällig erscheinen lasse [43]. Und wenn Jung selbst von der Existenz dieses Wirklichkeitshintergrundes persönlich überzeugt war, so konnte er aber auch nicht die Schwierigkeit leugnen, diese Dimension des Seins erkennend zu erfassen. »Die Existenz einer transzendentalen Wirklichkeit ist an sich zwar evident, aber es fällt unserem Bewußtsein ungeheuer schwer, jene intellektuellen Modelle, die das Ansich unserer Wahrnehmungen veranschaulichen sollen, zu konstruieren. Unsere Hypothesen sind unsicher und tastend, und nichts bietet uns Gewähr, daß sie einmal endgültig richtig sein könnten.« [44]

Von Rudolf Steiner her müßte man sagen: Die Beschränkung der Erkenntnismöglichkeit dieses sogenannten transzendentalen Hintergrundes ist zwar anzuerkennen, jedoch nur so lange, als es sich um »Hypothesen« oder um »intellektuelle Modelle« handelt, das heißt so lange mit einem unverwandelten Bewußtsein gearbeitet wird. Jung ist also bedingt zuzustimmen, wenn er an dieser Stelle von Mysterium coniunctionis die unmittelbare Anschauung der archetypischen Innenwelt als »zweifelhaft richtig« bezeichnet. Diese Feststellung des Psychologen setzt eben stillschweigend voraus, daß der Forscher vorerst auf eine Bewußtseinserweiterung verzichtet und sich damit die Möglichkeit nimmt, sich in dem Maße eine wissenschaftlich gesicherte Gewißheit von dem — nennen wirs jetzt — geistigen Weltenhintergrund zu verschaffen, in dem es ihm gelingt, die dafür nötigen Erkenntnisvoraussetzungen schulungsmäßig herbeizuführen.

C. G. Jung ist also auch in dieser Hinsicht über die Wirklichkeit der Seele zur Wirklichkeit des Geistes vorgedrungen; eine Erkenntnis von Seele und Geist bietet er jedoch nicht.

INITIATIONSWEG UND INDIVIDUATIONSPROZESS

Jenseits der Triebsphäre

»Der einzig noch lebendige und praktisch verwendete ›Initiationsprozeß‹ in der abendländischen Kultursphäre ist die von Ärzten verwendete ›Analyse des Unbewußten‹ ... Die ursprüngliche Form dieser Therapie ist, wie bekannt, die Freudsche Psychoanalyse ...« [1] Diese Feststellung in Jungs »Psychologischem Kommentar zum Bardo Thödol«, wird vom Verfasser damit begründet, daß die »hauptsächlich mit sexuellen Phantasien beschäftigte« Psychoanalyse der Bearbeitung jenes Gebietes entspreche, das in einem bestimmten Abschnitt des tibetischen Totenbuches behandelt wird. Gemeint ist die Phase des nachtodlichen und vorgeburtlichen Seins, da der Tote oder das im Vorgeburtlichen stehende Wesen sich anschickt, sich auf das Geborenwerden vorzubereiten. Nun erinnert Jung daran, daß der Europäer, sofern er sich mit der Bewußtmachung unbewußter Inhalte befaßt und dabei in die infantil-sexuelle Phantasiewelt »usque ad uterum« zurückgeht, gewissermaßen in umgekehrter Bewegungsrichtung bis zur Schwelle des Geburtlichen bzw. Vorgeburtlichen vorstößt. Eben diese Schwelle bedeutet aber auch zugleich die Grenze psychoanalytischer Forschung. »Man hätte es nämlich der Freudschen Psychoanalyse gewünscht, daß sie die sogenannten intra-uterinen Erlebnisspuren fröhlich noch weiter zurückverfolgt hätte; sie wäre nämlich bei dieser kühnen Unternehmung über den Sidpa Bardo hinaus von hinten in das letzte Kapitel des vorangehenden Tschönyid Bardo eingedrungen. Aber« — so fährt Jung fort — »mit dem Rüstzeug unserer biologischen Vorstellung ... wäre einer solchen Unternehmung kein Erfolg beschieden gewesen, denn dazu bedürfte es einer ganz anderen Vorbereitung als derjenigen der naturwissenschaftlichen Voraussetzung. Die konsequente Rückwärtsverfolgung hätte ja zum Postulat eines praenatalen Vorlebens, eines richtigen Bardolebens geführt, wenn es möglich gewesen wäre, wenigstens Spuren eines erlebenden Subjektes zu entdecken. Zu mehr als Vermutungen von intra-uterinen Erlebnisspuren ist es nicht gekommen, und auch das sogenannte ›Geburtstrauma‹ ist eine solche Binsenwahrheit geblieben, daß es schlechterdings nichts erklärt ...« [2]

Diese Feststellung Jungs ist wichtig, weil sie genau auf den Punkt hinweist, der exakt die Erkenntnisbegrenzung eines psychologischen Forschungsweges angibt, der bei aller Anerkennung psychischer Wirklichkeit es doch nicht wagen kann, den Bezug zwischen Psyche und Bios zu lösen. Die mitgebrachten biologischen Vorstellungen stellen geradezu eine Erkenntnisbarriere für eine zugrundeliegende Wirklichkeit dar. Die Wirklichkeit, die der tibetische Verfasser des Bardo Thödol gar nicht erst in Zweifel ziehen muß, weil sie ihm evident erscheint, läßt sich eben nicht mit dem Rüstzeug der Naturwissenschaft erfassen, das benötigt wird, um meßbare, wägbare, zählbare Quantitäten in den Blick zu bekommen. Jung zeigt mit seinem Hinweis, daß Freuds Begriff vom Unbewußten im vornherein ungeeignet ist, um zu einem leiblichkeitsfreien Psychischen vorzustoßen. Denn »wer mit biologischer Voraussetzung ins Unbewußte eindringt, bleibt in der Triebsphäre stecken und kann nicht darüber hinaus, sondern nur immer wieder in die physische Existenz zurück. Es ist daher gar nicht anders möglich, als daß die Freudsche Voraussetzung mit einer wesentlich negativen Bewertung des Unbewußten abschließt.« [3] Hier stellt sich die Frage, ob Jung mit dieser Einschätzung der Psychoanalyse und ihrer Reichweite noch den Satz aufrechterhalten könne, wonach der Forschungsweg Freuds »der einzig noch lebendige und praktisch verwendete ›Initiationsprozeß‹ in der abendländischen Kultursphäre« sei. Diese Feststellung ist durch Jungs eigene — zutreffende — Beurteilung in Frage gestellt oder doch erheblich eingeschränkt. Dies wird noch mit einer abschließenden Beurteilung des tibetischen Totenbuches unterstrichen, wenn es heißt: »Der Bardo Thödol war ein geheimes Buch und ist es geblieben, was immer wir für Kommentare darüber schreiben, denn sein Verständnis erfordert ein geistiges Vermögen, das keiner schlechthin besitzt, sondern nur durch eine besondere Lebensführung und -erfahrung erwerben kann. Es ist gut, daß solche in punkto Inhalt und Zweck ›nutzlose‹ Bücher existieren. Sie sind bestimmt für jene Menschen, denen es zugestoßen ist, nicht mehr allzu viel vom Nutzen, vom Zweck und vom Sinn unserer derzeitigen ›Kulturwelt‹ zu halten.« [4]

Diesem Resüme wird man — ohne Kulturpessimismus — nur zustimmen können, nämlich dann, wenn man sich die von Jung geforderten, von ihm nicht näher beschriebenen Erkenntnisvoraussetzungen verschafft, mit deren Hilfe es möglich wird, die »Triebsphäre« zum Geistigen hin zu durchstoßen, zu jenem Geistigen nämlich, das nicht bereits durch den von Jung mehrfach apostrophierten »abendländischen, rationalistischen Geist« begrenzt ist. Jung hat durchaus recht: Esoterische Literatur wie der Bardo Thödol war geheim und ist trotz wissenschaftlicher und psychologischer Kommentierung weiterhin geheim, weil das in ihr Enthaltene nicht daran zu messen ist, ob die mitteilbaren Fakten und Daten *gewußt* werden, sondern ob sie *erfahren* werden. Es ist jedenfalls ein erheblicher Unterschied, ob ein »Geheimbuch« — es handle sich um eine neutestamentliche Schrift oder um einen philosophischen Essay — etwa philologisch und historisch erklärt wird, oder ob er erlebt wird und auf den betreffenden Menschen einwirken kann. Das meint Jung mit dem »geistigen Vermögen«, das nicht im vornherein da ist, sondern das erst in oft mühevoller Erkenntnis-Arbeit errungen werden muß. Angesichts der von Jung selbst aufgezeigten Sachverhalte ist es doch sehr die Frage, ob die Psychoanalyse als »einziger« abendländischer Initiationsweg, noch dazu mit jener Ausschließlichkeit, genannt werden kann. Augenscheinlich fordert Jung doch eine Initiationswissenschaft, die 1. eben nicht in der Triebsphäre steckenbleibt, und die 2. einen für den Europäer gangbaren Weg weist, auf dem das benötigte »geistige Vermögen« erlangt werden kann.

Einerseits ist es rätselhaft, daß der so umsichtige und für die Dimension des Übersinnlichen aufgeschlossene Begründer der Analytischen Psychologie mit keinem Wort auf Steiners Geisteswissenschaft in ihrer primären Bedeutung eines Erkenntnisweges zu sprechen kommt, ja daß er — zum Schein? — auf jene Psychoanalyse als angeblich einzigen Initiationsweg verweist, den er doch selbst aus gewichtigen Gründen verlassen hat. (Vermutlich wollte Jung die methodologische Bedeutung der Psychoanalyse hervorheben.) Andererseits ist Jungs rätselhaftes Verhalten auch wieder verständlich; denn hätte er Steiners Anthroposophie als Weg zur »Erlangung von Erkenntnissen der höheren Welten« erprobt, dann wäre er vermutlich zu einer ganz anderen Einschätzung dieser Forschungsrichtung gekommen.

Dennoch scheint es eine einschlägige Vergleichsmöglichskeit bei Steiner und Jung zu geben. Wir wollen versuchen, den Initiationsweg der Anthroposophie als Schulungsweg jenem Prozeß gegenüberzustellen, den Jung den Vorgang der Individuation genannt hat. Jolande Jacobi hat die Jungsche Psychotherapie als Ganzes als einen »Heilsweg« bezeichnet, der nicht nur auf Heilung im medizinisch-psychotherapeutischen Sinne hinzielt, sondern dem auch eine »eminent seelenführerische, erzieherische, persönlichkeitsbildende Fähigkeit« [5] eignet. Und so wie den anthroposophischen Erkenntnisweg verhältnismäßig wenige übend beschreiten, so liegt es auch in der Natur der Sache, daß nur wenige gewillt und bestimmt sind, den »Heilsweg« Jungs zu gehen. In »Beziehungen zwischen dem Ich und dem Unbewußten« spielt Jung auf ein menschheitliches Problem an, vor dessen Hintergrund das Beschreiten eines derartigen Weges in seiner vollen Bedeutung erst gesehen werden kann: Danach ist die Menschheit psychologisch, und das heißt hinsichtlich ihrer geistig-seelischen Entwicklung noch in einem »Kindheitszustand«. Wenige sind befähigt und in der Lage, entsprechende Schritte nach vorne zu tun. »Und diese wenigen beschreiten diesen Weg auch nur aus innerer Nötigung, um nicht zu sagen Not, denn dieser Weg ist schmal wie die Schneide eines Messers.« [6]

Eine entsprechende Einschränkung dürfte auch in der Anthroposophie als Schulungsweg am Platze sein. Daß es um den Einsatz der ganzen Person geht, daß es die Möglichkeit des Scheiterns gibt, dafür liefern schon die historischen Initiationswege hinreichend Belege. Steiner beginnt zwar eines seiner Schulungsbücher mit dem lapidaren Satz: »Es schlummern in *jedem* Menschen Fähigkeiten, durch die er sich Erkenntnisse über höhere Welten erwerben kann.« So richtig diese grundsätzliche Feststellung sein mag, die auf der Einsicht in die innerliche Entwicklungsfähigkeit jedes Menschen beruht, sofern man den Begriff der Entwicklungsfähigkeit nicht zu eng faßt, so beherzigenswert ist auch die praktische Erfahrung, wonach nur der seelisch Gesunde den Initiationsweg beschreiten sollte. Steiner hat gelegentlich selbst entsprechende Andeutungen gemacht. (Vgl. Exkurs: Seelische Hygiene durch geistige Schulung)

Zwei Weisen der Selbstverwirklichung

Von der Betrachtung der Seele-Geist-Problematik herkommend, können wir im Sinne Rudolf Steiners sagen: Es liegt alles daran, das in den Bereich der Seele hineinreichende, dort als Bewußtsein aufleuchtende Geistige zu realisieren und die Wahrnehmungsorgane eines höheren Bewußtseins auszubilden. Ziehen wir Jungs Gesichtspunkt mit heran, dann entspricht diese Form der Verwirklichung einer Bewußtmachung unbewußter Tatbestände und damit der Integration bewußter und unbewußter Teile der Psyche in der größeren Ganzheit des Selbst.

Beide, Jung und Steiner, haben je auf ihre Weise den Weg zu dieser Verwirklichung beschrieben: Bei Steiner, der seine Anthroposophie als eine moderne Initiationswissenschaft versteht, ist dieser Weg zur Erlangung von »Erkenntnissen der höheren Welten« ein *Initiationsweg*, auf dem das Erkenntnismoment eine maßgebende Rolle spielt; Jung spricht von der *Individuation* als von einem Prozeß — gelegentlich auch von einem Weg — der zur Reifung und Ganzwerdung der Psyche führt. »Individuation bedeutet: zum Einzelwesen werden, und, insofern wir unter Individualität unsere innerste, letzte und unvergleichbare Einzigartigkeit verstehen, zum eigenen Selbst werden. Man könnte Individuation darum auch mit ›Verselbstung‹ oder als ›Selbstverwirklichung‹ übersetzen.« [7]

Der anthroposophische Initiationsweg und der Individuationsprozeß der Analytischen Psychologie weisen charakteristische Wesensmerkmale auf. So ist Initiation, wie sie Steiner versteht, nur durch eine reguläre geistige Schulung vorzubereiten, wenngleich spontane Momente nicht fehlen, denn Geist ist nicht beliebig verfügbar. Hingegen ist der Individuationsprozeß vorwiegend durch die Naturhaftigkeit und Spontaneität seelischer Vorgänge gekennzeichnet, bei denen es zu einer Auseinandersetzung zwischen dem Ich und dem Unbewußten kommt. Den Risiko-Charakter betonen, wie gesagt, beide Forscher, denn beide Male sind Prüfungen, Krisen, Gefährdungen durchzustehen. Der Initiant muß sich darauf einstellen.

Im Zusammenhang unserer vergleichenden biographischen Skizze haben wir gesehen, wie Steiner auf das Rosenkreuzertum Bezug nimmt, wie er in ihm einen abendländischen Schulungsweg erblickt, der den Menschen in den Prozeß einer seelisch-geistigen Umwandlung hineinführt. Und wir haben uns auf der anderen Seite vor Augen geführt, daß Jung als Seelenarzt eine Interpretation rosenkreuzerischer und alchemistischer Schriften und Symbole unternimmt, um sie als Schlüssel für eine zu begründende moderne psychotherapeutische Methode zu verwenden.

Steiner und Jung haben 1. je auf die ihnen gemäße Weise diesen Prozeß als Erkenntnis- oder als Heilungsweg selbst durchlaufen; sie haben 2. den Weg in seinen einzelnen Stationen beschrieben und ihre Schüler dazu angeleitet, ihn zu beschreiten. Beide Male erfuhr der individuell abgelaufene Prozeß seine besondere Objektivierung und Darstellung. Beide Male geht es nicht um die bloße Übernahme einer philosophisch-spirituellen oder einer psychologisch-psychiatrischen Lehre, die man lediglich wissensmäßig zur Kenntnis zu nehmen braucht. Hier wie dort sind konkrete seelisch-geistige Erfahrungen zu machen. Sie erst können letztlich als Urteilsgrundlage für Anthroposophie oder Analytische Psychologie anerkannt werden.

Sucht man nach entsprechenden Belegen, aus denen etwa deutlich wird, mit welcher Absicht Steiner an seinen Lebensauftrag herangetreten ist, dann stößt man auf eine Briefstelle, an der es programmatisch heißt: »Ich will auf die Kraft bauen, die es mir ermöglicht, ›Geistesschüler‹ auf die Bahn der Entwicklung zu bringen. Das wird meine Inaugurationstat allein bedeuten müssen.« [8] Diese Sätze, noch vor der Begründung des deutschen Zweigs der Theosophischen Gesellschaft niedergeschrieben, deren Generalsekretär Steiner wurde, sind mit den »Anthroposophischen Leitsätzen« in Verbindung zu sehen, in denen Rudolf Steiner ein Jahr vor seinem Tode vermächtnishaft schrieb: »Anthroposophie ist ein Erkenntnisweg, der das Geistige im Menschenwesen zum Geistigen im Weltall führen möchte.« [9] Der Akzent liegt auf dem »Weg«-Charakter der anthroposophischen Geisteswissenschaft, die vielfach als ein in sich abgeschlossenes Weltanschauungssystem mißdeutet wird. Gekennzeichnet ist dieser Weg dadurch, daß er über die Grenze der Sinnesanschauung hinweg durch die Seele selbst einen Ausblick in die geistige Welt zu eröffnen beabsichtigt.

Und als Jung auf jene Jahre zurückblickte, in denen er die Botschaft des Unbewußten als eine Übermacht erfuhr, da wurde ihm mehr und mehr klar, daß diese seine intimste Erfahrung über ihn selbst hinauswies: »Es lagen Dinge in den Bildern, die nicht nur mich angingen, sondern auch viele andere. Damit hat es angefangen, daß ich nicht mehr nur mir selber gehören durfte. Von da an gehörte mein Leben der Allgemeinheit ... Ich mußte selber die Urerfahrung machen und mußte überdies versuchen, das Erfahrene auf den Boden der Wirklichkeit zu stellen ... Damals stellte ich mich in den Dienst der Seele.« [10]

So stehen bedeutungsvoll nebeneinander die »Inaugurationstat« des Geistesforschers und der Eintritt des Arztes in den »Dienst an der Seele« auf Grund einer »Urerfahrung«. Eines wie das andere hat seinen Wert und seine Bedeutung in sich. Sie heben sich nicht gegenseitig auf. Sie stützen einander und ergänzen sich gegenseitig, nämlich auf dem Feld, für das sie durch ihre Begründer ursprünglich gedacht waren. Hier wie dort geht letztlich dieselbe, oben erwähnte Einsicht voraus, die Steiner 1919 so formulierte: »Aus den Tiefen der Seelen müssen die neuen Kräfte heraufgeholt werden. Und einsehen muß der Mensch, wie er in den Tiefen seiner Seele zusammenhängt mit den Wurzeln des geistigen Lebens.« [11]

Altes und neues Initiationsprinzip

Ein großes Mißverständnis, das der Anthroposophie als Initiationsweg entgegengebracht werden kann, ist durch Steiners Anknüpfen an das alte Initiations- bzw. Einweihungswesen entstanden, mit dem der anthroposophische Schulungsweg nur sehr bedingt etwas zu tun hat. Worauf ist das Mißverständnis zurückzuführen?

In den ersten Arbeiten Steiners, durch die die Anthroposophie im organisatorischen Rahmen der Theosophischen Gesellschaft bekannt geworden ist, spielen rein terminologisch die Elemente der traditionellen Mystik, des alten Okkultismus und der östlichen Esoterik eine verhältnismäßig große Rolle. Da sind Steiners Vorträge über die Mystik (1901), die noch vor seiner Verbindung mit der Theosophischen Gesellschaft gehalten worden sind. Der aufmerksame Leser wird jedoch kaum übersehen, daß es dem Autor nicht um Mystik im herkömmlichen Sinne ging, sondern — wie der Buchtitel bereits erkennen läßt — um »Die Mystik im Aufgange des neuzeitlichen Geisteslebens und ihr Verhältnis zur modernen Weltanschauung.« Mystik hatte für Steiner einen subjektiven Charakter. Es ging ihm darum, die Grundlage für eine zeitgemäße Geisteswissenschaft zu schaffen, »die so objektiv war wie das wissenschaftliche Denken, wenn dieses nicht beim Verzeichnen sinnenfälliger Tatsachen stehenbleibt, sondern zum zusammenfassenden Begreifen vorrückt.« [12]

Ein Jahr später erscheint »Das Christentum als mystische Tatsache« (1902), das in den folgenden erweiterten Auflagen die Titelerweiterung »— und die Mysterien des Altertums« erhielt. Der Buchtitel »Theosophie« (1904) konnte ebenso zu weiteren Mißverständnissen Anlaß geben wie das Reden von »Geheimschülerschaft« in den ab 1904 in der Zeitschrift »Lucifer-Gnosis« erscheinenden Aufsätzen, die später im Schulungsbuch »Wie erlangt man Erkenntnisse der höheren Welten?« (1909) zusammengefaßt worden sind. 1910 erscheint »Die Geheimwissenschaft im Umriß«, wieder ein Werk, dessen Titel geeignet war, Mißverständnisse hervorzurufen. Kein Wunder, wenn Steiner selbst immer wieder Anlaß hatte, sich bald gegen die von ihm gar nicht vertretene (englisch-indische) Theosophie, bald gegenüber den Vertretern des alten Einweihungsprinzips abzugrenzen.

Ein Vergleich zwischen Anthroposophie auf der einen, Theosophie, Mysterien des Altertums und Esoterik des Ostens auf der anderen Seite zeigt, daß Steiner trotz der Benützung der erwähnten Begrifflichkeit nicht einfach alte Einweihungsmethoden fortführte oder östliches Traditionsgut übernahm [13]. In »Das Christentum als mystische Tatsache und die Mysterien des Altertums« zeigte Steiner nicht nur, inwiefern in das werdende Christentum Mysterienzusammenhänge hereinspielen, sondern auch inwiefern Jesus von Nazareth sich von der alten Mysterienpraxis und von dem östlichen Einweihungsweg, etwa von dem Buddhas, entfernt. Die Bezeichnungen »Geheimschulung« oder »Geheimwissenschaft« sind nicht etwa in sich widersprüchlich, weil moderne Wissenschaftlichkeit eben nichts mit Geheimniskrämerei zu tun haben kann und die Arkandisziplin der Alten hier ein für allemal überwunden ist. Der Begriff des Geheimnisses bzw. des Esoterischen erhält bei Steiner vielmehr eine neue Bedeutung. Im Gegensatz zu den Vertretern der alten Esoterik, zu denen Steiners Jugendfreund Friedrich Eckstein gehörte, brach Steiner mit dem Prinzip der Geheimhaltung und stellte sich konsequent in den Dienst einer Mysterienveröffentlichung. Zuletzt wurde das in den Statuten der Allgemeinen Anthroposophischen Gesellschaft (1923) ausdrücklich festgehalten. Er war davon überzeugt, daß die Betonung des Grundsatzes der Öffentlichkeit mit zu den Voraussetzungen gehöre, drohende sektiererische Tendenzen in der Gesellschaft zu überwinden. Zu den Maßnahmen der sogenannten »Weihnachtstagung« von 1923 gehörte beispielsweise die Freigabe der internen, vor den Mitgliedern der Anthroposophischen Gesellschaft gehaltenen Vortragszyklen. Diese Freigabe wurde nicht nur nötig, weil sich eine strikte Geheimhaltung gar nicht aufrechterhalten ließ und weil Mißbrauch entstanden war, sondern vor allem weil Steiner zum Bewußtsein der Menschen sprechen wollte. Es war seine erklärte Absicht, das »antiquierte Geheimmotiv« durch ein neues Mysterienprinzip zu ersetzen. Wenn er sich dennoch für die Verwendung eines Vokabulars entschied, das aus älteren Traditionen stammt, so deshalb, weil er die geistige Kontinuität zwischen der geistigen Schulung von einst mit den Seelenbedürfnissen des modernen Menschen nicht unterbrechen wollte. Esoterischer Natur ist auch der anthroposophische Einweihungsweg.

Worin besteht aber das spezifisch Esoterische? Es besteht darin, daß der Mensch in seinem Seelisch-Geistigen ergriffen wird und daß dies in voller individueller Freiheit, in voller Erkenntnisklarheit geschieht. Dieses Esoterische korrespondiert mit dem, was Jung als die Selbsterfahrung bezeichnet hat, wobei es bei Steiner wie bei Jung — im Grunde bei jeder spirituellen Bemühung — darauf ankommt, daß nicht nur ein Wissen aufgenommen wird, sondern daß in der eigenen Seele Wahrnehmung und Erfahrungen gemacht werden, die geeignet sind, Selbsterkenntnis und Welterkenntnis zu begründen. Um am Beispiel zu verdeutlichen, wie die von ihm gemeinte Esoterik u. U. beschaffen ist: er nannte Fichtes »Wissenschaftslehre« oder jede Logarithmentafel »esoterische« Bücher, insofern der Mensch sich erst übend, lernend, erkennend in den Stand versetzen muß, die geistige Realität zu erfassen. So gehört es auch zum Wesen des Esoterischen, daß geistige Tatbestände vom Menschen aufgenommen werden, um dessen Umgestaltung und Weiterentwicklung zu bewirken [14].

Im Grunde geht es in der Esoterik, in dem Initiatorischen, in dem Hineingehen in den Seelenraum der Übung, der Prüfung und der Erfahrung, um etwas Außerordentliches, Intimes und Einzigartiges, das durch eine äußere Geheimhaltungsmaßregel im Grunde gar nicht geschützt werden kann, es ist durch sich selbst Unbefugten gegenüber geschützt. In den Innenraum des Mysteriums dringt eben nur ein, wer die geistig-seelischen Kräfte in sich mobilisiert hat. Die Einmaligkeit und Intimität ergibt sich aus der Tatsache, daß seelische Erfahrung bei aller grundsätzlichen Offenheit der Wege, die dazu befähigen, keine Allerweltssache ist, sondern ein Vorgang, der jeweils nur *diesen* einzelnen betrifft. Eine Stellvertretung ist ebensowenig möglich wie das Ich-Selbst, das im Mittelpunkt und Zielpunkt jeder Initiation steht, durch einen anderen Menschen, und sei es der vertrauteste, ersetzt werden kann. Karlfried Graf Dürckheim, der selbst einen von Steiner und Jung verschiedenen Weg gegangen ist, schreibt daher: »Initiation in diesem Sinn ist ein Wort, das man nur mit großer Scheu und Zurückhaltung aussprechen sollte. Es meint etwas so Gewaltiges, die Grenzen gewöhnlichen Menschseins Überschreitendes, daß alles, was in einer Initiation in diesem Sinne je vor sich ging und vor sich gehen kann, von einem dichten Schleier des Geheimnisses umgeben ist und bleiben muß, vor dem Zugriff Unbefugter geschützt. Diesen Rang muß das Wort ›Initiation‹ auch behalten. Aber die Zeit ist reif geworden, daß der Mensch beginne, sich in der Richtung auf dieses Höchste hin, d. h. ›initiatisch‹ zu bewegen.« [15]

Inwiefern ist aber Jungs Individuationsprozeß überhaupt mit Initiation in Verbindung zu bringen? — Jolande Jacobi hat diesen Weg zur Individuation als »Grundpfeiler« im Werk Jungs bezeichnet, durch den sich die Analytische Psychologie von den übrigen psychologischen Schulen in markanter Weise abhebt. In ihrer Monographie zu unserem Thema hat sie gezeigt, wie der Individuationsprozeß als universelles Lebensgesetz einen »archetypischen Grundriß« aufweise [16]. Dieser archetypische Grundriß zeigt nun in der Tat interessante Parallelen, die sich zwischen moderner psychologischer Praxis und der Fülle der religions- und mysteriengeschichtlichen Motive ziehen lassen. Diese Materialien sind es auch gewesen, in denen Jung geschichtliche »Präfigurationen« für seine tiefenpsychologischen Beobachtungen gefunden hat.

Zu dem Material gehören beispielsweise religiös-mythische Überlieferungen von Geburt, Leben, Sterben, Auferstehen eines Gottes, von den Irrfahrten, Gefährdungen und dem Kampf eines Helden mit einem Ungeheuer; es gehören hinzu die Überlieferungen von mystischen und magischen Praktiken, die eine Wesens- oder Stoffesverwandlung, schließlich die Wiedergeburt herbeiführen sollen. In West und Ost ist dieses Mysterienwissen auf vielfältige Weise überliefert, bis in die Märchen und Legenden hinein lassen sich die Nachwirkungen dieses Wissens verfolgen. Die Ethnologie kennt eine Fülle von Belegen für Geheimkulte und initiatorische Verrichtungen. In allen diesen Verrichtungen, die freilich zum Teil auf recht unterschiedliche bewußtseinsgeschichtliche Entwicklungsphasen der Menschheit zurückweisen, mehr oder weniger deutlich Zukunftshoffnungen der Menschheit projektiv vorausnehmen, sind moderne Einweihungswege ihrer Grundstruktur nach, also »archetypisch« vorgebildet. Von einer bloßen Nachahmung oder restaurativen Wiederholung kann aus den Gründen nicht die Rede sein, die bei der Erörterung der bewußtseinsgeschichtlichen Zusammenhänge besprochen worden sind. Mit besonderer Deutlichkeit tritt bei Rudolf Steiner zu Tage, daß Anthroposophie dem Gegenwartsbewußtsein verpflichtet ist. Das drückt sich u. a. auch darin aus, daß von der Symbolik nur sehr sparsam —

wenn überhaupt — Gebrauch gemacht wird. Aber auch bei Jung, bei dem das amplifikatorische Bezugnehmen auf symbolisches, mythologisch-geistesgeschichtliches Bildgut eine so große Rolle spielt, darf nicht übersehen werden, daß der von unbewußten Bildern geradezu umstellte Mensch aus deren Umschlingungstendenz befreit wird. (Die »geheimen Verführer« der heutigen Wirtschaftswerbung, die sich der Bildgewalt zu bemächtigen wissen, verstricken den in hohem Maße unbewußten, »außengesteuerten« Massenmenschen noch mehr in Unfreiheit, indem sie sich durch Manipulation der Symbole bedienen und den Aufbau von Wunschbildern herbeiführen.) Die einzelnen Bilder archetypischer Prägung aber lassen etwas von dem transparent werden, was als seelisch-geistige Realität über die historische Erscheinungsform eines Mysterienvorganges der Vergangenheit hinausweist. Das ist auch wohl mit ein Grund, weshalb in Rudolf Steiners Schulungsbüchern von »Stufen der Einweihung«, von »Erleuchtung«, von der Begegnung mit dem »Hüter der Schwelle« u. ä. die Rede ist. Und wenn in seinen vier Mysteriendramen, angefangen von der »Pforte der Einweihung« bis hin zu »Der Seelen Erwachen«[17] der Initiationsvorgang in dramatischen Bildern abrollt, so ist ausdrücklich darauf aufmerksam gemacht, daß es sich hierbei in erster Linie um szenische Darstellungen handelt, die sich auf geistige und seelische Vorgänge beziehen. Die äußere Dramatik will also nicht Mysteriengeschichte in Erinnerung rufen, sondern es gilt »unbefangen und mit empfänglicher Seele hinzunehmen«, das heißt, zu erleben. »Diese Bilder strömen sozusagen ihren Sinn von selber aus.«[18] Sie dienen dazu einen Seelenprozeß in Gang zu bringen, wenngleich das im Mysteriendrama in bildhafter, das im Schulungsbuch in mehr gedanklicher Form Dargestellte dem Bereich der äußeren Wahrnehmung entnommen ist. »Durch die Hingabe der Seele an diese Bilder ergibt sich das Verständnis, das gesucht werden sollte für die Welt des Geisterlandes«, heißt es in den genannten Vorträgen, die aus Anlaß der Münchner Aufführung der Mysteriendramen gehalten worden sind.

Anthroposophische Meditation

Von anderen Erkenntnismethoden hebt sich die Anthroposophie dadurch ab, daß sie zwar dem Denken eine wichtige Rolle zuweist, sich jedoch nicht auf das theoretische Denken beschränkt, sondern mit einem verwandelten Bewußtsein arbeitet. Diese Bewußtseinsveränderung ist auf eine meditative Weise herzustellen.

Unter Meditation versteht Rudolf Steiner eine Seelenübung, bei der der Meditierende vollkommen Herr seines Bewußtseins ist. Diese Seelenübung, die sich je nach der besonderen Zielsetzung frei variieren läßt, ist darauf abgestellt, eine Verstärkung des Seelenlebens herbeizuführen, und zwar in der Art, daß die Funktionen des Denkens, Fühlens und Wollens der Sinnensphäre entrissen und im Endeffekt gleichsam zu Organen übersinnlicher Wahrnehmungen umgewandelt werden. Voraussetzung ist die vollkommen freie Selbstbestimmung dessen, was in den ausgesparten Zeiten der Meditation im Menschen geschehen soll, angefangen von der Wahl des Meditationsgegenstandes. Als Akt der Aufmerksamkeit und der Sammlung nimmt die anthroposophische Meditation ihren Ausgangspunkt bei klar überschaubaren Gedanken. »Das Leben in Gedanken ist ein Loskommen der Seele von sich selbst, wie das Fühlen, Empfinden, Affektleben usw. ein In-sich-selbst-Sein sind.« [19] Dabei bietet die Seele den Schauplatz, auf dem sich die Welt als Gedanke auslebt. »Es kann eine gute Vorbereitung für das Erfassen der geistigen Erkenntnis sein, wenn man öfters gefühlt hat, welche Stärkung in der Seelenstimmung liegt: ›Ich empfinde mich denkend eins mit dem Strom des Weltgeschehens.‹ — Es kommt dabei viel weniger auf den abstrakten Erkenntniswert dieses Gedankens an als vielmehr darauf, in der Seele oft die stärkende Wirkung empfunden zu haben, die man erlebt, wenn ein solcher Gedanke kraftvoll durch das Innenleben strömt, wenn er sich wie geistige Lebensluft im Seelenleben ausbreitet.« [20] In diesem Zusammenhang weist Steiner darauf hin, daß es gar nicht nur um das Erkennen dessen geht, was in einem derartigen Gedanken liegt — das könnte in Abstraktionen hineinführen, was vermieden werden muß, sondern das Augenmerk ist auf »das Erleben« gelegt. Dieses Erleben vermag sich freilich erst dann verstärkend in der Seele auszuwirken, wenn es wiederholt wird.

Wenngleich es hier nur um eine knappe Charakteristik der anthroposophischen Meditationsübung im Gegenüber zum Vorgehen in der Psychotherapie Jungs gehen kann, seien wenigstens einige grundlegende Verhaltensweisen genannt. Der Übungsweg kann folgendermaßen beginnen:

»Erst arbeitet man sich zu einem Gedanken durch, den man einsehen kann mit den Mitteln, welche das gewöhnliche Leben und Erkennen an die Hand geben. Dann versenkt man sich wiederholt in diesen Gedanken, macht sich ganz eins mit ihm. Die Stärkung der Seele kommt durch das Leben mit einem solchen erkannten Gedanken.«[21] Das Wort »versenken« darf freilich nur in Sinne der Zielsrichtung und der intensiven Hingabe an das Meditationsobjekt aufgefaßt werden, keinesfalls jedoch im Sinne einer Abschwächung des Bewußtseinslichtes. Es gilt jene Kraft zu bilden und zu verstärken, durch die Gedanken entstehen. Wichtig ist, daß sich die entsprechenden Vorstellungen von innen heraus frei bilden. Dieser seelischen, vom Ich gesteuerten Aktivität wird große Beachtung geschenkt. Während die Sinneswahrnehmung verhältnismäßig passiv geschehen kann, appelliert die Meditation an ein hohes Maß an seelischer Aktivität. Meditieren heißt unter diesem Gesichtspunkt demnach: »sich im Bewußtsein durchdringen mit Vorstellungen, die nicht von der äußeren Natur kommen, mit Vorstellungen, welche aus dem Innern herausgeholt werden, wobei man vorzugsweise aufmerksam ist auf diejenige Kraft, die diese Vorstellungen heraustreibt.«[22]

Wenn Steiner das Denken als den Ausgangsort für den Erkenntnispfad bezeichnet hat, dann ist darauf zu achten, daß es in der Meditation darauf ankommt, das Denken in anderer Weise zu erleben, als es im gewöhnlichen Bewußtsein des alltäglichen Lebens meist der Fall ist, wo es mehr dem Zufall oder der Beliebigkeit überlassen bleibt, was »gedacht« wird, und wo es zur Regel wird: »Ein Wort gibt das andere«, wo sich ein Gedanke assoziativ an den anderen reiht, ohne daß ein bewußtes Ich über den Denkvorgang wacht. Es ist daher von großer Bedeutung, in der Meditation alles Assoziative, an äußere Sinnesbeobachtung, Erinnerungsmomente Anknüpfende durch freien Entschluß im vornherein auszuschalten. Die Praxis zeigt, daß diese Gedanken- und Willenszucht vor allem dem Anfänger einige Schwierigkeiten bereiten kann. Und in der Überwindung eben dieser Hindernisse wird die Kraft der Seele verstärkt. Der gleiche Gesichtspunkt spielt übrigens eine Rolle, wenn Steiner gar nicht so sehr die Meditation fertiger Symbole anrät, sondern abgesehen von anderen Meditationsmöglichkeiten, empfiehlt, man solle in freier Entscheidung das zu meditierende Bild in seiner Vorstellung aufbauen. Dadurch wird zusätzlich verhindert, daß sich die Meditation auf dogmatisch-starre Begriffs- oder Bildvorlagen festlegt.

Wesentlich ist ferner, daß die Hingabe an das jeweilige Meditationsobjekt, das auch aus dem Bereich der reinen Formen, Farben, der Naturvorgänge u. ä. genommen sein kann, in echter Selbstlosigkeit — Selbstlosigkeit ist nicht Ich-Losigkeit! — geschieht, also unter strikter Ausschaltung von Vorurteilen, von Sympathie oder Antipathie, die verfälschend in den Meditationsvorgang hereinwirken können. Denn nicht was der Meditierende *über* das jeweilige Objekt denkt, ist von Bedeutung, sondern was das zu Betrachtende dem Meditierenden zu »sagen« hat.

Einen zweiten Schritt und eine meditative Errungenschaft stellt das Vermögen dar, das gedanklich Angeschaute, mit dem Seelenauge Imaginierte gleichsam auszulöschen und ein »leeres Bewußtsein« herzustellen. Es gilt dann eine Art seelisches Vakuum zu schaffen, das durch keine Vorstellung und durch kein Gedankenbild ausgefüllt werden darf. Dieses leere Bewußtsein soll gewissermaßen die Tafel sein, in die sich die Mitteilung der geistigen Welt inspirativ einträgt.

Die Metamorphose der Seelenkräfte, von denen oben im Abschnitt über die Bewußtseinsformen gesprochen wurde, ließe sich demnach als ein Fortschreiten charakterisieren, das beim begrifflichen Denken anknüpft, dieses Denken schult, sich zu einem geistigen Bilderleben (Imagination) erhebt und schließlich in ein geistiges Erleben einmündet, das als Inspiration und auf höherer Stufe als Intuition bezeichnet worden ist. Es versteht sich, daß jeder dieser Bewußtseinsfortschritte durch geeignete Übungen vorbereitet werden muß, um die Schulung des Denkens durch eine Schulung von Fühlen und Wollen zu ergänzen.

Jungs »aktive Imagination«

Stellen wir dem anthroposophischen Schulungsweg Steiners Jungs Individuationsprozeß gegenüber, dann ist zunächst festzuhalten, daß Steiner in der Tat nicht einfach antike Mysterienvorbilder oder östliche Praktiken kopiert, sondern einen dem abendländischen Menschen angemessenen Weg vorschlägt. Bei näherem Hinsehen ist nicht zu leugnen, daß der Gesichtspunkt der Kontinuität zwischen dem alten und dem neuen Mysterienweg zum Tragen kommt; denn die u. a. in dem Schulungsbuch »Wie erlangt man Erkenntnisse der höheren Welten?« gebrachten Termini erinnern zwar an traditionelle Bezeichnungen der Mysteriensprache, sie beziehen sich aber auf Tatsachen der seelisch-geistigen Entwicklung, die heute wie einst erlebt werden können. Unsere im wesentlichen auf die Sinneswahrnehmung bezogene Sprache kann immer nur ungefähr angeben und umschreiben, was jeweils als psychisches Faktum gemeint ist.

Auf der Seite von C. G. Jungs Individuation fällt ein ähnlicher Sprachgebrauch auf. Der Natur der Sache gemäß greift Jung auf mythische Bilder bzw. auf die mystische, gnostisch-alchemistische Bildrede zurück, um den in der Seele sich abzeichnenden Prozeß beschreiben oder amplifizieren zu können. Es lassen sich Stadien angeben, Stationen benennen, an denen man eine Vorwärtsbewegung ablesen kann. Es ist die Aufgabe des Analytikers, aus dem sich abzeichnenden psychischen Phänomen und dem entsprechend motivierten Belegmaterial aus der Mythen- und Mysteriengeschichte die jeweilige »Station« zu ermitteln, etwaige Gefahrenpunkte oder Krisensituationen rechtzeitig zu erkennen. Da ist das Symbol der Nekyia aus der homerischen Überlieferung, das den »Abstieg in den finsteren Hades« und damit den Beginn von Jungs eigener Selbstanalyse bezeichnet [23]. Andererseits nimmt Jung die Werdestufen des alchemistischen Prozesses zu Hilfe, um sie als Ausdruck für das psychotherapeutische »opus« der Individuation zu verwenden. Gerade der alchemistische Prozeß der Bereitung des Lapis philosophorum, der Bereitung des Steins der Weisen hat den Seelenforscher in den Stand versetzt, seelische Reifungsvorgänge dadurch besser zu verstehen, daß er die alchemistischen Praktiken als Projektionen seelischer Vorgänge deutete. (Damit hat Jung, der auch hier seine Kompetenzen nicht überschreiten wollte, nicht etwa den Anspruch erhoben, Alchemie als solche zu bewerten.)

Während aber nun der anthroposophische Weg durch den Charakter der Schulung und der planvollen meditativen Übung gekennzeichnet ist, fehlt dieses Wesensmerkmal in der Analytischen Psychologie. Die Frage nach der Methode läßt sich bei Jung nicht eindeutig, in der psychotherapeutischen Praxis jedenfalls nicht im vornherein Punkt für Punkt angeben. Zwar ist auch der auf dem Individuationsweg Befindliche angefordert; sein Einsatz, seine Mitarbeit, seine Entscheidung sind unerläßlich. Der ganze analytisch-therapeutische Vorgang setzt diese Bereitschaft voraus, weil erst im spannungsvollen dialogischen Gegenüber von Analysand und Analytiker der hier gemeinte Prozeß in Gang kommen kann. Dagegen ist der Spontaneität des Unbewußten, das sich in Träumen, Bildvorstellungen, Einfällen und auch in äußeren »Zufällen« äußert, große Aufmerksamkeit geschenkt. Es läßt sich daher gar nicht im vornherein ausmachen, was und in welcher Reihenfolge vom Analytiker, vom Analysanden oder von beiden in gemeinsamer Arbeit zu tun wäre.

Der Unterschied zwischen dem anthroposophischen und dem tiefenpsychologischen Weg ergibt sich nicht zuletzt, wenn man Steiners Meditationsweise mit dem vergleicht, was Jung die »aktive Imagination« genannt hat. Bei der Vielfalt dessen, was heute in der westlichen Welt als Meditation ausgegeben wird, mag man die von Jung entwickelte Übung als eine, vornehmlich in psychotherapeutischen Zusammenhängen zu praktizierende Meditationsart ansehen. Als solche wurde sie u. a. in zwei großen Tagungen der Stuttgarter Gemeinschaft »Arzt und Seelsorger« im Jahre 1957 vorgestellt und besprochen [24]. Marie-Louise von Franz hat sie dort als »eine bestimmte Form der dialektischen Auseinandersetzung mit dem Unbewußten« umrissen. Da von Imagination im Zusammenhang der Beschreibung höherer Bewußtseinsarten bereits die Rede war, ist ausdrücklich darauf hinzuweisen, daß Jungs »aktive Imagination« nicht ohne weiteres mit »Imagination« im Sinne Rudolf Steiners gleichgesetzt werden kann, obgleich sich beide Vorgänge auf dem seelischen Schauplatz abspielen, auf dem Bilder als Ausdruck psychischer Wirklichkeit wahrzunehmen sind. Der Hauptunterschied besteht in erster Linie darin, daß Steiners Imagination sich auf Grund der Denkübungen des Schulungsweges einstellt und bereits ein dem Tageswachen übergeordnetes Bewußtsein darstellt, während Jungs »aktive Imagination« als eine Art Schwebezustand zwischen dem Tageswachen und dem Träumen aufgefaßt werden kann. Man befindet sich also noch im Bereich des unverwandelten Bewußtseins [25].

Praktisch sieht die aktive Imagination so aus, daß Bilder, Vorstellungen und Gedanken hervorgebracht werden, »die nicht plan- und bodenlos ins Blaue ›hinausphantasiert‹, also nicht mit ihren Gegenständen spielen, sondern die innere Gegebenheit in der Natur getreulich nachgebildeten Vorstellungen zu fassen suchen« [26]. Diese imaginatio, buchstäblich als »Einbildungskraft« verstanden, weiß Jung gegenüber einer im Unbestimmten und Beliebigen und damit im Passiven bleibenden Phantasie abzugrenzen. Daran ist das Maß der Wachheit abzulesen, in der aufsteigende Bilder zu imaginieren sind. Der Imaginierende ist dabei nicht nur Zuschauer, sondern das, was sich begibt, fordert immer auch seine Entscheidungsbereitschaft heraus.

Die therapeutische Bedeutung der aktiven Imagination liegt in der Möglichkeit, das Unbewußte zu beeinflussen, Affekte unmittelbar zu bearbeiten und »eine in Symbolen verwirklichte (bzw. zu verwirklichende) schöpferische Befreiungstat« (Marie Louise von Franz) zu vollziehen. Es ist gar nicht zu bezweifeln, daß Jungs aktive Imagination — obwohl sie auf von der Anthroposophie deutlich unterschiedene Weise zustande kommt — tief in die seelische Bilderwelt hineinführt. Darin liegt einerseits ihre Wirksamkeit, andererseits auch ihre Gefahr, wenn die hohen ethischen Forderungen nicht erfüllt werden sollten, die Steiner an den Anfang seines Schulungswegs gestellt hat: »Jede Erkenntnis, die du suchst, nur um dein Wissen zu bereichern, nur um Schätze in dir anzuhäufen, führt dich ab von deinem Wege; jede Erkenntnis aber, die du suchst, um reifer zu werden auf dem Wege der Menschenveredelung und der Weltenentwicklung, die bringt dich einen Schritt vorwärts. Dieses Gesetz fordert unerbittlich seine Beachtung ... Deshalb muß jeder, der Geheimnisse über die menschliche Natur durch eigene Anschauung sucht, die goldene Regel der wahren Geheimwissenschaften befolgen: Wenn du *einen* Schritt vorwärts zu machen versuchst in der Erkenntnis geheimer Wahrheiten, so mache zugleich *drei* vorwärts in der Vervollkommnung deines Charakters zum Guten.« Und gerade weil aktive Imagination bis hin zum schwarzmagischen Mißbrauch falsch und gefahrbringend betätigt werden kann, fordert Marie-Louise von Franz mit Recht: »Diese ethische Reinheit der Gesinnung ist eine der wesentlichsten Grundvoraussetzungen für jede aktive Imagination.« Aus dem Gesagten ergibt sich, daß aktive Imagination in erster Linie ein Instrument in der Hand des Psychotherapeuten ist.

Sieht man, mit welcher Aufmerksamkeit sich Jung den Produktionen des Unbewußten zuwendet, um sie zu entschlüsseln und verwandeln zu helfen, dann könnte man auch sagen: In der Analytischen Psychologie kommt das zu seinem vollen Recht, was Steiner als die Kraft bezeichnet hat, die aus den Tiefen der Seele empordrängt und als Gedanken und Willensregungen ins Bewußtsein geholt werden will. Steiner hat diesen Impuls gelegentlich die »Sprache des Herzens« genannt, das aus dem »Unterbewußtsein« herausspricht. In einem Vortrag aus der allerletzten Schaffensperiode hat er sich selbst als einen verstanden, der eigentlich nicht selbst redet, sondern durch den hindurch sich das artikuliert, was »aus den Herzen der Menschen der Gegenwart tönt ... Nicht ich habe es gesprochen, ich habe nur dem, was die Herzen sprechen, Worte verliehen«[27]. Steiner gab sich indes keinen Täuschungen darüber hin, daß das von der Zeit zwar (unbewußt) Geforderte, nämlich eine Wesenserkenntnis von Mensch und Welt, im Bewußtsein der Zeitgenossen oft auf erbitterten Widerstand stieß. Aber eben zu dieser Welterkenntnis, nach der in Seelenuntergründen gefragt wurde und wird, will Anthroposophie mit ihrem Teil einen Beitrag leisten. »Anthroposophie hat durch die Stimme des menschlichen Herzens selber ihre gewaltige Aufgabe. Sie ist nichts anderes als Menschensehnsucht der Gegenwart«, gab Steiner zu verstehen. Demselben hohen Anspruch hat er die nicht geringere programmatische Forderung gegenübergestellt: »Die Anthroposophische Gesellschaft muß den Weg finden, die Herzen der Menschen aus ihren tiefsten Sehnsüchten heraus sprechen zu lassen. Dann werden diese menschlichen Herzen eben auch die tiefste Sehnsucht nach den Antworten empfinden ...« — Wer dürfte behaupten, daß das eine wie das andere geglückt wäre?

An diesem Punkt unserer Gegenüberstellung könnte die große Nähe zwischen Steiners und Jungs Zielsetzungen deutlich werden. Denn C. G. Jung stellt sich als Arzt ja ganz auf das ein, was aus dem Unbewußten hervortritt, im Einzelschicksal, aber auch im Schicksal der heutigen Menschheit, wenn er — wie es in einer Reihe seiner Arbeiten[28] geschieht — aufmerksam auf das hinblickt, was sich in der Zeit begibt, wenn er als Psychologe »die psychopathische Symptomatologie in den politischen Ereignissen« diagnostiziert und damit auf seine Weise praktiziert, was Steiner mit gleichen Worten als die »Symptomatologie« zeitgeschichtlicher Ereignisse gefordert hat[29]. Und es ist ganz verständlich, daß der Seelenarzt von seinen Voraussetzungen aus versucht, diese »Sprache des Herzens«, wie sie sich ihm vernehmbar macht, zu enträtseln.

Was spricht sich nun auf diese Weise aus? — Bei der Fülle der Symptome und der Zeichen der Zeit, die eine Deutung verlangen, ist es nicht leicht, einen gemeinsamen Nenner zu finden. Der Hauptnenner mag, je nach dem Aspekt, unter dem er gesucht wird, recht unterschiedlich ausfallen. Da bieten sich beispielsweise die Stichworte Emanzipation, Mündigwerdung, Integration an. Sinnverwandt aber auch der Begriff der Individuation im Sinne Jungs oder der Bildausdruck des »Schwellenübertrittes«, von dem Rudolf Steiner gesprochen hat, um den Bewußtseinsfortschritt und die damit verbundene Krisensituation des heutigen Menschen als einen die ganze

Menschheit einbeziehenden Vorgang anzusprechen und, wie es tatsächlich geschehen ist, praktische Anregungen für eine Neuorientierung des geistigen, wirtschaftlichen und gesellschaftlichen Lebens zu vermitteln.

Ich und Selbst

Bei der Beschreibung des anthroposophischen Menschenbildes wurde die zentrierende Bedeutung des Ich hervorgehoben. Es wurde angemerkt, daß dieses Ich zwar ein entwicklungsmäßig bedeutsames Moment darstellt insofern der Mensch sich selbst als ein für sich bestehendes Wesen begreifen lernt. Es wurde aber auch gesagt, daß mit diesem Ich die menschliche Individualität noch nicht in ihrer Totalität begriffen sei. Steiner zeigt nun, wie die Seele im Verlaufe ihrer Schulung »das Heranreifen einer in ihr befindlichen geistigen Wesenheit (erfährt), welche sich den Einflüssen des bewußten Lebens entzieht ... Bilderhaft, wesenhaft, wie wenn es sich als Eigenwesen offenbaren wollte, taucht aus den Seelenfluten ein *zweites Selbst* auf, das dem Wesen, das man vorher als sein Selbst angesprochen hat, wie selbständig, übergeordnet erscheint. Es nimmt sich wie ein Inspirator dieses Selbstes aus. Der Mensch fließt als dieses letztere Selbst zusammen mit dem inspirierenden, übergeordneten.« [30]

Steiner bedient sich der Bezeichnung »zweites, anderes, übergeordnetes Selbst«, das dem Menschen im Zustand des gewöhnlichen Bewußtseins unbewußt ist, wenngleich das Ich von diesem »zweiten Selbst« aus den Seelentiefen heraus Inspirationen empfängt. Es soll aber nicht der Eindruck erweckt werden, als ob Elemente des menschenkundlichen Modells Steiners mit solchen des Seelenbildes von C. G. Jung ohne weiteres identifiziert werden könnten. Und doch berühren sich Steiners »zweites Selbst« und Jungs »Selbst« insofern, als beide Male ein Umgreifendes, die Sphäre des Unbewußten Einbeziehendes, dem Bewußtsein Übergeordnetes anvisiert wird. Steiner läßt keinen Zweifel darüber aufkommen, daß dieses »übergeordnete Ich-Wesen«, wie er es auch nennt, nicht etwa theoretisch-spekulativ ersonnen worden sei, sondern daß es erst als ein Erfolg der Schulung möglich werde, »das lebendige Wesen dieses ›Ich‹ in seiner Wirklichkeit als Macht in sich zu erfühlen und das gewöhnliche Ich als ein Geschöpf dieses anderen zu empfinden. Dieses Fühlen ist ein wahrhafter Anfang des Schauens der Geistwesenheit der Seele.« [31]

C. G. Jung, der im »Selbst« (im Sinne seiner Terminologie) den Mittelpunkt wie auch den Umfang sieht, der Bewußtsein und Unbewußtes einschließt und somit »Zentrum dieser Totalität« ist[32], gibt einen wichtigen Hinweis, wenn er das Selbst geradezu als »das Ziel des Lebens« überhaupt bewertet. »Das Selbst ist auch das Ziel des Lebens, denn es ist der völligste Ausdruck der Schicksalskombination, die man Individuum nennt«, heißt es am Ende von »Die Beziehungen zwischen dem Ich und dem Unbewußten«[33]. Bedeutsam ist dieser Hinweis, weil er einerseits im Zusammenhang mit dem Ziel des Individuationsweges gemacht wird, und weil Steiner sein »zweites bzw. übergeordnetes Selbst« im Blick auf das Schicksalsproblem zur Sprache bringt. Und wenn davon die Rede war, daß aus den Seelentiefen heraus eine Inspiration durch das »andere Selbst« stattfinde, dann war damit nicht ein gedankliches, ideenmäßiges Einflußnehmen gemeint, sondern eine Wirkung, die sich durch »Taten« vollzieht. Es muß sich hier nach Steiners Ausführungen um eine Dynamik eigener Art handeln. Denn: »Dieses ›andere Selbst‹ ist es, welches die Seele hinführt zu den Einzelheiten ihres Lebensschicksals, und welches in ihr die Fähigkeiten, Neigungen, Anlagen usw. hervorruft. — Dieses ›andere Selbst‹ lebt in der Gesamtheit des Schicksals eines Menschenlebens. Es geht neben dem Selbst, das zwischen Geburt und Tod seine Bedingungen hat, einher und gestaltet das menschliche Leben mit allem, was Erfreuliches, Erhebendes, Schmerzvolles in dasselbe einschlägt.«[34]

Damit ist zum Ausdruck gebracht, daß das übersinnliche Bewußtsein auf eine dynamische, eine geistige Realität stößt, die das bedingt oder das wie ein zweites Subjekt gestaltet, was der Hindu mit dem Sanskrit-Wort »Karma« benennt. »Der Lebenslauf eines Menschen erscheint inspiriert von seiner eigenen Dauerwesenheit, die von Leben zu Leben sich weiterführt; und die Inspiration erfolgt so, daß die Lebensschicksale eines folgenden Erdenseins als die Folge sich ergeben der vorangehenden Erdenleben. So lernt der Mensch sich selbst erkennen als eine ›andere Wesenheit‹, eine solche, welche er nicht im Sinnensein ist, und die sich in diesem Sinnensein nur durch ihre Wirkungen zum Ausdruck bringt.«[35] Suchen wir nach einem psychologischen Terminus für das hier Gemeinte, dann bietet sich der des Unbewußten an. Wir hätten von der schicksalgestaltenden Kraft des Unbewußten zu sprechen, jener Kraft also, die nicht nur Einfälle, Bilder aus sich heraus entläßt, sondern eben auch »Zufälle«, die zu einem ganz bestimmten Augenblick als äußere Ereignisse, als Krankheiten, Unfälle, bedeutsame Menschenbegegnungen konstelliert, durch die Schicksal gestaltet wird, aber auch durch die sich Sinn des Lebens erhellen läßt. Steiner versuchte selbst, den psychologischen Aspekt karmischer Verflechtungen ins Auge zu fassen, wenn er gelegentlich sagte: »Mit derjenigen Kraft, die im Unterbewußtsein ruht, legen wir von dem Momente ab, wo wir durch die Geburt ins Dasein treten, und noch mehr, wo wir anfangen, zu uns Ich zu sagen, unseren Lebensweg so an, daß er in einem bestimmten Augenblick die Wege des andern kreuzt ... Dagegen spricht gar nicht, daß der Mensch oft mit seinem Schicksal so wenig einverstanden ist. Würde er alle Faktoren überschauen, so würde er finden, daß er schon einverstanden sein könnte. Eben weil das Oberbewußtsein nicht so schlau ist wie das Unterbewußtsein, beurteilt es die Tatsachen des letzteren falsch und sagt sich: Es ist mir etwas Unsympathisches zugestoßen —, während der Mensch aus einer tiefen Überlegung heraus das, was man im Oberbewußtsein unsympathisch findet, in Wirklichkeit gesucht hat. Eine Erkenntnis der tieferen Zusammenhänge würde es dahin bringen, einzusehen, daß ein Klügerer die Dinge sucht, die dann Schicksal werden.« [36]

C. G. Jung spricht mehr vom *Ergebnis* des Karmischen bzw. Schicksalhaften, das sich im Selbst niedergeschlagen hat und das sich dann im betreffenden menschlichen Individuum abzeichnet. Steiner hingegen ist im besonderen an der Schicksal verursachenden Dynamis interessiert. Damit ist schon der über die Einzelpsyche hinausweisende Bereich angesprochen. Bei Steiner geht das aus den angeführten Zitaten hervor. Sie beziehen sich nicht nur auf eine Einzelverkörperung des Menschen, denn die Schicksal konstellierende Weisheit und Kraft, die als Karma gestaltet, wirkt sich, wie Steiner zeigt, in mehreren Erdenleben aus. Jung ist sich immerhin im klaren darüber, mit der Verwendung des Selbst-Begriffes »bereits ein transzendentes Postulat, das sich zwar psychologisch rechtfertigen, aber wissenschaftlich nicht beweisen läßt« [37], erhoben zu haben. Er gesteht, damit die Grenzen der naturwissenschaftlichen Empirie überschritten zu haben. An der bezeichneten Textstelle bekennt er sich ausdrücklich zu dieser Grenzüberschreitung als zu einem »unbedingten Erfordernis, ... denn ohne dieses Postulat wüßte ich die empirisch stattfindenden psychischen Prozesse nicht genügend zu formulieren«. Das heißt doch: Die Ebene des Psychischen muß auch der Psychologe verlassen, wenn er zu einer Erkenntnis des Psychischen gelangen will, und sei es mit dem Hilfsmittel der Hypothesenbildung. Jungs Postulat aber beschränkt sich hier im wesentlichen auf den statischen Aspekt des Selbst, eben als »Ausdruck der Schicksalskombination«. Diesen Eindruck kann man haben, wenn man die anthroposophische, den Karmagedanken enthaltende Sichtweise danebenhält. Selbstverständlich soll dadurch die betont prospektivische Therapie nicht relativiert werden. Steiner geht es jedenfalls um die Dynamik des Selbst als des »übergeordneten Ich«, das seine Inspirationen als schicksalgestaltende Anordnungen — dem Ich unbewußt — in das Menschenleben einfließen läßt. Dieser dynamische Aspekt ist es auch, der ihm erlaubt, das jeweilige einzelne Erdenleben eines Menschen zu transzendieren und das von Verkörperung zu Verkörperung schreitende Ich im Blick zu behalten. C. G. Jung macht diese Denkbewegung nicht mit. Schon von seinen Voraussetzungen her spielt die Reinkarnationsidee in der Tiefenpsychologie Jungs keine Rolle. Eben dieses Fehlen des Gedankens der wiederholten Erdenleben stellt einen wichtigen Differenzpunkt zwischen Jung und Steiner dar. In seinen Psychoanalyse-Vorträgen von 1917, aber auch an anderen Stellen vorher und nachher, an denen Steiner auf die Psychoanalyse — wie sie sich ihm damals darstellte! — zu sprechen kam, gab er zu bedenken, daß diese analysierende Psychologie noch mit »unzulänglichen Erkenntnismitteln« arbeite. Diese Unzulänglichkeit ergebe sich aus naturwissenschaftlichen Vorurteilen, die eine Erkenntnis der Reinkarnation verhindere. Es reiche keinesfalls aus, »den animalischen Grundschlamm« der Seele (ein Zitat, das Steiner übernimmt) zu analysieren. Vielmehr komme es darauf an, »das, was als seelischer Keim in diesem animalischen Grundschlamm eingebettet ist« zu untersuchen. Eine derartige Untersuchung aber setze ein Wissen um die wiederholten Erdenleben voraus und damit ein Wissen um ein »übergeordnetes Selbst« [38].

Nun wird es nicht genügen, lediglich festzustellen, Jung habe als Psychologe — aus welchen Gründen auch immer — mit der Reinkarnationsidee nicht gerechnet. Es ist auch zu bedenken, daß das Symbol des Selbst um 1916/17 von ihm noch gar nicht in seiner vollen Bedeutung entdeckt worden war. Erst vom Jahr 1928 an wurde von ihm das Selbst als Bildausdruck einer totalen Persönlichkeit und als eine dem bewußten Ich übergeordnete Ganzheit geschildert. Erst die empirisch erfaßten Tatbestände begründeten psychologischen Einsichten. Sie ermöglichten erst die Aussagen, die einerseits ein Transzendieren in den Raum der Postulate rechtfertigten, andererseits dem Verständnis der psychischen Prozesse einen Zugang erschlossen. Daß Jung deshalb zum Metaphysiker oder zum Geistesforscher geworden wäre, wird niemand behaupten wollen, er selbst wollte es am allerwenigsten. Sein konsequentes Insistieren auf eine empirische Forschungsart unterstreicht dies. Wenn aber Rudolf Steiner unter Anführung des »Zürcher Professors Jung« in Berliner Vorträgen aus dem Jahr 1918 meinte, »die Psychoanalytiker kommen sozusagen mit geistig verbundenen Augen an die Welt der Geisteswissenschaft heran« [39], dann muß man heute sagen: Dieses Wort trifft *heute* so nicht mehr zu. Es wurde in einem Augenblick gesprochen, als C. G. Jungs Analytische Psychologie bestenfalls in Ansätzen entwikkelt und als noch nicht abzusehen war, an welchen Punkten diese Forschungsart den Ausblick auf neue Horizonte des Welt- und Menschenbildes öffnen würde. Der psychologische Nachweis des »Selbst«, der durch den Einbezug unbewußter Faktoren nicht nur Seelenvergangenheiten berücksichtigt, sondern gleichzeitig das Zukünftige, Schicksalhafte umfaßt, markiert einen solchen Punkt. An ihm wie an vielen anderen Stellen des Werkes wird deutlich, daß Jungs Psychologie spirituelle Tendenzen enthält. Das besagt: Analytische Psychologie schließt nicht im vornherein den empirisch-psychischen Bereich gegenüber dem Geistigen ab, sondern sie setzt dieses Geistige voraus, um überhaupt zu einer Erkenntnis der seelischen Wirklichkeit zu gelangen. Erst diese Tatsache macht einen Dialog zwischen Geisteswissenschaft und Psychologie überhaupt nötig und sinnvoll.

Animus und Anima

Wenngleich unsere Aufgabe nicht darin bestehen kann, Jungs Individuationsweg als solchen nachzuzeichnen, so ist doch auf ein wichtiges Charakteristikum aufmerksam zu machen, das zum Individuationsweg gehört, das heißt zur Selbstwerdung des Menschen, nämlich jener Aspekt, der das Selbst als ein die Gegensätze vereinigendes Symbol ausweist. Jung sprach auch von der »Bipolarität des Archetypus«, der nicht nur bewußte und unbewußte bzw. superiore und inferiore Funktionen der Psyche repräsentiert, sondern auch das männliche und das weibliche Prinzip. Für beide hat Jung die Bezeichnungen Animus und Anima geprägt.

Bei Rudolf Steiner finden sich Mitteilungen, die zwar keine volle sachliche Entsprechung darstellen, jedoch analoge Momente enthalten. Dazu gehört die Angabe, der Äther- oder Bildekräfteleib, der die Lebensabläufe reguliert, weise jeweils eine gegengeschlechtliche Prägung auf, der Bildekräfteleib des Mannes sei demnach »weiblich«, der der Frau »männlich«. Dieser Hinweis findet sich zwar in zahlreichen Vorträgen, es wird aber kaum näher ausgeführt, welche Bewandtnis es damit auf sich hat und welcher menschenkundliche Sachverhalt vorliegt. Die diesbezüglichen Andeutungen, die mit mythischen Bildern z. B. von männlich-weiblichen Göttern, Isis und Osiris, Shiva und Shakti usw. in Verbindung gebracht werden, lassen sich schwerlich isoliert verstehen. Man wird sie einerseits im Zusammenhang mit Steiners anthropogenetischen bzw. okkult-physiologischen Vorstellungen, andererseits mit geistesgeschichtlichen Belegen zusammenschauen müssen. Es ist immerhin interessant zu sehen, wie Aniela Jaffé Jungs Animus-Anima-Deutung zusammenfaßt. Sie definiert Animus und Anima als »Personifikationen einer weiblichen Natur im Unbewußten des Mannes und einer männlichen Natur im Unbewußten der Frau«. Aniela Jaffé setzt diese psychische Doppelgeschlechtlichkeit mit der biologischen Tatsache in Parallele, wonach die größere Anzahl von männlichen oder weiblichen Genen das physische Geschlecht bestimmen [40].

Doch bevor wir weiter auf diesem Zusammenhang eingehen, ist folgende Anmerkung an dieser Stelle einzufügen: Ehe es zur Bearbeitung der Animus-Anima-Problematik auf dem Individuationsweg kommen kann, ist eine andere Aufgabe zu lösen, die Auseinandersetzung mit dem »Schatten«. So nennt Jung das Problem, das sich dem Analysanden stellt, wenn es darum geht, die vorerst unbewußte, negative, eben die Schatten-Seite seines Ich bewußt zu machen, anzunehmen und in seine werdende Person-Ganzheit hinein zu integrieren. Auf dieses Phänomen, das an den »Hüter der Schwelle« bzw. an die Doppelgänger-Figur auf dem anthroposophischen Schulungsweg erinnert, wird an anderer Stelle eingegangen. (Vgl. Exkurs: Das Böse als »Schatten« und als »Doppelgänger«.) Auf diese Auseinandersetzung mit dem Schatten muß hier verwiesen werden, weil sie bewältigt sein muß, bevor der Selbstwerdungsprozeß zu der schwierigeren Aufgabenstellung des Animus-Anima-Gegensatzes weiterschreiten kann. Jolande Jacobi begründet das so: »Das Ich und der Schatten zusammen stellen nämlich erst jenes umfassende Bewußtsein dar, das den archetypischen Mächten, insbesondere den gegengeschlechtlichen Figuren, entgegenzutreten und sich mit ihnen auseinanderzusetzen vermag.«[41]

Wenn auch auf eine detaillierte Schilderung der Selbstbegegnung verzichtet werden muß, so ist doch festzuhalten, daß es sich hierbei um einen tiefgreifenden Erkenntnisvorgang handelt. Animus und Anima verweisen auf den jeweils gegengeschlechtlichen Aspekt der eigenen Psyche, und zwar in jenen Bereich, der noch »unterhalb« des im persönlichen Unbewußten liegenden Schattens zu denken ist, weil Animus und Anima Züge des kollektiven Unbewußten tragen. Ähnlich wie der Schatten in Unkenntnis seiner Wesenheit auf andere Personen projiziert wird, so besteht z. B. die Projektion des Anima-Bildes beim Mann darin, daß er das Idealbild seiner eigenen, ihm nicht bewußten Anima auf die ihm schicksalhaft begegnende Frau überträgt und sich wiederum von »ihr« angezogen fühlt. So entscheidend die leibliche und die seelische Lebensbegegnung (communio) zwischen Mann und Frau für beide Partner ist, in der sich die Sehnsucht nach Vervollständigung zweier »Hälften« ausdrückt, so wichtig ist als weiterer Schritt auf dem Weg der Selbstwerdung die notwendige innere Communio, das Innewerden der Anima bzw. des Animus, ein Ziel, das naturgemäß der zweiten Lebenshälfte gesteckt ist. Man könnte auch sagen: So wie der ersten Lebenshälfte aufgetragen ist, das äußere Du zu finden — dies ist ebenfalls ein Reifungsvorgang, der nicht nur aus einzelnen Kontakten zweier Menschen besteht! — so gilt es in der zweiten Lebenshälfte, das innere Du zu erkennen. Und dies Erkennen ist im Sinne des althebräischen »jada« — Adam erkannte sein Weib Eva — als eine auf Ganzheit zielende Durchdringung zweier Wesen zu verstehen. Keinesfalls handelt es sich nur um ein Einsichtnehmen in rationale Tatbestände oder Sachverhalte. Dieses Erkennen hieße demnach, die psychische Ganzheit zu verwirklichen, die durch keine noch so harmonische äußere Zweisamkeit ersetzt werden kann.

Psychologisch ausgedrückt handelt es sich um eine Zurücknahme der Anima- bzw. Animus-Projektion. Das was bisher ausschließlich zwischen den Geschlechtern gesucht wurde, ist zusätzlich im eigenen Seeleninnern zu finden. (Die Worte »ausschließlich« — »zusätzlich« sollen durchblicken lassen, daß diese Zurücknahme der Animus-Anima-Projektion keiner Selbstisolation in den zwischenmenschlichen Beziehungen entspricht. Eher könnte man von einer Intensivierung der Beziehungen im zwischenmenschlichen Bereich sprechen. Es wird eine neue Dimension erschlossen.)

Wenn von einem tiefgreifenden Erkenntnisvorgang die Rede war, dann nicht zuletzt deshalb, weil es an diesem Punkt des Individuationsweges zur Konfrontation mit »Urbildern« von numinoser Mächtigkeit kommt, etwa in der archetypischen Gestalt des »alten Weisen« oder der »großen Mutter«. Die einschlägigen Darstellungen von Jung, aber auch von Neumann, Seifert u. a. enthalten eine Fülle von Belegen aus den verschiedensten Zusammenhängen unbewußter Gestaltungskraft. Eine wichtige Rolle spielen ferner die Symbole, die Ganzheit in figürlicher Form, in der Gestalt von Kugel oder Kreis, durch das Quadrat oder Kombinationen, denen die Vierzahl als Strukturelement zugrunde liegt. Man muß nur die wichtigsten Werke Jungs über alchemistische Zusammenhänge oder fernöstliche Meditationspraktiken u. ä. aufschlagen, um sich das Gemeinte seinem jeweiligen Bildausdruck nach vor Augen zu führen.

Die auf dem Individuationsweg zu erfahrende Selbstbegegnung, die sich in archetypischen Bildern widerspiegelt — ein Vorgang, der individuell sehr verschiedene Formen anzunehmen pflegt — zielen letztlich darauf hin, mit der Selbstwerdung nicht nur ein neues Sein, sondern gleichzeitig ein neues Bewußtsein zu schaffen. Ein Bild, *das* Bild des Menschen entsteht. Man selbst erfährt sich mehr und mehr intuitiv als wesenseins mit diesem Menschenbild. Es kann durch kein noch so komplex anmutendes durch wissenschaftliches Studium aufgenommenes und damit »wißbares« Bild vom Menschen aufgewogen werden: »... das Unbeschreibliche / Hier ists getan ...«

Unter dem Aspekt des Männlichen und des Weiblichen, das in der beide Pole vereinigenden Ganzheit des Menschen aufgehoben ist, findet dieses Menschheitsziel seine Verwirklichung. Die religiöse Symbolik hat dies unzählige Male ins Bild gesetzt. Im Grunde bedeutet die Polarität von Mann und Frau ein tiefes Mysterium, und trotz vieler Verdrängungstendenzen, die während der Hellenisierungsphase ins Christentum eingedrungen sind, ist der Satz des Apostels Paulus nicht zu tilgen, den er über die Vereinigung von Mann und Frau geschrieben hat: »Dieses Geheimnis (mysterion) ist groß; ich aber deute es auf Christus und auf die Gemeinde« (Eph. 5,32).

Es ist das Mysterium des Menschen, das die Anthroposophie als eine »Weisheit« — nicht nur als ein bloßes Wissen — wieder zu gewinnen trachtet. Steiner hat, ausgehend vom Leitmotiv der Kontinuität zwischen der Mysterienüberlieferung der Alten und einer neu zu begründenden Initiationswissenschaft, immer wieder auf einschlägige Traditionen Bezug genommen. Hier ist an all die Mitteilungen und aphoristischen Darstellungen zu denken, die er zum Androgyn-Gedanken geäußert hat. (Vgl. Exkurs: Zum Androgyn-Poblem)

Der alte Mythos vom androgynen, also männlichen *und* weiblichen Menschen, findet im anthroposophischen Menschenbild eine Ergänzung und Weiterbildung. Ziehen wir das menschenkundliche Modell Steiners heran, dann muß man sagen: Das, was den Menschen zum Mann bzw. zur Frau macht, ist eigentlich in den Wesens*hüllen*, nicht jedoch im individuellen Wesenskern veranlagt. Es haftet die geschlechtliche Differenzierung der physischen, bildekräftemäßigen und seelischen Leiblichkeit an. Dagegen ist das Ich als Wesensmitte weder männlich noch weiblich. Das, was Steiner das Ich nennt, verkörpert sich zwar in geschlechtlich klar differenzierten Körpern, in völkischen und rassischen Zusammenhängen. Die (geistige) Ordnung, denen das Ich entstammt, kennt diese gattungsmäßige Differenzierung jedoch nicht. Geistig sind Mann und Frau primär »Mensch«, die von Kultur und Konvention getroffene unterschiedliche Bewertung liegt eigentlich nur dort vor, wo das geistige Urbild des Menschen verfehlt wird oder noch nicht erreicht ist. Aber eben diese Menschwerdung des Menschen zu erreichen, ist die Aufgabe des Menschen. Das Apostelwort aus dem Galaterbrief (3,28) bekommt von daher eine neue Beleuchtung: Da gilt nicht Jude noch Grieche, nicht Sklave noch Freier, nicht Mann und Weib, denn ihr seid alle *einer* in Christus Jesus! — Das heißt doch, daß die Verbindung mit Christus als dem Repräsentanten des Ich (bzw. des Selbst im Sinne Jungs) die völkisch-nationale, die gesellschaftliche und die geschlechtlich-gattungsmäßige Differenzierung als Kluft aufhebt. An die Stelle der Differenzierung tritt, wenn Christentum nicht als eine nur äußerliche Konversion zu einer »Religionsgemeinschaft« bleibt, eine totale Integrierung. So betrachtet können Gattung und Geschlecht im Individuations- bzw. Initiationsweg der Menschheit »nur« episodenhafte Bedeutung haben. Das androgyne Urbild mutet wie eine Prophetie auf die Menschwerdung des Menschen an.

In dem Frühwerk »Philosophie der Freiheit« (1894) hat Rudolf Steiner diese Erkenntnis vorweggenommen, als er seinem Buch das Kapitel »Individualität und Gattung« einfügte und vom Menschen schrieb: »Das Gattungsmäßige dient ihm ... nur als Mittel, um seine besondere Wesenheit in ihm auszudrücken ... Es ist unmöglich, einen Menschen ganz zu verstehen, wenn man seiner Beurteilung einen Gattungsbegriff zugrunde legt ... Wer die Menschen nach Gattungscharakteren beurteilt, der kommt eben gerade bis zu der Grenze, über welcher sie anfangen, Wesen zu sein, deren Betätigung auf freier Selbstbestimmung beruht ... Wer das einzelne Individuum verstehen will, muß bis in dessen besondere Wesenheit dringen, und nicht bei typischen Eigentümlichkeiten stehen bleiben ... So wie die freie Individualität sich frei macht von den Eigentümlichkeiten der Gattung, so muß das Erkennen sich frei machen von der Art, wie das Gattungsmäßige verstanden wird.«

Das Menschenbild der Anthroposophie ist mithin von deren Wurzeln an eine Veranschaulichung dessen, was in dieser philosophischen Schrift Steiners als Postulat hingestellt worden ist. Das Wort von der »freien Individualität« formuliert eine Aufgabe, die den Einzelnen und die Gesamtmenschheit zu erfüllen hat.

WEST-ÖSTLICHE GEGENSÄTZLICHKEIT UND EINHEIT

Die universelle, die geistig-seelische Eigentümlichkeit der gesamten Menschheit umspannende Betrachtungsweise findet bei Rudolf Steiner und bei C. G. Jung darin ihren Niederschlag, daß sich beide Forscher der West-Ost-Problematik angenommen haben. Darunter sei hier das Spannungsverhältnis verstanden, das zwischen der Mentalität des westlichen (europäischen und amerikanischen) und der Spiritualität des asiatischen Menschen besteht, und zwar mit besonderer Berücksichtigung der religiös-geistigen Traditionen des Ostens.

Diese Beschäftigung mit dem West-Ost-Problem geschah durch Steiner und Jung zu einem Zeitpunkt, lange bevor die Wichtigkeit eines Dialogs zwischen dem Morgen- und Abendland allgemein eingesehen und ehe ein entsprechender Snobismus Mode geworden war. Steiner und Jung haben, unabhängig voneinander, wesentlich dazu beigetragen, daß die Spiritualität Indiens und des Fernen Ostens im Westen bekannt geworden ist. Sie gehören damit in die Reihe jener Denker, die seit Beginn des 19. Jahrhunderts wichtige Anstöße zur Horizonterweiterung des westlichen Menschen gegeben haben. Man muß sich nur klar genug machen, worin der spezielle Beitrag Steiners und Jungs besteht und wodurch er sich von jenen abhebt, die dem Goethe-Vers aus dem »Westlich-östlichen Diwan« überstrapazierten: »Gesteht's, die Dichter des Orients sind größer als die des Okzidents.«

Zwei Mißverständnissen ist im vornherein entgegenzutreten: Einmal dem, die Beschäftigung mit dem östlichen Geistesleben oder mit Strömungen, die dem östlichen Traditionsgut positiv gegenüberstehen, sei als eine Art Dekadenzerscheinung abzulehnen, die jeweils nach den Kriegen Blüten getrieben habe. Diese kurzschlüssige Behauptung wurde beispielsweise der Anthroposophie gegenüber geäußert. Wer das sagte, der vergaß, daß diese Bewegung im nationalsozialistischen Deutschland verboten war und im übrigen lange vor dem Ersten Weltkrieg bestand. Wichtige Äußerungen Steiners über gewisse geistige Überlieferungen des Ostens fallen in die Vorkriegszeit. — In dem anderen gegenüber Steiner und Jung erhobenen Vorwurf drückt sich die Sorge aus, die Beschäftigung mit dem östlichen Geistesleben leiste einem relativierenden Synkretismus Vorschub, durch den etwa das Christentum mit östlichen Vorstellungen vermischt oder gar in Form von »Ersatzreligionen« beiseite geschoben werden solle. Dieser Vorwurf, moderne Ersatzreligion zu sein, ist sowohl gegenüber Steiners Anthroposophie wie im Blick auf Jungs Analytische Psychologie erhoben worden. Hinzu kommt bei Jung noch der Vorwurf der angeblichen Psychologisierung esoterischer Lehren [1]. Der bekannte ökumenische Theologe Willem Visser't Hooft schreibt: »Die stärkste Kraft, die ... zur Schaffung einer synkretistischen Grundstimmung beiträgt, ist die von Carl Gustav Jung gegründete Schule ... Jedenfalls trägt Jungs Psychologie direkt oder indirekt zur Schaffung eines religiösen Ekklektizismus bei, in dem die allerverschiedensten religiösen Konzeptionen ohne irgendein wirklich geistiges Urteilsvermögen gesammelt werden.« [2]

Äußerungen wie diese, zum Teil auch von namhaften Missionswissenschaftlern wie Georg Vicedom oder Gerhard Rosenkranz vorgetragen, lassen es hierbei eben an jenem Urteilsvermögen fehlen, das im Blick auf Steiners oder Jungs Verhältnis zum östlichen Geistesleben ebenso zu fordern ist wie im Blick auf die asiatischen Religionen und die Problematik ihres Verstehens. Begreiflicherweise geraten jene Wissenschaftler, die dank ihres Weitblicks die engen Grenzen des Spezialistentums überschreiten, in den Beschuß der Fachschaft. Es ist aber nicht mehr als recht und billig, daß sich die jeweils zuständigen Experten die Mühe machen, zu fragen, unter welchem Gesichtspunkt die vermeintlich illegitime Grenzüberschreitung erfolgt ist. Bezüglich des west-östlichen Gegensatzes ist das angebracht. Aber nicht nur darauf ist hier einzugehen, sondern auch auf den eventuellen west-östlichen Einheitsaspekt. Zu klären ist freilich, inwiefern ein West-Ost-Gegensatz besteht und inwiefern von einer diesen Gegensatz überbrückenden Einheit gesprochen werden darf.

Rudolf Steiners Verhältnis zum östlichen Geistesleben

Um sich über Steiners Verhältnis zum asiatischen Osten und zu dessen Geistesleben zu informieren, kann man nicht auf eine Gesamtdarstellung von ihm zurückgreifen. Wieder befinden wir uns in der gleichen Lage, daß wir versuchen müssen, die wichtigsten der weit verstreut liegenden Äußerungen zum Thema zusammenzutragen. Dabei kommt in erster Linie das Vortragswerk in Frage. Kennt man Komposition und Diktion der Steinerschen Vorträge, speziell die internen, mit ihrer oft weit ausholenden, ein Problem wie in Spiralform umkreisenden Gedankenführung, in der sich der Vortragende einst bemühte, seinen Zuhörern gerecht zu werden, dann wird man selbst nicht in jenen Vortragsreihen eine annähernd systematische Behandlung des Stoffs erwarten dürfen, die durch ihr Rahmenthema dergleichen in Aussicht stellen, so etwa die Vortragszyklen über die Bhagavadgita, »Der Orient im Lichte des Okzident« oder »Westliche und östliche Weltgegensätzlichkeit«. Von einer kleinen Studie des Indologen Hermann Beckh abgesehen [3] gibt es m. W. auch keine monographische Arbeit, in der unser Problem ausführlicher behandelt worden wäre.

Ähnlich problematisch wie für Jung die Verbindung mit der psychoanalytischen Bewegung wurde, gestaltete sich für Steiner der Anschluß an die Theosophische Gesellschaft. In der Frage des Verhältnisses zur östlichen Weisheit tritt das besonders deutlich hervor. Während Steiner im vornherein, das heißt schon als Goetheforscher und als Denker an das mitteleuropäische Geisteserbe des deutschen Idealismus und der modernen Naturwissenschaft anknüpfte, war die Theosophie H. P. Blavatskys und Annie Besants sowie die der anderen führenden Theosophen um die Jahrhundertwende durch eine starke Hinneigung zu den östlichen Traditionen, vornehmlich zum Hinduismus und zum Buddhismus gekennzeichnet. Das geht schon aus der Art hervor, wie das westliche Denken und das Christentum in den theosophischen Hauptwerken bewertet wird. Man ging von der angeblichen Gleichheit aller Religionen aus, huldigte einem Synkretismus der Religionen und Glaubenslehren; es kann aber nicht gesagt werden, daß das Christentum von den führenden Theosophen in seiner spirituellen Eigenart voll erkannt worden wäre. Man braucht nur H. P. Blavatskys dreibändiges Hauptwerk »Geheimlehre« (Secret Doctrine) aufzuschlagen oder A. Besants Buch »Das esoterische Christentum«, das von der Konstruktion eines vorchristlichen Jesus ausgeht, um sich von diesem Mangel zu überzeugen.

Zweifellos war Rudolf Steiner in einer schwierigen Lage, denn einerseits verband er sich mit der theosophischen Bewegung, indem er in ihrer Organisation als Generalsekretär der deutschen Sektion arbeitete, sich ihres Vokabulars und ihrer gesellschaftlichen Plattform bediente, andererseits hatte er eine Sache zu vertreten, die substantiell von derjenigen verschieden war, deren Namen er bis 1912 trug. Dieser Sachunterschied führte schließlich zur Trennung oder vielmehr zum Ausschluß Steiners aus der Theosophischen Gesellschaft. Ohne Kompromisse und ohne gegenseitige Rücksichtnahme wäre die geistige Koexistenz ohnehin nicht aufrecht zu erhalten gewesen. Deshalb finden sich in Steiners Arbeiten aus der »theosophischen Zeit« verhältnismäßig behutsame Formulierungen wie die in einem Aufsatz über das Verhältnis von »Buddhas Lehre zur Theosophie«. Da heißt es (Januar 1905): »Unter Umständen ist es sogar untheosophisch (gemeint ist: un-»anthroposophisch«!), im Abendlande die hinduistischen oder buddhistischen Formeln zu lehren. Denn der Theosoph soll niemandem etwas Fremdes aufzwingen, sondern jeden auf seine Art zur Wahrheit führen. Warum sollte man zum Beispiel dem Christen buddhistische Denkformeln beibringen, da doch auch seinen eigenen Formeln der Wahrheitskern zugrunde liegt. Theosophie soll nicht buddhistische Propaganda sein, sondern eine Hilfe für jeden, daß er zum wahren Verständnis seiner eigenen Innenwelt gelange.« [4] Noch formuliert Steiner vorsichtig »unter Umständen ... sogar«, noch gebraucht er die typisch theosophische Wendung vom »Wahrheitskern«, und doch macht er aus seiner tatsächlichen Meinung kein Hehl: Eine Propaganda für den Hinduismus oder Buddhismus in Europa kommt nicht in Frage. Damit ist eine unmißverständliche Absage an die Theosophie anglo-indischer Prägung erteilt. Nicht an einem bestimmten geographischen Ort oder in einem speziellen Kulturzusammenhang ist die Realität des Geistes zu suchen, sondern in der »eigenen Innenwelt«. Man kann Steiner kaum den Vorwurf machen, er hätte nur gelegentlich oder im Verborgenen seine tatsächliche Überzeugung als Generalsekretär der deutschen Sektion dieser Gesellschaft zum Ausdruck gebracht; denn als Annie Besant daran ging, den von ihr in Obhut genommenen Hinduknaben Krishnamurti als den wiederverkörperten Christus zu proklamieren, widerstand Rudolf Steiner energisch und distanzierte sich von derlei Machenschaften. Die Vorträge jener Jahre und die Betonung der historischen Einmaligkeit des Christusereignisses (das mit der Wiederkunft Christi nicht verwechselt werden darf!), sind als weitere Reaktionen auf diese orientalisierenden Neigungen in der alten theosophischen Bewegung zu werten.

Das hermeneutische Problem, das heißt die Frage, ob und wie weit östlicher Geist vom westlichen Denken (und umgekehrt) begriffen werden könne, wird seit langem diskutiert. Es ist nicht zu leugnen, daß die vor allem seit dem 19. Jahrhundert historisch-kritisch arbeitende Philologie sich um die Erschließung der östlichen Religionswelt verdient gemacht hat. Diese Erschließung bezog sich aber in erster Linie auf die Texte und Traditionen als solche. Die ihnen zugrundeliegende Geistigkeit gab und gibt dem westlichen Denken oft kaum zu lösende Rätsel auf. Die Besonderheit der theosophischen Bewegung bestand nun darin, daß sie einen inneren, mystischen, glaubensmäßigen Zugang zu eben dieser Geistigkeit zu bahnen suchte, die sich der kritischen Textanalyse entzieht. Diese Theosophen erkannten richtig, daß spirituelle Überlieferungen eine adäquate Interpretation verlangen. Die Kritik als solche, das historische und das philologische Gewissen spielte dabei — falls überhaupt — eine untergeordnete Rolle. So ist es nicht verwunderlich, daß es zu keiner Zusammenarbeit, etwa zwischen der indischen (Sanskrit-)Philologie und der Religionswissenschaft auf der einen und der Theosophie auf der anderen Seite kommen konnte. Der »garstige Graben« zwischen moderner Wissenschaftlichkeit und dem an sich berechtigten spirituellen Streben war nicht zu überbrücken. Auch Rudolf Steiner war es ähnlich wie bei der Bibel um die spirituelle Dimension in den religiösen Urkunden des Ostens zu tun, jedoch ohne auf die Gewissenhaftigkeit der philologischen und historischen Forschung zu verzichten.

Der Indologe Hermann Beckh, der sich u. a. als Buddha-Forscher einen Namen gemacht hat[5], kommt daher zu folgendem Ergebnis: »Zwischen die Einseitigkeiten der beiden Richtungen, der historischen, kritischen, nur-philologischen der äußeren Wissenschaft und der unhistorischen, unkritischen, unphilologischen der theosophischen, neubuddhistischen und verwandten Bestrebungen stellt sich die geisteswissenschaftliche Forschung Rudolf Steiners in die Mitte: mit der äußeren Wissenschaft teilt sie nicht nur die Gesichtspunkte des Historischen und Kritischen, sondern sie verfolgt sie mit noch größerer Konsequenz, auch der Philologie und Sprachwissenschaft läßt sie auf dem entscheidenden Gebiet ihr Recht werden, ohne in die Einseitigkeiten des Nurphilologischen zu verfallen auf Gebieten, für welche diese Gesichtspunkte nicht ausreichen; und mit den charakterisierten theologischen Richtungen ist sie eins im Bestreben, die Sinnesgrenzen zu überschreiten, ohne sich dabei nach Art jener Richtungen an Forschungsmethoden und Forschungsziele zu binden, die von den Vertretern fremder Erdgebiete aus den Voraussetzungen und Wertschätzungen fremder Kulturen heraus aufgestellt worden sind.« [6]

Ähnlich wie in der anthroposophischen Beleuchtung der biblischen Überlieferung kommt hier die schon besprochene bewußtseinsgeschichtliche Betrachtungsweise zum Tragen. Weil sich eben zeigt, daß sich das Bewußtsein der Menschheit in einer bestimmten Weise wandelt, ist es nötig, die besondere Bewußtseinsstruktur des morgendländischen Menschen gegenüber derjenigen des Abendländers abzugrenzen. Dazu liegen entsprechende Schilderungen Steiners vor, die eine Charakteristik vergangener Menschheitskulturen erlauben, etwa der altindischen, der altpersischen oder der ägyptisch-babylonischen Kulturepoche bis herauf zur Gegenwart. In unserem Fall muß der allgemeine Hinweis genügen, daß der indische Mensch der vorchristlichen Zeit, im Zeitalter der Bhagavadgita, im Buddha-Zeitalter, in der Upanishaden- oder in der noch früheren Veden-Zeit bis zu einem gewissen Grade an einem schauenden Bewußtsein Anteil hatte. In charakteristisch abgestuften Nachklängen fand diese frühe, dem modernen abstrahierenden Verstandesdenken vorausgehende Bewußtseinsart in den einzelnen Literaturgattungen ihren Niederschlag.

Hermann Beckh, der in seinem Fachbereich die anthroposophische Sichtweise erprobte, hat gezeigt, wie sie sich beispielsweise für das Verständnis der Götterwelt des altindischen Rig-Veda fruchtbar erweist: »Nur ein Nachklang dieses ehemaligen lebendigen Schauens ist es dann, was in den Liedern des Rig-Veda, wie sie uns heute aufgezeichnet sind, auf uns gekommen ist. Deutlich sprechen uns diese Lieder selbst davon, wie die Schauenskraft der alten Zeit schon im Erlöschen war, und wie schon der verstandesmäßige Zweifel an der Existenz des Göttlichen hereindrängte ... Noch mehr tritt in späteren Erzeugnissen des indischen Geistes (z. B. in der Upanischad- und Sankhya-Philosophie) die Erscheinung zutage, wie ein altes hellseherisches Bewußtsein den Übergang in ein mehr verstandesmäßiges, denkerisches sucht, und es ist Steiners Verdienst, darauf hingewiesen zu haben, wie jenes Verstandesbewußtsein, das für uns heute *Ausgangspunkt* aller höheren Entwicklung ist, für den alten Inder ein in der Zukunft liegendes *Entwicklungsziel* bedeutete, daß er erst aus den Zuständen eines älteren hellseherischen Schauens herauswachsen mußte, um in die spätere Verstandesmäßigkeit hineinzuwachsen und das logische Denken zu beherrschen, das wir in Indien nur in seinen ersten Anfängen, noch nicht in der Vollkommenheit, wie in Griechenland, finden.« [7]

Wollen wir uns ein Bild von Steiners Einschätzung des östlichen Geisteslebens machen, dann begegnen wir zwei Aspekten, die aufs erste einander zu widersprechen scheinen, im Grunde sind sie aber auf einander bezogen; sie ergänzen sich gegenseitig:

Rudolf Steiner unterstreicht zunächst den grundlegenden Unterschied zwischen der Seelenart des Morgenländers und der des westlichen Menschen im Blick auf die Einstellung zur Welt und zum eigenen Ich, in der Bewertung von geistiger und materieller Wirklichkeit. Aus dem Unterschied, der sich dabei feststellen läßt, resultiert Steiners Wort von der westlichen und östlichen Weltgegensätzlichkeit. Rudyard Kiplings Zeilen:

Oh, East is East,
And West is West,
And never the twain shall meet —

im Jahre 1889 niedergeschrieben, hätte Steiner jedoch nicht billigen können. Er sah die östliche Spiritualität und das westliche Denken aufeinander bezogen. Sarvepalli Radhakrishnans programmatisches Werk »Eastern Religion and Western Thought« [8] und die von ihm mit einem hinduistischen Vorzeichen versehene »Gemeinschaft des Geistes« ist mit Steiners Konzeption keinesfalls zu verwechseln, da Steiners West-Ost-Deutung primär nicht auf den Einheitsgesichtspunkt aller Religionen abgestellt ist, sondern weil sie die historische Einmaligkeit der Christus-Erscheinung in die Mitte der bewußtseinsgeschichtlichen Betrachtung rückt. Dies stellt sich bei Steiner so dar: In den Weihnachtstagen 1912, als in Köln der erste offizielle Zusammenschluß derjenigen »Theosophen« stattfand, die nicht gewillt waren, die von Annie Besant und ihren Anhängern eingeschlagene Richtung einer orientalisierenden Theosophie zu verfolgen und die die anthroposophische Gesellschaft begründeten, da hielt Rudolf Steiner einen Vortragszyklus, der die Überschrift trägt: »Die Bhagavadgita und die Paulusbriefe«. Diese Vorträge sind — neben denen über »Die okkulten Grundlagen der Bhagavadgita« von 1913 — insofern beachtenswert, als Steiners Gegenüberstellung zweier wichtiger religionsgeschichtlicher Dokumente aus verschiedenen Phasen der Menschheitsentwicklung einen wichtigen Gesichtspunkt der West-Ost-Problematik hervorhebt. Für unsere spezielle Fragestellung ist dabei folgendes beachtenswert:

Der anthroposophischen Betrachtung stellen sich die religiösen Überlieferungen des Ostens als Zeugnisse dar, an denen sich etwas von der Schaukraft früher Menschheitsepochen ablesen läßt. Diese Seelenfähigkeit stellt einen Reichtum dar, der jedoch im Laufe der Jahrhunderte in dem Maße abzunehmen beginnt, in dem das Ich-Bewußtsein aufkeimt. Der Yoga-Pfad wird von denen betreten, die mit der mehr und mehr verebbenden Geistigkeit in Verbindung bleiben oder sie wiedergewinnen wollen. »Die Menschen gingen aus von einer Urweisheit, und im Laufe der verschiedenen Inkarnationen ging ihnen diese Urweisheit immer mehr verloren. Das Auftreten des großen Buddha bedeutet das *Ende* einer alten Entwickelung; es bedeutet den mächtigen weltgeschichtlichen Hinweis darauf, daß die Menschen verloren haben das alte Wissen, die alte Urweisheit. Daraus ist dann geschichtlich zu erklären die Abkehr vom Leben. Der Christus ist der *Ausgangspunkt* einer neuen Entwickelung, welche in diesem Leben die Quellen des Ewigen sieht« [9]

Das Auftreten dieses Christus, der durch sein Erscheinen nicht nur eine »mystische Tatsache« geschaffen hat, sondern vor allem eine historische (im Gegensatz zu der geradezu geschichtslosen Religiosität des Ostens) wird zu dem maßgebenden Faktum für die Besprechung der West-Ost-Problematik. Denn das Ich entbehrte in Asien jener Selbständigkeit, die es erst im Westen, vorangetrieben durch den Christus-Impuls, erlangt hat. Während im Osten »noch« wie in gewaltigen dramatischen Schaubildern die Taten und Schicksale der Götter und der Heroen von einst vor den Seelen abrollen, beginnt in Palästina, gleichsam auf der geographischen Schwelle zwischen Orient und Okzident, etwas grundlegend Neues. Das von Steiner unter den verschiedensten Gesichtspunkten beschriebene, in seiner zentralen Bedeutung interpretierte »Mysterium von Golgatha« wird in einer der östlichen Mentalität fremden Seelenhaltung erlebt, vom Apostel Paulus. Mit ihm tritt bereits ein ausgeprägtes Persönlichkeitsbild in Erscheinung, während der Osten Gestalten von überpersönlicher Größe und Erhabenheit präsentiert. Im Gegensatz zu der abgeklärten Yoga- bzw. Krishna-Weisheit der Bhagavadgita wird in den Paulusbriefen mitunter sehr temperamentvoll gepredigt. Man muß nur die einzelnen Briefe des Apostels lesen, um zu sehen, daß hier kein erdferner Gesetzgeber, auch kein weisheitsvoller Lehrer alten Stils redet, sondern ein Mensch, dessen Ich zum Gefäß des Christus geworden ist: »Ich lebe, aber im Grunde lebe nicht ich, sondern Christus lebt in mir« (Gal. 2,20). Die Charakteristik, die Steiner in den Vorträgen über die Bhagavadgita und andernorts über Paulus gibt, hat Emil Bock zu dem weitreichenden Urteil veranlaßt, mit dem Apostel Paulus sei »einer der größten schöpferischen Beweger und Neubeginner in der Geschichte des menschlichen Bewußtseins« auf den Plan getreten [10]. Bereits Albert Schweitzer hatte Paulus den »Schutzheiligen des Denkens im Christentum« genannt. In dem Apostel sah der Theologe und Urwaldarzt für alle Zeiten das Recht des Denkens im Christentum sichergestellt, das heißt jenes Erkenntnisgut, das sich der westliche Mensch Schritt für Schritt errungen hat, das der Osten in dieser Form jedoch nicht kannte.

Das Bild, das sich für Steiner bei einer Gegenüberstellung von Bhagavadgita und den Paulus-Briefen ergibt, besagt dies: »In der Bhagavadgita hat man etwas vor sich wie die allerreifste *Frucht*, wie die wunderschönste Ausgestaltung einer langen Menschheitsentwicklung, die durch Jahrtausende herangewachsen ist und endlich einen reifen, weisen und künstlerischen Ausdruck gefunden hat in der herrlichen Gita. Und in den Paulusbriefen hat man vor sich den *Keim* von etwas völlig Neuem, das wachsen und immer mehr wachsen muß, und das man in seiner vollen Bedeutung nur auf sich wirken lassen kann, wenn man es eben als keimhaft betrachten und wenn man wie prophetisch im Auge hat dasjenige, was einmal daraus werden soll, wenn Jahrtausende und aber Jahrtausende der Entwickelung verflossen sein werden . . . Nur wenn man dieses berücksichtigt, vergleicht man richtig.« [11]

Demnach ist der »Gesang des Erhabenen« so etwas wie ein ausgereiftes Endergebnis eines langen vorausgegangenen Werdeprozesses, während die Paulusbriefe Merkmale eines Anfänglichen und insofern eines noch Unvollkommenen tragen. Wenn Steiner bei aller Verehrung der östlichen Spiritualität gegenüber dem scheinbar Unvollkommenen, Entwicklungsbedürftigen den Vorzug gibt, dann allein deshalb, weil erst mit der Menschwerdung, mit Sterben und Auferstehung des Christus Jesus die Voraussetzungen für die spätere Entfaltung des menschlichen Ichs in Freiheit möglich geworden ist. Christi rückhaltlose Bejahung des Lebens, sein Ja zum leidvollen Tod (im Gegensatz zu dem Leben und Sterben fliehenden Buddha!) um der Auferstehung willen war nötig. Der spirituelle Christus-Impuls war aufzunehmen und mit der Ausreifung des Ich-Bewußtseins die Menschheitsentwicklung weiter voranzutreiben. »Die Elemente zum

Begreifen des Gottes, der sich verbindet mit der Menschennatur, konnten sich allmählich entwickeln aus der orientalischen Strömung heraus. Begreifen, entgegennehmen, was dieser Impuls gebracht hat, dazu waren die Seelen im Westen reif . . . So sehen wir, wie das äußere Verständnis für die Todesidee des Christus Jesus im Orient geboren wird — wie ihm aber entgegenkommt im Westen, was das menschliche Bewußtsein als das Gewissen ausbildete.« [12]

Hier wird etwas davon sichtbar, wie West und Ost sich gegenseitig ergänzen können und sollen. Die Christus-Sonne geht zwar im Osten auf, begriffen wurde, bzw. wird das Christentum eigentlich erst im Westen. Sieht man von den Bewußtseinsunterschieden als solchen ab, dann ist schon der äußere Gang der Geschichte ein bemerkenswertes Phänomen: Der Buddhismus hat weite Teile Asiens erobert; der Siegeszug des Evangeliums aber bewegte sich von Ost nach West! Und selbst dort, wo heute in Asien »junge Kirchen« entstanden sind, da ist dies durch die Vermittlung westlicher Missionare geschehen. (Auf einem ganz anderen Blatt steht, ob dieses durch den Westen vermittelte Evangelium den in islamischer, hinduistischer, buddhistischer Umwelt Lebenden eine angemessene Verkündigungs- und Lebensform gefunden hat.) Für bedeutsam hält es Steiner, daß die letztlich aus dem christlichen Ursprung herausgewachsene naturwissenschaftliche Entwicklungsidee zu einem intimeren Erfassen der Christus-Wahrheit herangezogen wird, eine Aufgabe, die die Geisteswissenschaft als ihre eigene ansieht. Zu dieser Einsicht ist bekanntlich Teilhard de Chardin, unter Zugrundelegung anderer geistig-religiöser Voraussetzungen ebenfalls gelangt. [13]

Wie aber verhält es sich mit dem »Hereinragen buddhistischer Empfindungen in unser Abendland«, eine Erscheinung, die Steiner von der Philosophie Schopenhauers an aufmerksam beobachtet hat? — Im Grunde erblickt er in der Hinneigung des Europäers zu buddhistischer Religiosität und Lebenshaltung einen Anachronismus bzw. den Ausdruck einer Regression, »weil nicht genau verstanden wird, was der tiefste Impuls dessen ist, was im Christentum lebt an Inhalt und an Form.« Daher wäre es seiner Überzeugung nach »eine kurzsichtige Anschauung, wenn irgendeine geisteswissenschaftliche Richtung Buddhismus nach Europa hineinpflanzen wollte«[14]. Praktisch gilt dies Urteil für jeden Versuch einer Missionierung des Orients im Okzident. Es erübrigt sich, eigens darauf hinzuweisen, daß diese mehrfach mit Entschiedenheit ausgesprochene Überzeugung nicht etwa auf

Grund irgendwelcher Antipathien dem Osten gegenüber getroffen worden ist, schon gar nicht, um den diversen kirchlichen Missionsgesellschaften moralische Unterstützung zuteil werden zu lassen. Diese Äußerungen sind ausschließlich aus einem Erkenntnisbedürfnis heraus gemacht worden. Dem Bedürfnis einer West-Ost-Verständigung wollen sie letztlich dienen.

Nun ergibt sich aber ein Ansatzpunkt für die Kritik an der Anthroposophie angesichts der Beobachtung, daß die Idee der wiederholten Erdenleben (Reinkarnation und Karma) ein unveräußerlicher Bestandteil des anthroposophischen Menschenbildes darstellt. Der menschlichen Individualität, die sich in dem leiblich-seelischen Wesensgefüge verkörpert und so eine leiblich-seelisch-geistige Ganzheit darstellt, wird eine Dauerhaftigkeit zugesprochen, die mehrere Verkörperungen einschließt. Der flüchtige Betrachter zieht daraus den Schluß, dieser Reinkarnationsgedanke sei dem östlichen Denken entlehnt. Dabei wird aber nicht nur übersehen, daß der östliche Mensch einen derartigen von Ichhaftigkeit geprägten Individualitätsbegriff, wie er sich in der abendländischen Geistesgeschichte entwikkelt hat, überhaupt nicht kennt, sondern daß er gerade dem für ihn leidvollen Karmagesetz ebenso zu entfliehen trachtet wie der Erde selbst. Der buddhistische Satz: »Auf der Erde nicht leben ist gut«, erteilt nicht nur dem Menschenleben eine Absage. Zum Wesen buddhistischer Selbst- und Welterkenntnis gehört bekanntlich die Einsicht in die Leidstruktur alles Seins, in die Ursachen, die zur leidvollen Existenz führen, und schließlich die Überwindung dessen, was zu immer neuen Erdenverkörperungen die Ursachen legt, nämlich der »Durst« nach Leben, das doch im Grunde »Maya«, Schein, Unwirklichkeit sei. In der Initial-Begegnung mit Alter, Krankheit und Tod hat sich bei dem Siddharta Gautama der Wille entzündet, die Buddhaschaft anzustreben. Wer, wie es immer noch geschieht, Rudolf Steiner in die Nähe buddhistischer Weltanschauung bringt, dem müßte auffallen, daß er sich mit dieser Unterstellung selbst in Widersprüche verstrickt. Denn die Einführung der Wiederverkörperungsidee und das buddhistische Streben, die im Osten gefürchteten wiederholten Erdenleben an ihrer vermeintlichen Wurzel zu vernichten, läßt sich schwerlich auf einen gemeinsamen Nenner bringen.

Anhand der Besprechung des Buddhismus bzw. in der Konfrontation von Buddha und Christus hat Rudolf Steiner andererseits wiederholt gezeigt, inwiefern sein im mitteleuropäischen Geistesleben verankerter Reininkarnationsgedanke mit der östlichen Spiritualität eigentlich gar nicht zu vergleichen ist, ja daß auch hier West und Ost getrennte Wege gehen. Jedenfalls sind Reinkarnation und Karma Vorstellungen, die ähnlich wie seine Geistesforschung vom Standpunkt der modernen Naturwissenschaft aus entwickelt worden sind. »Ein Denken, welches den Erscheinungen des Lebens sich gegenüberstellt, und das sich nicht scheut, die sich aus einer lebensvollen Betrachtung ergebenden Gedanken bis in ihre letzten Glieder zu verfolgen, kann durch die bloße Logik zu der Vorstellung von den wiederholten Erdenleben und dem Gesetze des Schicksals kommen«, heißt es am Schluß des Kapitels über die Wiederverkörperung des Geistes in dem anthroposophischen Elementarbuch »Theosophie« [15].

Für Steiner ist auch »der große, gewaltige Impuls des Buddha wie eine letzte Abendröte des indischen Geisteslebens« und damit der Menschheit schlechthin. Mit dem Morgenländertum hat der Pionier des achtfältigen Weisheitspfades die unhistorische Weltbetrachtung gemein, in der der Entwicklungsgedanke, das auf Ziel und Vollendung gerichtete Denken im Grunde gar keinen Platz hat. Während aber nun Buddha bestrebt sein muß, das Rad der Wiedergeburten zum Stillstand zu bringen, ist der Christ gemäß Steiners Darstellungen bestrebt, in sich selbst den »höheren Menschen«, das Christus-Ich im eigenen Ich zu erwecken bzw. erwecken zu lassen. Weltgestaltung mit Christus ist die Parole. »Aber wir müssen uns nicht aus dieser Welt entfernen, um zur Seligkeit zu kommen, sondern was wir uns selbst angetan haben und was bewirkt (— Steiner rechnet hier mit dem Faktum des Sündenfalls! —), daß wir die Welt nicht in ihrer wahren Gestalt, sondern in ihrer Illusion sehen, das müssen wir überwinden und uns zu unserer ursprünglichen Menschenbestimmung zurückführen. Denn es liegt uns zugrunde ein höherer Mensch.« [16]

Da der jüdisch-christliche Mensch seines Sünderseins bewußtgeworden ist und die Bereitschaft zur »Buße«, also zum Bessermachen oder Wieder-Gutmachen aufbringt, gibt es für ihn einen Weg, der mit dem einer Leistungsreligion nicht einfach gleichzusetzen ist. Denn das gewöhnliche Ich des Menschen ist dazu nicht in der Lage. »Das kann nur geschehen, wenn nicht ich, sondern wenn der Christus in mir wirkt.« [17]

An diesem Punkt der Überlegung wird eine Gegenüberstellung dessen nötig, was Steiner den »innersten Nerv« des Christentums und des Buddhismus nennt. Diese Gegenüberstellung führt zu der Einsicht, daß der Christ die Möglichkeit wiederholter irdischer Verkörperungen nicht grundsätzlich ausschlagen darf, sondern daß er sie freudig ergreifen soll als einer, der sich immer wieder Christi Sendung unterstellt. Das historische Christusereignis selbst ist für Steiner einmalig und einzigartig. Es hat seinen unverrückbaren Ort in der Menschheitsgeschichte. Ein Erdenleben aber reicht nicht aus, um den Reichtum des durch Christus gegebenen Impulses auszuschöpfen. Andererseits ist das christliche Bewußtsein, im Gegensatz zu dem buddhistischen durch und durch ein historisches. Auf Grund des christlichen Zeitverständnisses gibt es hier nicht eine zyklische »ewige Wiederkehr des Gleichen«, sondern einen Anfang und ein Ende. Deshalb ist überhaupt ein Fortschritt im Zeitengang möglich, in dessen Rahmen die einzelne Verkörperung rein quantitativ nur eine sehr minimale Spanne mißt. Und Wiederverkörperung ist nicht etwa Wiederholung eines schon einmal Gewesenen, sondern Fortführung eines früher Begonnenen! Steiners Resümee, das zugleich ein weiteres Licht auf die West-Ost-Problematik wirft, lautet deshalb:

»So bekommt durch das Christentum erst die Lehre von den wiederholten Erdenleben ihren wahren Sinn. Denn jetzt sagen wir uns: Der Mensch lebt seine wiederholten Erdenleben, weil ihm wiederholt eingepflanzt werden soll der Sinn des Erdendaseins und weil ihn mit einem jeden Erdenleben ein neuer Sinn des Erdendaseins trifft. Nicht bloß in dem isolierten, einzelnen Menschen ist ein Streben, sondern auch in der gesamten Menschheit, mit der wir uns verbunden fühlen, ist Sinn. Und der in der Mitte stehende Christus-Impuls zeigt, daß sich im Hinblick auf die geistige Sonne der Mensch dieses Zusammenhanges bewußt werden kann, daß er sich nicht bloß bewußt wird eines Bekenntnisses zu einem Buddha, der ihm sagt: Erlöse dich!, sondern sich des Zusammenhanges mit einem Christus bewußt wird, der die Tat getan hat, wodurch korrigiert wird, was mit Bezug auf den Herunterstieg der Menschen symbolisch als der Sündenfall dargestellt wird.« [18] Während nun die Tat Buddhas darin bestand, den Menschen an den Zusammenhang mit der zurückliegenden »Urweisheit« zu erinnern, weist der Christus-Impuls »kraftvoll in die Zukunft«. Und an der Aktivität des Menschen liegt es, »mit Christus« dem Erdendasein den rechten Sinn abzugewinnen.

Im übrigen legte Steiner großen Wert auf die Feststellung, daß die westliche Geistigkeit der östlichen nicht nur gleichwertig sei, sondern daß sie eigentlich alles enthalte, was der Osten als Erbe der Vergangenheit in sich trägt, was sich aber zum Westen verhält wie die Weisheit des Alters zum Schaffensdrang der Jugend. »Es gibt keine Weisheit des Ostens, die nicht eingeflossen wäre in den Okkultismus des Westens, und in der rosenkreuzerischen Lehre (— zu ihr bekannte sich Steiner —) und Forschung finden Sie restlos alles, was die großen Weisen des Ostens jemals bewahrt haben. Nichts von dem, was man wissen kann aus der Weisheit des Ostens, fehlt in der Weisheit des Westens.« Wie richtig dieser Satz selbst im Blick auf die tiefenpsychologische Arbeit ist, zeigt sich bei C. G. Jung, wenn wir sehen, wie der Seelenarzt frappierende Übereinstimmungen zwischen den Ergebnissen seiner Forschung und gewissen esoterischen Traditionen des Ostens, vor allem des Fernen Ostens, entdeckt. Steiner fährt in dem letztzitierten Vortrag fort: Der Westen »hat nur alle Dinge neu herauszugebären aus dem Jungbrunnen des Christus-Impulses.« [19]

Damit ist gewissermaßen der Schlüssel für Steiners Verhältnis zum Osten genannt. Der Begründer der Anthroposophie ist kein verkappter Sendbote östlicher Lehren. Er erblickt vielmehr eine Aufgabe des westlichen Menschen darin — gemäß dem Titel eines Vortragszyklus von 1909 — den »Orient im Lichte des Okzidents« zu deuten. Diese am Christusereignis sich orientierende Sichtweite ermöglicht eben beides: die Einsicht in die »westliche und östliche Weltgegensätzlichkeit« (so waren die Vorträge des großen Wiener West-Ost-Kongresses 1922 überschrieben) und die Gemeinschaft zwischen West und Ost, die der heutigen Menschheit als eine unumgängliche Erkenntnisaufgabe obliegt und deren Mißachtung sich bereits in einer Weise bitter gerächt hat, deren Ausmaße und Folgen noch nicht abzusehen sind.

Von westlicher und östlicher Gemeinschaft kann und darf im Grunde nur sprechen, wer sich über die seelisch-geistige Eigengestalt und über die bewußtseinsmäßige Distanz, die — von Ort zu Ort verschieden — heute immer noch nachwirkt, keinen Illusionen hingibt. Steiner und Jung sind eben nicht zu Schrittmachern einer Asien-Mode im Abendland zu degradieren, auch wenn aus Unkenntnis der Sachverhalte diese Unterstellung weithin akzeptiert worden ist. Beide Männer haben vielmehr gewichtige Beiträge für eine geistige Orientierung wie für eine geistige Okzidentierung geliefert. Von einer »anthroposophisch orientierten Geisteswissenschaft« zu sprechen, ist — buchstäblich genommen — eigentlich ein Widerspruch in sich selbst, denn Anthroposophie ist in erster Linie eine *okzidentierende* Geisteswissenschaft, weil sie sich am Denken des Westens ausrichtet und in erster Linie dem westlichen Menschen dazu dienen will, den östlichen in seiner Andersartigkeit zu verstehen.

C. G. Jungs Verhältnis zum östlichen Geistesleben

Eine *okzidentierende* Wissenschaftsrichtung zu sein, wie dies für Steiners Anthroposophie gezeigt wurde, diesen Anspruch kann auch C. G. Jungs Analytische Psychologie erheben. Aber gerade das wird seit langem in Zweifel gezogen. Dabei sind beispielsweise Jungs Kommentare zu östlichen Texten, man denke nur an »Das Geheimnis der Goldenen Blüte«, keinesfalls geschrieben worden, um den westlichen Menschen auf diesem Weg zu geleiten, sondern diese östliche Art der geistigen Schulung, die nicht willkürlich von allen beliebigen Menschen nachgeahmt werden kann, zu verstehen und damit sich und den seelisch anders strukturierten Menschen besser zu begreifen. Eine Sache zu begreifen suchen und für eine Sache werben ist zweierlei.

Was nun die Einschätzung der geistigen Traditionen Asiens betrifft, so ähneln seine Anschauungen denen Rudolf Steiners in zwei Punkten: Jung anerkennt einerseits das Ergänzungsbedürfnis der vom Intellekt beherrschten Mentalität des Abendländers. Er weiß, daß Morgenland und Abendland je eine Hälfte des einen geistigen Universums ausmachen und daß »jeder dieser Standpunkte, obwohl sie im Widerspruch zueinander stehen, seine psychologische Berechtigung hat. Beide sind einseitig, indem sie versäumen, jene Faktoren, die nicht zu ihrer typischen Einstellung passen, zu sehen und zu berücksichtigen. Der eine unterschätzt die Welt der Bewußtheit, der andere die Welt des Einen Geistes. Das Resultat ist, daß in ihrer extremen Haltung beide eine Hälfte des Universums verlieren; ihr Leben ist von der totalen Wirklichkeit abgeschnitten und wird leicht gekünstelt und unmenschlich.« [20] — Auf der anderen Seite macht Jung kein Hehl aus seiner Verwurzelung in der abendländisch-christlich geprägten Tradition, die es ihm unmöglich erscheinen läßt, jene auch von ihm bewunderten Ausgestaltungen des östlichen Geistes durch den europäischen Menschen ungeprüft übernehmen oder nachahmen zu lassen. Damit kommt der Gesichtspunkt der west-östlichen Gegensätzlichkeit zur Geltung, dem wir bei Steiner in einer so ausgeprägten

Form begegnet sind. Gegensatz und Einheitsstreben begegnen uns demnach auch bei C. G. Jung.

Ehe man sich mit Jungs zahlreichen Äußerungen zu allgemeinen und zu speziellen Problemen des östlichen Geisteslebens beschäftigt — in der Ausgabe der Gesammelten Werke sind einschlägige Arbeiten in dem umfangreichen elften Band »Zur Psychologie westlicher und östlicher Religion« zusammengetragen —, wird zu fragen sein, welche Bedeutung Jung seiner Auseinandersetzung mit diesem Gebiet zusprach. Eine Klärung ist um so erwünschter, als die oben angeführten Warnungen vor Jungs angeblich synkretistischen Neigungen auf ähnliche Mißverständnisse zurückzuführen sein dürften wie bei Steiner. In der Vorrede zur zweiten Auflage seines Kommentars zu dem von Richard Wilhelm herausgegebenen chinesischen Text »Das Geheimnis der Goldenen Blüte« benützt Jung die Gelegenheit, auf derartige Mißverständnisse aufmerksam zu machen, »welche auch gebildeten Lesern bei der Lektüre dieses Buches unterlaufen sind. Es ist mehrfach vorgekommen, daß man meinte, der Zweck der Veröffentlichung bestehe darin, dem Publikum eine Methode zum Seligwerden in die Hände zu geben. Solche Leute haben dann versucht — in völligster Verkennung alles dessen, was ich in meinem Kommentar sage —, die ›Methode‹ des chinesischen Textes nachzuahmen. Hoffen wir, daß dieser Vertreter geistigen Tiefstandes nur wenige waren.« [21]

Das zweite Mißverständnis erblickt Jung in der irrigen Meinung, er hätte in seinem Kommentar gewissermaßen seine spezielle psychotherapeutische Methode geschildert, »welche demnach darin bestünde, daß ich meinen Patienten östliche Vorstellungen zu Heilzwecken suggeriere. Ich glaube nicht, daß ich durch meinen Kommentar irgendwelchen Anlaß zu einem derartigen Aberglauben gegeben habe. Auf alle Fälle ist eine solche Meinung durchaus irrig und basiert auf der weitverbreiteten Auffassung, Psychologie sei eine Erfindung zu einem bestimmten Zweck und keine empirische Wissenschaft. In diese Kategorie gehört auch die ebenso oberflächliche wie unintelligente Meinung, die Idee des kollektiven Unbewußten sei ›metaphysisch‹.« [22]

Auch in anderem Zusammenhang hat Jung diese Mißverständnisse zu entkräften versucht. Bezeichnend für seine Einstellung zum östlichen Geistesleben ist beispielsweise seine Gedenkrede, die er am 10. Mai 1930 in München anläßlich einer Gedächtnisfeier für seinen Freund und »Kollaborator« Richard Wilhelm gehalten hat. Diese

Worte, die ebenfalls seit der zweiten Auflage dem Buch »Das Geheimnis der Goldenen Blüte« vorangestellt sind, bekunden nicht nur die Würdigung des großen Sinologen, dem er »das seltene Charisma geistiger Mütterlichkeit« zuspricht. Er fordert in diesem Zusammenhang auch die Überwindung von Vorurteilen, die dem Verständnis des Ostens entgegenstehen. Und wenn er zu einer Öffnung für das östliche Erbe aufruft, dann ist damit keine Empfehlung für kritiklose Indienfahrer verbunden. Jung meint vielmehr »verstehende Hingabe, jenseits alles christlichen Ressentiments, jenseits aller europäischen Anmaßung.« Dieser Appell stammt aus einer Zeit, als man noch kaum von einem Dialog zwischen Christentum und den nichtchristlichen Religionen reden konnte. Gleichzeitig rechnet Jung damit, »daß alle Durchschnittsgeister sich entweder in blinder Selbstentwurzelung oder in ebenso verständnisloser Tadelsucht«[23] verlieren.

Wenn Jung von der Kulturaufgabe Richard Wilhelms sagt, er habe »neues Licht vom Osten« gebracht, er habe vor allem erkannt, »wie vieles der Osten uns geben könnte zur Heilung unserer geistigen Not«, so ist die Berücksichtigung des Kontextes, in dem diese Feststellung getroffen wird, unerläßlich. Es heißt da nämlich: »Die geistigen Bettler unserer Tage sind leider allzu geneigt, sich das Almosen des Ostens anzueignen und seine Art und Weise blindlings nachzuahmen. Das ist die Gefahr, vor der nicht genug gewarnt werden kann und die auch Wilhelm deutlich gefühlt hat. Dem geistigen Europa ist mit einer bloßen Sensation oder einem neuen Nervenkitzel nicht geholfen. Wir müssen vielmehr lernen zu erwerben, um zu besitzen. Was der Osten uns zu geben hat, soll uns bloße Hilfe sein bei einer Arbeit, die wir noch zu tun haben. Was nützt uns die Weisheit der Upanishaden, was die Einsichten des chinesischen Yoga, wenn wir unsere eigenen Fundamente wie überlebte Irrtümer verlassen und uns wie heimatlose Seeräuber an fremden Küsten diebisch niederlassen.«[24]

Das ist gewiß eine eindeutige Sprache. Die Wendung von den »geistigen Bettlern unserer Tage« findet sich bei Steiner unter ganz anderem Vorzeichen ins Positive gewendet, wenn er Jesu erste Seligpreisung aus der Bergpredigt (Matth. 5): Selig sind, die da *geistlich arm* sind ... — so verdeutscht, daß von »Bettlern um Geist« die Rede ist. Damit sind die gemeint, die ihre Geistesarmut erkennen, die daher nach Geist verlangen wie der Bettler nach der Gabe, die sein Weiterexistieren gewährleistet. Aber dieser Geisteshunger der »geistlich Armen« der Bergpredigt darf eben nicht mit jenen Armseligen verwechselt werden, die Jung verurteilt, weil sie sich mit einem fremden geistigen Erbe zu bereichern suchen wie »Seeräuber an fremden Küsten«.

Jung bleibt nicht minder deutlich, wenn er auf die Erweiterungsbedürftigkeit des europäischen Wissenschaftsbegriffs hinweist und dann fortfährt: »Wir bedürfen eines richtigen dreidimensionalen Lebens, wenn wir die Weisheit Chinas als lebendig erfahren wollen. Darum bedürfen wir wohl zunächst der *europäischen* Weisheit über uns selbst. Unser Weg beginnt bei der *europäischen* Wirklichkeit und nicht bei Yogaübungen, die uns über unsere Wirklichkeit hinwegtäuschen sollen,« heißt es an der genannten Stelle. Jung ahnt — man schreibt das Jahr 1930! — »Der Geist des Ostens ist wirklich ante portas.« Und er sieht bereits zwei Möglichkeiten, die in der seiner Meinung nach bevorstehenden Begegnung zwischen Ost und West liegen. In ihr könnte eine Heilkraft verborgen liegen, aber auch »eine gefährliche Infektion«. Der Diagnost überläßt es demnach der Entscheidungsfähigkeit seines »Patienten«, und damit jedes Menschen, was er aus den Möglichkeiten macht.

Fünf Jahre später, im Februar 1936, veröffentlicht Jung in der in Kalkutta erscheinenden Zeitschrift »Prabuddha Bharata« in englischer Sprache einen Aufsatz über »Yoga und der Westen«. Haben ihn zuvor die gemeinsamen Studien mit Richard Wilhelm angeregt, in das Wesen der ostasiatischen Überlieferungen einzudringen, so zeigt diese kleine Abhandlung, wie er das geistig-körperliche Schulungssystem als westlicher Psychologe einschätzt. Da sieht Jung zunächst die Entwicklung, die den abendländischen Menschen in den Konflikt zwischen Glauben und Wissen, zwischen religiöser Offenbarung und denkerischem Erkennen hineingeführt hat. Jung konstatiert eine »Wegelosigkeit, die an seelische Anarchie grenzt . . .« Weiter heißt es hier: »Der Europäer hat sich durch seine historische Entwicklung so weit von den Wurzeln entfernt, daß sich sein Geist schließlich in Glauben und Wissen gespalten hat, wie sich jede psychologische Übertreibung in ihre Gegensatzpaare auflöst.« [25] Damit bringt der Psychologe zum Ausdruck, daß der von Steiner skizzierte und als entwicklungsnotwendig ausgewiesene Weg der Menschheit ein kritisches Stadium erreicht hat, ein Stadium, dessen Tiefpunkt Steiner sah und den zu überwinden er angetreten war. Über dieser Feststellung verkennt Jung nicht, daß sich diesem Weg Aspekte abgewinnen lassen, die als bewußtseinsgeschichtliche Gesichtspunkte zu bezeichnen wären. Der Jung-Schüler Erich Neumann hat die Zusammenhänge genauer unter die Lupe genommen,[26] wo Steiner von seinem Ausgangspunkt her von der »geistigen Führung des Menschen und der Menschheit« spricht.

Jungs Ergebnis, das er bezeichnenderweise in einer indischen Zeitschrift veröffentlicht hat, lautet: »Die Spaltung des westlichen Geistes verunmöglicht daher schon von allem Anfang an die adäquate Verwirklichung der Intentionen des Yoga . . . Der Inder kennt nicht nur seine Natur, sondern er weiß auch, bis zu welchem Grade er sie selbst ist. Der Europäer dagegen hat eine Wissenschaft von der Natur und weiß von seiner eigenen Natur, der Natur in ihm, erstaunlich wenig.«[27] Die Forderung nach einem die ganze Wirklichkeit umspannenden Menschenbild klingt an. Im übrigen sieht Jung eine »seelische Disposition«, durch die der westliche und der östliche Mensch voneinander unterschieden sind. Sein Rat geht jedoch nicht dahin, das östliche Geistesleben völlig zu ignorieren, sondern: »Ich sage, wem ich kann: Studieren Sie den Yoga. Sie werden unendlich viel daraus lernen, aber wenden Sie ihn nicht an; denn wir Europäer sind nicht so beschaffen, daß wir diese Methoden ohne weiteres richtig anwenden könnten. Ein indischer Guru kann Ihnen alles erklären, und Sie können alles nachmachen. Aber wissen Sie, wer den Yoga anwendet? Mit anderen Worten, wissen Sie, wer Sie sind und wie Sie beschaffen sind?«[28]

Jung wendet sich offensichtlich gar nicht gegen den Yoga als solchen; er hält ihn eher — ähnlich wie Steiner — »für etwas vom Größten, was menschlicher Geist je geschaffen hat.« Jung übt jedoch in einer recht entschiedenen Weise Kritik an der Anwendung des Yoga durch den westlichen Menschen. »Die geistige Entwicklung ist im Westen ganz andere Wege gegangen als im Osten und hat deshalb Bedingungen erzeugt, welche einen für die Anwendung des Yoga denkbar ungünstigen Boden bedeuten.«

Jungs Gedanken gipfeln hier in einem prophetischen bzw. in einem sehr wörtlich zu verstehenden pro-vokatorischen Wort, wenn er sagt: »Der Westen wird im Laufe der Jahrhunderte seinen eigenen Yoga hervorbringen, und zwar auf der durch das Christentum geschaffenen Basis.«[29] — Auch diese Äußerung wird auf die Goldwaage zu legen sein, wenn eine Verwechslung mit dem vermieden werden soll, was etwa als »Yoga für Christen« oder »Yoga für den Westen« in Umlauf gekommen ist. Jung denkt offenbar an mehr als an eine pragmatische Auswertung östlicher Praktiken für den westlichen Menschen. So nahe es liegt, den Autor von »Yoga und der Westen« beim Wort zu nehmen, hier kann nur gefragt werden, wie dieser »Yoga«, das heißt dieser dem abendländischen Menschen, seinem spezifischen Menschheitsauftrag, seiner Bewußtseinsstruktur nach angemessene, auf der Christustatsache basierende Schulungsweg aussehen müsse und ob eventuell irgendwo schon Ansätze dafür vorhanden sind. Hier mag der kurze Hinweis genügen, daß Steiner, abgesehen von seinen in den Schulungsbüchern veröffentlichten Erläuterungen des initiatorischen Weges, in zahlreichen Vorträgen den östlichen Yoga-Weg mit dem christlichen oder rosenkreuzerischen Einweihungsweg konfrontiert hat. Das heißt: Was Jung als einen christlich orientierten Schulungsweg forderte, das hatte Steiner Jahrzehnte zuvor inauguriert, mit historischen Vorbildern verglichen und gegenüber östlichen Praktiken abgegrenzt. —

So haben wir zwar aus Jungs Feder psychologische Kommentare zu Texten aus dem Bereich der östlichen Religionen, zu der mehrfach erwähnten »Goldenen Blüte«, zum »Tibetischen Buch der Großen Befreiung«, zum »Bardo Thödol«, dem tibetischen Totenbuch. Er hat »Zur Psychologie östlicher Meditation« Stellung genommen und eine Reihe ausführlicher Vorworte geschrieben, zum Beispiel zu Büchern von D. T. Suzuki, Heinrich Zimmer und zum »I Ging«. Religiöse Lehren des Westens werden dagegen — abgesehen von der spätmittelalterlichen Alchemie — in einer wenig differenzierten, für den Nichtfachmann bisweilen verwirrenden Weise in einem Atemzug erwähnt, so etwa die »Massenimporte exotischer Religionssysteme«, die Religion des Abdul Bahai, die sufitischen Sekten, die Ramakrishna-Mission, der westliche Buddhismus, die amerikanische Christian Science, die anglo-indische Theosophie von Helena Petrowna Blavatsky neben der bewußt an das mitteleuropäische Geisteserbe anknüpfenden Anthroposophie Rudolf Steiners.

1938 folgt Jung einer Einladung der Britisch-Indischen Regierung, an den Feierlichkeiten zum 25. Jahrestag der Gründung der Universität von Kalkutta teilzunehmen. Abgesehen von Zeitschriftenaufsätzen, die in der New Yorker Zeitschrift »Asia« 1939 veröffentlicht worden sind, finden sich in »Erinnerungen, Träume, Gedanken« hierüber Aufzeichnungen. »In Indien stand ich zum ersten Mal unter dem unmittelbaren Eindruck einer fremden, hochdifferenzierten Kultur. Auf meiner afrikanischen Reise waren ganz andere Eindrücke maßgebend gewesen als die Kultur; ... Nun hatte ich Gelegenheit, mit Vertretern indischen Geistes zu sprechen und diesen mit dem europäischen Geist zu vergleichen. Das war von größter Bedeutung.«[30] Er lernt S. Subramanya Iyer, den Guru des Maharadscha von Mysore, kennen. Es fällt auf, daß Jung besonderen Wert auf die Feststellung legt, er sei zwar mit zahlreichen Vertretern des kulturellen Lebens Indiens bekannt geworden. Er habe aber bewußt jeden Kontakt mit »allen sogenannten Heiligen«, den Esoterikern und geistigen Führerpersönlichkeiten Indiens, vermieden.

Heinrich Zimmer, der befreundete Indologe, dem Jung wichtige Einblicke in das Wesen des Indertums verdankte, fragte, ob er denn wenigstens bei dem großen Maharishi von Tiruvannamalai, Sri Ramana, gewesen sei. Jung mußte verneinen. Als er 1944 die Einführung »Über den indischen Heiligen« zu Zimmers letztem Werk »Der Weg zum Selbst« schreibt, in dessen Mittelpunkt Lehre und Leben des Maharishi Sri Ramana steht, bemerkt Jung: »Wahrscheinlich hätte ich Sri Ramana doch besuchen sollen. Allein ich fürchte, wenn ich noch einmal nach Indien reiste, um das Versäumte nachzuholen, so ginge es mir wieder gleich: ich könnte mich, trotz der Einmaligkeit und Unwiederholbarkeit dieses zweifellos bedeutenden Menschen, nicht dazu aufraffen, ihn persönlich zu sehen.«[31] Warum das? Nun zweifelt Jung merkwürdigerweise an dem Einmaligen. Er glaubt, nur etwas Typisches sehen zu können, etwas, das sich in vielen anderen Erscheinungsformen des indischen Alltags wiederfinde. Lediglich vom Beobachtungsort des Europäers könne es Einmaligkeit beanspruchen. »Darum brauchte ich ihn auch nicht aufzusuchen, ich habe ihn in Indien überall gesehen, in Ramakrishnas Bild, in dessen Jüngern, in buddhistischen Mönchen und in unzähligen andern Gestalten des indischen Alltags, und die Worte seiner Weisheit sind das sousentendu des indischen Seelenlebens ...«, heißt es an der bezeichneten Stelle.

Jung weiß viel Anerkennendes über Ramana und über die in der spirituellen Reifung fortgeschrittenen Inder zu sagen. Ausdrücklich betont er, daß er die bedeutende Gestalt des indischen Heiligen nicht unterschätze. Er maße sich als Psychologe jedoch keineswegs das Vermögen an, ihn als isoliertes Phänomen richtig zu sehen. Der letzte Grund für diese Zurückhaltung wird uns mit dem Hinweis auf die geistige Verwurzelung der Psyche des westlichen Menschen angegeben. So ist es gewiß kennzeichnend, wenn Jung in den autobiographischen Erinnerungen einmal sagt: »Es wäre mir wie Diebstahl vorgekommen, wenn ich von den Heiligen hätte lernen und ihre Wahrheit für mich akzeptieren sollen. Ihre Weisheit gehört ihnen, und mir gehört nur das, was aus mir selber hervorgeht. In Europa vollends kann ich keine Anleihen beim Osten machen, sondern muß aus mir selbst leben.« [32]

Dieses Bedürfnis, »aus sich selber« und aus westlicher Geistigkeit zu leben, drückte sich bei Jung anläßlich seiner Indien-Reise darin aus, daß er seine alchemistischen Studien fortsetzte, indem er das Kompendium »Theatrum Chemicum«, ein wichtiges alchemistisches Werk aus dem Jahr 1602, als fortlaufende Reiselektüre benützte! Er hat, seinem eigenen Bericht zufolge, das Buch von Anfang bis zum Ende durchgearbeitet. »Ureuropäisches Gedankengut war auf diese Weise in konstante Berührung gebracht mit den Eindrücken eines fremden Kulturgeistes. *Beide* waren in ungebrochener Linie aus den seelischen Urerfahrungen des Unbewußten hervorgegangen und hatten sich daher gleiche oder ähnliche, oder wenigstens vergleichbare Einsichten erschaffen,« heißt es an derselben Stelle der »Erinnerungen«. Aber damit ist doch etwas zum Ausdruck gebracht, was an Steiners Doppelaspekt von Gegensätzlichkeit und Einheit erinnert. Nicht, so hieß es dort, entbehre die Weisheit des Westens gemessen an derjenigen des Ostens irgend etwas. Die »seelischen Urerfahrungen«, von denen Jung spricht, und Steiners Betonung der Teilhabe an einer »Urweisheit« legen eine Zusammenschau nahe. Hervorstechend ist bei Steiner, deutlicher als bei Jung, wo er auch enthalten ist, der spezifisch christliche Aspekt. Denn es geht seiner Überzeugung nach nicht nur darum, denselben seelischen und geistigen Wurzelgrund menschheitlicher Urerfahrung oder Urweisheit auszuloten, sondern, wie sich Steiner ausdrückt, es ist die Erkenntnis der östlichen Wesensart »aus dem Jungbrunnen des Christus-Impulses« neu zu schöpfen. Es kann kaum bezweifelt werden, daß Steiner und Jung an diesem Punkt zu einer Übereinkunft gekommen wären, hätte sich jemals ein Gespräch über alle Mißverständnisse und Vorurteile hinweg zwischen beiden Männern herbeiführen lassen.

Wenn man bedenkt, welches Gewicht die Hervorbringungen des eigenen Unbewußten bei Jung gehabt haben, mag man sich schließlich noch eines Traums erinnern, von dem er erzählte. Er stellte sich gegen Ende seines an Eindrücken überreichen Indien-Aufenthaltes ein und mutet wie eine Summe dessen an, was Indien und das östliche

Geistesleben für C. G. Jung bedeutet haben. Das Traumbild selbst hatte entgegen allen Erwartungen nichts mit den Traditionen des Landes zu tun, das er nun auch aus persönlichem Erleben kennengelernt hatte. Der Trauminhalt war ein Herzstück der abendländischen christlichen Esoterik, der heilige Gral. »Der Traum wischte mit starker Hand alle noch so intensiven indischen Tageseindrücke weg und versetzte mich in das allzulange vernachlässigte Anliegen des Abendlandes, das sich einstmals in der Quest des Hl. Grals, wie auch in der Suche nach dem ›Stein der Philosophen‹ ausgedrückt hatte. Ich wurde aus der Welt Indiens herausgenommen und daran erinnert, daß Indien nicht meine Aufgabe war, sondern nur ein Stück des Weges — wenn auch ein bedeutendes — der mich meinem Ziel annähern sollte. Es war, als ob der Traum mich fragte: Was tust du in Indien? Suche lieber für deinesgleichen das heilende Gefäß, den salvator mundi, dessen ihr dringend bedürft. Ihr seid ja im Begriff, alles zu ruinieren, was Jahrhunderte aufgebaut haben.« [33]

Dem Eindruck dieser Sätze, mögen sie auch vom Bekenntnis des Achtzigjährigen tingiert sein, wird man sich nur schwer entziehen können, wenn man sich klarmacht, was es heißt, den Weg des Parzifal zu gehen. Rudolf Steiner hat hierzu viel Erhellendes gesagt [34], erhellend auch deshalb, weil dadurch etwas von dem Entwicklungsweg des Einzelmenschen und der Gesamtmenschheit deutlich wird. Von dem verlockenden immer wieder zu hörenden Ruf »Wiedergeburt aus Asien!« muß sich niemand betören lassen, der, indem er sich »orientiert«, zugleich auch »okzidentiert«. Die Dringlichkeit der Frage C. G. Jungs wird niemand angesichts der heutigen West-Ost-Problematik, angesichts einer durch Drogen gefährdeten, zu einer illusionären fernöstlichen Mystik neigenden Jugend verkennen. »Was tust du in Indien?« so fragte sich Carl Gustav Jung. Und Rudolf Steiner antwortete auf eine ähnliche Frage: »Verehren wir den Orient wegen seiner Geistigkeit, so müssen wir uns dennoch klar darüber sein: Wir müssen unsere eigene Geistigkeit aus unserem abendländischen Anfang heraus bilden. Wir müssen sie aber so gestalten, daß wir uns über die ganze Erde hin mit jeglicher Anschauung, die vorhanden ist, insbesondere mit altehrwürdigen Anschauungen, verständigen. Das wird der Fall sein können, wenn wir als mittlere (das heißt mitteleuropäische) und westliche Menschen uns bewußt werden, was es heißt: Unsere Welt- und Lebensanschauung hat Mängel ...« [35]

ZUM GNOSIS-VERDACHT

Auf Steiners Anthroposophie und auf Jungs Psychologie fällt der gleiche Verdacht, der der »Gnosis«. Kenner der Anthroposophie und der Analytischen Psychologie verstehen, warum sich vermeintliche Kenner und oberflächliche Kritiker in dem Vorwurf einig sind, hier wie dort handle es sich um eine Erscheinungsform »moderner Gnosis«.

Dieser Vorwurf kann sich zunächst auf einige äußere, die Entwicklung der beiden Erkenntnisrichtungen betreffende Beobachtungen berufen. Dennoch bringt sich derjenige — unfreiwillig — in eine mißliche Lage, der eine wenig oder nahezu unbekannte geistesgeschichtliche Größe mit einer anderen unbekannten oder doch problembeladenen zu identifizieren sucht. Die Gnosis oder vielmehr der Gnostizismus — über eine notwendige Differenzierung ist noch zu sprechen — ist in mehrfacher Hinsicht problematisch. Wer sich auch nur mit den wichtigsten Punkten dieses Fragenkreises bekanntmacht, weiß, daß Gnosis keinesfalls als eine eindeutig bestimmbare, allgemein bekannte Größe vorausgesetzt werden kann. Die Interpretation einer vor-, ur- und frühchristlichen Gnosis sowie späterer Spielformen ist kaum auf einen befriedigenden gemeinsamen Nenner zu bringen. Nicht einmal über den Ursprung dieser Geistesbewegung, die nach Meinung der Kirchenhistoriker und Gnosis-Forscher bald eine »Weltreligion« (Quispel), eine »Gnostische Religion« (Jonas), bald eine legitime, bald eine häretisch ausgerichtete Form eines Erkenntnischristentums darstellt, das einmal mehr vom griechisch-hellenistischen Denken, ein andermal mehr vom persischen Dualismus seine maßgeblichen Impulse empfangen haben soll. Die im kirchlichen Rahmen geübte Häresie-Deutung ist in unserem Fall nicht uninteressant, insofern sie etwas von den Motiven verrät, die manchen Kritiker zu diesem Vorwurf bewegen mögen. Als kirchengeschichtliches Faktum steht fest, daß es der zum Sieg und zu reichsstaatlicher Anerkennung gelangten Kirche im römischen Imperium gelungen ist, die Gnosis nicht nur beiseite zu drängen, sondern sie vor allem als gefährliche Ketzerei zu diffamieren. Es ist dieselbe Kirche, die für sich die

Rechtgläubigkeit und den Besitz der Wahrheit in Anspruch nahm und nimmt [1]. Damit ist schon vor jeder etwaigen sachlichen Auseinandersetzung, ob Anthroposophie oder Analytische Psychologie »gnostische« Elemente enthalten, ein Verdikt ausgesprochen. Aber fällt dieses Verdikt, seiner bewußten oder auch unbewußten Motivation wegen, nicht wieder auf dieselben Kritiker zurück?

Rudolf Steiner

Inwiefern liegen bei Steiner historisch bedingte Bezüge vor?

Zu den ersten Arbeiten, die Steiner als Generalsekretär des deutschen Zweigs der Theosophischen Gesellschaft Annie Besants veröffentlichte, gehörten Vorträge, in denen »Die Mystik im Aufgange des neuzeitlichen Geisteslebens ...« sowie »Das Christentum als mystische Tatsache und die Mysterien des Altertums« behandelt wurden. In diesen auch in Buchform erschienenen Werken ist der Gnosis wie auch der Mystik eine große Bedeutung zugesprochen. Steiner geht dort so weit zu sagen: »Als Gnostiker kann man alle Schriftsteller der ersten christlichen Jahrhunderte auffassen, die nach einem tieferen geistigen Sinn der christlichen Lehren suchten ... Man versteht diese Gnostiker, wenn man sie ansieht als durchtränkt mit alter Mysterienweisheit und bestrebt, das Christentum von dem Gesichtspunkt der Mysterien aus zu begreifen.« [2] Zu den — im Gegensatz zu Jung — verhältnismäßig wenigen Literaturangaben Steiners gehört der wiederholte Hinweis auf das Werk des englischen Gnosisforschers George R. S. Mead, das nach Steiners Urteil »eine glänzende Darstellung der Entwicklung der Gnosis bietet«. Jung beruft sich ebenfalls an verschiedenen Stellen auf Mead [3].

Während sich nun das übrige literarische Werk Steiners kaum mit der Gnosis als solcher auseinandersetzt, finden sich in den Vortragsnachschriften zahlreiche, meist kurze aphoristische Stellungnahmen zum Gnosisproblem. Den verschiedenen Äußerungen ist zu entnehmen, daß Steiner bereits eine vorchristliche Gnosis als bekannt voraussetzt, wenn er etwa im Zyklus über das Markus-Evangelium davon spricht, daß die Gnosis, ähnlich wie die griechische Philosophie geradezu »lechzt nach dem Mysterium von Golgatha« [4]. Daß Steiner nicht als Historiker auf das Gnosisproblem eingeht, sondern vor allem bewußtseinsgeschichtliche Gesichtspunkte hervorhebt, macht er in dem Kapitel »Gnosis und Anthroposophie« und in den dazugehörigen Thesen 159 bis 161 seiner »Anthroposophischen Leitsätze« deutlich, wo er sagt: »Die Gnosis war die aus alter Zeit bewahrte Erkenntnisart, die das Mysterium von Golgatha bei seinem Eintritte am besten zum Menschenverständnisse bringen konnte.« Die Menschheitsentwicklung ist aber vorangeschritten, von der »Empfindungsseele« zur »Bewußtseinsseele«. Es geht daher nicht an, daß eine moderne geistige Strömung von der Art und Zielsetzung der Anthroposophie auf die einer vergangenen Bewußtseinsstruktur angemessenen Gnosis zurückgreift: »Anthroposophie strebt dieses neue Verständnis an. Aus der gegebenen Schilderung ersieht man, daß sie keine Erneuerung der Gnosis sein kann, die zu ihrem Inhalt die Erkenntnisart der Empfindungsseele hatte, daß sie aber einen ebenso reichen Inhalt aus der Bewußtseinsseele auf völlig neue Art holen muß.« [5] Wie Leitsatz 258 zeigt, hat Steiner bis zuletzt die große Bedeutung hervorgehoben, die die Gnosis für das Verständnis des Christusereignisses einst hatte. Er hat ihre »wunderbaren Weisheitsschätze«, ihr »wunderbares Begriffssystem« und die zugrundeliegende Erkenntnishaltung als »etwas Gewaltiges« respektiert. Ein entsprechendes Licht fällt von da auf diejenigen Theologen, die Gnosis lediglich als Häresie brandmarken. Diese positive Einschätzung der Gnosis findet bei Steiner eine nicht unerhebliche Einschränkung, nämlich überall dort, wo der Gnostiker zwar in der Lage ist, die geistige bzw. »mystische Tatsache« des Christentums zu begreifen, wo er aber dem Incarnatus est, der Leibwerdung des Christus in dem historischen Jesus von Nazareth verständnislos gegenübersteht. Man darf keinesfalls übersehen, daß Steiner an der historischen Tatsache der Christuserscheinung ebenso interessiert ist wie an der mystischen. Schließlich ist ihm viel daran gelegen, einem modernen Christusverständnis Bahn zu brechen, das auch dem kosmischen Aspekt von Christi Geburt, Tod und Auferstehung voll Rechnung trägt, indem auf diese Weise der Impuls zu einem den ganzen Wirklichkeitskosmos verwandelnden Prozeß bewußtgemacht wird. Deshalb forderte er in einem Vortrag aus dem Jahr 1920, daß auch die Naturwissenschaft das Christusereignis in sich aufnehme. »Nicht eher ist das Christentum begriffen, als bis es bis zur Physik herunter unsere Erde durchdringt.« [6] Er sprach in diesem Zusammenhang geradezu von einer »neuen Substanz«, die durch Christus der Weltenevolution einverleibt worden ist, und mit der man ebenso rechnen müsse wie mit materiellen, chemisch-physikalischen Tatsachen. Wo derartige Vorstellungen in Anwendung kommen, ist freilich die Erkenntnisgrundlage der historischen Gnosis, etwa der des 2. Jahrhunderts, längst verlassen. Wird der Vorwurf einer Verwandtschaft mit der Gnosis dennoch aufrechterhalten, dann muß man schon die Denkstruktur der Anthroposophie genauer analysieren.

So wird beispielsweise von katholischer Seite eingewandt, Anthroposophie leiste insofern einer falschen Gnosis Vorschub, als sie den kategorial-qualitativen Unterschied zwischen Glauben und Wissen verkenne, menschliches und religiöses Offenbarungswissen werde nicht oder nicht klar genug auseinandergehalten [7]. Aber gerade darum hat sich Rudolf Steiner bemüht. (Vgl. Exkurs: Seelen- und Geistesforschung als Praeambulum fidei.) Der Kritiker beruft sich auf das dialogische Denken Martin Bubers, der sich zwar kaum ausführlicher mit der von ihm abgelehnten Anthroposophie, wohl aber mit der gnostischen Denkhaltung auseinandergesetzt hat. Buber unterscheidet deutlich zwischen einer (personhaften) Ich-Du-Beziehung und einer (objekthaften) Ich-Es-Erfahrung auf der anderen Seite. Die Verwechslung von der Ich-Du-Beziehung, in der der Mensch vor Gott als einem personalen Gegenüber steht, und einer Ich-Es-Haltung, in der der Mensch sein jeweiliges Gegenüber zu einem frei verfügbaren Objekt macht, liege vor, wenn Gnosis sich anmaßt, mit natürlichen Erkenntnismitteln, etwa unter Einsatz paradoxer »übersinnlicher Sinne« die Wahrnehmungsfähigkeit bis in den göttlich-geistigen Bereich hinein auszudehnen. In dem Aufsatz »Christus, Chassidismus, Gnosis« bezeichnet Buber als Grundzug der Gnosis »ein wisserisches Verhältnis zum Divinum, wisserisch vermöge einer anscheinend nie wankenden Sicherheit, im Selbst die zulängliche Divinität zu besitzen [8]. In unserer Zeit äußere es sich dadurch, daß die Mysterien ins Psychische eingesenkt werden. Dadurch komme ein Zug zur Gnosis zur Geltung. Und eben in dieser Tendenz erblickt Buber einen Gegensatz zur Glaubenswirklichkeit. Denn diese »wisserische« Haltung vergehe sich an der Innerlichkeit, letztlich an der Transzendenz Gottes.

Hier ist an die Auseinandersetzung zwischen Buber und seinem Freund, den deutsch-israelischen Philosophen Hugo Bergmann zu erinnern, der als Schüler Rudolf Steiners Buber zu einer Abkehr von der Skepsis gegenüber Mystik und Gnosis zu bewegen versuchte [9]. Für unsere Fragestellung ist Bubers Antwort von Interesse: »Ich bin gegen die Gnosis, weil und insofern sie vorgibt, Vorgänge und Prozesse innerhalb der Divinität berichten zu können. Ich bin gegen sie, weil und insofern sie Gott zu einem Gegenstand macht, in dessen Wesen und Geschichte man sich auskennt. Ich bin gegen sie, weil sie an die Stelle der personalen Beziehung der menschlichen Person zu Gott eine kommunionsreiche Wanderung durch eine Überwelt, eine Vielheit mehr oder minder göttlicher Sphären setzt.« Und in Erwiderung auf eine Forderung Steiners fügt er hinzu: »Die Verehrung, die ein Mensch der Wahrheit zollt, seine Treue der Erkenntnis gegenüber respektiere ich durchaus, aber sie haben mit jener hingegebenen Unmittelbarkeit zu Gott, die ich meine, nur dann etwas zu schaffen, wenn sie aus ihr hervorgehen und von ihr bestimmt sind.« [10] — Natürlich stellt sich hier die Frage, ob die an sich wichtige und hilfreiche Unterscheidung von Ich-Du und Ich-Es eine derartige Aufspaltung nötig macht, die letztlich auf einen Erkenntnisverzicht hinausläuft.

Der Unterschied der Denkstrukturen — Steiners und Jungs auf der einen, Bubers auf der anderen Seite — wird vor allem in Bubers Werk »Gottesfinsternis« deutlich, wo sich der konsequent dialogische Denker gegenüber Jung abgrenzt. Buber sieht »die Spontaneität des Geheimnisses« verletzt, sobald man auf »das Erfahren der Erfahrung« ausgeht. »Nur der erlangt den Sinn, der dem ganzen Walten der Wirklichkeit ohne Rückhalt und Vorbehalt standhält und ihm lebensmäßig, das heißt in der vollen Bereitschaft, den erlangten Sinn mit dem Leben zu bewähren, antwortet.« [11]

C. G. Jung

Aus den »Erinnerungen« wissen wir, wie wichtig für Jung jenes religions- und geistesgeschichtliche Vergleichsmaterial war, in dem er »Präfigurationen« für bestimmte Phänomene in der Psyche des heutigen Menschen sehen konnte. Die intensive Beschäftigung mit der Gnosis fällt nach seinen eigenen Angaben vor allem in die Zeit von 1918 bis 1926. Dieses Interesse begleitete ihn lebenslang, wenngleich sich die Bearbeitung der alchemistischen Symbolwelt als viel ergiebiger erwies als die »Fragmente eines verschollenen Glaubens«, wie Mead die Gnosis des 2. Jahrhunderts genannt hatte. »Die Tradition zwischen Gnosis und Gegenwart schien mir abgerissen, und lange

Zeit war es mir nicht möglich, die Brücke vom Gnostizismus — oder Neuplatonismus — zur Gegenwart zu finden. Erst als ich anfing, die Alchemie zu verstehen, erkannte ich, daß sich durch sie die historische Verbindung zum Gnostizismus ergibt, daß durch die Alchemie die Kontinuität von der Vergangenheit zur Gegenwart hergestellt ist. Als eine Naturphilosophie des Mittelalters schlug sie eine Brücke sowohl in die Vergangenheit, nämlich zum Gnostizismus, als auch in die Zukunft, zur modernen Psychologie des Unbewußten.« [12]

Mit dieser Hinwendung zur Alchemie war der Gnosis als solcher eigentlich keine Absage erteilt. Eher könnte man sagen: In den Folianten der Alchemisten entdeckte Jung für sich eine näherliegende, dokumentarisch besser greifbare Ausgestaltung der Gnosis. Zudem fühlte er sich zeitenweise nicht nur selbst als ein Gnostiker. In dem Aufsatz »Das Seelenproblem des modernen Menschen« (Berlin 1928) [13] diagnostiziert er »dunkle, fast krankhaft erscheinende Hintergrundsphänomene der Seele«, die ihn an die Gnosis der ersten Jahrhunderte erinnern. Jung verzichtet allerdings auch hier auf jede Differenzierung, wenn er Theosophie, Anthroposophie, »eine indisch zurechtgemachte Gnosis reinsten Wassers«, und den indischen Kundalini-Yoga in einem Atemzug nennt. Daß sich diese »moderne Gnosis« wissenschaftlich gebärde, wertet er jedoch nicht etwa als ein Täuschungsmannöver, sondern als ein positives Zeichen. Denn im Gegensatz zu den traditionellen, in Europa vorherrschenden Religionsformen will der heutige Mensch nicht »glauben« im Sinne einer kritiklosen Übernahme von Glaubenssätzen (der theologische Glaubensbegriff steht nicht zur Diskussion), sondern er will »Erkenntnis«. Jung meint insbesondere das Verlangen nach »Urerfahrung«, also nicht nur die Befriedigung von Wissensdurst. Und eben zu dieser Urerfahrung bzw. zur bewußten Teilhabe an dem Erfahrungsschatz der eigenen Seele, will Jung anleiten. Der holländische Gnosisforscher Gilles Quispel urteilt daher anscheinend folgerichtig: »Die wichtigste Gnosis unseres Jahrhunderts ist die Komplexe Psychologie C. G. Jungs. Diese legt wissenschaftliche Entdeckungen und Beobachtungen vor, deren Wert und Wahrheit keiner leugnen kann. Daß aber hinter dieser Psychologie ein Typus gnostischer Einstellung steckt, ist ein Geheimnis, das wohl den wenigsten verborgen blieb. So zeigt es sich, daß die Gnosis einwandfrei zur abendländischen Tradition gehört.« [14] Der Vorwurf, Gnostiker zu sein, wurde Jung zuletzt von Hedda J. Herwig gemacht und dahingehend zu präzisieren gesucht,

Jung habe »den okkultistischen Schritt von hypothetischen ›mundus intellegibilis‹ zur Substantilisierung der ›Prinzipien‹ zu einer Welt der Geister« vollzogen [15].

Diese wenigen Angaben, vor allem Jungs eigene Zeugnisse, können den Eindruck erwecken, daß an der teils offenen, teils verdeckten Gnosis bei Jung nicht länger zu zweifeln sei. Sind Steiner und Jung demnach an die Seite derer zu stellen, die man als Gnostiker oder als Pseudognostiker durch die Kirchen- und Ketzergeschichte wie einen unbequemen Ballast schleppt, dessen man sich — je nach Zeitgeschmack — durch Ausmerzen, Totschweigen, Diffamieren (erfolglos) zu entledigen sucht?

Eine Antwort auf diese Frage ist im Grunde nur dann möglich, wenn wir uns um eine Differenzierung bemühen. Denn noch wird, von wenigen Ausnahmen abgesehen, trotz schon mehr als 150 Jahren intensiver Gnosisforschung auf die hier nötige Unterscheidung verzichtet. Selbst in einem maßgeblichen theologischen Handwörterbuch spricht Heinrich Schlier von »jener eigentümlichen antiken Geistesströmung, die wir ›Gnosis‹ bzw. ›Gnostizismus‹ nennen« [16]. Was also ist gemeint, »Gnosis« im Sinne von Erkenntnis, deren Rechtmäßigkeit auch das Neue Testament bestätigt, eine Erkenntnis, die bis zu den »Tiefen der Gottheit« (1. Kor 2,10) vorzudringen vermag und die geradezu »ewiges Leben *ist*« (Joh. 17,3), oder ein Ismus, eine Ideologie? Das Neue Testament, die beiden »Gnostiker« Paulus und Johannes hatten sich ebenso wie Gegner des frühchristlichen Gnostizismus, unter ihnen der »Gnostiker« Clemens von Alexandrien mit der Bedrohung durch eine Pseudo-Gnosis auseinanderzusetzen. Zweifellos gibt es eine legitime »Gnosis des Christentums«, zu der sich einst der Katholik Koepgen in seinem gleichnamigen, kirchenamtlich indizierten Werk bekannt hat [17]. Er verstand darunter eine Geisteshaltung, die der logischen wie der dialektischen überlegen ist, insofern sie erkennend zu der religiösen Wirklichkeit vorzudringen vermag.

Hilfreich sind zweifellos die Ausführungen, die der englische Dominikaner Victor White zur Gnosis-Frage gemacht hat, als er »Gnosis« und »Gnostiker« auf der einen Seite von »Gnostizismus« und »Gnostizist« auf der anderen unterschied. »Die Unterscheidung ist deshalb wichtig, weil leicht die irrtümliche Meinung aufkommen könnte, die Ablehnung des Gnostizismus durch den Hauptzweig der christlichen Kirche beziehe sich auch auf die Gnosis und den Gnostiker. Dies ist nicht der Fall — und wäre auch gar nicht nötig. Die Offenbarung, die von der Kirche akzeptiert wurde und ihr die eigentliche raison d'être verlieh, war ursprünglich selber eine Gnosis.« [18] Zweifellos ist »Gnosis« ein neutestamentliches Grundwort, das dem Glauben, der Hoffnung und der Liebe zuzuordnen ist. »Scientia inflat«, übersetzt Hieronymus das bekannte Apostelwort in der lateinischen Vulgata-Bibel: ein von Glaube, Liebe, Hoffnung losgelöstes Wissen und Erkennen bläht auf. Inflation hat Jung die Gefahr genannt, der der Mensch erliegen kann, wenn er von den Fluten des Unbewußten geradezu überschwemmt wird, wenn er sich selbst überschätzt, sich in einen maßlosen Egoismus hineinsteigert und den Sinn für die Sozialität und damit für die Realität verliert.

Stellen wir diesen wichtigsten Kennzeichen seelischer Inflation das Bild gegenüber, das der Gnostizist darbietet, dann fällt u. a. auf: sein gebrochenes Verhältnis zur Wirklichkeit; es demonstriert sich in einer dualistischen Weltsicht, gemäß der die Wirklichkeit in eine lichte, gute, göttliche, geistige Welt von einer widergöttlichen, bösen, irdisch-materiellen, finsteren Welt radikal getrennt ist. Deshalb auch die gnostizistische Zwei-Götter-Lehre, etwa bei Marcion, nach der die Welt nicht aus der Hand eines (guten) Schöpfergottes hervorgegangen sei, sondern als Produkt eines unheilvollen Demiurgen. Ein sozialer Dualismus besteht darin, daß der Gnostizist als »›Wissender‹, als ›Pneumatiker‹ sich gegenüber dem ›Psychiker‹ (nur Seelenmenschen) bzw. gegenüber dem ›Sarkiker‹ (Fleischesmenschen) abhebt. Als einer, der angeblich über Gnosis verfügt, dünkt er sich besser als der nur ›Glaubende‹ (Pistiker). Die Zusammengehörigkeit von Gnosis und Pistis, die die Urchristenheit als eine Einheit bejaht hat, ist freilich nicht nur vom Gnostizismus, sondern auch vom Pistizismus (gnosisverneinende Glaubenseinstellung) verleugnet worden. Deshalb die Notwendigkeit, auf die »Erkenntnisfunktion des Glaubens« (Alfred Dedo Müller) hinzuweisen[19]. Der Gnostizist ist in der Gefahr, Gnosis mit dem Heil oder vielmehr mit einer bereits errungenen, begnadeten Vollendung des Heils zu verwechseln.

Der Grat zwischen Gnosis und Gnostizismus ist schmal. Und eben auf diesem unumgänglichen Grat verläuft der »verborgn'ne, heilige Weg, der Gnosis heißt« (Naassener-Lied). Daß Gnosis durch gnostizistische Inflation (Aufblähung) gefährdet ist, entspricht der Situation des Menschen schlechthin. Christlich gesprochen spielt sich das Leben im Spannungsfeld von Freiheit und Gnade ab.

Wer nun Rudolf Steiner und Carl Gustav Jung als Gnostiker — nicht als Gnostizisten — bezeichnet, der bringt damit zum Ausdruck, daß beide Männer in die lange Reihe derer gehören, die vor dem Erkenntnisauftrag des Menschen nicht resigniert haben, sondern die es wagten, in Dimensionen vorzustoßen, die dem nur rationalen Denken und der naturwissenschaftlichen Empirie, solange sie an dieser Forschungsart festhalten, verschlossen bleiben müssen. Für beide ist es wohl bezeichnend, daß sie den alten Erkenntniswegen zwar große Aufmerksamkeit geschenkt haben, etwas anderes als historische Orientierungspunkte waren ihnen Gnosis, Alchemie, Rosenkreuzertum u. ä. jedoch nicht. Und denkt man an Gnosis im engeren Sinne, so hatten Steiner als Geistesforscher, Jung als Psychologe längst die Markierungssteine dieser Gnosis passiert, als sie vergleichend, deutend, ihr eigenes Werk einordnend über Gnosis publizierten. Dies geschah niemals im Sinne einer kritiklosen Parteinahme für Gnosis, geschweige denn für den Gnostizismus. Durch die bewußtseinsgeschichtliche Betrachtungsart war z. B. Steiner vor einer bloßen Übernahme gnostischer Ideen oder Restaurationsabsicht bewahrt [20].

Andererseits ist nicht zu leugnen, daß sich Steiners und Jungs Erkenntnishaltung (so unterschiedlich sie zwischen beiden auch sein mag) von einem personalistisch-dialogischen Denken deutlich abhebt, das bei Martin Buber oder in bestimmten theologischen Schulrichtungen von »Gnosis« spricht, wo — neben der Notwendigkeit der Ich-Du-Beziehung die Ich-Es-Erfahrung und damit die Erkenntnisverpflichtung des Menschen ernst genommen wird. In *diesem* Sinne mag man beide Wissenschaftler als Gnostiker bezeichnen.

Diese Gnosis Steiners bzw. C. G. Jungs ist aber in einer doppelten Weise abgesichert:

Steiners hohe Einschätzung des Denkens, sein Bestreben, das er mit Jung teilt, der naturwissenschaftlichen Exaktheit genüge zu tun, schützt beide Forschungswege vor einem Abgleiten in einen subjektiven Mystizismus. Der konsequente Verzicht auf jede religiöse Wirksamkeit und die vor allem von Steiner betonte Begrenzung der übersinnlichen Forschung gegenüber der religiösen Offenbarung schützt Anthroposophie und Analytische Psychologie vor dem Verdacht, eben jener Inflation, die als Wesensmerkmal des Gnostizismus charakterisiert worden ist.

1. Seelische Hygiene durch geistige Schulung

Geistige Schulungswege haben insofern eine wichtige praktische Seite, als sie die Frage nach der seelischen Gesundheit und nach der seelisch-geistigen Hygiene im Alltagsleben überhaupt aufwerfen. Nicht ganz zu unrecht wird die Befürchtung geäußert, geistige Exerzitien könnten sich bisweilen auch nachteilig auf das Wohlbefinden auswirken. Berechtigt sind derlei Fragen, weil es eben nicht gleichgültig sein kann, welche Methode gewählt wird, ob jemand vor Antritt derartiger Übungen nicht bereits empfindliche seelische Mangelerscheinungen aufweist, ob jemand unbedacht »drauflos« übt, sich »versenkt«, sich irgendwelchen scheinbar »harmlosen« Atemübungen und dergleichen hingibt, ohne sich über Eignung und Wirksamkeit dieser Praktiken Rechenschaft abgelegt zu haben.

In der Tat gibt es »Wege und Irrwege in die geistige Welt«[1]. Sehen wir einmal davon ab, daß Steiners Anweisungen in falscher Weise gehandhabt werden können, so ist zu betonen, daß jeder Initiationsweg nur mit großer Nüchternheit und Bescheidenheit gegangen werden kann. Jedes illusionäre Element, jeder gefühlsmäßige Überschwang, wo Gedankenklarheit am Platze ist, jede Selbstüberschätzung und jeder Hochmut, wo Selbstbescheidung verlangt werden muß, führen in die Täuschungen hinein statt in die angestrebten »höheren Welten«. Hier bekommt der lapidare Satz aus »Wie erlangt man Erkenntnisse der höheren Welten« sein besonderes Gewicht: »Höhe des Geistes kann nur erklommen werden, wenn durch das Tor der Demut geschritten wird.« Steiner hat nicht nur vor den Gefahren des Abirrens gewarnt, sondern seine Schulung im vornherein so angelegt, daß ein genaues Befolgen keine Schädigungen verursacht. Steiners Forderung der Devotion, das heißt der Verehrung gegenüber der Wahrheit und der Erkenntnis, die nicht mit Personenkultus verwechselt werden darf, bedeutet keinesfalls Verzicht auf kritische Distanz. Sie bedeutet ebensowenig kritiklose, »gläubige« Entgegennahme der Ergebnisse geistiger Forschung, also nicht totale Abhängigkeit vom Geistesforscher auf Treu und Glauben. Die Erfahrung zeigt, wie groß die Zahl derer ist, die als geistig unmündig, auf verehrte Lehrergestalten fixiert und kritischer Distanz unfähig bezeichnet werden müssen, und die sich gerade in religiösen und weltanschaulichen Gemeinschaften finden, die mit großen Ansprüchen auftreten. Der anthroposophische Nervenarzt Rudolf Treichler hat darauf aufmerksam gemacht, daß es gerade hysterieanfällige Menschen sind, die sich in solchen Kreisen bevorzugt finden, und eben für sie muß sich der Weg einer geistigen Schulung verhängnisvoll auswirken [2]. Treichler hat sich auch eingehend mit Symptomatik und Therapie schizophrener Patienten beschäftigt [3]. Er kommt zu dem Ergebnis, daß eine richtig durchgeführte geistige Schulung vor seelischer Erkrankung zu bewahren vermag. Ja, es ist im Initiationsweg bei Beachtung der gebotenen Verhaltensmaßregeln und der individuellen Struktur der Psyche ein Heilmittel für Zivilisationsschäden auf dem seelischen Gebiet zu sehen. Im Willensbereich wirkt sich das so aus, daß das, was aus den unteren Regionen chaotisch, chaotisierend in den »oberen Menschen« heraufdrängt, harmonisiert wird. Psychische Energie wird dadurch nicht etwa zurückgestaut, sondern verwandelt. Entsprechendes gilt für den Denkbereich. Das Denken wird nicht ausgeschaltet, auch nicht in einer einseitigen Weise rational fixiert, sondern ebenfalls umgewandelt und als geistiges Wahrnehmungsorgan in Dienst genommen. Auch wenn es zu keiner Ausbildung von Erkenntniswerkzeugen im Sinne der Schulungsliteratur kommt, auch wenn der Aufstieg zur Imagination, Inspiration und Intuition nicht gelingt, so wirken sich die Übungen positiv aus. Zu warnen ist allerdings, wenn psychopathologische Patienten den geisteswissenschaftlichen Studienweg antreten wollen.

Aufs Ganze gesehen ist aber die die Seelenkräfte harmonisierende psychohygienische Wirkung des anthroposophischen Schulungsweges nicht zu unterschätzen.

II. Das Böse als »Schatten« und als »Doppelgänger«

Zu den Einsichten der Psychologie und der Geistesforschung gehört die Beobachtung, daß der Mensch von einem negativen Faktor begleitet ist, der seine Schattenseite darstellt. Jung weist ausdrücklich darauf hin, daß das, was er den »Schatten« nennt, nicht »etwa aus kleinen Schwächen und Schönheitsfehlern besteht, sondern aus einer geradezu dämonischen Dynamik« [1]. Denn »Die lebende Gestalt bedarf tiefer Schatten, um plastisch zu erscheinen. Ohne den Schatten bleibt sie ein flächenhaftes Trugbild« [2].

Aus der Ethnologie, dem Mythos, der Religions- und Geistesgeschichte, nicht zuletzt aus der Literatur ist die Begegnung mit dem Schatten bekannt, z. B. als »das andere Ich«, der »dunkle Bruder«, der Widersacher, Verführer usw. Jung erblickt im Schatten eine archetypische Figur, die einmal als »persönlicher«, ein andermal als »kollektiver Schatten« auftreten kann, je nachdem er im Zusammenhang mit dem persönlichen oder dem kollektiven Unbewußten erscheint. Immer entspricht er dem inferioren Teil der Persönlichkeit, also dem, was schattenhaft verhüllt, verdrängt, als minderwertig oder als schuldhaft empfunden oder abgelehnt wird. Da sich der Schatten zum Bewußtsein kompensatorisch verhält, muß er allerdings nicht nur negativ sein. Er kann sich auch positiv auswirken. »Die Figur des Schattens personifiziert alles, was das Subjekt nicht anerkennt und was sich ihm doch immer wieder — direkt oder indirekt — aufdrängt, also z. B. minderwertige Charakterzüge und sonstige unvereinbare Tendenzen.« [3] In dieser Charakteristik ist diese Äußerungsform des Unbewußten der Schatten des bewußten Ichs und somit dessen Gegenüber. Jung hat ferner gezeigt, daß sich der Schatten oftmals — dem Ich unbewußt — als Projektion manifestiert, das heißt, das, was eigentlich als Schatten zum Unbewußten des betreffenden Menschen gehört, sucht und findet dieser als einen Mangel, als Schuld, Fehler oder Versagen bei einem äußeren Gegenüber. Der Projektionscharakter wird dann nicht als das durchschaut, was er tatsächlich ist, nämlich als dem Ich, der eigenen Person zugehörig. Dies zu erkennen, die eigene Unzulänglichkeit einzusehen, und damit die projektionsbildende Kraft aufzulösen, gehört zu der geforderten Selbsterkenntnis.

Aus Jungs Schilderungen geht klar hervor, daß sich der Schatten als ein moralisches Problem darstellt, das die Ich-Persönlichkeit in ihrer Ganzheit herausfordert, »denn niemand vermag den Schatten ohne einen beträchtlichen Aufwand an moralischer Entschlossenheit zu realisieren. Handelt es sich bei dieser Realisierung doch darum, die dunklen Aspekte der Persönlichkeit als wirklich vorhanden anzuerkennen. Dieser Akt ist die unerläßliche Grundlage jeglicher Art von Selbsterkenntnis und begegnet darum in der Regel beträchtlichem Widerstand.« [4]

Damit ist eine Aufgabe umrissen, die in der analytisch-therapeutischen Behandlung auch als die Annahme oder als die Integration des Schattens bezeichnet wird, ein Erkenntnisproblem, dessen Lösung einen nicht unbeträchtlichen Einsatz an Mut erfordert. — Was hat die Anthroposophie vergleichsweise hierzu beizutragen?

Auf den ersten Blick scheint es, das Schattenproblem werde in der Anthroposophie gar nicht oder zu wenig gesehen. Vielfach resultiert diese Vermutung aus Beobachtungen, die mitunter bei »Anthroposophen« — man übersehe die Anführungszeichen nicht! — zu machen sind. Für sie sind ihre Weltanschauung, ihr Ethos Inbegriff des Wahren, Vollkommenen, der einzigartigen Erkenntnis. Steiner selbst figuriert als der absolut Schattenlose. Die Möglichkeit eines Irrtums scheint ausgeschlossen. Kritik, gleich welcher Art, ist verpönt. Steiners eigene Forderung: »Prüfen Sie, prüfen Sie!« scheint vergessen zu sein. Ein Tiefenpsychologe und nicht nur er, wird derartigen Pseudotabus kaum Reverenz erweisen! Aber von derlei Beobachtungen ist nicht auf die Sache zu schließen. Von Steiner selbst sind immerhin beglaubigte Äußerungen überliefert, in denen er nicht nur sehr bescheiden, von gewissen Ergebnissen seines Schauens spricht (»Nun ja, das ist Gnade ...«), sondern in denen er auch freimütig gesteht: »Wenn man in sich selber hineinschaut, dann entdeckt man Dinge — über die man gar nicht reden mag.« [5]

Zweifellos ist hier derjenige Punkt berührt, den Jung als »die unerläßliche Grundlage der Selbsterkenntnis« bezeichnet hat. Als antwortete Steiner unmittelbar dem Tiefenpsychologen, schreibt er in seinem Schulungsbuch »Geheimwissenschaft im Umriß«: »Es handelt sich also darum, daß man zuerst wahre, durchgreifende Selbsterkenntnis habe, um dann die umliegende geistig-seelische Welt rein wahrnehmen zu können.« [6] Der Verfasser schildert sodann, wie es die seelische Entwicklung mit sich bringe, daß das menschliche Ich »wie ein Anziehungs-Mittelpunkt« auf all das wirkt, was zum Menschen gehört: Neigungen, Sympathien, Antipathien, Leidenschaften, Meinungen usw. Hinzu kommen ferner karmische Gesichtspunkte, wie sie sich dem Geistesforscher darstellen. Für sie fehlen bei Jung Parallelen, jedenfalls soweit Karma über die Einzelexistenz hinausweist und die Idee der wiederholten Erdenleben mit einschließt. Einer tiefergehenden Selbsterkenntnis aber stehen Täuschungsmöglichkeiten entgegen. Steiner findet, »daß es in den verborgenen Tiefen der Seele eine Art verborgenes Schämen gibt, dessen sich der Mensch im physisch-sinnlichen Leben nicht bewußt wird ... Es verhindert, daß des Menschen innerste Wesenheit in einem wahrnehmbaren Bilde vor den Menschen hintritt... So ist dieses Gefühl der Verhüller des Menschen vor sich selbst. Und damit ist er zugleich der Verhüller der ganzen geistig-seelischen Welt.« [7]

Das heißt doch: Einblick in die geistige Welt erlangt nur, wer die Tiefe und das Dunkel der eigenen Seele geschaut hat und dieser Konfrontation mit schreckenerregenden Realitäten standzuhalten vermochte. Der Geistes- und der Seelenforscher beschreiben offensichtlich ein und dasselbe Seelenerlebnis, obgleich das zugrunde liegende Faktum von verschiedenem Standort aus und unter Zuhilfenahme unterschiedlicher Erkenntnismittel betrachtet wird.

Worin aber besteht das Inferiore, das Schattenhafte in der Sicht Steiners? — In seinen Meditationen zur Selbsterkenntnis des Menschen hat Rudolf Steiner jene Erlebnisse beschrieben, die beim Eintritt in die geistige Welt durchzumachen sind: »Man lernt sich gewissermaßen von einem Gesichtspunkt aus betrachten, der sich nur ergibt, wenn man außerhalb des sinnlichen Leibes ist (gemeint ist die Betätigung des schauenden Bewußtseins, bei dem die Sinneswahrnehmung, die Erinnerungsfähigkeit nicht betätigt wird.) Und es ist das geschilderte bedrückende Gefühl selbst schon der Anfang wahrer Selbsterkenntnis. Sich in einem Irrtum erleben in seinem Verhältnis zur Außenwelt, das zeigt ja das eigene Seelenwesen, wie es wirklich ist.« [8] Vor allem wird bewußt, daß der bloße Gedanke, der Willensentschluß, das in der eigenen Seelentiefe wahrgenommene Negative zu bändigen, nicht ausreicht. Es tritt etwas von der »Naturgewalt« dessen in Erscheinung, das vor Antritt der Schulung nicht geahnt worden ist. Selbst das Ich wird in seiner Unzulänglichkeit erkannt. »Man sieht auf seine ganze Seele, auf sein ›Ich‹ als auf etwas zurück, was man ablegen muß, wenn man die übersinnliche Welt betreten will.« [9] Was das eigentlich heißt, ermißt man wohl erst, wenn man daran denkt, daß der Mensch naturgemäß sein (empirisches) Ich für seine eigentliche Wesenheit angesehen hat. Die Selbsterfahrung dieser Stufe zeigt jedoch, daß es auf dem geisteswissenschaftlichen Entwicklungsweg zu einer gewissen Umwertung der im Alltagsleben und -bewußtsein gültigen Werte kommt. Und so wie im Individuationsprozeß das bewußte Ich in das bewußte und unbewußte Dimensionen umgreifende Selbst zu integrieren ist, so gilt es auf dem Schulungsweg neben dem vorhandenen, als Ausgangspunkt betätigten Ich das »wahre Ich« — Steiner nennt es bisweilen auch: »das andere Selbst«

zu erwecken. Dies »wahre Ich« oder das »andere Selbst« muß jedoch nicht erst erzeugt werden, betont Steiner ausdrücklich, denn »es ist für jede Menschenseele in deren Tiefen vorhanden. Das übersinnliche Bewußtsein erlebt bloß wissend, was für jede Menschenseele eine nicht bewußte, aber zu ihrer Wesenheit gehörige Tatsache ist.« [10]

Zweifellos korrespondiert Jungs Begriff des Selbst mit dem Steiners vom »wahren Ich« oder »anderem Selbst«, wenn man nicht übersieht, unter welchem Aspekt beide Begriffe angewandt werden. Entsprechendes gilt für das anthroposophische Analogon zum Jungschen Schatten. Hier hat Steiner übrigens zwei Termini eingeführt. Es ist die Bezeichnung »Doppelgänger«, ein Ausdruck für das Erlebnis der Selbstwahrnehmung vor den Toren der seelisch-geistigen Welt. Und es ist zum anderen die Bezeichnung »Hüter der Schwelle«. Steiner benützt diese Bezeichnung, um eine entsprechende Funktion des »Doppelgängers« anzudeuten. »Wie ein Hüter steht er da vor dieser Welt, um den Eintritt jenen zu verwehren, welche zu diesem Eintritte noch nicht geeignet sind. Er kann daher der ›Hüter der Schwelle, welche vor der geistig-seelischen Welt ist‹, genannt werden.« [11] Zu seiner Aufgabe gehört es u. a., vor Selbsttäuschungen zu bewahren, die sich auf dem eingeschlagenen Wege einstellen können. Um »ein klares, objektives Anschauen der geistigen Welten« zu gewährleisten, ist die Begegnung mit dem Hüter der Schwelle von Wichtigkeit. Denn er steht dort, wo sich das dem Alltagsbewußtsein verborgen bleibende »wahre Ich« zeigt. »An der Schwelle in die geistige Welt, kann sich dieses wahre Ich kleiden in alles das, was unsere Schwächen, unsere Mängel sind, in alles das, was uns sozusagen geneigt macht, hängen zu bleiben mit unserem ganzen Wesen an der physisch-sinnlichen Welt...« [12] Im Rahmen seiner Schulungsanweisungen hat Steiner entsprechende Maßregeln genannt, die geeignet sind, derartige illusionäre Momente auszuschalten. So muß sich der Übende beispielsweise die Fähigkeit erwerben, dem Augenblick der Begegnung mit dem Hüter der Schwelle standzuhalten, ohne von dem Negativen, dessen der Mensch in seiner eigenen Seelentiefe gewahr wird, niedergedrückt zu werden. Dazu gehört eine Vorbereitung, in der die positiven, aktiven Eigenschaften der Seele zu steigern sind. Zu diesen Eigenschaften zählt Steiner den Mut, ferner die Verstärkung des Freiheitsgefühls, der Liebe, der Denkenergie [13]. Was damit im einzelnen gemeint ist, wird freilich erst voll verstanden, wenn man Ansatz und Ziel des geisteswissenschaftlichen Schulungsweges berücksichtigt.

Und da bei C. G. Jung dem Schatten eine inferiore Qualität zugesprochen wird, ist es von Belang, daß Steiner an verschiedenen Stellen den Doppelgänger ebenfalls unter dem Gesichtspunkt des »Bösen« betrachtet. Das Böse — als überpersönliche Größe und als Manifestationsform in der Seele — wird in der Anthroposophie im Zeichen eines Dualismus gesehen, der an den persischen mit seiner Licht-Finsternis-Polarität erinnert. Das Böse begegnet einmal so, daß der Aspekt des Finsteren, Abgründigen, Materiellen als »Ahriman« erscheint, ein andermal gewissermaßen als dessen Gegenpol »Luzifer«. Ahrimanisch werden demnach jene Kräfte genannt, die im Körperlichen verhärtende, im Seelischen zum Materialismus, zum trockenen Verstand, zu Pedanterie und Philisterhaftigkeit neigende Wirkungen ausübt. Luziferisch beschreibt das Gegenteil. Im Seelischen äußert sich das Luziferische als Phantastik, Schwärmerei und Mystizismus. Steiner kommt es nun auf die Überwindung dieser Dualität an. Überwindung besagt aber nicht etwa die Vernichtung Ahrimans oder Luzifers, sondern vielmehr die Herstellung eines Gleichgewichts zwischen diesen extremen Tendenzen, die ahrimanisch nach »unten«, luziferisch nach »oben« auseinanderstreben. Im Grunde kommt in dem Streben nach Ausgleich das Christusprinzip zur Geltung. Steiner hat dieser Weltenaufgabe, die jeder Mensch auf seine Weise zu lösen hat, in der Gestalt einer großen Holzplastik künstlerisch Ausdruck verliehen. Sie, die »Gruppe« im Goetheanum in Dornach, setzt sich aus Ahriman und Luzifer mit dem »Menschheitsrepräsentanten« in der Mitte zusammen. In einem der Vorträge, die Steiner den Arbeitern am Goetheanum-Bau (1923) gehalten hat, heißt es einmal: »Christlich sein heißt eben, den Ausgleich zwischen dem Ahrimanischen und dem Luziferischen suchen.« [14]

Das »Böse« in seiner Schattengestalt ist demnach nicht einfach auszumerzen, auch nicht bei Jung. Hier erhält es geradezu eine Aufgabe und Funktion zur Selbst-Findung. Gewiß muß der Schatten bewußt gemacht werden, eine Forderung, die Jung in seiner analytischen Praxis konsequent vollzog. Damit ist es aber noch nicht genug. Der Schatten soll auf dem Wege der Individuation integriert und angenommen werden. Das ist mehr als Anerkenntnis der Schatteneigenschaften. »Ein Inhalt kann nur dann integriert werden, wenn sein Doppelaspekt bewußtgeworden ist, und wenn er nicht nur intellektuell erfaßt, sondern auch seinem Gefühlswert entsprechend verstanden ist.« [15]

Eine bloße, vom Intellekt u. U. gewünschte Tilgung des inferioren Persönlichkeitsteiles kommt demnach nicht in Frage. Das trifft auch auf Luzifer und Ahriman zu. Sie lassen sich nicht einfach eliminieren oder als angebliche Ausgeburten der religiösen Phantasie ignorieren. Die beiden Prinzipien, die auch in der Seele präsent sind, müssen als Realitäten ernst genommen werden. Deshalb »ist es ganz unmöglich zu sagen, man wolle dem luziferischen und ahrimanischen Elemente dadurch nicht verfallen, daß man sie in sich ausrottet ... Man bringt sich zu dem einen dieser Elemente in das richtige Verhältnis, wenn man ihm das rechte Gegengewicht in dem anderen schafft.« [16]

So findet der »Schatten« als (unbewußtes) Gegenüber zum (Bewußten) Ich in der Psychologie Jungs eine interessante Entsprechung bei Rudolf Steiner in dessen Bild von der Begegnung mit dem Doppelgänger bzw. dem »Hüter der Schwelle«. Beide Male hängt es entscheidend davon ab, ob und in welchem Maße der Mensch die Kraft findet, der Realität seiner eigenen unbewußten Seelentiefe standzuhalten. Beide Male ist dadurch ein kritischer Punkt auf dem Weg der Individuation und der Initiation markiert.

III. Zum Androgyn-Problem

Die Selbstwerdung des Menschen, die bei C. G. Jung eine so zentrale Bedeutung bekommt, und die Entwicklungstendenz des Menschen, zu seiner Identität und Ganzheit zu gelangen, ist nicht erst mit der Entdeckung der unbewußten Anima im Mann oder des Animus in der Frau ins allgemeine Blickfeld geraten. In dem Maße, in dem die Menschheit noch einen unmittelbaren Zugang zu den geistig-seelischen Realitäten hatte, war sie auch in der Lage, etwas über das Mysterium des Menschen zu sagen, und das heißt über die Polarität und die Einheit des Männlichen und des Weiblichen. Von einem »Wissen« im heutigen Sinne kann schon deswegen nicht die Rede sein, weil diese Fähigkeit erst schrittweise erlernt werden mußte. Dies Sagen und Mitteilen erfolgte daher, dem jeweiligen Bewußtseinszustand entsprechend, in bildhafter Rede. Es handelt sich um das archetypische Bild des Androgyn bzw. des Hermaphroditus, der als mythologische Figur keinesfalls mit sexuellen Abnormitäten, »Zwischenstufen« und dergleichen verwechselt werden darf, von denen die Sexualpathologie Kenntnis hat.

Unter dem Androgyn versteht man demgemäß im geistesgeschichtlichem Bereich jene Vorstellung von einem Menschenbild, das aus der Rückschau auf mythische Überlieferung gewonnen werden kann, als das Menschenwesen noch nicht in die beiden Geschlechter aufgespalten war, sondern sich in einer un- oder übergeschlechtlichen Ganzheit darstellte. Ein Erinnern eines solchen Zustandes ist nicht nur im Raum der asiatischen Religionen, des Griechentums (man denke an den Symposion-Dialog Platons), im Ägyptertum, Germanentum usw. anzutreffen. Die Schöpfungsurkunde des ersten Moses-Buches (Kap. 1,27) rührt selbst an dieses Geheimnis, wenngleich es von der Theologie, verständlicherweise vor allem von der theologischen Anthropologie her energisch bestritten wird. Nicht abzustreiten ist hingegen, daß die fragliche Genesis-Stelle (»Männlich-weiblich schuf er sie«) im vor- und außerrabbinischen Spätjudentum, bei den Rabbinern selbst, bei Philo von Alexandrien, in Talmud, in der Kabbala, selbstverständlich in der Gnosis eine androgynische Ausdeutung erfahren hat [1].

Doch auch von christlicher Seite konnte eine offensichtliche »offizielle Verdrängung«, wie es Ernst Benz nennt, nicht verhindern, daß die Idee vom androgynen Menschenbild zahlreiche Vertreter und Interpreten gefunden hat. Zu den wichtigsten gehört der bedeutende und einflußreiche protestantische Mystiker Jakob Böhme, der geradezu eine »Anthroposophia«, eine Weisheit vom Menschen entwickelt hat [2]. Zu nennen sind die englischen Böhmeaner des 17. Jahrhunderts, die ihrerseits wiederum auf das Festland herübergewirkt haben. Böhme-Schüler sind die beiden großen schwäbischen Theosophen Friedrich Christoph Oetinger und Michael Hahn, der zum geistlichen Haupt einer nach ihm benannten Gemeinschaft wurde. Dank der u. a. von Matthias Claudius übersetzten Schriften des französischen Mystikers Louis Claude de Saint Martin wurde Böhme im Deutschland der Romantik aufs neue »entdeckt« und der Androgyn-Gedanke abermals aufgenommen. Hier kann der Name Franz von Baaders für viele andere stehen. Durch die beiden russischen Denker Wladimir Solowjow und Nikolaj Berdjajew wurde dieses uralte Wissen bis in die Gegenwart hereingetragen [3]. Nicht zu vergessen sind die rosenkreuzerisch-alchemistischen Zusammenhänge. Sie sind ohne Zugrundelegung eines androgynen, ganzheitlichen Menschenbildes nicht recht zu verstehen. Vor allem in den Darstellungen C. G. Jungs wirkt dieses Urwissen bis in unsere Tage hinein, wenn auch nicht im Sinne einer bloßen Weiterführung alter Überlieferungen, sondern eher als eine Verständnishilfe. Um was es letztlich geht, hat der von Jung häufig zitierte paracelsistische Arzt Gerhard Dorn (Dorneus) programmatisch so ausgesprochen:

Transmutemini in vivos lapides philosophicos! —
Bereitet aus euch selbst lebendige philosophische Steine!
(das heißt den Stein der Weisen).

Denn:

Ex alio numquam unum facies quod quaeris,
nisi prius ex te ipso fias unum. —
Aus anderem wirst du niemals *das Eine,* das du suchst,
machen, wenn du nicht selbst zuerst *Eines* geworden bist.

In der Anthroposophie Rudolf Steiners ist der Androgyn-Gedanke in den Prozeß der Menschwerdung eingebettet. An sehr vielen Stellen — nirgends systematisch oder abgerundet — hat Steiner zum Androgyn-Problem Stellung genommen [4]. Will man mit wenigen Strichen Steiners Anschauungen skizzieren, dann ergibt sich folgendes Bild: Wieder ist die Menschheitsentwicklung der Rahmen, innerhalb dessen sich der Werdegang ablesen läßt. Auf einer bestimmten Stufe — Steiner rechnet sogar mit Planeten-Verkörperungen — erfolgt die Aufspaltung der menschlichen Ganzheit in die Zweiheit der Geschlechter. Was einst auf früher Stufe in einer Person beschlossen lag, hat sich von da an auf zwei Individuen verteilt. Diese »Individualisierung« geschah letztlich im Dienste der voranschreitenden Bewußtwerdung und der Herausbildung des menschlichen Ich. Da Steiner in größten Zusammenhängen denkt, nimmt die Geschlechtertrennung den Charakter des Episodischen an, denn Steiners Blick ist nicht nur zurückgewandt auf das mythische Bild vom Urmenschen, sondern gleichzeitig in die fernste Zukunft der Menschheit gerichtet. Im Grunde ist schon das Ich ein Siegelabdruck eines Übergeschlechtlich-Ganzheitlichen und damit des Menschlichen im Menschen. Die Fortentwicklung der zum Ich-Bewußtsein erwachten Menschheit führt zu einem androgynischen Zukunftsbild des Menschen. Es handelt sich um eine Entwicklung, die sich ganz langsam vollzieht. Das Resultat, für das es vielfältige, auch biblische Hinweise gibt, beschreibt Steiner so: »Die männliche Seele im weiblichen Leibe und die weibliche Seele im männlichen Leibe werden beide wieder zweigeschlechtlich durch die *Befruchtung mit dem Geist.* So sind Mann und Weib in der äußeren Gestalt verschieden; im Innern schließt sich bei beiden die seelische Einseitigkeit zu einer harmonischen *Ganzheit* zusammen.« [5]

Zweifellos handelt es sich hier, wie auch bei den anderen einschlägigen Belegstellen aus dem Vortragswerk um eine sehr schwierige Materie, deren Interpretation noch viele Fragen offen läßt. So mag der Hinweis genügen, daß es sich ähnlich wie bei Jung um einen geistig-seelischen Vorgang der Ganzwerdung handelt. Dieses Ziel ist aber nicht nur in einem konkreten engeren Sinne anthropologisch gefaßt, also nicht nur im Hinblick auf die in einem Menschenleben sich vollziehende Individuation. Steiner richtet seinen Blick vielmehr auf fernste Horizonte der Menschheit, so daß eine Zusammenschau mit endzeitlich-apokalyptischen Aussagen der Bibel naheliegt.

IV. Seelen- und Geistesforschung als Praeambulum fidei

Im Zusammenhang der Behandlung des Seele- und Geistproblems bei Steiner und Jung sprachen wir von dem thomistichen Begriff des Praeambulum fidei, den wir auf die Seelen- und Geistesforschung anwandten.

Das geschah, um einem oft geäußerten Mißverständnis zu begegnen, das zu dem Verdacht führt: Wer sich auf eine geistige Forschung einläßt, verwechsle nicht nur »Geist« mit »Heiligem Geist« bzw. mit dem Göttlich-Transzendenten, sondern der mache Anthroposophie oder Psychotherapie zu einer Ersatzreligion. Auch das Gerücht von angeblichen Selbsterlösungstendenzen scheint nicht auszurotten zu sein, obwohl sich Steiner und Jung mit Nachdruck gegen solche Unterstellungen gewandt haben. Von Jungs klarer Trennung zwischen dem hypothetischen Archetypus eines bewußtseinstranszendenten Faktors und dem allein mit psychologischen Methoden beizukommenden (Gottes-)Bild wurde bereits gesprochen. Steiner hat ebenfalls klare Trennungslinien gezogen, als es beispielsweise galt, die von ihm inaugurierte Geisteswissenschaft und die ebenfalls an ihm sich orientierende religiöse Erneuerungsbewegung »Christengemeinschaft« auseinanderzuhalten[1].

Wie aber verhalten sich geistige Schau und religiöse Offenbarung zueinander, zumal der Offenbarungsbegriff auch in der Anthroposophie in Anwendung kommt? — In einer verdienstvollen Studie zu diesem Spezialproblem hat Hans Erhard Lauer dargelegt, inwiefern man es in der Geisteswissenschaft Rudolf Steiners mit der Mitteilung von Offenbarungswahrheiten zu tun hat[2]. Steiner hat selbst zu der

Frage des Verhältnisses von religiöser Offenbarung und geistiger Forschung Stellung genommen. Aufschlußreich ist hierzu ein 1916 in der Schweiz gehaltener Vortrag über »das menschliche Leben vom Gesichtspunkte der Geisteswissenschaft«. Die Tatsache, daß Steiner den Vortragstext alsbald im Druck erscheinen ließ, unterstreicht die Wichtigkeit, die er dem Inhalt beimaß [3]. In diesem Vortrag widerlegt Steiner nicht nur den Vorwurf, Anthroposophie störe ein religiöses Bekenntnis, sondern der von katholischen Theologen Angegriffene verweist zu seiner Positionsbestimmung auf Vorstellungen von Thomas von Aquin, der zweierlei Erkenntnisarten unterschieden hat: erstens die auf göttliche Offenbarung zurückgehenden Einsichten, die sich im kirchlichen Dogma niedergeschlagen haben, etwa in der Lehre von der Inkarnation Christi, in der Trinitäts- oder in der Sakramentenlehre. Außer diesen reinen Glaubenswahrheiten aber gibt es für Thomas zweitens solche Einsichten, zu denen sich der Mensch kraft seiner Erkenntnis aufschwingen kann. Steiner schreibt zusammenfassend: »Solche Wahrheiten sind für Thomas Praeambula fidei. Zu ihnen zählt er alle diejenigen Wahrheiten, die sich darauf beziehen, daß ein Göttlich-Geistiges in der Welt vorhanden ist. Also das Dasein eines Göttlich-Geistigen, das Schöpfer, Regierer, Erhalter, Richter der Welt ist, das ist nicht bloß Glaubenswahrheit, sondern eine durch menschliche Kräfte zu erringende Erkenntnis. Es gehört ferner in den Bereich der Praeambula fidei dasjenige, was sich auf die geistige Natur des menschlichen Daseins bezieht...« [4]

Zu welcher der beiden thomistischen Erkenntnisarten gehört nun die Anthroposophie, wenn man bedenkt, welche esoterischen Mitteilungen Steiner als Ergebnisse der geistigen Forschung gemacht hat, Ergebnisse, die oft auch den sachkundigen Leser vor große Schwierigkeiten stellen? — H. E. Lauer hat schon darauf hingewiesen, daß man eigentlich die Antwort erwarten müsse, Steiners Mitteilungen, die sich z. T. auf keine Schriftüberlieferungen stützen (vgl. die Texte in »Aus der Akasha-Chronik«, »Das fünfte Evangelium« u. a.) hätten seiner Meinung nach als Offenbarungswahrheiten im Sinne des Aquinaten zu gelten. Das ist erstaunlicherweise jedoch nicht der Fall. Steiner stellt fest, daß die erwähnte Unterscheidung des scholastischen Denkers auch für die moderne Geisteswissenschaft zutreffe. In diesem Zusammenhang schreibt Steiner: »Auch der Gesichtspunkt Thomas Aquinas mit Bezug auf die Praeambula fidei ist mit der Geisteswissenschaft vereinbar. Denn als Praeambula fidei muß alles anerkannt werden, was den auf sich selbst gestellten menschlichen Erkenntniskräften zugänglich ist.«

Auf welchem Feld also bewegt sich der Geistesforscher? — Steiners Antwort ist hier eindeutig: Anthroposophie erzielt zwar Bewußtseinserweiterung, sie sieht sich zwar in der Lage, Aussagen über Dimensionen der Wirklichkeit zu machen, die über die rationale Reichweite des menschlichen Geistes, also über das unausgebildete Bewußtsein weit hinausgehen, und trotzdem bleibt die ganze Geisteswissenschaft auf den thomistischen Bereich der Praeambula fidei begrenzt. Dieses ausdrückliche Votum Steiners festzuhalten, ist um so wichtiger, als es eine Reihe von Aussagen Steiners in Vortragsnachschriften gibt, die — wie angedeutet — gegenteilige Vermutungen aufkommen lassen könnten [5]. Steiner fügt hinzu: »Wenn nun die Geisteswissenschaft durch Erweiterung des Erkennens auch die Einsichten vermehrt, die durch den bloßen Intellekt über die Seele erschlossen werden, so erweitert sie nur den Umfang einer Erkenntnis, die in das Gebiet der Praeambula fidei fällt; nicht aber tritt sie aus diesem Gebiete heraus. Sie gewinnt dadurch Wahrheiten, welche die Glaubenswahrheiten noch intensiver stützen, als die durch den bloßen Intellekt erhaltenen.« [6] Damit ist auch das, was als Imagination, Inspiration und Intuition nach anthroposophischer Terminologie höhere Bewußtseinsformen bezeichnet, als menschliche Bemühung gegenüber dem souveränen Offenbarungshandeln Gottes eindeutig abgegrenzt. Oder auf die Methode der anthroposophischen Geist-Erkenntnis bezogen: Der geisteswissenschaftliche Erkenntnisweg ist ganz der freien Entscheidung des Menschen anheimgestellt. Es ist seine Sache, sich mit ganzer Hingabe diesem Weg zu widmen; »Erkenntnisse höherer Welten« zu erlangen aber ist letztlich der menschlichen Machbarkeit entnommen. Steiner hat dies selbst als »Gnade« bezeichnet.

Im Gegensatz zu Steiner hat Jung keinen Zugang zu Thomas von Aquin. An wichtigen Stellen seines Werkes aber bringt er zum Ausdruck, mit welcher Hochachtung er auf das Dogma der Christenheit blickt. Daß er es vom empirischen Standpunkt aus tut, »essentiell als Arzt« und daher ohne Berufung auf eine göttliche Offenbarung, wie er einmal zu Martin Buber gewandt ausdrücklich betont [7], läßt deutlich erkennen, wie er sein Werk aufgefaßt wissen wollte. Das Dogma als solches, das ihn nur in psychologischer Hinsicht beschäftigte, »drückt die Seele vollständiger aus als eine wissenschaftliche Theorie, denn letztere formuliert lediglich das Bewußtsein« [8]. Schon aus diesem Grunde schätzte er das Dogma weit höher ein als die Produkte des rationalen Bewußtseins. Nach dem spirituellen Woher dogmatischer Setzungen fragte Jung nicht, jedenfalls nicht als Psychologe, weil diese Frage über seine Zuständigkeit hinauswies und weil — unter dem Gesichtspunkt der thomistischen Unterscheidung — religiöse Offenbarungen jenseits der Praeambula fidei liegen und dem Zugriff der menschlichen Erkenntnis entzogen sind. Insofern mag es gerechtfertigt sein zu behaupten: Die Seelenforschung C. G. Jungs und die Geistesforschung erheben beide nicht den Anspruch, in dem Sinne religiöse Aussagen zu machen, wie dies von Religionsstiftern Predigern oder religiösen Erneuerern — die sie nicht sein wollten — erwartet wird. Es ist jedoch nicht zu leugnen, daß vom Werk beider erneuernde, das religiöse Leben befruchtende Impulse ausgegangen sind und noch ausgehen.

V. Unus Mundus und kosmischer Christus

Im Spätwerk C. G. Jungs spielt die alchemistische Vorstellung vom Unus Mundus eine wichtige Rolle. Die alchemistischen Naturforscher verstanden darunter den ewigen, alles umfassenden Urgrund des Seins, die *eine* Welt als Sapientia Dei oder als Anima Christi gedeutet, die allem Schöpferischen urbildhaft zugrunde liegt und in der Psyche und Materie zu einer Ganzheit vereinigt sind. Die von Jung einerseits in Gemeinschaft mit Richard Wilhelm an Texten des chinesischen Okkultismus, andererseits mit dem Physiker Wolfgang Pauli auf dem Gebiet der Physik erforschten Synchronizitätsphänomene haben den Psychologen zu der Einsicht geführt, daß eine Psyche und Materie umgreifende Ganzheit existieren muß. Diese Forschungen wurden durch parapsychologische Beobachtungen unterstützt. »Durch diesen seinen Begriff des Synchronizitätsprinzips hat Jung somit eine Grundlage geschaffen, von welcher aus die bisher getrennten komplementären Bereiche der Psyche und der Materie zusammengesehen werden könnten. Im Synchronizitätsereignis offenbart sich der gleiche Sinn in der Psyche *und* in der Anordnung eines simultanen äußeren Ereignisses, wobei oft zugleich ›ein apriori bestehendes Wissen um einen zur Zeit nicht wißbaren Tatbestand‹ besteht aus so etwas wie einem subjektlosen Vorstellen von Bildern. Die Synchronizitätsphänomene weisen somit auf einen bewußtseinstranszendenten

Einheitsaspekt des Seins hin, den Jung als unus mundus bezeichnet hat.« [1]

Als Geistesforscher ist Steiner bereits am Anfang dieses Jahrhunderts auf dasselbe Phänomen gestoßen. Offenbar war damals die Zeit noch nicht reif, als er die »eminent wichtige Entdeckung« vor den Zuhörern seiner internen Vorträge ausbreitete. In den Münchner Vorträgen von 1909 »Der Orient im Lichte des Okzidents« — eine für Steiners Intentionen charakteristische Formulierung! — entwickelt Steiner seine Vorstellung von »zwei Wegen in die geistigeWelt hinein, (die) in der Tat eine große Rolle spielen in der Menschheitsentwickelung« [2]. Er zeigt auf, inwiefern die sinnlich wahrnehmbare Außenwelt als eine Illusion (Maya) wirkt, hinter der sich die geistige Welt verbirgt. Es gelte, diesen Schleier zu durchdringen, um Einblicke in die übersinnlichen Bereiche zu gewinnen. Das sei jedoch nur die eine der beiden Möglichkeiten. Auf der anderen Seite legt er dar, »wie vom eigenen inneren Seelenleben alles dasjenige, was man Gedanken, Gefühle, Empfindungen nennt, ja wie auch die komplizierten Erscheinungen dieses Seelenlebens, das Gewissen und so weiter eine Art Schleier ist, der eine geistige Welt verhüllt. Und wenn das schauende Bewußtsein durch diesen Schleier hindurchdringt, so kommt es wieder in eine geistige Welt.« [3]

Dies sind die beiden Wege, die Steiner in anderen Zusammenhängen den »chymischen Weg« genannt hat, wenn es sich um eine nach *außen* gerichtete, z. B. von den rosenkreuzerischen Alchemisten, auch von Goethe vertretene Forschungsart handelte, der Steiner als Erkenntnistheoretiker und als goetheanistischer Naturwissenschaftler selbst tief verpflichtet war. Steiner sprach sodann vom »mystischen Weg«, wenn es sich darum handelte, den Blick nach *innen* zu richten. Die Zielpunkte beider Forschungsarten sind einmal die »chymische Hochzeit« (z. B. des Christian Rosenkreuz), ein andermal die »mystische Hochzeit« (unio mystica; hieros gamos) genannt worden. Unschwer erkennt man jene beiden psychologischen Typenbezeichnungen Jungs wieder, die als »Extraversion« für die weltzugewandte Seelenhaltung und als »Introversion« für die in die eigene Wesensmitte gerichtete Einstellung in Anwendung gekommen ist.

Wiederum stehen wir vor einem interessanten Vergleichsmaterial, an dem deutlich werden kann, wie Jung als Psychologe nichts anderes als den innerseelischen Gesichtspunkt vertritt, wenngleich er neben den individuellen Bezügen immer auch gesamtmenschheitliche, die Kollektivpsyche betreffende Zusammenhänge ins Auge faßt. Steiner geht es indessen um die Erkenntnis und den Aufweis von Weltentatsachen. Er bringt das dadurch zum Ausdruck, daß er in den genannten Vorträgen von der Wirksamkeit »oberer« und »unterer Götter« spricht, die im ersten Fall als geistige Wesenheiten der Sonne, im anderen Fall als die unter diesem Aspekt gesehenen mächtigeren Wesenheiten des Mondes vorgestellt werden. Steiner kommt es nun darauf an zu betonen, daß der Auftrag des heutigen Menschen nicht darin bestehe, den einen *oder* den anderen Weg zu beschreiten, äußere Naturforschung *oder* in »die tiefsten Untergründe der mystischen Versenkung« hineinzusteigen. Wer den einen Weg gehe und den anderen völlig außer acht lasse, der komme zu keiner befriedigenden Wirklichkeitserkenntnis. »Wer aber die beiden Fähigkeiten miteinander verbindet, wer durch den Schleier der äußeren Sinneswelt ebenso dringen kann wie durch den Schleier des eigenen Seelenlebens, der macht zuletzt eine eminent wichtige Entdeckung, nämlich diese, daß dasjenige, was wir finden, wenn wir durch den Schleier des Seelenlebens dringen, seinem Wesen nach dasselbe ist wie dasjenige, was wir finden, wenn wir durch den Schleier der äußeren Sinnenwelt dringen. Denn es offenbart sich uns *eine einheitliche Geisteswelt*, das eine Mal von außen, das andere Mal von innen. Lernt man die geistige Welt auf beiden Wegen kennen, dann erkennt man die Einheit derselben. Wer auf dem Wege innerer Versenkung zu den geistigen Welten vordringt, der findet sie hinter dem Schleier des Seelenlebens; und wenn er auch noch die Fähigkeit hat, durch die Entwicklung der übersinnlichen Kräfte auch durch den Schleier der äußeren Sinneswelt zu dringen, dann weiß er, daß dasjenige, was er im Inneren gefunden hat, dasselbe ist wie dasjenige, was er nach außen gehend erschaut hat.«[4] Zweifellos stehen wir vor derselben Einsicht, die Jung in Anknüpfung an die mittelalterliche Naturphilosophie als den Unus Mundus bezeichnet hat. Es darf vorwegnehmend hier schon gesagt werden, daß Anthroposophie letztlich dieser Vereinigung der beiden Erkenntnisarten dienen will. Wer sie mit einem Gnostizismus oder Mystizismus verwechselt, verfehlt jedenfalls Steiners Absichten. Es ist kein Zufall, daß Jung ähnlichen Mißverständnissen ausgesetzt war und immer noch ist.

An dieser Stelle ist auf einen wichtigen christologischen Zusammenhang hinzuweisen, den Steiner in den Evangelien-Zyklen, vor allem in den Vorträgen zum Matthäus- und Lukas-Evangelium, herausgearbeitet hat. Danach — es handelt sich um ein Herzstück der anthroposophischen Esoterik — haben sich die beiden großen spirituellen Menschheitssrömungen, die wir den chymischen und den mystischen Weg nennen wollen, in einem geschichtlichen Augenblick vereinigt: in der Erscheinung des Jesus Christus. Dieser Interpretation des historischen Christusereignisses, das als eine chymische *und* als eine mystische Tatsache verstanden werden kann, steht eine andere Mitteilung Steiners ergänzend gegenüber, für deren Bekanntwerden er sich seit dem Jahr 1910 mit besonderem Nachdruck eingesetzt hat. Es ist Steiners Ankündigung der Wiederkehr Christi im Bereich der (ätherischen) Lebenskräfte. Der Inhalt dieser Ankündigung entspricht einer Vergegenwärtigung jener Christustatsache, die sich im Erdenleben des Jesus von Nazareth vollzogen hat. Der Vorbereitung dieser, man könnte sagen: Christustatsache des 20. Jahrhunderts, die Steiner ebenfalls in zahlreichen Vorträgen [5] in vielen Städten Europas erläutert hat und die selbst in seine Mysteriendramen hineinspielt, will Steiner durch die Anthroposophie dienen. So erfährt das, was bei Jung auf dem Plan der individuellen Psyche Extraversion und Introversion heißt, bei Steiner eine christologische Ausweitung und Vertiefung.

Von dieser Thematik aus gesehen, entspricht es durchaus der Signatur der Gegenwart, wenn von den verschiedensten Seiten her ein Suchen und ein Antwortgeben auf die Frage nach der Realität des Spirituellen, nach der Herabkunft des Geistes, nach der Evolution und Erneuerung des Menschen begonnen hat, die eine Zusammenschau verlangt. Im Gespräch sind seit Jahren die universalistischen Entwürfe von Teilhard de Chardin und die Schau des Inders Sri Aurobindo. — In seinen Gesprächen mit indischen Eingeweihten ist Hans Hasso von Veltheim-Ostrau der Frage nachgegangen, ob die östliche Esoterik der westlichen Ergänzendes oder Bestätigendes zu einer bevorstehenden Christuserscheinung sagen könne. Der Autor der »Tagebücher aus Asien« erhielt von Sri Ramana Maharshi in Tiruvannamalai eine überraschende Antwort. Sie lautete: »Ja, Sie haben recht, wir meinen dasselbe; das Ereignis, nach welchem Sie fragen, hat 1909 stattgefunden. In dieser Form und innerhalb der Atmosphäre der Erde sich abspielend, ist es etwas ganz Neues, noch nie Dagewesenes. Es wird viele Generationen anhalten, alles verändern und dann wieder als etwas Einmaliges verschwinden.« [6] Wie von Veltheim berichtet, habe er selbst ein derartiges besonderes Ereignis, das sich im übersinnlichen Bereich begibt, am Ende der siebziger Jahre des 19. Jahrhunderts oder um 1930 vermutet. Die Auskunft des Maharshi deckt sich jedoch exakt mit der Angabe Rudolf Steiners, der eben diese Zeitangabe als den Beginn der oben erwähnten Christuswirksamkeit gekennzeichnet hat. In Berliner Vorträgen aus dem Jahr 1917 heißt es dazu: »Soweit die Menschheit in ihren heutigen Taten entfernt zu sein scheint von dem Durchtränktsein mit dem Christus-Geist auf dem physischen Plan, so nahe ist den Seelen, wenn sie sich nur öffnen wollten, der Christus, der da kommt. Und der Okkultist kann geradezu darauf hindeuten, wie seit dem Jahre 1909 ungefähr in deutlich vernehmbarer Weise sich vorbereitet dasjenige, was da kommen soll; daß wir seit dem Jahre 1909 innerlich in einer ganz besonderen Zeit leben ...« [7]

Bei den diesbezüglichen Mitteilungen Steiners ist es bemerkenswert, daß die Wahrnehmungen des auf neue Weise wiederkehrenden Christus nicht von einer besonderen Seherbegabung abhängen soll, wie sie etwa auf dem Weg der anthroposophischen Erkenntnisschulung angestrebt wird, sondern daß sie sich spontan manifestieren können. Bezeichnenderweise soll sich diese Christusoffenbarung in der »ätherischen Welt« vollziehen, in jener untersten geistigen Sphäre, die der Physis am nächsten liegt. Veltheim kommentiert: »Es handelt sich also um eine Schau in diese imponderable Welt der Leben spendenden Kräfte, in welcher sich die Impulse heranbilden und mit Werdekräften ausstatten, um sich dann in der sinnlichen Sphäre auszuwirken. Dies wird manchmal empfunden und unter anderem bezeichnet als ›Vorsehung‹, ›Zeitgeist‹, ›geistige Haltung‹ einer Zeit, einer Rasse, eines Volkes ...« [8]

Damit ist doch keine andere Ebene angegeben, als die, in der sich — psychologisch gesehen — die urtümlichen oder archetypischen Bilder spiegeln: der Bereich des kollektiven Unbewußten. Wie stellen sich nun dem Tiefenpsychologen vom Range Jungs derartige Mitteilungen dar? Ist er auf Grund der Denkvoraussetzungen der heutigen Naturwissenschaft überhaupt in der Lage, diesbezügliche Aussagen zu machen? — Zweifellos hat Jung nicht nur geahnt, daß er einem Mysterium gegenübersteht, das immer nur in einer vorläufigen Weise beschrieben und bezeugt werden kann. Wenngleich er aus verständlichen Gründen zögerte, Metaphysisches mit psychologischen Beobachtungsergebnissen zu belegen — er hielt dies für eine illegitime Angelegenheit — so scheute er sich doch nicht, hin und wieder im vertraulichen Gedankenaustausch persönliche Gewißheiten einzugestehen. Zwei Beispiele:

Im Brief vom 13. Januar 1948 heißt es: »Ich bin Gott ja alle Tage dankbar, daß ich die Wirklichkeit des Imago Dei in mir erfahren durfte ... Dank diesem actus gratiae hat mein Leben Sinn ...« [9] Einen unmittelbaren Christusbezug zu der von ihm vertretenen Tiefenpsychologie deckte Jung fünf Jahre später auf: »Wie Origenes die Heilige Schrift als Leib des Logos versteht, so ist die Psychologie des Unbewußten auch als eine Rezeptionserscheinung zu deuten. Dabei ist das vorhergewußte Christus-Bild allerdings nicht durch menschliche Vermittlung in Erscheinung getreten, sondern der transzendentale (›totale‹) Christus hat sich einen neuen, spezifischeren Leib geschaffen.« [10]

Die Tragweite des in diesen Worten Gesagten ist kaum zu überschätzen. Es ist, als vergäße Jung für einen Augenblick, daß er nur Arzt und Psychologe sein will, jedenfalls läßt er hier jene weltanschaulich-philosophischen Voraussetzungen weit hinter sich, die die Ursache seiner Skepsis dem Erkenntnismäßigen und Geistigen gegenüber gewesen sind. Hier — wie freilich auch an einer Reihe von anderen Stellen seines Werkes — ergeben sich Ausblicke auf eine weiter zu entwickelnde Psychologie, die sich nach der österreichischen Steiner- und Jung-Schülerin Alice Morawitz-Cadio als »spirituelle Psychologie« [11] versteht, in der prinzipiell vom Geistigen her bzw. auf das Geistige hin analysiert und therapiert wird. Auf diese Weise könnten von der letztgenannten Briefstelle aus nicht nur vergleichende Rückbezüge auf frühe theologische Vorstellungen von einer »incarnatio continua«, einer fortschreitenden Inkarnation des Christus-Logos geschaffen werden. Wilhelm Bitter ist zuzustimmen, wenn er sagt: »In Anknüpfung an die besagte Tradition, nach welcher sich Christus in einer ›incarnatio continua‹ immer wieder einen neuen, der jeweiligen historischen Situation angemessenen und sie prägenden spezifischen Leib schafft, interpretiert C. G. Jung die Psychologie des Unbewußten als jene Rezeptionserscheinung, die der Eigenart der Inkarnation des Logos in unserer Zeit entspricht.« [12] Bitter bringt die Jungschen Forschungen über die Synchronizität und die Herausstellung des Unus Mundus als eines ewigen Urgrundes allen empirischen Seins in engen Zusammenhang mit dem Ereignis, das das Neue Testament als die Ausgießung des Heiligen Geistes bezeichnet. (Als Rätsel bleibt allerdings die Tatsache übrig, daß Jung — ganz im Gegensatz zu Steiner — keinen Zugang zum Johannes-Evangelium gefunden hat, in dem der abschiednehmende Christus mit großer Eindringlichkeit den ankommenden Parakleten verheißt, der »Wegführer in die vollkommene Wahrheit« ist.) Dennoch: Die Äußerung Jungs, die auf die Durchdringung der Welt durch den pneumatischen Christus hindeutet, fordert eine Zusammenschau mit Steiners Ankündigung der Christuserscheinung des 20. Jahrhunderts heraus. Im übrigen ist ein vielseitiger Kontext mit zu berücksichtigen, der inmitten einer Gott-ist-tot-Theologie mit der Realität des Spirituellen, der Herabkunft des Geistes, der Wirksamkeit des kosmischen Christus rechnet.

SCHLUSSBEMERKUNG

Am vorläufigen Ende dieses Versuches angelangt — »vorläufig«, weil es sich hierbei nur um einen Anfang für weitere Untersuchungen handeln kann — stellt sich die Frage nach dem Ergebnis. Bestand unsere Aufgabe darin, Leben und Werk von Rudolf Steiner und von Carl Gustav Jung miteinander zu konfrontieren und eine eventuelle Synopse zu erproben, so kann nun gesagt werden:

Auf der einen Seite ergibt eine Gegenüberstellung, daß beide Männer im Grunde unvergleichbar sind. Diese Feststellung dürfte am allerwenigsten überraschen, wenn man bedenkt, daß beide in ihrer Art hervorragenden Forscher durch keine Typisierung ihrer Eigengestalt nach zureichend erfaßt werden können. Dem Gesetz, unter dem sie angetreten sind, konnten und durften sie nicht »entfliehen«. Sie mußten das ihnen aufgetragene Werk mit jener Konsequenz vollführen, die eine gegenseitige Rücksichtnahme oder Beachtung unmöglich machte, obwohl sie räumlich benachbart lebten und ein halbes Jahrhundert lang Zeitgenossen waren. Weggenossen wurden sie nie. Sie konnten es nicht werden, und zwar weniger auf Grund der äußeren Schicksalsabläufe, als vor allem infolge der unterschiedlichen Erkenntnisvoraussetzungen und Ziele, die den Geistesforscher und den Seelenarzt voneinander trennten.

Trotz der prinzipiellen Unterschiede und trotz der Divergenzen in der Methode ist uns eine Fülle von Konvergenzpunkten begegnet, die eine Synopse nahelegen. Steiner und Jung haben je von ihrem Arbeitsfeld her bedeutende Beiträge zu einem neuen Bild des Menschen und zu einem erweiterten Wirklichkeitsverständnis gegeben. Dabei handelt es sich nicht nur um eine quantitative Bereicherung unseres Wissens über Mensch und Welt, sondern um Erkenntnisdurchbrüche zu neuen Horizonten. Bei C. G. Jung ist es die Dimension des überpersönlichen Unbewußten, deren Erforschung nicht nur Einblicke in die Psyche von Mensch und Menschheit gewährt, sondern auch in das Geheimnis jenes Unus mundus, der Seele und Materie als eine Einheit umfaßt. Einen entscheidenden Erkenntnisdurchbruch hat

Rudolf Steiner erzielt, indem er eine moderne Initiationswissenschaft begründete, die, auf der Naturwissenschaft aufbauend, zu einer erkenntnistheoretisch-wissenschaftlich fundierten Geist-Erkenntnis anleitet.

Angesichts der Tragweite, die der tiefenpsychologischen und der geisteswissenschaftlichen Forschung beizumessen ist, wird man weder dem Schaffen Steiners noch dem C. G. Jungs durch bloße Kenntnisnahme oder durch verbale Zustimmung gerecht. Ebensowenig sind einzelne Arbeitsergebnisse, Mitteilungen und Einsichten aus dem jeweiligen Ideenzusammenhang zu entlehnen, um sie bei Bedarf da oder dort einzubringen. Was Steiner und Jung zu geben haben, ist nicht nur ein Wissen, über das sich willkürlich verfügen ließe wie über irgend ein technisches Wissen. Es handelt sich vielmehr darum, daß der einzelne an sich selbst arbeitet, sich durch Hinweise und methodische Anleitungen dazu anregen läßt, den Weg der Selbsterfahrung zu gehen. Schon aus diesem Grund kann nur demjenigen ein Urteil über Anthroposophie oder über Analytische Psychologie zugestanden werden, der *in sich selbst* die nötigen Voraussetzungen dafür geschaffen hat. Jedenfalls genügt die rational-wissensmäßige Aneignung von Sachzusammenhängen nicht. Von dieser Einsicht ließen sich bereits die Psychoanalytiker leiten, als sie forderten, daß jeder tiefenpsychologisch Praktizierende selbst eine Analyse durchgemacht haben müsse. In der Anthroposophie sind die Mitteilungen des Geistesforschers auf den Schulungsweg bezogen, der in Gestalt der meditativen Arbeit zu durchlaufen ist. Initiation und Individuation lassen sich nicht durch bloße Wissensvermittlung erzielen.

Durch die Empirie der Eigenerfahrung werden neue autoritative Maßstäbe gesetzt. Damit weisen Steiner und Jung von ihrer Person weg auf den jeweils in Freiheit individuell zu gestaltenden Weg der Schulung und der Selbstwerdung. Nirgends ist es so unangebracht wie hier, auf die Wortlaute eines »Meisters« zu schwören, wo es darauf ankommt, zu selbständig errungenen, und sei es noch so unscheinbaren Einsichten zu gelangen. Nirgendwo anders als hier hat der Satz größere Gültigkeit, der besagt: Man vergilt seinem Lehrer schlecht, wenn man immer nur sein Schüler bleibt — und Sentenzen dieses Lehrers schon für Erkenntnisse hält, wo es doch darauf ankommt, sich selbst auf den meist mühevollen Weg zu machen, der zur Erlangung höherer bzw. tieferer Erkenntnis führt.

Und schließlich dürfen die auf diese Weise gemachten Erfahrungen nicht im Sinne einer individualistischen Selbstveredelung mißbraucht werden. Individuation bzw. Initiation, wie sie von Steiner und Jung verstanden werden, haben eine soziale Komponente. Die erlangte Erkenntnis ist niemals Selbstzweck, sie muß Ausgangspunkt des Handelns werden. Selbstverwirklichung muß sich im sozialen Bereich fruchtbar erweisen. Die Antwort auf die Frage, ob, inwieweit und wie dies gelingt, ist zugleich ein Indiz dafür, ob und inwieweit die angestrebte Selbstwerdung als solche überhaupt gelungen ist.

In Anlehnung an ein bekanntes Wort Martin Bubers läßt sich sagen: Die Erfahrung des Selbst, die Geist-Erfahrung und die Begegnung mit dem höheren Ich widerfährt dem Menschen nicht, auf daß er sich mit dem Unverfügbaren befasse, wie man sich mit irgendwelchen Erscheinungen dieser Welt befaßt, sondern »auf daß er den Sinn an der Welt bewähre«. Alle, auch diese Offenbarung, die im letzten nicht machbar ist, bleibt Berufung und Sendung.

Eine persönliche Bemerkung zum Schluß:

Manchem Leser mag aufgefallen sein, an welchen Stellen dieses Versuchs bald die besonders angesprochen waren, die Rudolf Steiner Entscheidendes verdanken, bald jene, die durch C. G. Jung befähigt wurden, ihren Weg zu gehen. Sie alle haben Anspruch auf ein Wort, das dem Kirchenvater Augustinus entliehen sei. In Contra Epistulam Manichaei (Kap. 3) schreibt er seinen ehemaligen, von der Kirche verketzerten Freunden nicht nur, daß es ihm völlig unmöglich sei, ihnen gram zu sein, sondern auch: »Damit aber ihr nicht mit mir zürnt ..., muß ich euch um eines bitten: Laßt uns, auf *beiden* Seiten, jede Überheblichkeit ablegen. Laßt uns auf keiner Seite behaupten, wir hätten die Wahrheit schon gefunden. Laßt sie uns *gemeinsam* suchen, als etwas, das *keiner* von uns kennt. Denn nur dann können wir sie in Liebe und Frieden suchen, wenn wir auf die dreiste Annahme verzichten, sie bereits entdeckt zu haben und zu besitzen. Doch wenn ich von euch (Wissenden) nicht so viel verlangen darf, so erlaubt mir wenigstens, euch zuzuhören und mit euch zu sprechen als mit Menschen, die wenigstens ich nicht zu kennen behaupte ...«

ANMERKUNGEN UND QUELLENNACHWEISE

Die *Steiner-Zitate* folgen größtenteils, soweit nicht anders angegeben, der noch im Erscheinen begriffenen Rudolf-Steiner-Gesamtausgabe (GA) des Rudolf Steiner Verlags, Dornach/Schweiz.
Soweit es sich um Vortragstexte handelt, wird außer der Seitenzahl der Buchausgabe auch das jeweilige Vortragsdatum genannt, um Benützern älterer Einzelausgaben den Zugang zum Kontext zu erleichtern. Als Hilfsmittel können die Register in der bibliographischen Übersicht »Rudolf Steiner – Das literarische und künstlerische Werk«, Dornach 1961, dienen.
Die *Jung-Zitate* sind den heute verfügbaren Ausgaben des Rascher Verlages Zürich (jetzt Walter Verlag Olten und Freiburg) entnommen.
Soweit es sich um Einzelausgaben handelt, ist das Jahr der Auflage genannt. Die Signatur GW verweist auf die Ausgabe der Gesammelten Werke C. G. Jungs. Die Zahl vor dem Komma bezeichnet den Band, die folgende Zahl die Seite.

Einleitendes zum Problem (S. 9–21)

1 Beispiele u. a. bei R. Goldschmit-Jentner, Die Begegnung mit dem Genius, Fischer-Bücherei 54, Frankfurt/Main 1954.

2 Zur Einführung: J. Hemleben, Rudolf Steiner in Selbstzeugnissen und Bilddokumenten, Rowohlt Bildmonographie 79, Reinbek 1963. Dort weitere Literatur. Ferner die Biographie von G. Wehr: Rudolf Steiner. Kösel Verlag, München 1987.

3 L. Frey-Rohn, Von Freud zu Jung. Eine vergleichende Studie zur Psychologie des Unbewußten, Studien aus dem C. G. Jung-Institut Zürich XIX, Zürich 1969.

4 Zur Einführung: G. Wehr, C. G. Jung in Selbstzeugnissen und Bilddokumenten, Rowohlt Bildmonographie 152, Reinbek 1969; ferner die ausführliche Biographie Carl Gustav Jung, Kösel Verlag München 1985; englisch: Shambhala Boston; italienisch: Rizzoli Mailand; niederländisch: Tirion Baarn.

5 F. Husemann, Das Bild des Menschen als Grundlage der Heilkunst, Bd. I, Stuttgart 1951, Bd. II, 1956.

6 Husemann, Bd. I, S. 22.

7 A. Arenson, Leitfaden duch 50 Vortragszyklen Rudolf Steiners, Stuttgart 1930, Neuauflagen 1961 ff. Inzwischen liegen 3 Übersichtsbände zur Rudolf Steiner Gesamtausgabe vor. Dornach 1980 f.

[8] R. Steiner, der Goetheanumgedanke inmitten der Kulturkrisis der Gegenwart 1921–1925. Gesammelte Aufsätze, Dornach 1961, S. 264.

[9] a. a. O., S. 285.

[10] C. G. Jung, Allgemeines zur Komplextheorie, GW 8, S. 117.

[11] C. G. Jung, Symbolik des Geistes. Studien über psychische Phänomenologie, Zürich 1953, S. 422; ferner Vorwort zu: C. G. Jung, Die transzendente Funktion, GW 8, S. 78.

[12] R. Steiner, Die Schwelle der geistigen Welt, GA, Dornach 1956, S. 22 f.

[13] Über Steiner existiert eine ausgedehnte Gegnerliteratur von theologischer und allgemein-wissenschaftlicher Seite. Vgl.: L. Werbeck, Eine Gegnerschaft als Kulturverfallserscheinung, 2 Bände, Stuttgart 1924. – Eine Übersicht kritisch darstellender Sekundärliteratur in: K. von Stieglitz, Die Christosophie Rudolf Steiners, Witten 1955, S. 336–340. Über Jung erschien u. a. H. J. Herwig, Therapie der Menschheit. Studien zur Psychoanalyse Freuds und Jungs, München 1969.

[14] J. Gebser, Abendländische Wandlung, Berlin 4. A. 1956; jetzt im Rahmen der Werkausgabe Schaffhausen 1975, Bd. I.

[15] a. a. O., S. 145 f. Von Gebser ferner: Ursprung und Gegenwart, Stuttgart 2. A. 1966; Schaffhausen 1978.

[16] A. Gehlen, Anthropologische Forschung, rde 138, Reinbek 1961, S. 7.

[17] C. F. von Weizsäcker, Die Tragweite der Wissenschaft, Bd. I, Stuttgart 1964, S. 15.

[18] W. Bitter, Der Verlust der Seele. Ein Psychotherapeut analysiert die moderne Gesellschaft, Herderbücherei 333, Freiburg 1969.

[19] Vgl. den Exkurs: Unus mundus und kosmischer Christus, S. 238 ff.

[20] J. A. Cuttat, Hemisphären des Geistes, Stuttgart 1964.

[21] Luk. 10,38–42.

[22] R. Steiner, Vortrag vom 20. 10. 1920, zit. nach: Blätter für Anthroposophie, Nr. 5/1966.

[23] R. Steiner, Vortrag vom 11. 6. 1922, in: Das Sonnenmysterium und das Mysterium von Tod und Auferstehung, Dornach 1963, S. 198 ff.

[24] R. Steiner, Vortrag vom 8. 5. 1910, in: Der Christusimpuls und die Entwicklung des Ichbewußtseins, GA, Dornach 1961, S. 152.

[25] C. G. Jung im Brief vom 24. 8. 1948 zit. nach: J. Jacobi, Der Weg zur Individuation, Zürich 1965, S. 7.

[26] W. Bitter (Hrsg.), Psychotherapie und religiöse Erfahrung, Stuttgart 1965, S. 17 u. 133.

[27] U. Mann, Theogonische Tage. Die Entwicklungsphasen des Gottesbewußtseins in der altorientalischen und biblischen Religion, Stuttgart 1970. Ders.: Tragik und Psyche. Grundzüge einer Metaphysik der Tiefenpsychologie, Stuttgart 1981.

Rudolf Steiner und C. G. Jung – ein biographischer Vergleich (S. 22–51)

[1] F. Poeppig, in: Die Kommenden. Unabhängige Zeitschrift für geistige und soziale Erneuerung, Freiburg 10. 6. 1963.

[2] H. E. Lauer, Die Rätsel der Seele, Freiburg 2. A. 1964, S. 106.

[3] C. G. Jung, Erinnerungen, Träume, Gedanken, aufgezeichnet und herausgegeben von Aniela Jaffé, Zürich 1963, S. 10.

[4] a. a. O., S. 11.

[5] Nachrichten aus der Rudolf-Steiner-Nachlaßverwaltung, Dornach 1965, Nr. 13. Zum folgenden vor allem die Biographie G. Wehr: Rudolf Steiner, in der der Versuch unternommen wird, alle wichtigen biographischen wie zeit- und geistesgeschichtlichen Faktoren zu berücksichtigen.

[6] F. Poeppig, Rudolf Steiner der große Unbekannte. Leben und Werk, Wien 1960, S. 17.

[7] Diese Zeitangabe stammt nicht von Steiner selbst. Sie findet sich in der Darstellung von F. Poeppig (a. a. O., S. 20). Wie H. E. Lauer dem Verfasser mitteilt, ist eine etwas spätere Ansetzung des Ereignisses, etwa zur Zeit des Zahnwechsels, wahrscheinlicher.

[8] R. Steiner, Vortrag vom 4. 2. 1913, in: Briefe I, Dornach 1955, S. 10 f.

[9] a. a. O., S. 12.

[10] R. Steiner, Mein Lebensgang, GA, Dornach 1962, S. 10.

[11] a. a. O., S. 15.

[12] a. a. O., S. 16.

[13] a. a. O., S. 20 f.

[14] a. a. O., S. 21 f.

[15] a. a. O., S. 23.

[16] a. a. O., S. 27.

[17] C. G. Jung, Erinnerungen, Träume, Gedanken, S. 16.

[18] a. a. O., S. 14.

[19] a. a. O., S. 16.

[20] Vgl. hierzu das Kapitel: Spirituelle Hintergründe als Kontext, S. 60 ff.

[21] C. G. Jung, Erinnerungen, Träume, Gedanken, S. 21.

[22] Auf die Möglichkeit einer zeitlichen Verschiebung wurde unter Anmerkung 7 aufmerksam gemacht.

[23] C. G. Jung, Erinnerungen, Träume, Gedanken, S. 68 f.

[24] R. Meyer, Die Weisheit der deutschen Volksmärchen, Stuttgart 1950, S. 221.

[25] R. Steiner, Vortrag vom 1. 10. 1917, in: Die spirituellen Hintergründe der äußern Welt. Der Sturz der Geister der Finsternis, GA, Dornach 1966, S. 49 f. – Aus anthroposophischer Sicht: O. J. Hartmann, Geheimnisse vom Jenseits der Schwelle, Graz 1956.

[26] C. G. Jung, Erinnerungen, Träume, Gedanken, S. 192.

[27] a. a. O., S. 26.

[28] Bei dem Kind Teilhard de Chardin ist es der Umgang mit »Eisengöttern«.

[29] C. G. Jung, Erinnerungen, Träume, Gedanken, S. 35.

[30] a. a. O., S. 47.
[31] a. a. O., S. 40.
[32] a. a. O., S. 68 f.
[33] R. Steiner, Mein Lebensgang, S. 80 f.
[34] a. a. O., S. 243.
[35] C. G. Jung, Erinnerungen, Träume, Gedanken, S. 78.
[36] a. a. O., S. 115 f.
[37] R. Steiner, Mein Lebensgang, S. 63 f.
[38] a. a. O., S. 37 f.
[39] C. G. Jung, Erinnerungen, Träume, Gedanken, S. 106.
[40] R. Steiner, Mein Lebensgang, S. 59 f.
[41] R. Steiner, Briefe I, S. 35 f.
[42] Nachrichten der Rudolf-Steiner-Nachlaßverwaltung, Dornach 1965, Nr. 13, S. 1 ff.
[43] a. a. O., S. 5 f.
[44] R. Steiner, Vortrag vom 22. 5. 1907, in: Die Theosophie des Rosenkreuzers, Dornach 4. A., S. 7. – Die rosenkreuzerischen Texte sind enthalten in: Rosenkreuzerische Manifeste. Hrsg. von Gerhard Wehr. Schaffhausen 1980.
[45] R. Steiner, Goethes Geistesart, GA, Dornach 6. A. 1956.
[46] R. Steiner, Mein Lebensgang, S. 366.
[47] C. G. Jung, Erinnerungen, Träume, Gedanken, S. 187.
[48] a. a. O., S. 200, 203.
[49] a. a. O., S. 174.

Zu Jungs »Psychologie der unbewußten Prozesse« und Steiners »Vorträge über die Psychoanalyse« (S. 22–59)

[1] R. Steiner, (Vortragsreihe) Individuelle Geistwesen und ihr Wirken in der Seele des Menschen, GA, Dornach 1966, S. 123–169.
[2] C. G. Jung, GW 7, S. 267 ff.
[3] C. G. Jung, GW 7, S. 3 ff.
[4] a. a. O.
[5] R. Steiner, Vortrag vom 1. 5. 1919, in: Geisteswissenschaftliche Behandlung sozialer und pädagogischer Fragen, GA, Dornach 1964, S. 61 f.
[6] C. G. Jung, GW 7, S. 3 ff.
[7] Z. B. Steiners öffentliche Vortragsreihen: Aus Schicksaltragender Zeit; Aus dem mitteleuropäischen Geistesleben.
[8] R. Steiner, Individuelle Geistwesen und ihr Wirken in der Seele des Menschen, S. 123 – Vgl. Steiners Würdigung Jungs im Zürcher Vortrag vom 14. November 1917, jetzt in: Die Ergänzung heutiger Wissenschaften durch Anthroposophie. Dornach 1973, S. 190 ff.
[9] a. a. O., S. 134.
[10] a. a. O., S. 144.
[11] a. a. O., S. 124.

[12] Jung hat übrigens der Freudschen Sexualsymbolik in der ersten Zeit durchaus Verständnis entgegengebracht. Vor dem Ersten Internationalen Kongreß für Psychiatrie und Neurologie im September 1907 in Amsterdam konnte Jung immerhin sagen: »Ich finde hier (d. h. bezüglich der Sexualtheorie) könnte man ihm (Freud) eigentlich am leichtesten folgen, denn hier hat die Mythologie als Ausdruck des phantastischen Denkens ganzer Völker in lehrreichster Weise vorgearbeitet.« Jung erinnert an einschlägige Veröffentlichungen, verweist auf die allegorisch-symbolische Sprache der Dichtung und fährt fort: »Das Freudsche Symbol und seine Deutung ist daher nichs Unerhörtes, sondern bloß für Psychiater etwas Ungewohntes.« (GW 4, S. 28). – Zum Gegenüber Freud–Jung unter dem religionspsychologischen Aspekt, vgl. Gerhard Wehr: Stichwort Damaskuserlebnis. Stuttgart 1982, S. 33 ff: Inzest oder Wiedergeburt.

[13] R. Steiner, Individuelle Geistwesen, S. 133 ff.

[14] C. G. Jung, GW 6, S. XI.

[15] C. G. Jung, Über Grundlagen der Analytischen Psychologie, Die Tavistock Lectures 1935, Zürich 1969, S. 76 f.

[16] R. Steiner, Individuelle Geistwesen, S. 135.

[17] a. a. O., S. 144.

[18] a. a. O., S. 150.

[19] a. a. O., S. 153.

Spirituelle Hintergründe als Kontext (S. 60–65)

[1] C. G. Jung, Über Grundlagen der Analytischen Psychologie, S. 83 f.

[2] R. Steiner, Vortrag vom 25. 10. 1918, in: Geschichtliche Symptomatologie, GA, Dornach 1962, S. 84.

[3] R. Steiner, Vortrag vom 6. 11. 1917, in: Individuelle Geistwesen, GA, Dornach 1966, S. 78.

[4] a. a. O., S. 82.

[5] R. Steiner, Vortrag vom 14. 10. 1917, in: Die spirituellen Hintergründe der äußeren Welt. Der Sturz der Geister der Finsternis, GA, Dornach 1966, S. 150.

[6] C. G. Jung, Aufsätze zur Zeitgeschichte, Zürich 1956; ferner ders., Gegenwart und Zukunft, Zürich 4. A. 1964; jetzt GW 10.

[7] R. Steiner, Vortrag vom 14. 10. 1917, in: Die spirituellen Hintergründe der äußeren Welt, S. 158.

[8] R. Steiner, Vortrag vom 27. 10. 1917, a. a. O., S. 216.

[9] a. a. O., S. 219.

[10] Über das »Epochenjahr 1917«: R. Riemeck, Mitteleuropa. Bilanz eines Jahrhunderts, Freiburg 1965, S. 114 ff.

Zwei Bilder vom Menschen (S. 66–81)

1 R. Steiner, Vortrag vom 23. 10. 1909, in: Anthroposophie, Psychosophie, Pneumatosophie, GA, Dornach 1965, S. 17 f.

2 E. Bock, Der Kreis der Jahresfeste, Stuttgart 1962, S. 89.

3 W. Bitter, Analytische Psychotherapie und Religion, in: Transzendenz als Erfahrung. Festschrift zum 70. Geburtstag von Graf Dürckheim, Weilheim 1966, S. 144.

4 R. Steiner, Theosophie. Einführung in übersinnliche Welterkenntnis und Menschenbestimmung, Stuttgart 1948, S. 28.

5 R. Steiner, Kosmosophie, Religion und Philosophie, Autoreferate zu den zehn Vorträgen des ›Französischen Kurses‹ vom 6. bis 15. September 1922 in Dornach, GA, Dornach 1956, S. 7 f.

6 R. Steiner, Philosophie und Anthroposophie, Gesammelte Aufsätze 1904–1918, GA, Dornach 1965, S. 66.

7 R. Steiner, Theosophie, S. 29 f. Vgl. Lothar Vogel: Der dreigliedrige Mensch. Morphologische Grundlagen einer allgemeinen Menschenkunde. 2. Aufl., Dornach 1979.

8 a. a. O., S. 35 f.

9 Leitsatz 17, in: R. Steiner, Anthroposophische Leitsätze. Das lebendige Wesen der Anthroposophie und seine Pflege, GA, Dornach 1954.

10 R. Steiner, Theosophie, S. 138.

11 a. a. O., S. 153 f.

12 a. a. O., S. 135.

13 a. a. O., S. 138.

14 Vgl. Vorwort zur 3. Auflage von R. Steiner, Wie erlangt man Erkenntnisse der höheren Welten? – Gerhard Wehr: Der innere Weg. Rowohlt 1983.

15 R. Steiner, Theosophie, S. 61 f.

16 K. von Stieglitz, Die Christosophie Rudolf Steiners, Witten 1955, S. 190.

17 J. Jacobi, Die Psychologie von C. G. Jung, Zürich, 5. A. 1967; F. Fordham, Eine Einführung in die Psychologie C. G. Jungs, Zürich 1959; E. A. Bennet, C. G. Jung. Einblicke in Leben und Werk, Zürich 1963. Weitere Literatur in: G. Wehr, C. G. Jung in Selbstzeugnissen und Bilddokumenten, 20. T., Reinbek 1970. M. L. von Franz, C. G. Jung, Frauenfeld 1972 – H. F. Ellenberger: Die Entdeckung des Unbewußten I/II. Bern 1973; Diogenes Zürich, 1985.

18 C. G. Jung, Psychologische Typen, GW 6, S. 451.

19 C. G. Jung, Von den Wurzeln des Bewußtseins, Zürich 1954, S. 6 u. 577.

20 C. G. Jung, Symbolik des Geistes, Zürich 2. A. 1954, S. 374.

21 C. G. Jung, Psychologische Typen, GW 6, S. 512 f.

22 C. G. Jung, Die Beziehungen zwischen dem Ich und dem Unbewußten, GW 7, S. 191.

23 C. G. Jung, Von den Wurzeln des Bewußtseins, S. 591.

24 C. G. Jung, Psychologische Typen, GW 6, S. 477.

25 H. Poppelbaum, Im Kampf um ein neues Bewußtsein, Freiburg 1948, S. 20.

[26] R. Steiner, Vortrag vom 21. 9. 1911, in: Das esoterische Christentum und die geistige Führung der Menschheit, G. A. Dornach 1962, S. 55.

[27] C. G. Jung, Über die Psychologie des Unbewußten, GW 7, S. 128 u. 130. Einer besonderen Betrachtung bedürfte die Tatsche, daß der Seelenbegriff Steiners keinesfalls mit »Psyche« im Jungschen Sinne identifiziert werden darf; vgl. Erich Neumann: Krise und Erneuerung. Zürich 1961, S. 65 f.

Das »zweite Selbst« bei Steiner und das Unbewußte (S. 82–95)

[1] R. Steiner, Die geistige Führung des Menschen und der Menschheit (1911), GA, Dornach 1960, S. 9.

[2] R. Steiner, Die psychologischen Grundlagen und die erkenntnistheoretische Stellung der Anthroposophie (1911), in: Philosophie und Anthroposophie, Gesammelte Aufsätze, GA, Dornach 1965, S. 113.

[3] R. Steiner, Vortrag vom 19. 8. 1911, in: Weltenwunder, Seelenprüfungen, Geistesoffenbarungen, GA, Dornach 1960, S. 39.

[4] a. a. O., S. 44.

[5] Marie Steiner im Vorwort zu R. Steiner, Initiaten-Bewußtsein, GA, Dornach 1960, S. 10.

[6] Vortrag vom 14. 8. 1924, a. a. O., S. 96 ff.

[7] E. Neumann, Die große Mutter. Der Archetyp des großen Weiblichen, Zürich 1956; ders., Zur Psychologie des Weiblichen, Geist und Psyche 2051, München o. J.; E. Harding, Frauenmysterien einst und jetzt, Zürich 1959; W. Bitter (Hrsg.), Krisis und Zukunft der Frau, Stuttgart 1962.

[8] R. Steiner, Weltenwunder, Seelenprüfungen, Geistesoffenbarungen, S. 49.

[9] a. a. O., S. 44.

[10] R. Steiner, Vortrag vom 5. 10. 1911, in: Von Jesus zu Chistus, GA, Dornach 1958, S. 46.

[11] a. a. O., S. 49.

[12] C. G. Jung, Antwort auf Hiob, GW 11, S. 473 f.

[13] G. Zacharias, Psyche und Mysterium, Zürich 1954, S. 44.

[14] C. G. Jung, Aion. Untersuchungen zur Symbolgeschichte, Zürich 1951, S. 263 ff.

[15] C. G. Jung, Symbolik des Geistes, Zürich 2. A. 1954, S. 381 u. 384.

[16] u. a. R. Steiner, Vor dem Tore der Theosophie, GA, Dornach 1964, S. 127 ff; Die Theosophie des Rosenkreuzers, GA, Dornach 1955, S. 143 ff; Das Johannes-Evangelium, GA, Dornach 1955, S. 192 ff.

[17] R. Steiner, Brief vom 16. 8. 1902, in: Briefe II, Dornach 1953, S. 270.

[18] R. Steiner, Die geistige Führung des Menschen und der Menschheit, S. 10.

[19] R. Steiner, Vortrag vom 4. 11. 1910 in: Anthroposophie, Psychosophie, Pneumatosophie, GA, Dornach 1965, S. 195.

[20] R. Steiner, Die geistige Führung des Menschen und der Menschheit, S. 14 ff.

[21] C. G. Jung, Psychologie und Erziehung, Zürich 1963, S. 64.

[22] a. a. O., S. 68.

[23] R. Steiner, Vortrag vom 22. 8. 1919, in: Allgemeine Menschenkunde, GA, Dornach 1960, S. 29.
[24] R. Steiner, Die geistige Führung des Menschen und der Menschheit, S. 17.
[25] a. a. O., S. 25.
[26] a. a. O., S. 27.
[27] a. a. O., S. 38.
[28] a. a. O., S. 29.
[29] Hierzu: G. Wehr, Spirituelle Interpretation der Bibel als Aufgabe. Ein Beitrag zum Gespräch zwischen Theologie und Anthroposophie, Basel 1968; ders., Die Realität des Spirituellen, Stuttgart 1970; ders., Wege zu religiöser Erfahrung. Analytische Psychologie im Dienste der Bibelauslegung. Darmstadt 1974; ders.: Stichwort Damaskuserlebnis. Stuttgart 1982 (Psyche und Glaube 3).
[30] C. G. Jung, Bruder Klaus, GW 11, S. 349.
[31] C. G. Jung, Antwort an Martin Buber, GW 11, S. 660.
[32] C. G. Jung, Antwort auf Hiob, GW 11, S. 473.

Naturwissenschaft als Ausgangspunkt und das Beispiel Goethes (S. 96–114)

[1] R. Steiner, Vortrag vom 24. 1. 1918 in: Das Ewige in der Menschenseele. Unsterblichkeit und Freiheit, GA, Dornach 1962, S. 33 f.
[2] R. Steiner, Die Mystik im Aufgange des neuzeitlichen Geisteslebens und ihr Verhältnis zur modernen Weltanschauung, Berlin 1901, Vorwort.
[3] C. G. Jung, Über Grundlagen der Analytischen Psychologie, Zürich 1969, S. 119.
[4] R. Steiner, Das Christentum als mystische Tatsache und die Mysterien des Altertums, GA, Dornach 7. A. 1959, S. 11.
[5] a. a. O., S. 15 f.
[6] R. Steiner, Vortrag vom 14. 9. 1924, in: Esoterische Betrachtungen karmischer Zusammenhänge, GA, Dornach 1965, Bd. IV, S. 81. Hierzu ausführlicher über den inneren Werdegang des Schöpfers der Anthroposophie in Gerhard Wehr: Rudolf Steiner – Biographie, Kösel München 1987.
[7] C. G. Jung, Geist und Leben, GW 8, S. 364.
[8] C. G. Jung, Der Gegensatz Freud und Jung, GW 4, S. 389.
[9] C. G. Jung, Von den Wurzeln des Bewußtseins, Zürich 1955, S. 580 f.
[10] C. G. Jung, Wirklichkeit und Überwirklichkeit, GW 8, S. 437.
[11] J. Jacobi, Die Psychologie von C. G. Jung, Zürich, 5. A. 1967, S. 95.
[12] R. Steiner, Philosophie der Freiheit. Seelische Beobachtungsresultate nach naturwissenschaftlicher Methode, Berlin 1921, S. 47.
[13] a. a. O., S. 51.
[14] a. a. O., S. 157 f.
[15] Eranos-Jahrbuch 1946 (unter dem Titel: Der Geist der Psychologie; jetzt in C. G. Jung, Von den Wurzeln des Bewußtseins, S. 499 ff.

[16] a. a. O., S. 513 f.
[17] a. a. O., S. 515.
[18] J. Hupfer, Der Begriff des Geistes bei C. G. Jung und bei Rudolf Steiner, in: Abhandlungen zur Philosophie und Psychologie, H. 1, Dornach 1951, S. 66.
[19] A. Morawitz-Cadio, Spirituelle Psychologie. Zur Psychologie Jungs als Notwendigkeit der Gegenwart, Wien 1958, S. 37.
[20] C. G. Jung, Psychologische Typen, GW 6, S. 61.
[21] R. Steiner, Vortrag vom 1. 6. 1922, in: Westliche und östliche Weltgegensätzlichkeit, Stuttgart 1961, S. 28 f.
[22] R. Steiner, Vortrag vom 29. 11. 1919 in: Die Sendung Michaels, GA, Dornach 1962, S. 77.
[23] R. Steiner, Vortrag vom 1. 5. 1919, in: Geisteswissenschaftliche Behandlung sozialer und pädagogischer Fragen, GA, Dornach 1964, S. 63.
[24] R. Steiner, Vortrag vom 25. 2. 1922, in: Alte und neue Einweihungsmethoden, GA, Dornach 1967, S. 203.
Steiners Bemühungen um eine derartige Metamorphosierung bzw. Spiritualisierung des Denkens finden sich bereits in den »voranthroposophischen« philosophischen Frühwerken wie »Philosophie der Freiheit« (1894), hier vor allem im Kapitel »Das Denken im Dienste der Weltauffassung«; sie setzen sich bis ins Spätwerk hinein fort. In den Dornacher Vorträgen »Die Sendung Michaels« (1919) findet sich u. a. die Feststellung: »Wir sind zu Ideen gekommen, zu Gedankenbildern, denen die Stoßkraft fehlt, um ins Leben einzugreifen.« Es genüge aber nicht, die Umgebung des Menschen nur naturwissenschaftlich kennenzulernen. Andererseits sei eine Geist-Erkenntnis gefordert, »die so stark ist, daß sie zu gleicher Zeit Naturwissenschaft werden kann.« Die meisten Menschen aber reden von etwas nur Abstraktem, Weltfernen, wenn sie auf den Geist zu sprechen kommen (R. Steiner, Die Sendung Michaels, S. 143, 145, 153).
[25] C. G. Jung – Karl Kerényi, Einführung in das Wesen der Mythologie, Zürich 4. A. 1951.
[26] R. Steiner, Vortrag vom 14. 12. 1919 in: Die Sendung Michaels, S. 187. Auf die Einseitigkeit, die allem Definieren naturgemäß anhaftet, hat Steiner in seinen Vorträgen mehrmals hingewiesen, ohne freilich die Notwendigkeit und bedingte Berechtigung dieser Prozedur an ihrem Ort in Zweifel zu ziehen. »Der menschliche Verstand – heißt es einmal – kann auf Erden gute Dienste leisten, aber in dem Augenblick, wo man in die übersinnlichen Welten eintritt, genügt er – obgleich man ihn da noch als ein nützliches Instrument betrachten kann – nicht mehr als Mittel, um Erkenntnis zu erlangen.« Entsprechendes kann man in den Schilderungen des geisteswissenschaftlichen Schulungsweges nachlesen, wo Steiner betont, daß schlußfolgerndes Denken nicht in der Lage sei, zu einer Erkenntnis höherer Welten vorzustoßen. Ferner: »Wenn man Dinge, die der Wirklichkeit angehören, verstehen will, dann kann man nicht definieren. Da muß man charakterisieren, denn dann ist es notwendig, die Tatsachen und die Wesenheiten von allen Gesichtspunkten aus zu betrachten. Definitionen sind immer einseitig« (Vortrag

vom 2. 5. 1913, in: Vorstufen zum Mysterium von Golgatha, GA, Dornach 1964, S. 32 f.).

[27] R. Steiner, Vortrag vom 1. 5. 1919, in: Geisteswissenschaftliche Behandlung sozialer und pädagogischer Fragen, S. 62.

[28] R. Steiner, Vorträge vom 13. und 14. 10. 1917, in: Die spirituellen Hintergründe der äußeren Welt, GA, Dornach 1966, S. 125 u. 133.

[29] a. a. O., S. 152.

[30] Aufschlußreich sind C. F. von Weizsäckers Ausführungen »Über einige Begriffe aus der Naturwissenschaft Goethes« in ihrem Verhältnis zur modernen Naturwissenschaft, in: Die Tragweite der Wissenschaft, Bd. I, Stuttgart 1966, S. 222–243. – Wolfgang Schad: Goetheanismus und Anthroposophie. Stuttgart 1982 (Studien und Versuche 19).

[31] R. Steiner, Vortrag vom 21. 2. 1918, in: Das Ewige in der Menschenseele, GA, Dornach 1962, S. 75.

[32] R. Steiner, Mein Lebensgang, GA, Dornach 1962, S. 100 f.

[33] R. Steiner, Vortrag vom 7. 2. 1918, in: Das Ewige in der Menschenseele, S. 42 f.

[34] a. a. O., S. 82.

[35] R. Steiner, Methodische Grundlagen der Anthroposophie 1884–1902. Gesammelte Aufsätze zur Philosophie, Naturwissenschaft, Ästhetik und Seelenkunde, GA, Dornach 1961, S. 203.

[36] C. G. Jung, Geist und Leben, GW 8, S. 364.

[37] a. a. O., S. 383.

[38] C. G. Jung, Erinnerungen, Träume, Gedanken, S. 375.

[39] J. W. Goethe, Anschauende Urteilskraft (1820).

[40] R. Steiner, Vortrag vom 21. 2. 1918, in: Das Ewige in der Menschenseele, S. 85.

[41] a. a. O., S. 86.

[42] C. G. Jung, Psychologische Typen, GW 6, S. 184.

[43] R. Steiner, Das Ewige in der Menschenseele, S. 71.

[44] U. a. von H. E. Lauer, Erkenntnis und Offenbarung in der Anthroposophie, Basel 1958; Steiner selbst hat sich zum Problem eingehend geäußert.

Bewußtseinsformen (S. 115–140)

[1] L. Frey-Rohn, Die Anfänge der Tiefenpsychologie von Mesmer bis Freud (1780–1900), in: Studien zur Analytischen Psychologie C. G. Jungs. Festschrift zum 80. Geburtstag von C. G. Jung, Bd. I, Zürich 1955.

[2] Eine Erkenntnistheorie Goethes lag Steiner nicht etwa bereits vor. Goethe selbst bedurfte einer solchen Theorie nicht. Steiner arbeitete sie aus, vor allem in: Grundlinien einer Erkenntnistheorie der Goetheschen Weltanschauung (1886), GA, Dornach 1960.

[3] R. Steiner, Anthroposophische Leitsätze, GA, Dornach 1954, S. 79 f.

[4] R. Steiner, Vortrag vom 25. 6. 1918, in: Erdensterben und Weltenleben.

Anthroposophische Lebensgaben. Bewußtseins-Notwendigkeiten für Gegenwart und Zukunft, GA, Dornach 1967, S. 279 ff.

5 R. Steiner, Vorbemerkung zu Philosophie und Anthroposophie (1908), in: Philosophie und Anthroposophie, GA, Dornach 1965, S. 66.

6 R. Steiner, Was soll die Geisteswissenschaft und wie wird sie von ihren Gegnern behandelt? in: Philosophie und Anthroposophie, S. 159.

7 R. Steiner, Vortrag vom 12. 3. 1918, in: Erdensterben und Weltenleben, S. 94.

8 I. Progoff, Das Erwecken der Persönlichkeit, Zürich 1967, S. 67.

9 C. G. Jung, Aion. Untersuchungen zur Symbolgeschichte, Zürich 1951, S. 15.

10 R. Steiner, Philosophie und Anthroposophie, S. 109.

11 C. G. Jung, Symbole der Wandlung, Zürich 1952, S. 744.

12 C. G. Jung, Geist und Leben, GW 8, S. 369 f.

13 R. Steiner, Philosophie und Anthroposophie, S. 72.

14 Rudolf Treichler, Der schizophrene Prozeß, Stuttgart 1967, S. 135.

15 C. G. Jung, Über Grundlagen der Analytischen Psychologie, Zürich 1969, S. 17.

16 R. Steiner, Vortrag vom 28. 3. 1916, in: Gegenwärtiges und Vergangenes im Menschengeiste, GA, Dornach 1962, S. 73 f.

17 a. a. O., S. 88 ff, wo sich Steiner mit der Wirkweise der freimaurischen Symbolik auseinandersetzt.

18 R. Steiner, Die Stufen der höheren Erkenntnis, GA, Dornach 1959, S. 18.

19 R. Steiner, Vortrag vom 20. 4. 1918, in: Das Ewige in der Menschenseele, GA, Dornach 1962, S. 329 f.

20 R. Steiner, Die Stufen der höheren Erkenntnis, S. 22 ff.

21 R. Steiner, Vortrag vom 2. 2. 1924, in: Anthroposophie. Eine Einführung in die anthroposophische Weltanschauung, GA, Dornach 1959, S. 99.

22 C. G. Jung, Brief vom 31. 3. 1960 an Miguel Serrano, in: M. Serrano, Meine Begegnungen mit C. G. Jung und Hermann Hesse, Zürich 1968, S. 99.

23 C. G. Jung, Von den Wurzeln des Bewußtseins, S. 543.

24 Aniela Jaffé, Der Mythus vom Sinn im Werk von C. G. Jung, Zürich 1967, S. 161.

25 Vgl. hierzu u. a. die Darstellung zur Welt- und Menschheitsentwicklung, in: R. Steiner, Die Geheimwissenschaft im Umriß.

26 R. Steiner, Die Rätsel der Philosophie, GA, Stuttgart 1955, S. 38 f.

27 G. Wachsmuth, Die übersinnliche Wahrnehmung und deren Organe, in: Wachsmuth, Werdegang der Menschheit, Dornach 1953, S. 175 ff; D. Boie, Das erste Auge, Stuttgart 1968.

28 E. Bock, Moses und sein Zeitalter. Das Alte Testament und die Geistesgeschichte der Menschheit, Bd. II, Stuttgart 1952, S. 33 ff.

29 R. Steiner, Vortrag vom 26. 9. 1909, in: Das Lukas-Evangelium, GA, Dornach 1955, S. 207.

30 R. Steiner, Vortrag vom 3. 10. 1919, zit. nach: H. E. Lauer, Vom Erd-Bewußtsein zum Welt-Bewußtsein, in: Blätter für Anthroposophie, Basel 1957, S. 396.

[31] R. Steiner, Vortrag vom 6. 8. 1918, in: Erdensterben und Weltenleben, GA, Dornach 1967, S. 414.

[32] M.-L. von Franz, Der kosmische Mensch als Zielbild des Individuationsprozesses und der Menschheitsentwicklung, in: W. Bitter (Hrsg.) Evolution. Fortschrittsglaube und Heilserwartung, Stuttgart 1970, S. 94–114.

[33] C. G. Jung, Über Grundlagen der Analytischen Psychologie, Zürich 1969, S. 61.

[34] a. a. O., S. 56.

[35] R. Steiner, Das Christentum als mystische Tatsache und die Mysterien des Altertums, GA, Dornach 1959, S. 106.

[36] Hierzu auch: U. von Mangoldt, Buddha lächelt, Maria weint, München-Planegg 1958; ferner vom kulturanthropologischen Standpunkt: W. G. Haverbeck, Das Ziel der Technik. Die Menschwerdung der Erde, Olten–Freiburg 1965.

[37] C. G. Jung, Brief an Gerhard Zacharias vom 24. 8. 1953, zit. nach: W. Bitter, Der Verlust der Seele, S. 213 ff; ferner W. Bitter, Evolution, S. 24.

[38] R. Steiner, Die geistige Führung des Menschen und der Menschheit, GA, Dornach 1960, S. 27.

[39] C. G. Jung, Von den Wurzeln des Bewußtseins, Zürich 1954, S. 31.

[40] Vgl. die esoterischen Vorträge Steiners gesammelt in: Das Ereignis der Christus-Erscheinung in der ätherischen Welt, GA, Dornach 1965. – Ferner Gerhard Wehr: Esoterisches Christentum. Aspekte, Impulse, Konsequenzen. Ernst Klett Verlag Stuttgart 1975. Ders.: Die deutsche Mystik, O. W. Barth München 1988.

Seele und Geist (S. 141–164)

[1] R. Steiner, Vortrag vom 13. 5. 1921, in: Perspektiven der Menschheitsentwicklung, Basel 1958, S. 31.

[2] J. Gebser, Abendländische Wandlung, Frankfurt/M. 1956, S. 21 f.

[3] R. Steiner, Grundlinien einer Erkenntnistheorie der Goetheschen Weltanschauung, GA, Dornach 1960, S. 17 f.

[4] C. G. Jung, Der Gegensatz Freud und Jung, GW 4, S. 391 f. Hierzu besonders Gerhard Wehr: Stichwort Damaskuserlebnis. Der Weg zu Christus nach C. G. Jung. Kreuz Verlag Stuttgart 1982, S. 33 ff.

[5] R. Steiner, Vortrag vom 21. 1. 1914, in: Der menschliche und der kosmische Gedanke, GA, Dornach 1961, S. 44.

[6] R. Steiner, Theosophie, Stuttgart 1948, S. 35.

[7] Vgl. A. Morawitz-Cadio, Versuche zur Unterscheidung von Seele und Geist; in: Natur und Kultur. Vierteljahresschrift für Welterkenntnis, 53. Jahrg. Folge 4, München 1961, S. 193–200; ferner: H. E. Lauer, Die Rätsel der Seele. Tiefenpsychologie und Anthroposophie, Freiburg 2. A. 1964, S. 67 ff.

[8] Einen Einblick gibt der Sammelband: Heilende Erziehung. Vom Wesen seelenpflegebedürftiger Kinder und deren heilpädagogischer Förderung, Stuttgart 2. A. 1962.

[9] Reichhaltiges Material bei: W. Bitter, Der Verlust der Seele, Herderbücherei 333, Freiburg 1969.

[10] R. Steiner, Vortrag vom 19. 1. 1924, in: Anthroposophie. Eine Einführung in die anthroposophische Weltanschauung, GA, Dornach 1959, S. 11.

[11] R. Steiner, Vortrag vom 12. 12. 1919, in: Die Sendung Michaels, GA, Dornach 1962, S. 145.

[12] C. G. Jung, Die Beziehungen zwischen dem Ich und dem Unbewußten, GW 7, S. 134.

[13] C. G. Jung, Von den Wurzeln des Bewußtseins, Zürich 1954, S. 562.

[14] R. Steiner, Die Rätsel der Philosophie. In ihrer Geschichte als Umriß dargestellt, GA, Stuttgart 7. A. 1955, S. 98; ders. ausführlicher über Cusanus, in: Die Mystik im Aufgange des neuzeitlichen Geisteslebens und ihr Verhältnis zur modernen Weltanschauung (1901), 4. Kap.

[15] R. Steiner, Vortrag vom 23. 11. 1919, in: Die Sendung Michaels, GA, Dornach 1962, S. 54.

[16] C. G. Jung, Geist und Leben, in: Seelenprobleme der Gegenwart, Zürich 6. A. 1969, S. 258 f.

[17] C. G. Jung, Wirklichkeit der Seele, Zürich 4. A. 1969, S. 23.

[18] C. G. Jung, Symbolik des Geistes, Zürich 1953, S. 3.

[19] L. Frey-Rohn, Von Freud zu Jung. Eine vergleichende Studie zur Psychologie des Unbewußten, Zürich 1969, S. 132.

[20] C. G. Jung, Psychologie und Alchemie, Zürich 2. A. 1952, S. 33.

[21] C. G. Jung, Mysterium Coniunctionis, GW 14, Bd. II, S. 332.

[22] C. G. Jung, Theoretische Überlegungen zum Wesen des Psychischen, GW 8, S. 246.

[23] R. Steiner, Wie erlangt man Erkenntnisse der höheren Welten? Stuttgart 1948, S. 16.

[24] R. Steiner, Philosophie und Anthroposophie, Gesammelte Aufsätze, GA, Dornach 1965, S. 261 ff.

[25] C. G. Jung, Geleitwort zu T. Suzukis »Die große Befreiung«, GW 11, S. 588.

[26] R. Steiner, Die Geheimwissenschaft im Umriß, Stuttgart 1948, S. 8 f. – Zum Problem ferner die Vorträge: Wie widerlegt man Geistesforschung? vom 31. 10. 1912, Wie begründet man Geistesforschung? vom 7. 11. 1912, in: Ergebnisse der Geistesforschung, GA, Dornach 1960.

[27] C. G. Jung, a. a. O., S. 587.

[28] J. Gebser, Ursprung und Gegenwart, Bd. I, Stuttgart 2. A. 1966, S. 13 ff.

[29] C. G. Jung, Symbolik des Geistes, S. 11.

[30] a. a. O., S. 13.

[31] a. a. O., S. 15.

[32] Hierzu kritisch: J. Gebser, Der unsichtbare Ursprung, Olten–Fbg. 1970, S. 64 ff.

[33] A. Jaffé, Aus Leben und Werkstatt von C. G. Jung, Zürich 1968, S. 61.

[34] M.-L. von Franz in: W.-Bitter-Festschrift, Dialog über den Menschen, hrsg. von G. Zacharias, Stuttgart 1968, 231 ff; dies., Zahl und Zeit. Psychologische Überlegungen zu einer Annäherung von Tiefenpsychologie und Physik, Stuttgart 1970.

[35] C. G. Jung, Theoretische Überlegungen zum Wesen des Psychischen, GW 8, S. 246.

[36] R. Steiner, Vortrag vom 30. 11. 1919, in: Die Sendung Michaels, S. 103 u. 119.

[37] A. Jaffé, Der Mythus vom Sinn im Werk von C. G. Jung, Zürich 1967. Zuletzt: E. G. Humbert, Die Frage nach dem Sinn, in: Zeitschrift für Analytische Psychologie, 2. Jahrg. 3/1971, S. 141–152. – Ferner E. Neumann, Mensch und Sinn, in: E. Neumann, Der schöpferische Mensch, Zürich 1959, Darmstadt 1965.

[38] C. G. Jung, Von den Wurzeln des Bewußtseins, S. 43.

[39] C. G. Jung, Erinnerungen, Träume, Gedanken, Zürich 1963, S. 360.

[40] F. Seifert, Seele und Bewußtsein. Betrachtungen zum Problem der psychischen Realität, München–Basel 1962, S. 299.

[41] H. Müller-Eckardt, Das Unzerstörbare. Religiöse Existenz im Klima des Absurden, Stuttgart 1964.

[42] C. G. Jung, Psychologie und Alchemie, S. 306.

[43] L. Frey-Rohn, Von Freud zu Jung, S. 389.

[44] C. G. Jung, Mysterium Coniunctionis, GW 14, Bd. II, S. 332.

Initiationsweg und Individuationsprozeß (S. 165–192)

[1] C. G. Jung, Psychologischer Kommentar zum Bardo Thödol, GW 11, S. 555.

[2] a. a. O., S. 556.

[3] a. a. O., S. 557.

[4] a. a. O., S. 567.

[5] J. Jacobi, Die Psychologie von C. G. Jung, Zürich 4. A. 1967, S. 90 f.

[6] C. G. Jung, Die Beziehungen zwischen dem Ich und dem Unbewußten, GW 7, S. 262.

[7] a. a. O., S. 191.

[8] R. Steiner, Brief vom 16. 8. 1902 an Wilhelm Hübbe-Schleiden, in: Steiner, Briefe II, Dornach 1954, S. 270.

[9] R. Steiner, Anthroposophische Leitsätze. Das lebendige Wesen der Anthroposophie, GA, Dornach 1954, S. 46.

[10] C. G. Jung, Erinnerungen, Träume, Gedanken, Zürich 1963, S. 195 f.

[11] R. Steiner, Vortrag vom 14. 12. 1919, in: Die Sendung Michaels, GA, Dornach 1962, S. 183.

[12] R. Steiner, Mein Lebensgang, GA, Dornach 1962, S. 409. Vgl. ferner zum Problem: O. Palmer, Mystik, Okkultismus, Anthroposophie. Ein Beitrag zur Begriffsklärung in Anlehnung an Darstellungen Rudolf Steiners, Basel 1969.

[13] R. Steiner, Alte und neue Einweihungsmethoden (1922), GA, Dornach 1967.

[14] Vgl. C. Unger, Esoterik, in: Unger, Schriften, Bd. II, Stuttgart 1966, S. 222–260; F. Poeppig, Lebenshilfen durch Geistesschulung, Freiburg 1955, S. 138–145. – Gerhard Wehr: Rudolf Steiner als christlicher Esoteriker. Aurum Verlag Freiburg 1978 (Fermenta cognitionis 2).

[15] K. Graf Dürckheim, Überweltliches Leben in der Welt. Der Sinn der Mündigkeit, Weilheim 1968, S. 76.
[16] J. Jacobi, Der Weg zur Individuation, Zürich 1965, S. 74.
[17] R. Steiner, Vier Mysteriendramen, GA, Dornach 1956.
[18] R. Steiner, Vortrag vom 27. 8. 1913, in: Die Geheimnisse der Schwelle, GA, Dornach 1969, S. 70.
[19] R. Steiner, Die Schwelle der geistigen Welt, GA, Dornach 1956, S. 10 f.
[20] a. a. O., S. 12 f.
[21] a. a. O., S. 13.
[22] R. Steiner, Vortrag vom 20. 1. 1924, in: Anthroposophie. Eine Einführung in die anthroposophische Weltanschauung, GA, Dornach 1959, S. 34. – Gerhard Wehr: Der innere Weg. Anthroposophische Erkenntnis und meditative Praxis, Reinbek bei Hamburg 1983.
[23] C. G. Jung, Erinnerungen, Träume, Gedanken, S. 104.
[24] M.-L. von Franz, Die aktive Imagination in der Psychologie C. G. Jungs, in: W. Bitter (Hrsg.), Meditation in Religion und Psychotherapie, Stuttgart 1958, S. 136–148. A. N. Ammann; Aktive Imagination. Darstellung einer Methode. Olten–Freiburg 1978.
[25] Vgl. H. E. Lauer, Die Rätsel der Seele. Tiefenpsychologie und Anthroposophie, Freiburg 1959, S. 74.
[26] C. G. Jung, Psychologie und Alchemie, Zürich 2. A. 1952, S. 234.
[27] R. Steiner, Vortrag vom 19. 1. 1924, in: Anthroposophie. Eine Einführung, S. 16.
[28] Beispiele finden sich in Jungs Werken: Aufsätze zur Zeitgeschichte, Gegenwart und Zukunft. Ein moderner Mythus.
[29] R. Steiner, Geschichtliche Symptomatologie (Vorträge aus dem Jahr 1918), GA, Dornach 1962.
[30] R. Steiner, Die Schwelle der geistigen Welt, S. 30 u. 32.
[31] R. Steiner, Ein Weg zur Selbsterkenntnis, GA, Dornach 1956, S. 64.
[32] C. G. Jung, Psychologie und Alchemie, S. 69.
[33] C. G. Jung, Die Beziehungen zwischen dem Ich und dem Unbewußten, GW 7, S. 263.
[34] R. Steiner, Die Schwelle der geistigen Welt, S. 32 f.
[35] a. a. O., S. 33.
[36] R. Steiner, Vortrag vom 12. 3. 1918, in: Erdensterben und Weltenleben. Anthroposophische Lebensgaben. Bewußtseins-Notwendigkeiten für Gegenwart und Zukunft, GA, Dornach 1967, S. 94 f; vgl. ferner den Vortrag vom 19. 3. 1918 im selben Band.
[37] C. G. Jung, Die Beziehungen zwischen dem Ich und dem Unbewußten, GW 7, S. 263.
[38] R. Steiner, Vortrag vom 13. 11. 1916, in: Das Karma des Berufes des Menschen in Anknüpfung an Goethes Leben, Dornach 1933, S. 131 ff.
[39] R. Steiner, Vortrag vom 22. 1. 1918 in: Erdensterben und Weltenleben, S. 22.
[40] A. Jaffé in: C. G. Jung, Erinnerungen, Träume, Gedanken, S. 408.

[41] J. Jacobi, Der Weg zur Individuation, S. 60 f. Gerhard Wehr: Der Begriff der Individuation bei Jung, in: Die Psychologie des 20. Jahrhunderts, Bd. III hg. von Dieter Eicke. Zürich 1977, S. 787–799.

West-östliche Gegensätzlichkeit und Einheit (S. 193–215)

[1] Vgl. E. Benz, Zen in westlicher Sicht. Zen-Buddhismus, Zen-Snobismus, Weilheim 1962; H. Dumoulin, Zen. Geschichte und Gestalt, Bern 1959.

[2] W. Vissert't Hooft, Kein anderer Name. Synkretismus oder christlicher Universalismus?, Basel 1965, S. 34 f.

[3] H. Beckh, Rudolf Steiner und das Morgenland, in: Vom Lebenswerk Rudolf Steiners, hrsg. von F. Rittelmeyer, München 1921, S. 273–304.

[4] R. Steiner, Luzifer-Gnosis. Gesammelte Aufsätze 1903–1908, GA, Dornach 1960, S. 371.

[5] H. Beckh, Buddha und seine Lehre (1916), Stuttgart 2. A. 1958.

[6] H. Beckh, Rudolf Steiner und das Morgenland, a. a. O., S. 279.

[7] a. a. O., S. 283 f.

[8] Sarvepalli Radhakrishnan, Die Gemeinschaft des Geistes. Östliche Religionen und westliches Denken, Darmstadt 1952.

[9] R. Steiner, Vortrag vom 2. 12. 1909, in: Pfade der Seelenerlebnisse, GA, Dornach 1957, S. 106.

[10] E. Bock, Paulus, Urchristentum, Bd. IV, Stuttgart 1954, S. 5.

[11] R. Steiner, Vortrag vom 31. 12. 1912, in: Die Bhagavadgita und die Paulusbriefe, GA, Dornach 1960, S. 80 f.

[12] R. Steiner, Vortrag über das menschliche Gewissen vom 5. 5. 1910, in: Metamorphosen des Seelenlebens, GA, Dornach 1958, S. 215.

[13] Über das theologische Verständnis der Evolutionsidee unter Hinweis auf Franz Xaver von Baader vgl. E. Benz, Perspektiven Teilhard de Chardins, hrsg. von Helmut de Terra, München 1966, S. 13–52; W. Bitter (Hrsg.), Evolution, Fortschrittsglaube und Heilserwartung, Stuttgart 1970.

[14] R. Steiner, Vortrag vom 2. 12. 1909, in: Pfade der Seelenerlebnisse, GA, Dornach 1957, S. 207.

[15] Über die Verankerung des Wiederverkörperungsgedankens im abendländischen Geistesleben liegen zahlreiche, meist von anthroposophischen Autoren verfaßte Arbeiten vor:
E. Benz, Die Reinkarnationslehre in Dichtung und Philosophie der deutschen Klassik und Romantik, in: Zeitschrift für Religions- und Geistesgeschichte, 9. Jahrg., 1957, S. 150–174.
E. Bock, Wiederholte Erdenleben. Die Wiederverkörperungsidee in der deutschen Geistesgeschichte, Stuttgart 1952 (Neuausgaben).
R. Bubner, Evolution und Reinkarnation. Ein Dialog mit Teilhard de Chardin, Freiburg 1966.
W. Donat, Die Reinkarnationsidee in der Anthroposophie, in: Zeitschrift für Religions- und Geistesgeschichte, 9. Jahrg. 1957, S. 175–190.

C. Englert-Faye (Hrsg.), Ewige Individualität. Zeugnisse von Dichtern, Deutern und Denkern, Basel 1934.

O. J. Hartmann, Der Mensch als Selbstgestalter seines Schicksals. Lebenslauf und Wiederverkörperung, Frankfurt 5. A. 1946.

F. Hiebel, Rudolf Steiner im Geistesgang des Abendlandes, Bern 1965, Kapitel: Die Idee der Wiedergeburt im Abendland.

H. E. Lauer, Geschichte als Stufengang der Menschwerdung, Bd. II: Die Wiederverkörperung des Menschen als Lebensgesetz der Geschichte, Freiburg 1958.

H. E. Lauer, Die Anthroposophie und die Zukunft des Christentums, Stuttgart 1966, Kapitel: Die Lehre von der Wiederverkörperung in christlich-abendländischer und in heidnisch-orientalischer Auffassung; ferner: Wiederverkörperungslehre, geschichtliches Bewußtsein und Christentum.

H. Poppelbaum, Schicksalsrätsel. Verkörperung und Wiederverkörperung, Dornach 2. A. 1959.

F. Rittelmeyer, Wiederverkörperung im Lichte des Denkens, der Religion, der Moral, Stuttgart 1931.

16 R. Steiner, Vortrag vom 2. 3. 1911, in: Antworten der Geisteswissenschaft auf die großen Fragen des Daseins, GA, Dornach 1959, S. 396.

17 a. a. O., S. 399.

18 a. a. O., S. 404.

19 R. Steiner, Vortrag vom 12. 4. 1909 (vormittags), in: Geistige Hierarchien und ihre Widerspiegelung in der physischen Welt, GA, Dornach 1960, S. 14 f.

20 C. G. Jung, Psychologischer Kommentar zu: Das tibetische Buch der Großen Befreiung, GW 11, S. 531.

21 C. G. Jung, Das Geheimnis der Goldenen Blüte. Ein chinesisches Lebensbuch (1929), Zürich 1965, S. VIII.

22 a. a. O., S. VIII f.

23 a. a. O., S. XII.

24 a. a. O., S. XVII.

25 C. G. Jung, Yoga und der Westen, GW 11, S. 576.

26 E. Neumann, Ursprungsgeschichte des Bewußtseins, Zürich 1949.

27 C. G. Jung, Yoga und der Westen, GW 11, S. 575.

28 a. a. O., S. 576.

29 a. a. O., S. 580.

30 C. G. Jung, Erinnerungen, Träume, Gedanken, Zürich 1963, S. 278.

31 C. G. Jung, Über den indischen Heiligen. Einführung zu: H. Zimmer, Der Weg zum Selbst, GW 11, S. 623.

32 C. G. Jung, Erinnerungen, Träume, Gedanken, S. 278.

33 a. a. O., S. 286.

34 Hierzu vor allem: R. Meyer, Der Gral und seine Hüter, Stuttgart 1956; zur Gegenüberstellung des westlichen und des östlichen Weges, ferner: F. Poeppig, Yoga oder Meditation. Der Weg des Abendlandes, Freiburg 2. A. 1965.

35 R. Steiner, Vortrag vom 4. 6. 1922, in: Westliche und östliche Weltgegensätzlichkeit, Stuttgart 1961, S. 91. Zum west-östlichen Gespräch:

W. Bitter (Hrsg.), Abendländische Therapie und östliche Weisheit, Stuttgart 1968.
J. Gebser, Asien lächelt anders. Ein Beitrag zum Verständnis östlicher Wesensart, Berlin–Frankfurt–Wien 1968.
W. Haas, Östliches und westliches Denken. Eine Kulturmorphologie, rde 246/247, Reinbek 1967.
F. Melzer, Indien greift nach uns. West-östliche Begegnungen mit dem modernen Hinduismus, Stuttgart 1962.
D. T. Suzuki, Der westliche und der östliche Weg, Frankfurt–Berlin 1960.
G. Wehr, Kosmischer Christus und indische Herausforderung, in: Die Drei. Zeitschrift für Wissenschaft, Kunst und soziales Leben, 41. Jahrg., 1971, S. 109–118.
O. Wolff, Anders an Gott glauben. Die Weltreligionen als Partner des Christentums, Stuttgart 1969.

Zum Gnosis-Verdacht (S. 216–224)

1 W. Bauer, Rechtgläubigkeit und Ketzerei im ältesten Christentum. Beiträge zur historischen Theologie, Bd. 10, Tübingen 2. A. 1964; G. Wehr, Auf den Spuren urchristlicher Ketzer, Bd. I, Freiburg 1965, Bd. II, Freiburg 1967; Neufassung Novalis Verlag Schaffhausen 1983; ders.: Esoterisches Christentum. Klett Verlag Stuttgart 1975.

2 R. Steiner, Das Christentum als mystische Tatsache und die Mysterien des Altertums, Stuttgart 1949, S. 116.

3 G. R. S. Mead, Fragments of a faith forgotten; deutsch: Fragmente eines verschollenen Glaubens, Leipzig 1902.

4 R. Steiner, Vortrag vom 21. 9. 1912, in: Das Markus-Evangelium, GA, Dornach 1960, S. 146.
Der Nachweis einer vorchristlichen Gnosis wurde erst später erbracht, z. B. durch E. Haenchen, Gab es eine vorchristliche Gnosis? in: Zeitschrift für Theologie und Kirche, 49. Jahrg., 1952, H. 3, S. 316–349.

5 R. Steiner, Anthroposophische Leitsätze. Vom lebendigen Wesen der Anthroposophie, GA, Dornach 1954, S. 277 f.

6 R. Steiner, Vortrag vom 16. 5. 1920, in: Entsprechungen zwischen Mikrokosmos und Makrokosmos, GA, Dornach 1958, S. 238.

7 M. Vereno, Gnosis und Magie, in: Häresien der Zeit, hrsg. von A. Böhm, Freiburg 1963.

8 M. Buber, Werke, Bd. III, Schiften zur Bibel, München–Heidelberg 1964, S. 949 ff.

9 Dargestellt in G. Wehr, Martin Buber in Selbstzeugnissen und Bilddokumenten, Reinbek 1968, S. 128 ff. Ders.: Der deutsche Jude Martin Buber, München 1977 (Lit.).

10 Schilpp-Friedman (Hrsg.), Martin Buber. Philosophen des 20. Jahrhunderts, Stuttgart 1963, S. 614.

[11] M. Buber, Gottesfinsternis, Zürich 1963, in: Werke, Bd. I, Schriften zur Philosophie, S. 529; die spezielle Auseinandersetzung mit Jung: a. a. O., S. 561 ff; dargestellt in G. Schaeder, Martin Buber. Hebräischer Humanismus, Göttingen 1966, S. 383 ff.

[12] C. G. Jung, Erinnerungen, Träume, Gedanken, Zürich 1963, S. 204.

[13] C. G. Jung, Seelenprobleme der Gegenwart, Zürich 6. A. 1969, S. 279 ff.

[14] G. Quispel, Gnosis als Weltreligion, Zürich 1951, S. 46.

[15] H. J. Herwig, Therapie der Menschheit. Studien zur Psychoanalyse Freuds und Jungs, München 1969, S. 85.

[16] H. Schlier in: Handbuch theologischer Grundbegriffe, München 1962, Taschenbuchausgabe München 1970, Bd. II, S. 196.

[17] G. Koepgen, Gnosis des Christentums, Salzburg 1939.

[18] V. White, Gott und das Unbewußte, Zürich 1956, S. 246.

[19] G. Wehr, Die Realität des Spirituellen, Stuttgart 1970, Dimensionen des Glaubens, Nr. 11. Ders.: Die deutsche Mystik, O. W. Barth München 1988.

[20] R. Steiner, Gnosis und Anthroposophie, in: Anthroposophische Leitsätze, S. 273–279.

EXKURSE

I. Seelische Hygiene durch geistige Schulung (S. 225–226)

[1] So die gleichnamige Schrift von Gottfried Husemann, Stuttgart 1962.

[2] R. Treichler, Vom Wesen der Hysterie, Stuttgart 1964.

[3] R. Teichler, Der schizophrene Prozeß als Zeitkrankheit und als hygienisches Problem, in: Weleda-Nachrichten, Nr. 29, Michaeli 1952; ders., Der schizophrene Prozeß, Stuttgart 1967.

II. Das Böse als »Schatten« und als »Doppelgänger« (S. 226–232)

[1] C. G. Jung, Über die Psychologie des Unbewußten, GW 7, S. 32.

[2] C. G. Jung, Die Beziehungen zwischen dem Ich und dem Unbewußten, GW 7, S. 262.

[3] C. G. Jung, Bewußtes, Unbewußtes und Individuation, in: Zentralblatt für Psychotherapie, 1939, S. 265 f.

[4] C. G. Jung, Aion. Untersuchungen zur Symbolgeschichte, Zürich 1951, S. 22.

[5] F. Rittelmeyer, Meine Lebensbegegnung mit Rudolf Steiner (1928), Stuttgart 1947, S. 79.

[6] R. Steiner, Geheimwissenschaft im Umriß, Stuttgart 1948, S. 368.

[7] a. a. O., S. 370 f.

[8] R. Steiner, Ein Weg zur Selbsterkenntnis, Dornach 1935, vierte Meditation, S. 60.

9 a. a. O., S. 63.
10 R. Steiner, Die Schwelle der geistigen Welt, GA, Dornach 1956, S. 88.
11 R. Steiner, Geheimwissenschaft im Umriß. S. 374.
12 R. Steiner, Vortrag vom 31. 8. 1913, in: Die Geheimnisse der Schwelle, GA, Dornach 1969, S. 136 f.
13 R. Steiner, Vortrag vom 24. 8. 1909, in: Der Orient im Lichte des Okzidents, GA, Dornach 1960, S. 42. Weitere Angaben finden sich in: Wie erlangt man Erkenntnisse der höheren Welten; Die Geheimwissenschaft im Umriß.
14 R. Steiner, Vortrag vom 7. 5. 1923, in: Vom Leben des Menschen und der Erde. Über das Wesen des Christentums, GA, Dornach 1961, S. 246.
15 C. G. Jung, Aion, S. 55.
16 R. Steiner, Die Schwelle der geistigen Welt, S. 71.

III. Zum Androgyn-Problem (S. 232–235)

1 J. Jervell, Imago dei. Genesis 1,26 f im Spätjudentum, in der Gnosis und in den paulinischen Briefen, Göttingen 1960; H. Martin Schenke, Der Gott »Mensch« in der Gnosis, Ein religionsgeschichtlicher Beitrag zur Diskussion über die paulinische Anschauung von der Kirche als Leib Christi, Göttingen 1962.
2 Vgl. das gleichnamige Kapitel in: G. Wehr, Jakob Böhme in Selbstzeugnissen und Bilddokumenten, Reinbek 1971, S. 96–105.
3 E. Benz, Adam. Der Mythus vom Urmenschen, München-Planegg 1955.
4 G. Wehr, Der Urmensch und der Mensch der Zukunft. Das Androgyn-Problem im Licht der Forschungsergebnisse Rudolf Steiners, Freiburg 1964. (Dieser Ansatz zu einer monographischen Darstellung in der Zusammenschau religions-, geistesgeschichtlicher und anthroposophischer Daten bedarf einer Neubearbeitung.) 2. Aufl. Verlag Die Kommenden Freiburg 1979; ders.: Heilige Hochzeit, Kösel Verlag München 1986, S. 103 ff.
5 R. Steiner, Aus der Akasha-Chronik (1904), GA, Dornach 1955, S. 78.

IV. Seelen- und Geistesforschung als Praeambulum fidei (S. 235–238)

1 Hierzu u. a. R. Steiner, Vortrag vom 30. 12. 1922, in: Das Verhältnis der Sternenwelt zum Menschen, GA, Dornach 1955, S. 161 ff u. 197 f.
2 H. E. Lauer, Erkenntnis und Offenbarung i. d. Anthroposophie, Basel 1958.
3 Aus diesem Grund erfolgte die Aufnahme des Vortrags im Rahmen der geschriebenen Werke in der Aufsatzsammlung Philosophie und Anthroposophie, GA, Dornach 1965, S. 225 ff.
4 a. a. O., S. 261.
5 Hierzu G. Wehr, Spirituelle Interpretation der Bibel als Aufgabe, Basel 1968, S. 52 ff.

[6] R. Steiner, a. a. O., S. 263 f.
[7] C. G. Jung, Antwort an Martin Buber, GW 11, S. 664.
[8] C. G. Jung, Psychologie und Religion, GW 11, S. 50.

V. Unus Mundus und kosmischer Christus (S. 238–244)

[1] M.-L. von Franz, Symbole des Unus Mundus, in: Dialog über den Menschen, hrsg. von G. Zacharias (Festschrift für W. Bitter), Stuttgart 1968, S. 232; dies.: Zahl und Zeit, Stuttgart 1970. Ferner: C. G. Jung, Mysterium Coniunctionis, GW 14, Bd. II, S. 33 u. 312.
[2] R. Steiner, Der Orient im Lichte des Okzidents, GA, Dornach 1960, S. 92 ff.
[3] a. a. O.
[4] a. a. O., S. 98 f.
[5] Zusammengefaßt sind die wichtigsten dieser Vorträge in: Das Ereignis der Christuserscheinung in der ätherischen Welt, GA, Dornach 1965.
[6] H. Hasso von Veltheim-Ostrau, Der Atem Indiens. Tagebücher aus Asien, Hamburg 2. A. 1955, S. 263.
[7] R. Steiner, Vortrag vom 6. 2. 1917, in: Bausteine zu einer Erkenntnis des Mysteriums von Golgatha, GA, Dornach 1961, S. 25.
[8] H. H. von Veltheim-Ostrau, Der Atem Indiens, S. 268.
[9] C. G. Jung zit. bei G. Frei, in: V. White, Gott und das Unbewußte, Zürich 1956, S. 331.
[10] C. G. Jung, Brief vom 24. 8. 1953, zit. nach W. Bitter, Der Verlust der Seele, Freiburg 1969, S. 213.
[11] A. Morawitz-Cadio, Spirituelle Psychologie, Wien 1958.
[12] W. Bitter, a. a. O., S. 214.

WEITERE EINSCHLÄGIGE VERÖFFENTLICHUNGEN VON GERHARD WEHR

Carl Gustav Jung. Leben, Werk, Wirkung. Kösel München 1985 und Diogenes Zürich, detebe 21588.
Rudolf Steiner. Leben, Erkenntnis, Kulturimpuls. Kösel München, 2. erw. Aufl. 1987.
Der innere Weg. Anthroposophische Erkenntnis und meditative Praxis. Reinbek bei Hamburg, Rowohlt 1983.
Der pädagogische Impuls Rudolf Steiners. Theorie und Praxis der Waldorfpädagogik. Frankfurt a. M., Fischer TB 5521.
R. Steiner – Erkenne dich im Strome der Welt. Wege zur Bewußtseinserweiterung. Freiburg i. Br., Herder TB 1328.
Wörterbuch der Esoterik. Freiburg i. Br., Herder TB 1600.
Die Deutsche Mystik. Mystische Erfahrung und theosophische Weltsicht. O. W. Barth München 1988.

Gerhard Wehr im Diogenes Verlag

Carl Gustav Jung
Leben, Werk, Wirkung

detebe 21588

Leben und Werk C.G. Jungs, des großen Schweizer Tiefenpsychologen, rücken seit einigen Jahren in den Blickpunkt breiteren Interesses. Bisher fehlte jedoch – neben biographischen Schriften aus dem Schülerkreis – die umfassende, abschließende Biographie. Mit Gerhard Wehrs sorgfältig dokumentiertem Werk liegt sie endlich vor. Wehr ist es erstmals gelungen, bei voller Aufmerksamkeit für den äußeren Werdegang und das biographische Detail zugleich die innere Entwicklung Jungs und sein vielgestaltiges Werk sowie dessen Auswirkungen und Bedeutung für unsere Zeit verständlich darzustellen. Dabei läßt der Autor C.G. Jung selbst durch Zitate aus seinen Schriften und Briefen breit zu Wort kommen, bezieht aber stets auch Äußerungen befreundeter wie kritischer Zeitgenossen ein.

»So bin ich glücklich, in Ihrer Biographie ein Buch empfehlen zu können: es ist das Beste, was je über meinen Vater C. G. Jung geschrieben wurde.«
Franz Jung an den Autor

C.G. Jung und Rudolf Steiner
Konfrontation und Synopse

detebe 21810

Gerhard Wehr stellt die beiden großen spirituellen Lehrer des 20. Jahrhunderts im deutschen Sprachraum einander gegenüber: C.G. Jung und Rudolf Steiner. Beide haben zahlreiche Anhänger gefunden und in verschiedenster Weise auf die Lebensansichten und Lebensformen vieler Menschen eingewirkt. Gerhard

Wehr arbeitet Gemeinsames und Gegensätzliches heraus und stellt Jung und Steiner in den Zusammenhang des europäischen Geisteslebens ihrer Zeit. Wehr macht sichtbar, wie bei aller Verschiedenheit von Herkunft und Lebensgang merkwürdige Ähnlichkeiten in der geistigen Biographie bestehen, in der Art der Erkenntnis, wenn auch nicht des Weges, in dem Menschenbild, das sie entwarfen. Beiden ging es vor allem darum, auf die Welt hinter der Welt, den geistigen Urgrund hinzuweisen und die Zusammenhänge und Wechselwirkungen zwischen Materie, Seele und Geist zu erforschen.

»Ein Versuch, wie Gerhard Wehr ihn unternommen hat, war längst fällig und müßte Freunden wie Gegnern sowohl der Tiefenpsychologie wie der Anthroposophie willkommen sein, gilt es doch nach wie vor, Fehlurteile und Voreingenommenheiten auf Grund tatsächlicher Einsichten beiseite zu schaffen, um vermehrte Klarheit auch auf dem Felde der Psychologie herbeizuführen.« *Gegenwart, Bern*

Mystisch-theosophische Texte der Neuzeit

Herausgegeben und mit einer
Einleitung von Gerhard Wehr
detebe 21808

In der hier vorliegenden Sammlung wird deutlich, daß Mystik als Inbegriff lebendiger Gotteserfahrung an keine bestimmte Geschichtsepoche gebunden ist; die wichtigsten Texte der Mystik der Neuzeit sind hier gesammelt, beginnend mit Texten aus der Reformation bis zu Franz von Baader und Novalis.

»In solchem meinem gar ernstlichen Suchen und Begehren, darinnen ich heftige Anstöße erlitten, mich aber ehe des Lebens verwegen als davon ausgehen und ablassen wollte, – ist mir die Pforte eröffnet worden, daß ich in einer Viertelstunden mehr gesehen und gewußt habe, als wenn ich wäre viel Jahr auf hohen

Schulen gewesen [...] Also habe ich nun geschrieben, nicht von Menschen Lehre oder Wissenschaft aus Bücher-Lernen, sondern aus meinem eigenen Buche, das in mir eröffnet ward: Das Buch der edlen Bildnis – zu verstehen das Ebenbild Gottes – ward mir vergönnet zu lesen. Und darin habe ich mein Studieren gefunden [...] Ich bedarf kein ander Buch dazu.«
Jakob Böhme

Thomas Müntzer
Schriften und Briefe
Herausgegeben und mit einem
Vorwort von Gerhard Wehr
detebe 21809

Thomas Müntzer, der Mann des ›linken Flügels‹ der Reformation, ist eine der selbständigsten, originellsten, aber auch umstrittensten Gestalten der Christenheit. Selten ist ein Name so sehr entstellt, verleumdet und mißbraucht worden, von der Reformationszeit bis heute. Vor allem die Betonung der Notwendigkeit religiöser Eigenerfahrung und sein sozialrevolutionärer Ansatz, der ihn zum Anwalt der sozial Schwachen, der Unterdrückten und Deklassierten werden ließ, hat ihn für die Gegenwart so aktuell gemacht.

»Müntzer blieb niemals historische Vergangenheit, war stets Gegenwart, weil alle Aufgaben, die die Geschichte seither in Angriff genommen hat, von ihm bereits gedacht worden waren, weil seine Gedanken, so phantastisch und unbestimmt sie in seiner Zeit auch sein mußten, sich in der Richtung immerwährenden gesellschaftlichen Fortschritts bewegten.«
Manfred Bensing

Henry F. Ellenberger

Die Entdeckung des Unbewußten

Geschichte und Entwicklung der dynamischen Psychiatrie von den Anfängen bis zu Janet, Freud, Adler und Jung

detebe 21343

»Der *Ellenberger* ist der beste Fremdenführer durch das eigene Innere. Niemand führt so diskret, so eindringlich, so umfassend und so wohlinformiert durch die Katakomben der Tiefenpsychologie.«
Peter Sloterdijk

»Der Schwerpunkt des Werkes liegt in den Kapiteln über Pierre Janet, Sigmund Freud, Alfred Adler und C. G. Jung. Der Autor begnügt sich nicht mit der Darstellung der Lehrsysteme, deren Entwicklung und der Lebensgeschichte der betreffenden Forscher. Durch Betrachtungen über die sozio-ökonomischen, politischen und kulturellen Faktoren gibt er jeweils ein plastisches Bild von dem Milieu und den Zeitumständen, die die Persönlichkeit der Forscher und ihre Lehren mitgestaltet haben.«
Schleswig-Holsteinisches Ärzteblatt